LE MONDE COMME VOLONTÉ

ET

COMME REPRÉSENTATION

PAR

ARTHUR SCHOPENHAUER

TRADUIT EN FRANÇAIS PAR

A. BURDEAU

Ancien élève de l'École normale supérieure, agrégé de philosophie

TOME DEUXIÈME

SIXIÈME ÉDITION

PARIS

LIBRAIRIE FÉLIX ALCAN

108, BOULEVARD SAINT-GERMAIN, 108

1913

LE MONDE

COMME VOLONTÉ

ET

COMME REPRÉSENTATION

A LA MÉMOIRE

DE MON COLLABORATEUR ET AMI

PIERRE BLERZY

Nous n'étions pas encore arrivés, mon jeune ami Blerzy et moi, au milieu de ce second volume de notre traduction, lorsque la mort l'a brusquement frappé. Il avait vingt-deux ans, une santé robuste en apparence, mais qu'un excès de labeur avait minée secrètement, une vie intellectuelle très remplie, non par ses seules études de normalien, mais par des recherches et des méditations personnelles. Il voulut encore ajouter à ces travaux le souci de collaborer, pour une part croissante, à la traduction du *die Welt*. Je cédai à ses instances, à ce charme que ses camarades et ses maîtres ont connu. Ce travail inachevé sera le seul vestige qui restera d'un esprit rare et délicat.

Blerzy avait l'essentiel de ce qui fait les véritables philosophes : une curiosité infinie, une sensibilité exquise, une intelligence assez fine pour pouvoir tout pénétrer, assez libre pour vouloir tout embrasser ; il était doué pour penser d'une manière originale et forte. Ame tendre et naïve, il gardait encore la foi de son enfance : serait-il parvenu à la défendre contre le doute ? l'aurait-il échangée contre une doctrine nouvelle ? Ce qui est certain, c'est qu'il n'aurait pas su vivre sans une croyance sincère et approfondie et qu'il l'eût achetée au prix des combats et des efforts intellectuels les plus extrêmes.

La mort nous a pris Blerzy trop tôt pour nous permettre de mesurer l'étendue de la perte que fait en lui la philosophie. Elle a laissé seulement à ceux qui l'ont connu le temps de savoir quel noble cœur elle leur ravissait : c'est à peine s'ils peuvent se persuader que tant de jeunesse, tant de grâce et tant d'espérances sont vraiment anéanties.

A. B

APPENDICE

————◆◆◆————

CRITIQUE DE LA PHILOSOPHIE KANTIENNE

> C'est le privilège du vrai génie, et surtout du génie qui ouvre une carrière, de faire impunément des fautes.
>
> (VOLTAIRE.)

Dans l'œuvre d'un grand esprit, il est beaucoup plus facile de
relever les fautes et les erreurs que d'en faire ressortir les mérites
en une énumération claire et complète. C'est qu'en effet les défauts
sont chose particulière, limitée, susceptible par suite d'être embras-
sée d'un seul coup d'œil. Au contraire, s'il est une marque,
empreinte par le génie sur les œuvres qu'il produit, c'en est l'excellence et la profondeur sans bornes. Et c'est ce qui fait qu'éternellement jeunes, elles servent de précepteurs à une longue suite de
générations. Le chef-d'œuvre achevé d'un esprit véritablement grand
exercera toujours sur l'ensemble de l'humanité une action profonde
et d'une intensité telle, qu'il est impossible d'établir quelle est, à
travers les pays et les âges, la sphère de son influence lumineuse. Il
en a toujours été ainsi. L'œuvre a beau naître au milieu d'une civi-
lisation très avancée : malgré tout, semblable au palmier, jamais le
génie ne manque d'étendre ses rameaux bien au-dessus du sol où il
plonge ses racines.

Toutefois une action de ce genre, si universelle et si radicale, ne
saurait s'affirmer tout d'un coup : il y a pour cela trop de distance
entre le génie et le gros de l'humanité. Dans l'espace d'une vie
d'homme, le génie puise directement aux sources de la vie et de la
réalité une certaine somme d'idées, il se les assimile, il les présente
aux hommes toutes digérées et préparées ; néanmoins l'humanité
ne peut se les approprier sur-le-champ, car elle est impropre à recevoir dans une aussi large mesure que le génie est capable de donner.
D'abord, ces doctrines immortelles ont quelquefois à combattre
contre d'indignes adversaires ; ils leur contestent, dès le berceau, le
droit de vivre, et ils seraient capables d'étouffer en germe ce qui doit
faire le salut de l'humanité, — il en est d'eux comme des serpents
auprès du berceau d'Hercule ; — mais ce n'est pas tout : il faut
qu'elles se frayent un chemin à travers une multitude d'interpréta-
tions perfides et de fausses applications ; il faut qu'elles résistent à
ceux qui les veulent concilier avec les anciens errements ; elles

vivent ainsi dans une lutte continuelle, jusqu'à la naissance d'une génération neuve et libre de préjugés, capable de les comprendre ; dès sa jeunesse, cette génération reçoit petit à petit, par mille canaux détournés, les eaux de cette source généreuse ; avec le temps, elle se les approprie et prend ainsi sa part de la salutaire influence que le génie fera rayonner sur l'humanité entière. On voit avec quelle lenteur se fait l'éducation du genre humain, ce faible et récalcitrant disciple des grands esprits. — C'est précisément ce qui arrive pour la doctrine de Kant. Le temps seul en révélera toute la grandeur et l'importance, alors que l'esprit d'une époque entière transformée peu à peu par l'influence des théories, et modifiée jusque dans son essence, sera le vivant témoignage de la puissance gigantesque de ce génie. Je ne veux én aucune façon devancer témérairement l'esprit de mon temps et je ne prends point le rôle ingrat de Calchas ou de Cassandre. Je demande seulement, après les explications que je viens de donner, la permission de considérer les œuvres de Kant comme une chose encore toute récente. Telle n'est pas la mode aujourd'hui. Beaucoup de nos philosophes les trouvent vieillies ; ils les mettent de côté, comme hors d'usage, prétendant qu'elles retardent sur le siècle. Quelques autres, enhardis par cet exemple, affectent même de les ignorer ; ils reprennent les hypothèses de l'ancien dogmatisme réaliste et en font revivre toute la scolastique, en se lançant dans des spéculations sur Dieu et sur l'âme ; c'est comme si l'on accréditait dans la nouvelle chimie les doctrines de l'alchimie. — Aussi bien, les œuvres de Kant n'ont pas besoin de mes faibles éloges ; elles suffiront à faire éternellement la gloire de leur auteur et elles vivront toujours parmi les hommes, sinon dans leur lettre, tout au moins par leur esprit.

Considérons l'action immédiate de la période de Kant, les essais et études philosophiques qui ont vu le jour durant la période qui nous sépare de lui ; il y a là de quoi nous confirmer les paroles décourageantes de Gœthe : « L'eau que le navire vient de fendre se referme aussitôt derrière lui ; il en est de même de l'erreur : d'excellents esprits la refoulent et se font jour ; mais, une fois qu'ils sont passés, elle, par un mouvement naturel, se hâte de reprendre sa place. » (*Vérité et Poésie*, part. III, p. 521.) Toutefois ce n'est là qu'un exemple particulier de la destinée qui est, ainsi que nous l'avons dit, généralement réservée à toute innovation, à toute grande idée ; cette période de notre histoire philosophique n'est qu'un épisode, épisode qui, sans aucun doute, tire actuellement à sa fin ; la bulle de savon qui a duré si longtemps va finir, malgré tout, par crever. L'on commence généralement à se persuader que la vraie, que la sérieuse philosophie en est encore où Kant l'a laissée. En tout cas, je conteste qu'entre lui et moi, l'on ait fait en cette matière le moindre progrès. C'est pourquoi je me rattache directement à lui.

Mon but, en ajoutant cet Appendice à mon œuvre, c'est purement et simplement de justifier ce qui dans ma doctrine n'est point d'accord avec la philosophie de Kant, ou même ce qui la contredit. Ceci, en effet, réclame une discussion ; car, quelle que soit la différence de mes idées avec celles de Kant, malgré tout, elles subissent son influence ; elles trouvent en lui seul leur explication ; elles procèdent de lui ; je reconnais enfin moi-même que, dans le développement de ma propre philosophie, les écrits de Kant, tout autant que les livres sacrés des Hindous et que Platon, ont été, après le spectacle vivant de la nature, mes plus précieux inspirateurs. — Si, malgré tout, je persiste ainsi à contredire Kant, c'est parce que j'ai à le convaincre d'erreur sur les matières qui nous sont communes, et que je dois signaler les fautes qu'il a commises. Voilà pourquoi, dans tout cet Appendice, je dois me placer à l'égard de Kant sur le terrain de la polémique, d'une polémique sérieuse et aussi serrée que possible : à cette condition seulement, la doctrine kantienne sera débarrassée de l'erreur qui y est mêlée ; c'est uniquement à ce prix qu'on en fera ressortir la vérité dans tout son éclat, qu'on en assurera l'immuable certitude. Il ne faut donc pas attendre de moi que le profond respect que j'ai pour Kant s'étende jusqu'à ses faiblesses et à ses défauts ; je ne me crois pas obligé à envelopper ma réfutation d'artifices et de restrictions ; je ne veux point, à force de faux-fuyants, ôter à mon argumentation toute force, tout relief. Envers un grand philosophe encore vivant, de pareils ménagements sont nécessaires ; il faut mille tempéraments et mille flatteries pour faire accepter à la faiblesse humaine la contradiction la plus justifiée ou la réfutation d'une erreur, souvent même elle ne l'accepte que de fort mauvaise grâce ; et d'ailleurs un tel bienfaiteur, un tel maître intellectuel de l'humanité mérite qu'on épargne à son amour-propre la douleur d'une blessure même légère. Mais un mort est au-dessus de ces mesquineries : ses mérites sont solidement établis ; entre les admirateurs et les détracteurs à outrance, le temps établit petit à petit le juste milieu. Grâce à lui, les défauts sont isolés, neutralisés, puis oubliés. Aussi, dans la polémique que je vais inaugurer contre Kant, n'ai-je en vue que ses défauts et ses faiblesses ; je me pose en ennemi contre eux et je leur déclare une guerre sans merci, une guerre d'extermination ; loin de vouloir les ménager ou les couvrir, je n'ai qu'un but, les mettre en pleine lumière, pour mieux en assurer la destruction. En raison de toutes les explications que j'ai données, je n'ai à me reprocher, en procédant ainsi, ni injustice, ni ingratitude à l'endroit de Kant. Toutefois, pour éloigner de moi toute apparence défavorable, je veux encore au préalable donner une preuve de mon profond respect et de ma reconnaissance pour Kant : je vais exposer brièvement quel est, à mes yeux, le service capital dont la philosophie lui est redevable. Je me placerai d'ailleurs, dans cette courte exposition, à un point de vue si général, que je n'aurai même pas à toucher aux questions sur lesquelles je devrai plus tard m'inscrire en faux contre lui.

Le plus grand mérite de Kant, c'est d'avoir distingué le phénomène de la chose en soi. Pour arriver à cette distinction, il s'est appuyé sur la remarque suivante, à savoir qu'entre les choses et nous, il y a toujours l'entendement, l'entendement qui les empêche d'être connues telles qu'elles peuvent être en soi. Il avait été mis sur cette voie par Locke (1). Locke avait remarqué que les *qualités secondaires* des choses, telle que le son, l'odeur, la couleur, la dureté, la mollesse, le poli, etc., n'ont d'autre fondement que les affections des sens, et que par suite elles n'appartiennent point aux corps objectifs, à la chose en soi ; à ces derniers il réservait au contraire les *qualités primaires*, c'est-à-dire celles qui ne supposent que l'espace et l'impénétrabilité, telles que l'étendue, la forme, la solidité, le nombre, la mobilité. Mais cette distinction de Locke, assez facile à trouver, et fort superficielle, n'était encore qu'un vague prélude et une naïve ébauche de la distinction que Kant allait faire. En effet, ce que Locke avait bien laissé subsister sous le nom de qualités primaires, c'est-à-dire de propriétés de la chose en soi, Kant, parti d'un point de vue incomparablement plus élevé, nous le représente comme appartenant encore au phénomène de la chose en soi, tel qu'il est saisi par notre faculté de connaître ; et il fonde précisément cette réduction sur ce que les conditions de notre faculté de connaître, à savoir temps, espace et causalité, nous sont connues *a priori*. En somme, Locke avait abstrait de la chose en soi l'élément apporté dans la perception par les organes des sens ; Kant, lui, retire de plus à la chose en soi l'élément apporté dans la perception par les fonctions cérébrales (car c'est en somme ce qu'il dit, bien que ses termes ne soient point les miens) ; par suite, la distinction du phénomène et de la chose en soi a pris actuellement une importance infiniment plus grande, un sens beaucoup plus profond. Pour arriver là, il lui fallait entreprendre l'importante distinction entre la connaissance *a priori* et la connaissance *a posteriori;* avant lui la distinction n'avait pas encore été faite d'une manière suffisamment rigoureuse

----

(1) Voyez les *Prolégomènes à toute métaphysique future,* § 13, remarque 2.
(Note de Schopenhauer.

et complète, on n'en avait pas encore pris une claire conscience : aussi est-ce avant tout à cette recherche qu'il consacre ses profondes analyses. — Il faut remarquer ici qu'à l'égard des philosophies qui la précèdent, la philosophie de Kant a trois attitudes différentes. Elle confirme et elle élargit la philosophie de Locke, ainsi que nous venons de le montrer. Elle redresse et elle confisque à son profit la philosophie de Hume ; c'est ce que Kant a très clairement exposé dans l'introduction des *Prolégomènes* (1). Enfin elle combat résolument et détruit la philosophie de Leibniz et de Wolf. Il faut connaître ces trois doctrines avant d'aborder l'étude de la philosophie kantienne. — Ainsi, comme nous venons de le dire, le caractère essentiel de la philosophie de Kant, c'est la distinction du phénomène et de la chose en soi ; en d'autres termes, la doctrine de Kant proclame la diversité absolue de l'idéal et du réel.

Par suite, affirmer, comme on l'a fait bientôt après, que ces deux termes sont identiques, c'est donner une triste confirmation de la parole de Gœthe que nous citions tout à l'heure ; une pareille erreur est d'autant plus impardonnable quand on ne l'appuie que sur une balourdise, je veux dire l'intuition intellectuelle ; malgré toute la charlatanerie, toutes les grimaces, tout le pathos et tout le galimatias dont on se couvre, il n'y a là qu'un retour honteux au plus grossier sens commun. Ce sens commun a été le digne point de départ des non-sens encore plus énormes qu'a commis ce lourdaud et ce maladroit de Hegel. — Comme dans l'esprit que nous venons d'indiquer, la distinction de Kant entre le phénomène et la chose en soi reposait sur une pensée beaucoup plus profonde, sur une réflexion beaucoup plus mûre que tout ce qui avait précédé ; elle était aussi infiniment riche de conséquences. En faisant cette distinction, Kant tire de son propre fonds, exprime d'une manière tout à fait originale, découvre sous un nouveau point de vue et par une nouvelle méthode la même vérité qu'avant lui Platon ne se lassait point de répéter, et qu'il exprime le plus souvent dans son langage de la manière suivante : « Le monde qui frappe nos sens ne possède point véritablement l'être ; il n'est qu'un devenir incessant, indifférent à l'être ou au non-être ; le percevoir, c'est moins une connaissance qu'une illusion. « C'est également la même vérité qu'il exprime d'une manière mythique au commencement du septième livre de la *République* (2), lorsqu'il dit : « Ces hommes sont enchaînés dans une sombre caverne ; ils ne voient ni la véri-

<hr>

(1) Cet ouvrage est à la fois le plus beau et le plus clair des grands écrits de Kant : il est beaucoup trop inconnu, et c'est fort regrettable, car il facilite d'une façon singulière l'étude de la philosophie kantienne.   (*Note de Schopenhauer.*)

(2) Ce passage, le plus important de toute l'œuvre de Platon, a déjà été cité dans notre troisième livre.   (*Note de Schopenhauer.*)

table lumière, ni la source d'où elle jaillit, ni les choses réelles, mais seulement une faible lueur diffuse dans la caverne et les ombres des choses réelles qui passent devant un grand feu, derrière les hommes : pourtant ils se figurent que les ombres sont des réalités, et, s'ils connaissent l'ordre de succession de ces ombres, ils croient posséder la véritable sagesse. » — C'est encore la même vérité, toujours sous une forme différente, qui fait ce fonds de l'enseignement des Védas et des Pouranas : c'est la doctrine de la Maya. Sous ce mythe, il faut voir exactement ce que Kant nomme phénomène par opposition à la chose en soi ; en effet, l'œuvre de Maya est justement présentée comme le symbole de ce monde sensible qui nous entoure, véritable évocation magique, apparence fugitive, n'existant point en soi, semblable à une illusion d'optique et à un songe, voile qui enveloppe la conscience humaine, chose mystérieuse, dont il est également faux, également vrai de dire qu'elle existe ou qu'elle n'existe pas. — Toutefois Kant ne se contentait pas d'exprimer la même doctrine d'une manière tout à fait neuve et originale ; grâce à la plus sereine et à la plus sobre des expositions, il la transformait en une vérité démontrée, incontestable. Platon, au contraire, et les Hindous, n'avaient fondé leurs affirmations que sur une intuition générale du monde ; ils ne les donnaient que comme l'expression directe de la pure aperception ; ils les exprimaient enfin d'une manière plutôt mythique et poétique que philosophique et précise. A ce point de vue, il y a entre Kant et eux le même rapport qu'entre Kopernik, d'une part, et, d'autre part, les pythagoriciens Hicetas, Philolaos et Aristarque, lesquels avaient déjà affirmé le mouvement de la terre et l'immobilité du soleil.

Kant a démontré par des procédés scientifiques et réfléchis, il a exposé d'une manière raisonnée que le monde n'est, dans tout son être, qu'illusion ; telle est la base, telle est l'âme, tel est le mérite capital de toute sa philosophie. Pour constituer cette philosophie, il dépensa des trésors de réflexion et de sagacité : il lui fallut démonter, puis examiner pièce à pièce tout le mécanisme de cette faculté de connaître, en vertu de laquelle se joue cette comédie fantastique qu'on nomme le monde extérieur. Toutes les philosophies occidentales, antérieures à celle de Kant, paraissent à côté de celle-ci singulièrement niaises ; elles ont méconnu cette vérité capitale, et par suite tout leur enseignement n'a jamais été que la vision confuse du rêve. Kant le premier fait sortir la philosophie de ce sommeil ; c'est pour cela que les derniers de ces endormis, tels que Mendelssohn, l'appelèrent le destructeur universel. Selon lui, en effet, les lois qui gouvernent avec une irréfragable nécessité l'être, c'est-à-dire en somme le champ de l'expérience, ne peuvent nous révéler ni l'origine ni l'explication de cet être ; leur valeur

n'est par le fait que purement relative, autrement dit elle n'existe
point, tant que l'être, c'est-à-dire le champ de l'expérience, n'est
encore ni posé ni donné ; par suite, de pareilles lois ne peuvent plus
nous guider, du moment que nous prétendons expliquer l'existence
du monde et de nous-mêmes. Les prédécesseurs de Kant en Occident
s'étaient fait à ce sujet de singulières illusions : pour eux, les lois
qui relient entre eux les phénomènes, toutes ces lois de temps,
d'espace, de causalité aussi et de consécution (qui pour moi se
résument sous l'expression du principe de raison), étaient des lois
absolues, affranchies de toute condition, en un mot *des vérités éternelles ;* le monde lui-même leur était soumis et leur était conforme,
de sorte qu'il suffisait de se guider sur elles pour résoudre tout le
problème du monde. Quel pouvait être le résultat des hypothèses
que l'on avait faites à cet effet, hypothèses que Kant critique sous
le nom d'idées de la raison ? Elles n'aboutissaient en somme qu'à
faire du simple phénomène, de l'œuvre de Maya, du monde de sombres
de Platon la réalité unique et suprême : à l'être intime et véritable on
substituait la fantaisie, et par là on s'enlevait toute possibilité de le
connaître réellement ; bref, on enfonçait les dormeurs plus avant dans
leur rêve. Kant prouva que ces lois, et par suite le monde lui-même,
sont conditionnés par la faculté de connaître du sujet ; en conséquence, il est évident qu'avec de pareilleslois pour guides, on a beau
poursuivre indéfiniment les recherches et les déductions, jamais on
ne fait avancer d'un pas la question capitale, jamais on n'arrive à savoir ce qu'est l'être du monde en soi, en dehors de la représentation ; mais on ne fait que s'agiter, comme l'écureuil dans son cylindre.
Les dogmatiques, en bloc, me font l'effet de ces gens qui se figurent,
en marchant tout droit devant eux, pouvoir arriver au bout du
monde ; Kant, au contraire, pour suivre la comparaison, me semble
avoir fait le tour de la terre et montré qu'en raison de sa sphéricité,
on n'en peut sortir en marchant horizontalement, mais qu'il n'est
peut-être pas impossible de le faire en suivant un mouvement ver-
tical. Aussi peut-on dire que la doctrine de Kant a mis en lumière une
importante vérité, à savoir que la fin et le commencement du monde
doivent être cherchés non pas en dehors de nous, mais en nous.

Tout cela repose sur la distinction fondamentale entre la philosophie dogmatique, d'une part, et, d'autre part, la philosophie critique
ou *transcendantale.* Veut-on se faire une idée nette de cette distinction et en obtenir une frappante image par un exemple vivant ?
on peut le faire très rapidement. Il suffit de lire, comme exemple
de philosophie dogmatique, un écrit de Leibniz intitulé « *De rerum
originatione radicali* », imprimé pour la première fois par Erd-
mann dans son édition des *OEuvres philosophiques de Leibniz* (1).

(1) Vol. I, p. 147.

On se trouve là en pleine méthode réaliste et dogmatique ; l'on y recourt à la preuve ontologique et à la preuve cosmologique ; l'on y spécule *a priori* sur l'origine et sur la perfection radicale du monde, à la lumière des vérités éternelles. — Si d'aventure on accorde que l'expérience donne un démenti formel à cette conception optimiste du monde, on signifie aussitôt à l'expérience qu'elle est incompétente et qu'elle doit se taire, quand la philosophie *a priori* a prononcé. — Avec Kant la philosophie critique entre en lutte ouverte contre cette méthode ; elle se propose comme principal problème de vérifier les vérités éternelles qui servaient de fondement à toute construction dogmatique ; elle recherche leur origine et elle finit par la trouver dans le cerveau de l'homme. D'après elle, les vérités éternelles sont un produit de notre cerveau, elles procèdent des formes originales de l'entendement humain, formes qu'il porte en lui et dont il se sert pour concevoir un monde objectif. Le cerveau est en quelque sorte la carrière qui fournit les matériaux de cette téméraire construction dogmatique. Ainsi, pour arriver à ces résultats, la philosophie critique doit remonter *par delà* les vérités éternelles sur lesquelles jusqu'à présent le dogmatisme s'était appuyé ; ce sont les vérités éternelles elles-mêmes qu'elle met en question ; voilà pourquoi elle prend le nom de *philosophie transcendantale*. De cette philosophie il résulte encore que le monde objectif, tel que nous le connaissons, n'est point la chose en soi ; il n'en est qu'un phénomène, phénomène conditionné par ces mêmes formes qui résident *a priori* dans l'entendement humain, autrement dit dans le cerveau ; par suite, il ne peut contenir lui-même autre chose que des phénomènes.

Kant, il est vrai, n'est pas arrivé à découvrir l'identité du phénomène et du monde comme représentation d'une part, l'identité de la chose en soi et du monde comme volonté d'autre part. Mais il a fait voir que le monde phénoménal est conditionné par le sujet tout autant que par l'objet ; il a isolé les formes les plus générales du phénomène, c'est-à-dire de la représentation, et par le fait il a démontré que, pour connaître les formes mêmes, pour en embrasser toute la sphère d'application, l'on peut partir non seulement de l'objet, mais aussi du sujet ; car, entre l'objet et le sujet, elles jouent le rôle d'un véritable mur mitoyen ; et il en a conclu qu'en raison de ce mur l'on ne pénètre l'essence intime ni de l'objet ni du sujet, autrement dit que l'on ne connaît jamais l'essence du monde, la chose en soi.

Kant, ainsi que je vais le montrer, est arrivé à la chose en soi, non par une déduction exacte, mais par une inconséquence, inconséquence qui lui a valu de fréquentes et irréfutables objections dirigées contre cette partie capitale de sa doctrine. Il ne reconnaissait point dans la volonté la chose en soi elle-même. Pourtant il a fait un grand pas vers cette découverte et il en a montré le chemin, lorsqu'il a représenté la valeur morale indéniable de l'action humaine comme étant *sui generis* et indépendante des lois du phénomène; après avoir démontré qu'on n'en pouvait trouver dans ces lois la raison suffisante, il la posa comme quelque chose qui se rattache directement à la chose en soi. Tel est le second point de vue auquel il faut se placer pour apprécier ce que nous lui devons.

Nous pouvons lui attribuer un troisième mérite : c'est d'avoir donné le coup de grâce à la philosophie scolastique ; sous ce nom je pourrais comprendre en bloc toute la période qui commence à partir de saint Augustin, Père de l'Église, et qui se termine précisément avec Kant. En effet, le caractère de la période scolastique est bien à coup sûr celui que Tennemann lui a si exactement attribué : c'est la tutelle exercée par la religion d'État sur la philosophie qui doit se contenter de confirmer, d'illustrer les dogmes capitaux que lui impose cette souveraine. Les scolastiques proprement dits, jusqu'à Suarez, l'avouent ingénument ; quant aux philosophes postérieurs, ils le font plus inconsciemment, tout au moins ils n'en veulent pas convenir. Généralement on fait finir la philosophie scolastique un siècle environ avant Descartes, et avec lui l'on prétend inaugurer une époque toute nouvelle de libre philosophie ; désormais, dit-on, la recherche philosophique est affranchie de toute religion positive. Mais en réalité Descartes ne mérite pas cet honneur, non plus que ses successeurs (1) ; avec eux la philosophie n'a qu'un semblant

____

(1) Il faut ici faire une exception en faveur de Giordano Bruno et de Spinoza. Ils se tiennent tous deux à l'écart et conservent leur *quant à soi*; ils n'appartiennent ni à leur siècle ni à l'Europe ; du reste, ils ont eu pour toute récompense, l'un la mort, l'autre la persécution et l'outrage. En Occident ils vécurent malheureux et moururent jeunes, pareils à des plantes tropicales qu'on aurait importées en Europe. Pour des génies de ce genre, la vraie patrie c'étaient les bords sacrés du Gange : là une vie sereine et honorée leur eût été réservée, au milieu d'intelligences sympathiques. —Dans les vers qu'il a placés au début du livre *Della causa principio* (livre qui le conduisit au bûcher), Bruno exprime en termes fort beaux et fort clairs à quel point il se sentait seul dans son siècle ; on y voit en même temps un pressentiment du sort qui l'attendait, pressentiment qui retarda même la publication de son ouvrage ; mais il céda vite à cette force irrésistible qui pousse les nobles esprits à communiquer aux autres ce qu'ils jugent être vrai. Voici ces vers :

« Qui t'empêche de répandre tes fruits, esprit débile ? Il faut pourtant que tu les donnes à ce siècle indigne. La terre est couverte d'un océan d'ombre ; mais c'est à toi, ô mon olympe, de faire émerger ton front jusque dans la clarté de Jupiter. »

(Ad partum properare tuum, mens ægra, quid obstat,
Sæclo hæc indigno sint tribuenda licet ?
Umbrarum fluctu terras mergente, cacumen
Attolle in clarum, noster olympe, Jovem.)

Qu'on lise le grand ouvrage de Giordano Bruno, qu'on lise aussi ses autres ouvrages italiens, autrefois si rares, aujourd'hui mis à la portée de tous grâce à une édition allemande, et l'on trouvera, comme moi, que, parmi tous les philosophes, il est le seul qui d'indépendance, tout au plus fait-elle un effort pour atteindre à la véritable autonomie. Descartes était un esprit de la plus haute distinction, et on doit reconnaître qu'il arrive à des résultats considérables, si l'on tient compte de son époque. Mais on n'entre plus d'ordinaire dans ces considérations ; on le juge sur la réputation qu'on lui a faite d'avoir affranchi la pensée de toute entrave, d'avoir inauguré une période, celle de la recherche véritablement indépendante. Si nous nous plaçons à ce point de vue, il faut avouer que dans son scepticisme il n'apporte aucune vraie rigueur et que par suite il lui arrive de désavouer sa méthode avec une déplorable facilité ; il a l'air de vouloir une fois pour toutes secouer toutes les servitudes invétérées, rompre avec les opinions que lui imposent son temps et son pays. Mais il ne le fait qu'en apparence et pour un instant, quitte à revenir bientôt aux vieux errements et à s'y tenir plus fidèlement encore. D'ailleurs, tous ses successeurs jusqu'à Kant n'ont pas fait autre chose. Voici des vers de Gœthe qui s'appliquent à merveille aux libres penseurs de ce calibre-là :

« Je demande pardon à Votre Grâce de la comparaison, mais ils me font l'effet des cigales à longues pattes : toujours elles volent et elles sautent en volant, et toujours elles chantent dans l'herbe leur vieille chanson (1). »

Kant avait ses raisons pour faire semblant de s'en tenir lui aussi au rôle de la cigale. Mais cette fois, en effet, le saut qu'on permettait au philosophe, parce qu'on savait bien qu'il était généralement suivi d'une rechute sur le gazon natal, devait se terminer tout autrement, en un puissant essor, que nous autres, placés au-dessous, pouvons seulement suivre de l'œil, et qu'il ne nous est plus impossible d'emprisonner.

Ainsi Kant ne craignit point de proclamer, conformément à sa doctrine, l'incertitude radicale de tous les dogmes qu'on s'était si souvent flatté de démontrer. La théologie spéculative et la psychologie rationnelle qui en est inséparable reçurent de lui le coup fatal. Depuis Kant, elles ont disparu de la philosophie allemande ; il n'en faut pas douter, et, s'il arrive de temps à autre qu'on tienne bon sur

se rapproche en quelque chose de Platon ; lui aussi, il unit fortement la puissance et les aspirations poétiques à l'esprit philosophique, et, encore comme Platon, il excelle à montrer sa pensée sous un jour dramatique. C'était, autant que nous en pouvons juger par son livre, une nature de penseur, contemplative et délicate. Représentons-nous cet homme tombé aux mains de prêtres grossiers et implacables, ses juges et ses bourreaux, et rendons grâce au temps qui dans sa course nous a amené un siècle plus éclairé, plus clément. L'avenir devait par ses malédictions faire justice de ce fanatisme diabolique, et ce qui, pour Bruno, n'était que l'avenir, devait pour nous être le présent.

(1) *Faust*, 1ʳᵉ part., prologue dans le *Ciel.*
Les vers sont placés par le poète dans la bouche de Méphistophélès.

(Note du trad.)

le mot, après avoir cédé sur la chose, ou bien qu'un malheureux
professeur de philosophie garde devant ses yeux la crainte du
Seigneur et veuille que « la vérité demeure la vérité », on n'en doit
pas être dupe. Pour mesurer le service que Kant a rendu là, il faut
avoir vu de près l'influence néfaste que les concepts de l'ancienne
philosophie ont exercée, tant sur les sciences naturelles que sur la
philosophie, chez tous les écrivains du xviie et du xviiie siècle, même
les meilleurs. Dans les écrits allemands sur les sciences naturelles,
il est frappant de voir combien, à partir de Kant, le ton et le fonds
d'idées métaphysiques se modifient : avant lui on était encore au
point où l'Angleterre en est aujourd'hui. — L'œuvre si méritoire de
Kant s'attaque directement à la philosophie précédente. Avant lui,
on se contentait d'observer, sans en approfondir l'essence, les lois
du monde phénoménal ; on les élevait au rang de vérités éternelles,
et par ce fait on faisait passer le phénomène pour la véritable réalité. Kant, en un mot, s'attaquait au réalisme, dupe obstinée et irré-
fléchie d'une illusion, et qui, dans toute la philosophie précédente,
dans l'antiquité, pendant le Moyen-Age et dans les temps modernes,
avait maintenu sa souveraineté intacte. Sans doute Berkeley, conti-
nuant, sur ce point, la tradition de Malebranche, avait déjà reconnu
ce qu'il y avait d'étroit et de faux dans le réalisme, mais il était incapable de le renverser, car son attaque ne portait que sur un point
particulier de la doctrine. Le grand point de vue idéaliste qui règne
dans toute l'Asie non convertie à l'islamisme et en domine la religion même, c'était donc à Kant qu'il était réservé de le faire triompher en Europe et dans la philosophie. Avant Kant nous étions dans
le temps ; depuis Kant c'est le temps qui est en nous, et ainsi de
suite des autres formes *a priori*.

Cette philosophie réaliste, aux yeux de laquelle les lois du monde
phénoménal étaient absolues et régissaient également la chose
en soi, traita la morale aussi d'après les mêmes lois et par le fait
elle lui donna pour fondement tantôt la théorie de la béatitude,
tantôt la volonté du créateur, tantôt enfin l'idée de la perfection,
idée qui en soi est absolument vide et dépourvue de contenu ; elle
ne désigne en effet qu'une simple relation, laquelle ne tire de signification que de l'objet auquel elle se rapporte ; car « être parfait »
ne signifie pas autre chose que « correspondre à un certain concept
présupposé par ce mot et préalablement donné » ; il faut donc, avant
tout, que ce concept soit posé, et sans lui la perfection n'est que
comme un nombre sans nom, autrement dit un mot qui ne signifie rien. A cette objection l'on répondra peut-être que l'on fait
intervenir implicitement le concept « humanité » ; le principe de
la morale serait alors de tendre vers une humanité de plus en
plus parfaite ; mais cela revient à dire simplement : « les hommes

doivent être ce qu'ils doivent être » ; — et l'on n'est pas plus avancé qu'auparavant. En effet, le mot « parfait » n'est guère qu'un synonyme de complet : une chose est parfaite lorsque, étant donnés un cas ou un individu d'une certaine espèce, tous les prédicats contenus dans le concept de cette espèce sont représentés, c'est-à-dire effectivement réalisés, dans ce cas ou dans cet individu. Il en résulte que le concept de perfection, si l'on s'en sert absolument et abstraitement, n'est qu'un mot vide de sens ; il en est d'ailleurs de même de la rubrique « l'être parfait » et de nombre d'autres. Tout cela n'est qu'un vaste bavardage. Malgré tout, dans les siècles précédents, ce concept de perfection et d'imperfection était une monnaie fort accréditée ; que dis-je ? c'était le *centre* autour duquel pivotaient toute la morale et même la théologie. Chacun l'avait à la bouche, si bien qu'à la fin on en fit un abus scandaleux. Nous voyons, spectacle lamentable, jusqu'aux meilleurs écrivains du temps, tels que Lessing, s'embourber dans les perfections et imperfections et s'escrimer au milieu de ce fatras. Pourtant tout esprit un peu sensé devait sentir au moins confusément que ce concept n'a point de contenu positif, puisque, semblable à un signe algébrique, il désigne abstraitement une simple relation. — C'est Kant, répétons-le encore une fois, qui dégagea la grande et indéniable signification morale de nos actions et qui la distingua absolument du phénomène et de ses lois ; il fit voir qu'elle touche directement à la chose en soi, à l'être intime du monde, tandis qu'au contraire l'espace et le temps, avec tout ce qui les remplit et s'ordonne en eux suivant la loi de causalité, ne doivent être tenus que pour un songe sans consistance et sans réalité.

Ce court exposé, qui d'ailleurs est loin d'épuiser la matière, doit suffire pour prouver à quel point j'apprécie tout ce que nous devons à Kant. Je lui ai rendu ce témoignage, d'abord pour ma satisfaction personnelle, ensuite parce que l'équité le voulait ainsi : je devais rappeler les mérites de Kant à ceux qui voudront bien me suivre dans la critique impitoyable que je vais faire de ses fautes. J'aborde maintenant cette critique.

Il suffit de considérer l'histoire pour voir que les mérites considérables de Kant sont altérés par de grands défauts. Sans doute il opéra dans la philosophie la plus grande révolution qui fut jamais ; il mit fin à la scolastique qui, d'après la définition que nous en donnions, avait duré quatorze siècles ; il inaugura enfin, et il inaugura effectivement, dans la philosophie une période toute nouvelle, une troisième grande époque. Malgré tout, le résultat immé-

diat de sa réforme ne fut que négatif; il n'eut rien de positif : Kant
n'ayant point apporté de système complet, ses adeptes ne purent
s'en tenir même temporairement à sa doctrine; tous remarquèrent
qu'il était arrivé quelque chose de grand, mais personne ne savait
au juste quoi. Ils sentaient bien que toute la philosophie antérieure
n'avait été qu'un songe stérile, et que la génération nouvelle était
en train de s'éveiller; mais actuellement où devaient-ils se prendre?
Ils ne le savaient point. C'était dans tous les esprits un grand vide
et une grande inquiétude : l'attention publique, même l'attention du
grand public, était éveillée. Les philosophes du temps n'eurent ni
cet essor personnel, ni cette révélation intérieure qui arrive à se
faire jour, fût-ce dans les temps les moins propices ; par exemple à
l'époque de Spinoza; ils obéirent simplement à l'impulsion générale ; ce furent des hommes sans aucun talent hors ligne : ils firent
des essais, tous faibles, ineptes, souvent insensés. Quant au public,
comme sa curiosité se trouvait déjà excitée, il ne leur en accorda
pas moins son attention et il leur prêta longtemps l'oreille avec une
patience dont on n'a d'exemple qu'en Allemagne.

Un fait analogue a dû se produire dans l'histoire de la nature
après les grandes révolutions qui transformèrent toute la surface
de la terre et bouleversèrent l'ordre des mers et des continents. Désormais le champ se trouvait libre pour une nouvelle création. Cette
période de transition persista longtemps, jusqu'à ce que la nature
fût capable de produire un nouveau système d'êtres durables dont
chacun fût en harmonie avec lui-même et avec les autres : çà et là
venaient au jour des organismes monstrueux ; ils étaient en désaccord avec eux-mêmes et avec leurs semblables, et incapables par
suite de subsister longtemps; il nous en est resté quelques vestiges,
qui sont pour nous comme les monuments des essais et tâtonnements d'une nature récente en voie de formation. — Dans la philosophie, Kant a, de nos jours, donné lieu à une crise tout à fait semblable, à une période de productions monstrueuses; de ce fait à
nous tous connu, nous pouvons conclure que son œuvre, toute
méritoire qu'elle est, ne pouvait pas être parfaite, qu'elle devait
au contraire s'accompagner de grands défauts; c'est une œuvre négative; elle ne sera profitable que par un de ses côtés. Nous allons
nous mettre maintenant à la recherche des défauts en question.

Au préalable, nous allons préciser et examiner l'idée fondamentale dans laquelle se résume l'intention de toute la *Critique de lo
raison pure*. — Kant se plaça au point de vue de ses prédécesseurs, les philosophes dogmatiques, et par suite il partit comme eux

des données suivantes : Art. 1er. La métaphysique est la science de ce qui réside au delà de toute expérience possible.— Art. 2. Pour édifier une science de ce genre, on ne saurait partir de principes puisés eux-mêmes au sein de l'expérience (*Prolégomènes*, § I) ; pour dépasser l'expérience possible, il faut recourir à ce que nous connaissons antérieurement à toute expérience, c'est-à-dire indépendamment de toute expérience. — Art. 3. Il se trouve effectivement en notre raison un certain nombre de principes qui satisfont à cette condition ; on les désigne sous le nom d'idées de la raison pure. — Jusqu'à présent Kant ne se sépare point de ses prédécesseurs ; mais c'est ici que se fait la scission. Les philosophes antérieurs disent : « Ces principes, ou idées de la raison pure, sont des expressions de la possibilité absolue des choses, des vérités éternelles, sources de l'ontologie ; ils dominent l'ordre du monde, comme le *fatum* dominait les dieux des anciens. » Kant dit : « Ce sont de simples formes de notre entendement, des lois qui régissent non les choses, mais la conception que nous avons des choses ; par suite, nous n'avons pas le droit de les étendre, comme on voulait le faire (cf. Art. 1), au delà de l'expérience possible. C'est donc justement l'apriorité des formes et de la connaissance qui nous interdit à jamais la connaissance de l'être en soi des choses, puisque cette connaissance ne peut s'appuyer que sur des formes d'origine subjective ; nous sommes enfermés dans un monde de purs phénomènes ; il s'ensuit que, bien loin de connaître *a priori* ce que les choses peuvent être en soi, nous sommes incapables de le savoir, fût-ce *a posteriori*. Par suite, la métaphysique est impossible, et on lui substitue la *Critique de la raison pure!* » Dans sa lutte contre le vieux dogmatisme, Kant remporte une pleine victoire ; aussi tous ceux qui depuis tentent des essais dogmatiques sont-ils forcés de suivre une méthode toute différente des méthodes anciennes : je vais maintenant passer à la justification de celle que j'ai adoptée moi-même ; c'est du reste, ainsi que je l'ai dit, le but que je me propose dans cette *Critique de la philosophie de Kant*.

En effet, si l'on examine de près l'argumentation qui précède, on ne peut s'empêcher de convenir que le premier postulat fondamental sur lequel elle s'appuie forme une pétition de principe ; voici ce postulat fondamental : il est exprimé avec une netteté toute particulière dans le § I des *Prolégomènes :* « La source de la métaphysique doit absolument ne pas être empirique ; ses principes et concepts fondamentaux doivent n'être puisés ni dans l'expérience interne, ni dans l'expérience externe. » A l'appui de cette affirmation capitale Kant n'apporte aucune autre raison que l'argument étymologique tiré du mot *métaphysique*. Voici en réalité comment procède Kant : le monde et notre propre existence se posent néces-

sairement à nous comme un problème. Pour Kant (notons qu'il
admet tout cela sans démonstration), ce n'est pas en comprenant
à fond le monde lui-même qu'on peut obtenir la solution du problème; on doit au contraire chercher cette solution dans quelque
chose de tout à fait étranger au monde (tel est, en effet, le sens de
l'expression : « au delà de toute expérience possible »); dans la
recherche de la solution on doit exclure toute donnée dont on puisse
avoir une connaissance immédiate quelconque (car qui dit « connaissance immédiate » dit expérience possible interne ou externe);
la solution ne doit être cherchée que d'après des données acquises
indirectement, c'est-à-dire déduites de principes généraux *a priori*.
Cela revient à exclure la source principale de toute connaissance et
à condamner la seule voie qui conduise à la vérité. Dès lors, il n'est
pas étonnant que les essais dogmatiques ne réussissent point; il
n'est pas étonnant non plus que Kant ait su démontrer la nécessité
de leur échec : en effet, on avait, au préalable, déclaré que « métaphysique » et « connaissance *a priori* » étaient identiques. Mais pour
cela il aurait fallu commencer par démontrer que les éléments nécessaires pour résoudre le problème du monde ne devaient absolument pas faire partie du monde lui-même, qu'on devait au contraire
les chercher en dehors du monde, là où il est impossible d'arriver
sans le secours des formes *a priori* de notre entendement. Tant que
ce dernier point reste indémontré, nous n'avons aucune raison
pour récuser, dans le plus important et le plus grave de tous les
problèmes, la plus féconde et la plus riche des sources de notre
connaissance, je veux dire l'expérience interne et externe, et pour
n'opérer dans nos spéculations qu'à l'aide de formes dépourvues
de contenu. Voilà pourquoi je prétends que c'est en acquérant l'intelligence du monde lui-même que l'on arrive à résoudre le problème du monde; ainsi le devoir de la métaphysique n'est point de
passer par-dessus l'expérience, en laquelle seule consiste le monde,
mais au contraire d'arriver à comprendre à fond l'expérience, attendu que l'expérience, externe et interne, est sans contredit la
source principale de la connaissance; si donc il est possible de
résoudre le problème du monde, c'est à la condition de combiner
convenablement et dans la mesure voulue l'expérience externe avec
l'expérience interne, et par le fait d'unir ensemble ces deux sources
de connaissance si différentes l'une de l'autre. Néanmoins cette solution n'est possible que dans de certaines limites, limites inséparables
de notre nature finie : nous acquérons une intelligence exacte du
monde lui-même, mais nous n'arrivons point à donner une explication définitive de son existence, ni à supprimer les problèmes
d'au-delà. En résumé, il est une limite où l'on doit s'arrêter; ma
méthode tient le milieu entre la vieille doctrine dogmatique qui

déclarait tout connaissable, et la critique de Kant qui désespère de rien connaître. Mais les vérités importantes, que nous devons à Kant et qui ont anéanti les systèmes antérieurs de métaphysique, m'ont fourni pour mon propre système les données et les matériaux. Il sera bon de se reporter à ce que je dis de ma méthode au chapitre XVII des *Suppléments*. — En voilà assez sur l'idée fondamentale de Kant ; nous allons maintenant considérer le développement et le détail de la doctrine.

Le style de Kant porte en général la marque d'un esprit supérieur, d'une vraie et d'une puissante originalité, d'une force de pensée tout à fait extraordinaire ; sobriété lumineuse, tel est assez exactement le caractère de ce style ; au moyen de cette qualité, Kant a trouvé le secret de serrer de très près les idées, de les déterminer avec une grande sûreté, puis de les tourner et retourner en tout sens avec une aisance singulière qui fait l'étonnement du lecteur. Cette sobriété lumineuse, je la retrouve dans le style d'Aristote, bien que ce dernier soit beaucoup plus simple. —Malgré tout, chez Kant, l'exposition est souvent confuse, indécise, insuffisante et parfois obscure. Sans doute, ce dernier défaut trouve en partie son excuse dans la difficulté de la matière et dans la profondeur des pensées ; cependant, lorsqu'on voit tout à fait clair dans ses pensées, lorsqu'on sait d'une manière parfaitement nette ce que l'on pense et ce que l'on veut, jamais on ne produit au jour des idées flottantes ou indécises, jamais non plus pour les exprimer on n'emprunte aux langues étrangères des expressions pénibles et alambiquées, destinées à revenir constamment dans tout l'ouvrage. Kant fait pourtant ainsi : il emprunte à la philosophie scolastique des mots et des formules ; puis il les combine ensemble pour son propre usage ; il parle, par exemple, de « l'unité transcendantale synthétique de l'aperception (1) » ; et surtout il dit « unité de la synthèse (2) », là où il suffirait de dire tout simplement « unification (3) ». Un écrivain tout à fait maître de sa pensée s'abstient également de revenir sans cesse sur des explications déjà données, comme fait Kant à propos, par exemple, de l'entendement, des catégories, de l'expérience et de plusieurs autres idées importantes ; il s'abstient surtout de se répéter à satiété et de laisser néanmoins, après chaque exposition d'une idée qui revient pour la centième fois, toujours les mêmes points obscurs ; il dit ce qu'il pense une fois pour toutes, d'une manière nette, com

---

(1) « **Transcendentale synthetische Einheit der Apperception.** »
(2) « **Einheit der Synthesis.** »
(3) « **Vereinigung.** »

piete, définitive, et il s'en tient là. « Mieux nous concevons une
chose, dit Descartes dans sa cinquième lettre, plus nous sommes
portés à l'exprimer sous une forme unique (1). » L'obscurité que
Kant mit parfois en son exposition fut surtout fâcheuse par le mauvais exemple qu'elle donna; les imitateurs imitèrent le défaut du
modèle *(exemplar vitiis imitabile)* et ils firent un usage déplorable
de ce dangereux précédent. Kant avait forcé le public à se dire que
les choses obscures ne sont pas toujours dépourvues de sens : aussitôt les philosophes dissimulèrent le non-sens sous l'obscurité de
leur exposition. Fichte le premier s'empara de ce nouveau privilège
et l'exploita en grand ; Schelling en fit au moins autant, puis une
armée de scribes affamés dépourvus d'esprit et d'honnêteté se hâta
de surpasser Fichte et Schelling. Pourtant on n'était pas encore au
comble de l'impudence; il restait des non-sens plus indigestes à
nous servir, du papier à barbouiller avec des bavardages plus vides
et plus extravagants encore réservés jusqu'alors aux seules maisons
de fous : Hegel parut enfin, auteur de la plus grossière, de la plus
gigantesque mystification qui fut jamais ; il obtint un succès que la
postérité tiendra pour fabuleux et qui restera comme un monument
de la niaiserie allemande. C'est en vain qu'un contemporain, Jean-
Paul, avait écrit dans son *Æsthetische Nachschule* le beau paragraphe
sur la consécration de la folie philosophique dans la chaire et de la
folie poétique sur le théâtre ; c'est aussi en vain que Gœthe avait
déjà dit : « C'est ainsi que l'on bavarde et que l'on enseigne impunément ; qui donc se soucierait des fous ? Lorsqu'il n'entend que
des mots, l'homme croit pourtant qu'il s'y cache quelque pensée (2). »
Mais revenons à Kant. Il faut avouer que la simplicité antique et
grandiose, que la naïveté, l'ingénuité, la candeur (3) lui manquent
totalement. Sa philosophie n'a aucune analogie avec l'architecture
grecque ; celle-ci, pleine de simplicité et de grandeur, nous offre des
proportions, des rapports qui sautent aux yeux : au contraire, la
philosophie de Kant rappelle d'une manière très frappante l'archi
tecture gothique. En effet, un trait tout à fait personnel de l'esprit de
Kant, c'est son goût pour la symétrie, pour ce genre de symétrie qui
aime les combinaisons compliquées, qui se plaît à diviser et à sub
diviser indéfiniment, toujours d'après le même ordre, précisément
comme dans les églises gothiques. Quelquefois même cette habitude

(1) « Quo enim melius rem aliquam concipimus, eo magis determinati sumus ad eam
unico modo exprimendam. »
(2)   So schwætzt und lehrt man ungestœrt,
             Wer mag sich mit den Narr'n befassen ?
             Gewœhnlich glaubt der Mensch, wenn er nur Worte hœrt
             Es müsse sich dabei doch auch was denken lassen.
(3) *Ingénuité, candeur.* Ces deux mots sont en français dans le texte allemand.
                                        (Note du trad.)

régénère en un véritable jeu ; il va jusqu'à faire ouvertement violence à la vérité par amour de la symétrie, se comportant avec elle
comme faisaient avec la nature les anciens dessinateurs des jardins
français : leurs œuvres se composent d'allées symétriques, de carrés
et de triangles, d'arbres en pyramides ou en boules, de haies taillées
suivant des courbes régulières. Donnons à l'appui quelques
exemples.

Kant commence par traiter isolément de l'espace et du temps ;
sur le contenu de l'espace et du temps, sur ce monde de l'intuition dans lequel nous vivons et où nous sommes, il se tire d'affaire au moyen de la formule suivante, formule qui ne signifie
rien du tout : « Le contenu empirique de l'intuition nous est
donné », dit-il. Tout aussitôt il passe d'un seul bond au *fondement
logique de toute sa philosophie*, au *tableau des concepts*. De ce
tableau il tire une douzaine de catégories, pas une de plus, pas une
de moins ; elles sont symétriquement rangées sous quatre étiquettes
différentes ; dans le cours de l'ouvrage, ces subdivisions deviendront un instrument redoutable, un véritable lit de Procuste ; il y
fera entrer bon gré, mal gré, tous les objets du monde et tout ce
qui se produit dans l'homme : il ne reculera devant aucune violence ; il ne rougira d'aucun sophisme, pourvu qu'il puisse reproduire partout la symétrie du tableau. La première classification
dressée conformément à ce tableau est le tableau physiologique *a
priori* (1) des principes généraux des sciences naturelles, savoir:
les axiomes de l'intuition, les anticipations de la perception, les
analogies de l'expérience, et les postulats de la pensée empirique
en général. De ces principes les deux premiers sont simples ; les
deux derniers, au contraire, se divisent symétriquement chacun en
trois branches. Les simples catégories sont ce qu'il appelle des
concepts ; quant aux principes des sciences naturelles, ce sont des
jugements. Se guidant toujours sur la symétrie, ce fil d'Ariane qui
doit le conduire à toute sagesse, il va maintenant montrer comment, grâce au raisonnement, la série des catégories porte ses
fruits, et cela toujours avec la même régularité. Tout à l'heure il
avait appliqué les catégories à la sensibilité, et il expliquait ainsi la
genèse de l'expérience et de ses principes *a priori*, lesquels cons-
stituent l'*entendement ;* maintenant il applique le raisonnement aux
catégories, opération toute rationnelle, puisque l'on attribue à la
raison la tâche de chercher l'inconditionné : et c'est de là que procèdent les *idées de la raison,* suivant l'évolution que voici : les trois
catégories de la relation fournissent au raisonnement trois espèces
de majeures possibles, ni plus ni moins ; chacune de ces trois

____

(1) « Reine physiologische Tafel. »

espèces se divise également à son tour en trois groupes; et chacun de ces groupes est semblable à un œuf que la raison couve pour en faire naître une idée : du raisonnement dit catégorique sort l'idée de l'*âme;* du raisonnement hypothétique sort l'idée du *monde;* du raisonnement disjonctif sort l'idée de Dieu. Celle du milieu, l'idée du monde, ramène encore une fois la symétrie du tableau des catégories : ses quatre rubriques donnent lieu à quatre thèses, et chacune de ces thèses a pour pendant symétrique son autre thèse. La combinaison éminemment subtile qui a produit cet élégant échafaudage mérite sans doute toute notre admiration ; mais nous nous réservons d'en examiner à fond les bases et les parties. — Qu'on nous permette auparavant les quelques considérations suivantes.

Il est étonnant de voir à quel point Kant poursuit son chemin sans réfléchir davantage; il se laisse guider par la symétrie; il ordonne tout d'après elle, et jamais il ne considère en lui-même aucun des objets ainsi abordés. Je vais m'expliquer plus à fond. Pour la connaissance intuitive, il se contente de la considérer dans les mathématiques; il néglige complètement une autre espèce de connaissance intuitive, celle qui, sous nos yeux, constitue le monde; et il s'en tient à la pensée abstraite, bien que celle-ci tire toute son importance et toute sa valeur du monde intuitif, lequel est infiniment plus significatif, plus général, plus riche de contenu que la partie abstraite de notre connaissance. Il n'a même, et cela est capital, distingué nulle part d'une façon nette la connaissance intuitive et la connaissance abstraite; et il s'est par le fait, comme nous le verrons plus tard, engagé dans des contradictions inextricables avec lui-même. Après s'être débarrassé de tout le monde sensible au moyen de cette formule vide : « Il est donné », il dresse, ainsi que nous l'avons dit, le tableau logique des jugements et il en fait la pierre angulaire de sa construction. Mais ici encore il ne réfléchit pas un instant à ce qui est en réalité actuellement devant lui. Les formes des jugements sont des mots et des assemblages de mots. Il fallait, à coup sûr, commencer par se demander ce que désignent directement ces mots et assemblages de mots: l'on aurait trouvé qu'ils désignent des *concepts*. La question suivante eût porté sur l'essence des concepts. En y répondant, l'on aurait déterminé quel rapport les concepts ont avec les représentations intuitives qui constituent le monde: alors la distinction eût été faite entre intuition et réflexion. Il eût fallu rechercher comment se produisent dans la conscience non seulement l'intuition pure et formelle *a priori*, mais aussi l'intuition empirique qui en est

le contenu. Mais en ce cas l'on aurait vu quelle part a l'entendement
dans cette intuition, et surtout l'on aurait vu en même temps ce
qu'est l'entendement et ce qu'est par contre la raison proprement
dite, cette raison dont Kant écrivait la critique. Il est tout à fait
frappant que jamais non plus Kant ne précise ce dernier point
d'une manière méthodique et suffisante; il n'en donne que des explications incomplètes et sans rigueur, d'une façon d'ailleurs tout à
fait incidente, selon qu'il y est amené par les matières qu'il traite;
il est en cela tout à fait en contradiction avec la règle de Descartes
invoquée plus haut. En voici quelques exemples (1): la raison, dit
Kant, est la faculté de connaître les principes *a priori* (2); plus loin,
même définition, la raison est la faculté de connaître les principes (3),
et elle s'oppose à l'entendement, en ce que celui-ci est la faculté de
connaître les règles (4). Cela donnait à penser qu'entre principes et
règles il devait y avoir un abîme, puisque Kant prend sur lui d'admettre pour les uns et pour les autres deux facultés de connaître
différentes. Pourtant cette grande différence doit consister simplement en ceci: est une règle ce qui est connu *a priori* par l'intuition pure ou par les formes de l'entendement; n'est un principe que
ce qui découle de purs concepts *a priori*. Nous reviendrons encore
dans la suite, à propos de la dialectique, sur cette distinction arbitraire et inopportune. — Ailleurs, la raison est la faculté de raisonner (5); quant au simple jugement, Kant le donne généralement
comme le produit de l'entendement (6). D'une manière plus précise,
il dit: le jugement est le produit de l'entendement tant que la raison du jugement est empirique, transcendantale ou métalogique (7);
si au contraire cette raison est logique, si, en d'autres termes, la
raison du jugement est un raisonnement, nous sommes en présence
d'une faculté de connaître toute particulière et bien supérieure, la
raison. Chose plus singulière encore, il prétend que les conséquences immédiates d'un principe sont encore du ressort de l'entendement (8): ne sont élaborées par la raison que les conséquences
pour la démonstration desquelles on invoque un concept intermédiaire; et il cite à l'appui l'exemple suivant: étant donné le prin-

(1) J'avertis le lecteur que, dans toutes mes citations de la *Critique de la raison pure*,
je me réfère à la pagination de la première édition; cette pagination est reproduite
intégralement dans Rozenkranz (éd. des *Œuvres complètes de Kant*). J'indique en outre
la pagination de la cinquième édition; toutes les éditions, à partir de la seconde, sont
d'accord avec la cinquième, même pour la pagination.

(2) « Das Vermœgen der Principien a priori » (*Critique de la raison pure*, p. 11,
5ᵉ éd., p. 24).

(3) *Ibid.*, p. 299; 5ᵉ éd., p. 356.

(4) « Das Vermœgen der Regeln. »

(5) « Das Vermœgen zu Schliessen », p. 330; 5ᵉ éd., p. 386.

(6) P. 69; 5ᵉ éd., p. 94.

(7) *Traité du principe de raison*, §§ 31, 32, 33.

(8) P. 303; 5ᵉ éd., p. 360.

cipe « tous les hommes sont mortels », on arrive à la conséquence
« quelques hommes sont mortels » par le simple entendement, tandis que celle-ci : « tous les savants sont mortels », exige une faculté
toute différente et bien supérieure, la raison. Comment est-il possible qu'un grand penseur ait pu faire une pareille assertion ! —
Ailleurs, et à brûle-pourpoint, la raison est déclarée la condition
constante de toute action libre (1). — Ailleurs elle est la faculté qui
nous permet de rendre compte de nos affirmations (2). — Ailleurs
elle est ce qui réduit à l'unité les concepts de l'entendement pour en
faire des idées, comme l'entendement réduit à l'unité la pluralité
des objets pour en faire des concepts (3). — Ailleurs elle n'est
pas autre chose que la faculté de déduire le particulier du général (4).

L'entendement aussi reçoit sans cesse des définitions nouvelles :
en sept passages de la *Critique de la raison pure*, il est tantôt la faculté de produire les représentations (5), tantôt celle de formuler
des jugements, c'est-à-dire de penser, autrement dit de connaître
par le moyen des concepts (6) ; tantôt d'une manière générale il est
la faculté de connaître (7) ; tantôt il est celle de connaître les
règles (8) ; tantôt au contraire il est défini non seulement la faculté
de connaître les règles, mais encore la source des principes, grâce
à laquelle tout est réglé dons le monde (9), bien que pourtant Kant
l'opposât naguère à la raison, sous prétexte que celle-ci seule était
la faculté de connaître les principes ; tantôt encore il est la faculté
de connaître les concepts (10) ; tantôt enfin il est celle d'introduire
l'unité dans les phénomènes par le moyen des règles (11).

Pour l'une et l'autre de ces facultés de connaître, j'ai moi-même
donné des définitions rigoureuses, exactes, précises, simples, toujours en harmonie avec le langage usuel de tous les peuples et de
tous les temps ; je crois inutile de les justifier contre celles de Kant
qui ne sont, — sauf le respect qui s'attache à son nom, — que paroles confuses et vides de sens. Je ne les ai citées que pour confirmer ma critique, pour prouver que Kant poursuit son système
symétrique et logique, sans réfléchir suffisamment à l'objet même
qu'il traite.

(1) P. 553 ; 5ᵉ éd., p. 581.
(2) P. 614 ; 5ᵉ éd., p. 642.
(3) P. 643, 644 ; 5ᵉ éd., p. 671-672.
(4) P. 646 ; 5ᵉ éd., p. 674.
(5) P. 51 ; 5ᵉ éd., p. 75.
(6) P. 69 ; 5ᵉ éd., p. 94.
(7) 5ᵉ éd., p. 137.
(8) P. 132 ; 5ᵉ éd., p. 171.
(9) P. 158 ; 5ᵉ éd., p. 197.
(10) P. 160 ; 5ᵉ éd., p. 199.
(11) P. 302 ; 5ᵉ éd., p. 359.

Kant, ainsi que je le disais, aurait dû rechercher dans quelle mesure il y a lieu de distinguer ainsi deux facultés de connaître différentes, et dont l'une est la caractéristique même de l'humanité; il aurait dû rechercher également ce que désignent, dans la langue usuelle de tous les peuples et de tous les philosophes, les mots « raison » et « entendement ». Après cet examen, sans autre autorité que les expressions scolastiques *intellectus theoreticus, intellectus practicus*, — qui ont d'ailleurs un tout autre sens, — jamais il n'eût scindé la raison en raison théorétique et raison pratique, jamais il n'eût fait de cette dernière la source de toute action vertueuse. Avant de faire une distinction si minutieuse entre les concepts de l'entendement, d'une part, — sous lesquels il comprend tantôt les catégories, tantôt la totalité des concepts généraux, — et, d'autre part, les concepts de la raison, — qu'il nomme les idées de la raison ; avant de faire des uns et des autres la matière de la philosophie, laquelle ne traite la plupart du temps que de la valeur, de l'emploi et de l'origine de tous ces concepts ; avant cela, dis-je, il eût fallu rechercher avec exactitude ce qu'était, dans son acception générale, un concept. Mais une recherche si nécessaire a été malheureusement tout à fait négligée; et cette omission n'a pas peu contribué à la confusion irrémédiable entre la connaissance intuitive et la connaissance abstraite, confusion sur laquelle je vais bientôt insister. — Kant n'avait point suffisamment réfléchi : voilà pourquoi il a escamoté des questions telles que celles-ci : qu'est-ce que l'intuition ? qu'est-ce que la réflexion ? qu'est-ce que le concept? qu'est-ce que la raison? qu'est-ce que l'entendement? C'est aussi le même manque de réflexion qui lui a fait négliger les recherches suivantes, non moins indispensables, non moins nécessaires : quel est l'objet que je distingue de la représentation ? qu'est-ce que l'existence ? l'objet ? le sujet? la vérité ? l'apparence ? l'erreur ? — Mais il ne réfléchit ni ne regarde autour de lui; il poursuit le développement de son *schema* logique et symétrique. Il faut, bon gré mal gré, que le tableau des concepts soit la clef de toute science.

Plus haut, j'ai signalé comme le service capital rendu par Kant la distinction du phénomène et de la chose en soi; il a proclamé que tout le monde sensible n'est qu'apparence, et par suite il a ôté aux lois du monde sensible toute valeur, dès qu'elles dépassent l'expérience. Mais voici une chose vraiment singulière : pour démontrer cette existence purement relative du phénomène, il n'a pas eu recours à l'axiome si simple, si rapproché de nous, si indéniable que voici : « Point d'objet sans sujet » ; par ce moyen il eût

remonté à la racine de la question, il eût démontré que l'objet
n'existe jamais que par rapport à un sujet ; il eût prouvé par suite
que l'objet est dépendant du sujet, conditionné par lui, c'est-à-dire
qu'il est un simple phénomène n'existant point en soi, ni d'une
manière inconditionnée. Berkeley, dont Kant méconnaît les services,
avait déjà pris ce principe capital comme pierre angulaire de sa
philosophie, et par le fait il s'était acquis un titre de gloire impé-
rissable ; mais il n'a pas su tirer de ce principe toutes les conséquences qu'il entraînait, et, de plus, il lui est arrivé ou de n'être
point compris ou de n'être pas suffisamment étudié. Dans ma première édition, j'avais attribué à une horreur manifeste pour l'idéalisme radical le silence de Kant au sujet de ce principe de Berkeley ;
pourtant, d'un autre côté, je trouvais la même doctrine clairement
exprimée en maint passage de la *Critique de la raison pure;* et je
croyais, par suite, avoir surpris Kant en contradiction avec lui-
même. Du reste, ce reproche était fondé, pour qui ne connaît la
Critique de la raison pure, — et c'était mon cas, — que d'après
la seconde édition ou d'après les cinq suivantes, conformes à la
seconde. Mais lorsque, plus tard, je lus le chef-d'œuvre de Kant
dans la première édition, — qui déjà se faisait rare, — je vis, à ma
grande joie, toute contradiction s'évanouir: sans doute, Kant n'avait
pas employé la formule : « Point d'objet sans sujet » ; mais il n'en
était pas moins tout aussi décidé que Berkeley et que moi à réduire le monde extérieur situé dans l'espace et dans le temps à
une simple représentation du sujet connaissant; ainsi il dit par
exemple, sans aucune réserve : « Si je fais abstraction du sujet
pensant, tout le monde des corps s'évanouit, puisqu'il n'est rien
autre chose que le phénomène de cette faculté subjective qu'on
appelle sensibilité, un des modes de représentations du sujet qui
connaît (1) ». Mais tout le passage (2) dans lequel Kant exposait
d'une manière si belle et si nette son idéalisme radical a été supprimé par lui dans la seconde édition, et même remplacé par une
foule de propositions qui le contredisent. Ainsi, tel qu'il parut de
1787 à 1838, le texte de la *Critique de la raison pure* était un texte
dénaturé et corrompu ; la *Critique* se contredisait elle-même, et
pour cette raison la signification n'en pouvait être à personne tout
à fait claire, ni tout à fait intelligible. Dans une lettre à M. le professeur Rosenkranz, j'ai exposé en détail cette question, ainsi que
mes conjectures sur les raisons et sur les faiblesses qui ont pu
pousser Kant à altérer ainsi son œuvre immortelle ; M. le professeur Rosenkranz a introduit le passage capital de ma lettre dans

(1) *Critique de la raison pure,* p. 383.
(2) P. 348, 392.

la préface du second volume de son édition des *OEuvres complètes
de Kant* : j'y renvoie le lecteur. En 1838, à la suite de mes observations, M. le professeur Rosenkranz s'est trouvé porté à rétablir la
Critique de la raison pure dans sa forme primitive : dans ce second
volume que je viens de citer, il la fit réimprimer conformément à
l'édition de 1781 ; et il a, par le fait, mérité de la philosophie plus
qu'on ne saurait dire, il a même arraché à la mort, qui l'attendait
peut-être, l'œuvre la plus importante de la littérature allemande :
c'est un service qu'il ne faut pas oublier. Mais que personne ne se
figure connaître la *Critique de la raison pure*, ni avoir une idée
claire de la doctrine de Kant, s'il n'a lu la *Critique* que dans la
seconde édition ou dans une des suivantes ; cela est absolument
impossible, car il n'a lu qu'un texte tronqué, corrompu, dans une
certaine mesure apocryphe. C'est mon devoir de me prononcer là-
dessus clairement, et pour l'édification de chacun.

Nous avons vu avec quelle clarté le point de vue idéaliste radical
se trouve exprimé dans la première édition de la *Critique de la raison pure;* pourtant la manière dont Kant introduit la chose en soi
se trouve en contradiction indéniable avec ce point de vue, et c'est
là sans doute la raison principale pour laquelle il a supprimé dans
la seconde édition le passage idéaliste fort important que nous
avons cité ; il se déclarait en même temps l'adversaire de l'idéalisme
de Berkeley, et par là même il n'introduisait dans son œuvre que
des inconséquences, sans arriver à remédier au défaut principal.
Ce défaut est, comme chacun sait, d'avoir introduit la chose en
soi, ainsi qu'il l'a fait; dans son *OEnésidème*, G.-E. Schulze a prouvé
amplement que cette introduction de la chose en soi était inadmissible ; d'ailleurs elle n'a pas tardé à être considérée comme le point
vulnérable du système. La chose peut se démontrer à peu de frais.
Kant a beau s'en cacher par toute espèce de détours : il fonde
l'hypothèse de la chose en soi sur le raisonnement suivant où il
invoque la loi de causalité: à savoir que l'intuition empirique, ou
plus exactement sa source, c'est-à-dire l'impression produite dans
les organes de nos sens, doit avoir une cause extérieure. Or, d'après
la découverte si juste de Kant lui-même, la loi de causalité nous est
connue *a priori*, elle est une fonction de notre intellect, ce qui
revient à dire qu'elle a une origine subjective; bien plus, l'impression sensible elle-même, à laquelle nous appliquons ici la loi de
causalité, est incontestablement subjective ; enfin l'espace, où,
grâce à l'application de la loi de causalité, nous situons, en la nom-
mant objet, la cause de notre impression, l'espace lui aussi n'est
qu'une forme de notre intellect, donnée *a priori*, c'est-à-dire subjective. Ainsi, toute l'intuition empirique repose exclusivement sur
une base subjective ; elle n'est qu'un *processus*, qui se déroule en

nous-mêmes ; il nous est impossible d'élever à la dignité de chose
en soi ou de proclamer existant, à titre d'hypothèse nécessaire,
aucun objet radicalement différent et indépendant de cette intuition empirique. En réalité, l'intuition empirique est et demeure
uniquement notre simple représentation : elle est le monde comme
représentation. Pour ce qui est de l'être en soi du monde, nous n'y
pouvons atteindre que par une méthode tout à fait différente, celle
que j'ai employée : il faut pour cela invoquer le témoignage de la
conscience qui nous fait voir dans la volonté l'être en soi de notre
phénomène particulier ; mais alors la chose en soi devient quelque
chose qui diffère du tout au tout *(toto genere)* de la représentation
et de ses éléments ; c'est du reste ce que j'ai exposé.

L'erreur que commit Kant sur ce point est le vice capital de son
système : elle fut, ainsi que je l'ai dit, signalée de bonne heure.
Cette erreur est une confirmation du beau proverbe hindou : « Point
de lotus sans tige ». La tige, autrement dit l'erreur, c'est ici d'avoir
introduit la chose en soi par une déduction fautive : mais Kant ne
s'est trompé que dans la manière dont il a opéré sa déduction ; on
n'a point à lui reprocher d'avoir reconnu dans l'expérience donnée
une chose en soi. Cette dernière méprise était réservée à Fichte ;
d'ailleurs il ne pouvait l'éviter, car il ne travaillait point pour la
vérité, il n'avait souci que de la galerie et de ses intérêts person-
nels. Il fut assez effronté et assez étourdi pour nier complètement
la chose en soi et pour édifier un système dans lequel ce n'était
point seulement, comme chez Kant, la forme, mais encore la matière et tout le contenu de la représentation qui étaient tirés *a priori*
du sujet. Ce faisant, il avait, — et à juste titre, — confiance dans le
manque de jugement et dans la niaiserie d'un public qui acceptait,
pour des démonstrations, de mauvais sophismes, de simples tours
de passe-passe et des billevesées invraisemblables. Il réussit ainsi
à détourner de Kant l'attention générale pour l'attirer sur lui, et à
donner à la philosophie allemande une nouvelle direction ; dans
la suite, cette direction fut reprise par Schelling, qui alla plus loin
encore ; elle fut enfin poussée à l'extrême par Hegel, dont la profondeur apparente n'est qu'un abîme d'absurdités.

A présent je reviens au grand défaut de Kant, défaut que j'ai déjà
signalé plus haut : il n'a point distingué, comme il devait le faire,
la connaissance intuitive et la connaissance abstraite ; or il est ré-
sulté de là une confusion irrémédiable, que nous nous proposons
actuellement d'étudier de plus près. Kant aurait dû nettement séparer les représentations intuitives des concepts pensés d'une manière purement abstraite : en agissant ainsi, il ne les aurait point
confondus les uns avec les autres, et, chaque fois, il aurait su à laquelle des deux sortes de représentations il avait affaire. Malheu-

reusement tel n'est point le cas, je n'hésite pas à le déclarer, bien que cette critique n'ait pas encore été positivement formulée, et bien qu'elle risque de paraître inattendue. Kant parle sans cesse d'un certain « *objet de l'expérience* » qui est le contenu naturel des catégories ; or cet « *objet de l'expérience* » n'est point la représentation intuitive, il n'est pas non plus le concept abstrait, il diffère des deux, et, malgré tout, il est en même temps l'un et l'autre ; ou, pour mieux dire, c'est un pur non-sens. Car, — il faut bien le dire, si incroyable que cela paraisse, — Kant a manqué, dans cette circonstance, soit de réflexion, soit de bonne volonté ; il devait sur ce point tirer au clair pour lui-même ses propres idées, puis les exposer nettement aux autres ; il devait nous dire si ce qu'il appelle « objet de l'expérience, c'est-à-dire objet de la connaissance réalisée grâce à l'intervention des catégories », était la représentation intuitive dans l'espace et dans le temps (c'est-à-dire ma première classe de représentation), ou bien le simple concept. Il se contente d'un bout à l'autre, — chose singulière, — d'une notion intermédiaire et flottante ; et c'est de là que résulte la confusion malheureuse, que je dois maintenant mettre en pleine lumière. Pour arriver à ce but, il faut parcourir d'un coup d'œil général toute la *Théorie élémentaire de la raison pure* (1).

L'*Esthétique transcendantale* est une œuvre tellement précieuse qu'à elle seule elle eût suffi pour immortaliser le nom de Kant. Les démonstrations y sont si parfaitement probantes que je n'hésite point à mettre les propositions qui s'y trouvent au nombre des vérités irréfutables ; d'ailleurs elles sont entre toutes riches de conséquences, et elles constituent par suite ce qu'il y a de plus rare au monde, je veux dire une véritable et grande découverte métaphysique. Il est un fait rigoureusement démontré par Kant, à savoir qu'une partie de nos connaissances nous est connue *a priori* ; or, ce fait n'admet d'autre explication que celle-ci : les connaissances de cette nature sont les formes de notre intellect ; et encore cela est moins une explication qu'une expression fort nette du fait lui-même. En effet, l'expression *a priori* signifie simplement « une connaissance qui ne nous est point acquise par la voie de l'expérience, autrement dit qui ne nous est point venue du dehors ». Mais ce qui, sans être venu du dehors, n'en est pas moins présent dans notre intellect, c'est ce qui appartient originairement à cet intellect, c'est ce qui en fait, à proprement parler, l'essence. Ainsi ce qui est

---

(1) *Elementarlehre der reinen Vernunft.* Nom de la première grande division de la *Critique de la raison pure.*   *(Note du traducteur).*

donné avec l'intellect lui-même, c'est la manière générale dont tous
les objets doivent se présenter à lui, autrement dit ce n'est autre
chose que les formes de la connaissance de l'intellect, c'est-à-dire
la manière, — déterminée une fois pour toutes, — dont il accomplit
sa fonction de connaître. « Connaissances *a priori* » et « formes
originales de l'intellect » ne sont donc au fond que deux expressions pour une même chose, c'est-à-dire, dans une certaine mesure,
deux synonymes.

Aux doctrines de l'*Esthétique transcendantale*, je ne vois rien à
retrancher ; mais je voudrais y ajouter une chose, une seule. Kant
en effet n'est point allé jusqu'au bout de sa pensée, en ne rejetant
pas toute la méthode de démonstration selon Euclide, alors qu'il
avait dit que toute connaissance géométrique tirait de l'intuition
son évidence (1). Voici à ce propos un fait tout à fait singulier :
c'est un des adversaires de Kant, le plus profond de tous, il est vrai,
G.-E. Schulze (2), qui observe que la doctrine de Kant aurait pu introduire dans la méthode de la géométrie une révolution complète et
renverser la géométrie actuellement en usage ; Schulze croyait avoir
ainsi trouvé un argument apagogique contre Kant ; en réalité c'était
simplement à la méthode d'Euclide qu'il déclarait la guerre sans
le savoir. Qu'on se reporte ici au § XV du présent ouvrage.

L'esthétique transcendantale contient une étude détaillée des
formes générales de l'intuition ; mais, à la suite de cette exposition,
l'on voudrait encore quelques éclaircissements sur le contenu de
ces formes, sur la façon dont l'intuition empirique se présente à notre
conscience et dont se produit en nous la connaissance de tout cet
univers si réel et si considérable à nos yeux. Mais, sur ce point,
la doctrine de Kant tout entière ne contient rien de plus explicite
que la formule suivante, d'ailleurs dépourvue de sens : « La partie
empirique de l'intuition nous est donnée par le dehors ». — Voilà
pourquoi, d'un seul bond, Kant passe des formes pures de l'intuition
à la *pensée*, à la *logique transcendantale*. Dès le début de cette
nouvelle étude, ne pouvant s'empêcher de traiter la matière et le
contenu de l'intuition empirique, Kant fait son premier faux pas ;
il commet le πρῶτον ψεῦδος : « Notre connaissance, dit-il, a deux
sources, la réceptivité des impressions et la spontanéité des concepts : la première est la faculté de recevoir des représentations, la
seconde celle de connaître un objet grâce à ces représentations : par
la première l'objet nous est donné, par la seconde nous le pensons (3). » — Cela est faux ; car, à ce compte, l'impression pour
laquelle nous n'avons qu'une simple réceptivité, l'impression qui

<hr>

(1) P. 87; 5e éd. p. 102
(2) *Kritik der theoretischen Philosophie*, II, 241.
(3). P. 50; 5e éd., p. 74.

nous vient du dehors et qui, à proprement parler, est le seul facteur donné, serait déjà une représentation et même un objet. Pourtant il n'y a là rien de plus qu'une simple sensation dans un organe sensoriel ; et il faut que notre intellect fasse intervenir l'entendement, — c'est-à-dire la loi de causalité, — plus l'espace et le temps, formes de l'intuition, pour transformer cette simple sensation en une représentation, laquelle désormais existe dans l'espace et dans le temps à titre d'objet ; elle ne diffère de l'objet qu'en tant que celui-ci est considéré comme chose en soi, autrement elle lui est identique. J'ai exposé en détail tout ce *processus* dans mon traité du *Principe de raison* (1). Mais, une fois que l'intellect est intervenu, toute la fonction de l'entendement et de la connaissance intuitive se trouve remplie, et il n'y a besoin ni de concept, ni de pensée : aussi l'animal lui-même est-il capable d'avoir de telles représentations. Si nous introduisons les concepts et la pensée (laquelle, sans doute, comporte le caractère de la spontanéité), alors nous abandonnons complètement la connaissance intuitive : une classe de représentations tout à fait différente, composée des concepts non intuitifs, des concepts abstraits, fait son entrée dans la conscience : c'est là l'activité de la raison, laquelle pourtant tire tout le contenu de sa pensée uniquement de l'intuition qui précède cette pensée, et de la comparaison de cette intuition avec d'autres intuitions et d'autres concepts. Mais, de la sorte, Kant fait intervenir la pensée dans l'intuition, et il prépare ainsi la confusion irrémédiable de la connaissance intuitive et de la connaissance abstraite, confusion que je cherche ici à signaler. Il déclare que l'intuition, prise en soi, n'a aucun des caractères de l'entendement, qu'elle est purement sensible, par suite tout à fait passive, et qu'il ne faut rien moins que la pensée (les catégories de l'entendement) pour qu'un objet puisse être conçu : c'est ainsi qu'il fait *intervenir la pensée dans l'intuition*. Mais alors l'objet de la pensée redevient un objet particulier, réel ; et par le fait la pensée perd son caractère essentiel de généralité et d'abstraction ; au lieu de concepts généraux, elle a pour objets des choses particulières, et ainsi *l'intuition est amenée à son tour à intervenir dans la pensée*. C'est de là que résulte la confusion irrémédiable dont j'ai parlé, et les suites de ce premier faux pas se font sentir dans toute la théorie kantienne de la connaissance. Dans tout le cours de cette théorie se continue la confusion complète entre la représentation intuitive et la représentation abstraite ; cette confusion aboutit à une notion intermédiaire que Kant nous déclare être l'objet de la connaissance réalisée par l'entendement et ses catégories, — il donne à cette connaissance le

---

(1) *Dissertation sur la quadruple racine du principe de raison suffisante*, § 21.

nom & expérience. Il est difficile de croire que pour Kant lui-même cet objet de l'entendement correspondît à une notion tout à fait précise et véritablement claire : je vais maintenant démontrer effectivement que non, en invoquant la contradiction énorme qui se prolonge dans toute la *Logique transcendantale* et qui est la véritable cause de l'obscurité répandue sur toute cette partie de l'ouvrage.

En effet, dans la *Critique de la raison pure* (1), Kant répète et répète avec insistance que l'entendement n'est point une faculté d'intuition, que sa connaissance est non pas intuitive, mais discursive; que l'entendement est la faculté de formuler des jugements (2), et qu'un jugement est une connaissance indirecte, la représentation d'une représentation (3); que l'entendement est la faculté de penser, et que penser c'est connaître par concepts (4); que les catégories de l'entendement ne sont en aucune façon les conditions sous lesquelles les objets sont donnés dans l'intuition (5), et que l'intuition n'a nullement besoin des fonctions de la pensée (6); que notre entendement ne peut avoir que des pensées, non des intuitions (7). Ailleurs, dans les *Prolégomènes* (8), il dit que l'intuition, que la perception *(perceptio)* n'appartiennent qu'aux sens et que la faculté de formuler des jugements appartient exclusivement à l'entendement; dans le même ouvrage (9) il dit que la fonction des sens est d'avoir des intuitions, et que celle de l'entendement est de penser, c'est-à-dire de formuler des jugements. — Enfin, il dit encore, dans la *Critique de la raison pratique* : « L'entendement est discursif; ses représentations sont des pensées, non des intuitions (10) ». Ce sont là les propres paroles de Kant.

La conséquence, c'est que le monde intuitif existerait pour nous, même si nous n'avions pas d'entendement, que ce monde pénètre dans notre conscience d'une manière tout à fait inexplicable; c'est justement ce que Kant exprime par sa stupéfiante proposition : « l'intuition est donnée », sans donner de cette formule vague et figurée une plus ample explication.

Mais tout ce que nous venons de citer est en contradiction des plus flagrantes avec tout le reste de sa théorie sur l'entendement, sur

(1) P. 67-69; 5ᵉ éd., p. 92-94. — P. 89-90; 5ᵉ éd., p. 122-123. — Plus loin, 5ᵉ éd., p. 135, 139, 153.
(2) P. 69; 5ᵉ éd., p. 94.
(3) P. 68; 5ᵉ éd., 93.
(4) P. 69; 5ᵉ éd., 94.
(5) P. 89; 5ᵉ éd., p. 122
(6) P. 91; 5ᵉ éd., p. 123.
(7) P. 135; 5ᵉ éd., p. 139.
(8) § 20.
(9) § 22.
(10) 4ᵉ éd., p. 247; éd. Rosenkranz, p. 281.

les catégories de l'entendement et sur la possibilité de l'expérience dans la *Logique transcendantale*. Ainsi, toujours d'après la *Critique de la raison pure*, l'entendement, par ses catégories, apporte l'unité dans la multiplicité de l'intuition, et les concepts purs de l'entendement viennent s'appliquer *a priori* aux objets de l'intuition (1). Les catégories sont « la condition de l'expérience, aussi bien de l'intuition que de la pensée qu'on y remarque (2) ».

L'entendement est l'auteur de l'expérience (3). Les catégories déterminent l'intuition des objets (4). Tout ce que nous nous représentons comme uni dans l'objet a été d'abord uni par une opération de l'entendement (5) ; or l'objet est à n'en pas douter quelque chose d'intuitif, tout à fait exempt d'abstraction. Plus loin (6), l'entendement est encore défini la faculté d'unir *a priori* et de grouper la multiplicité des représentations données sous l'unité de l'aperception ; or, d'après l'usage universel de la langue, l'aperception ne consiste pas à penser un concept : qui dit aperception dit intuition. A la page suivante (7) nous trouvons même un principe général établissant la possiblité pour toute intuition d'être élaborée par l'entendement. Plus loin (8) c'est une épigraphe qui nous déclare que toute intuition sensible est conditionnée par les catégories. Précisément au même endroit, il est dit que *la fonction logique des jugements* consiste à grouper la multiplicité des intuitions données sous une aperception unique ; la multiplicité d'une intuition donnée vient nécessairement se ranger sous les catégories. L'unité est introduite dans l'intuition par le moyen des catégories, grâce à l'entendement (9). L'activité de l'entendement reçoit une définition étrange : c'est lui qui introduit dans la multiplicité de l'intuition la synthèse, l'union et l'ordre (10). L'expérience n'est possible que grâce aux catégories et elle consiste dans la liaison que l'on met entre les perceptions (11) ; or les perceptions ne sont à coup sûr pas autre chose que des intuitions. Les catégories sont les connaissances générales *a priori* que l'on peut avoir sur les objets de l'intuition (12). — En cet endroit même et un peu plus loin (13), Kant expose cette idée importante que la nature n'est rendue possible

<hr>

(1) P. 79 ; 5e éd., p. 105.
(2) P. 94 ; 5e éd., p. 126.
(3) 5e éd., p. 127
(4) 5e éd., p. 128.
(5) 5e éd., p. 130.
(6) 5e éd., p. 135.
(7) 5e éd., p. 130.
(8) 5e éd., p. 143.
(9) 5e éd., p. 144.
(10) 5e éd., p. 145.
(11) 5e éd., p. 161.
(12) 5e éd., p. 159.
(13) 5e éd., p. 163, 1 5

que grâce à l'entendement qui prescrit à la nature ses lois *a priori*
suivant lesquelles celle-ci se dirige. Or la nature est chose intuitive entre toutes, nullement abstraite; par suite, l'entendement
devrait être une faculté d'intuition. Les concepts de l'entendement,
dit-il encore, sont les principes de la possibilité de l'expérience, et
l'expérience peut être définie d'une manière générale le fait de dis-
poser des phénomènes dans l'espace et dans le temps (1); or les
phénomènes ont incontestablement leur existence dans l'intuition.
Je cite enfin la longue démonstration (2) dont j'ai montré en détail
l'exactitude dans mon traité sur le *Principe de raison* (3). Selon
Kant, la succession objective, et aussi la coexistence des éléments
de l'expérience, n'est point perçue par les sens; c'est l'entendement
seul qui l'introduit dans la nature et qui par le fait est le premier
auteur de la possibilité de la nature. Or la nature, qui est une suite
d'événements et une coexistence d'états différents, est chose purement intuitive, loin d'être une idée purement abstraite.

Je défie tous ceux qui partagent le respect que j'ai pour Kant de
concilier ces contradictions et de prouver que la pensée kantienne
ait été tout à fait claire et précise dans la théorie sur l'objet de
l'expérience et sur la manière dont elle est déterminée, grâce à l'activité de l'entendement et de ses douze fonctions. La contradiction
que j'ai signalée, — contradiction qui se prolonge dans toute la
Logique transcendantale, — est, j'en suis convaincu, la véritable
cause de la grande obscurité répandue dans toute cette partie de
l'exposition. Kant avait une vague conscience de cette contradiction contre laquelle il luttait dans son for intérieur ; mais il ne
voulait ou ne pouvait point en prendre une claire conscience, il
essayait de la cacher à lui-même et aux autres, et il recourait,
pour la dissimuler, à toute espèce de faux-fuyants. Telle est peut-
être la raison pour laquelle il nous présente la faculté de connaître
comme une machine si bizarre, si compliquée, avec des rouages
aussi nombreux que les douze catégories, la synthèse transcendantale de l'imagination, et enfin le schématisme des concepts purs
de l'entendement. Pourtant, malgré tout cet appareil, Kant n'essaye
pas une seule fois d'expliquer l'intuition du monde extérieur,
laquelle est pourtant ce qu'il y a de plus important dans notre connaissance ; cette question si pressante est toujours misérablement
éludée par la même formule, insignifiante et métaphorique : « L'intuition empirique nous est donnée ». Dans un autre passage (4),
nous lisons encore que cette intuition empirique est donnée par
l'objet : l'objet doit donc être quelque chose d'autre que l'intuition.

(1) 5ᵉ éd., p. 168.
(2) P. 189-211, 5ᵉ éd., p. 232, 265.
(3) *Dissertation sur la quadruple racine du principe de raison suffisante*, § 23.
(4) 5ᵉ éd., p. 145.

Efforçons-nous de pénétrer la pensée intime de Kant, celle qui n'a point été clairement formulée, voici ce que nous trouverons : Un tel objet, — différent de l'intuition, sans être pourtant un concept, — est en réalité pour Kant l'objet propre de l'entendement ; l'hypothèse de cet objet — non susceptible d'être représenté (1) — est même, de l'avis de Kant, la condition nécessaire pour que l'intuition se puisse transformer en expérience. Le fondement dernier de cette croyance de Kant à un objet absolu, un objet qui en soi, c'est-à-dire indépendamment de tout sujet, peut être un objet, doit être cherché dans un préjugé fortement ancré dans l'esprit de Kant et réfractaire à toute investigation critique. Cet objet n'est nullement l'objet qui se présente dans l'intuition ; c'est au contraire un objet que la pensée ajoute par un concept à l'intuition, pour donner à celle-ci un correspondant; grâce à cette opération, l'intuition devient expérience, elle acquiert sa valeur et sa vérité, autrement dit elle est redevable de l'une et de l'autre à ses rapports avec un concept ; or cela est diamétralement opposé à la démonstration que nous avons faite précédemment, savoir que le concept ne peut tirer sa valeur et sa vérité que de l'intuition. Faire intervenir dans la pensée cet objet qui ne peut être directement représenté dans l'intuition, telle est la fonction propre des catégories. « Ce n'est que par l'intuition que l'objet est donné : ensuite il est pensé conformément aux catégories (2). » Voici encore un passage de la cinquième édition, qui est particulièrement net : « Maintenant il s'agit de savoir si les concepts *a priori* ne peuvent pas être aussi les conditions suffisantes pour qu'une chose soit pensée à titre d'objet, d'une manière générale, sans avoir été au préalable perçue par l'intuition (3) ». Kant répond à cette question par l'affirmative. Ici se laisse voir clairement la source de l'erreur et de la confusion où Kant s'est enveloppé. En effet, l'objet considéré comme tel n'existe jamais que par et dans l'intuition : or, l'intuition ne peut avoir lieu que par les sens ou, à leur défaut, par l'imagination. Au contraire, ce qui est pensé est toujours un concept général, non intuitif, capable, à titre de notion, de représenter dans tous les cas l'objet auquel il correspond. Mais la relation de la pensée aux objets n'est qu'indirecte, elle se fait par l'intermédiaire des concepts , puisque les objets eux-mêmes sont et restent toujours intuitifs. En effet, notre pensée ne sert nullement à conférer la réalité aux intuitions : ces intuitions ont leur réalité, dans la mesure où elles sont capables de la posséder par elle-même, c'est-à-dire qu'elles ont la réalité empirique ; la pensée sert à réunir dans un même faisceau les

(1) « Unvorstellbar. »
(2) *Critique de la raison pure*, 1ʳᵉ éd., p. 399.
(3) 5ᵉ éd., p. 125.

parties communes et les résultats des intuitions, afin de pouvoir les conserver et les manier plus commodément. Kant au contraire attribue les objets eux-mêmes à la pensée, afin de mettre par le fait l'expérience et le monde objectif sous la dépendance de l'entende-ment, sans pourtant admettre que l'entendement puisse être une faculté d'intuition. Sous ce rapport, il sépare complètement l'intui-tion de la pensée ; mais cependant il considère les choses particu-lières comme des objets tantôt de l'intuition, tantôt de la pensée. En réalité les choses particulières ne sont objets que de l'intuition : notre intuition empirique est par elle-même objective, par la raison qu'elle a son origine dans le lien causal. Elle a immédiatement pour objet les choses, et non point des représentations autres que les choses. Les choses particulières sont perçues intuitivement comme telles dans l'entendement et par les sens : l'impression incomplète qu'elles produisent sur nos sens est complétée sur-le-champ par l'imagination. Au contraire, dès que nous passons à la pensée, nous abandonnons les choses particulières et nous avons affaire à des concepts généraux non intuitifs, bien que dans la suite nous appliquions les résultats de notre pensée aux choses particulières. Pénétrons-nous de cette vérité, et nous verrons clairement qu'il est inadmissible que l'intuition des choses ait besoin de l'application des douze catégories par l'entendement pour obtenir une réalité qui appartient déjà aux choses elles-mêmes, et pour devenir d'intuition expérience. Tout au contraire, dans l'intuition même, la réalité em-pirique et, par conséquent, l'expérience, sont déjà données ; mais l'intuition ne peut avoir lieu que si l'on applique à l'impression sensible l'idée d'enchaînement causal : or, cette opération est la fonction unique de l'entendement. Par suite, l'intuition est chose réellement intellectuelle, et c'est précisément ce que nie Kant.

Cette idée de Kant que nous critiquons ici ne se trouve pas seu-lement dans les passages que nous avons cités ; elle est encore exprimée avec une netteté parfaite dans la *Critique du jugement*, dès le commencement de l'ouvrage (1) ; elle l'est également dans les *Fondements métaphysiques des sciences de la nature* (Cf. la remarque annexée à la première définition de la *Phénoménologie*). Mais c'est dans le livre d'un disciple de Kant qu'on la trouve exposée de la manière la plus claire, avec une naïveté que Kant ne s'était point permise sur ce point délicat : j'ai nommé le *Fondement d'une logique générale* de Kiesewetter (2) ; on en peut dire autant de la *Logique à la manière allemande* de Tieftrunk (3). Il y a là un exemple frappant de la manière dont les écrivains sans originalité,

(1) § 36.
(2) *Grundriss einer allgemeinen Logik.*, 3ᵉ éd., part. I, p. 434, et par t. II, §§ 52 et 53.
(3) *Denklehre in rein deutschem Gewande.*

disciples de penseurs originaux, jouent, à l'égard des défauts de leur
maître, le rôle d'un miroir grossissant. Kant, après avoir adopté la
théorie des catégories, ne cesse de se montrer très modéré dans
l'exposition ; ses disciples au contraire sont tout à fait intransi-
geants, et par le fait ils mettent en lumière ce qu'il y a de faux dans
cette théorie.

D'après ce que nous avons dit, pour Kant l'objet des catégories
n'est point la chose en soi, mais bien ce qui s'en rapproche le plus :
l'objet des catégories, c'est pour Kant l'objet en soi ; c'est un objet
qui n'a besoin d'aucun sujet ; c'est une chose particulière qui pourtant n'est point située dans le temps et dans l'espace, parce qu'elle
n'est pas intuitive ; c'est l'objet de la pensée, et cependant ce n'est
pas un concept abstrait. Ainsi Kant fait en réalité une triple distinction. Il reconnaît : 1° la représentation ; 2° l'objet de la représentation ; 3° la chose en soi. La représentation est du ressort de la
sensibilité : dans la représentation la sensibilité saisit non seulement l'impression, mais aussi les formes pures de l'intuition,
l'espace et le temps. L'objet de la représentation est du ressort de
l'entendement ; l'entendement l'introduit dans la pensée par le
moyen des douze catégories. La chose en soi réside en dehors de
toute connaissance possible (1). Mais en réalité la distinction de la
représentation, d'une part, et de son objet, d'autre part, n'est point
fondée : c'est *ce* que Berkeley avait déjà démontré ; c'est ce qui
ressort de tout mon enseignement (2) ; c'est aussi ce qui se dégage
du point de vue purement idéaliste auquel Kant s'était placé dans
la première édition. Si l'on ne voulait point faire rentrer l'objet de
la représentation dans la représentation elle-même et l'identifier
avec elle, c'était à la chose en soi qu'on devait le ramener : cela
dépend, en définitive, du sens que l'on attribue au mot *objet*. En
tout cas, il demeure vrai que, si l'on réfléchit avec soin, il est impossible de trouver quelque chose en dehors de la représentation et
de la chose en soi. L'introduction abusive de cet élément hybride
que Kant appelle objet de la représentation, est la source des
erreurs qu'il a commises. Si l'on écarte « l'objet de la représentation », on réfute en même temps la doctrine des catégories consi-
dérées comme concepts *a priori* : les catégories, en effet, ne contribuent en rien à l'intuition, elles ne tirent point leur valeur de la
chose en soi ; elles nous servent uniquement à penser les *objets
de la représentation* et à transformer par le fait l'intuition en expérience. En réalité, toute intuition empirique est déjà expérience ;
or, est empirique toute intuition qui provient d'une impression
sensible : l'entendement, par le moyen de son unique fonction qui

(1) Cf., pour vérifier cette division, *Critique de la raison pure*, 1re éd., p. 108 et 109.
(2) Cf. livre I et part i. *Supplément*, ch. 1.   (*Note de Schopenhauer.*)

est la connaissance de la loi de causalité, rapporte cette impression
à la cause , et cette cause se trouve par le fait située, à titre d'objet
de l'expérience, dans l'espace et dans le temps qui sont les formes
de l'intuition pure ; elle devient un objet matériel, subsistant dans
l'espace pendant toute la durée du temps ; mais précisément à ce
titre, elle demeure toujours simple représentation, comme l'espace
et le temps eux-mêmes. Si nous voulons aller au-delà de la représentation, nous voyons se poser la question de la chose en soi, question
à laquelle mon livre, comme toute métaphysique en général, a
pour but de répondre. A l'erreur de Kant que nous signalons ici se
rattache le défaut suivant, relevé plus haut : il ne fait point la théorie
de la genèse de l'intuition empirique ; il nous dit qu'elle est donnée,
sans ajouter d'autre explication, et il l'identifie ainsi avec la simple
impression sensible ; d'ailleurs il n'attribue à l'intuition sensible
que les formes de l'intuition, le temps et l'espace, qu'il comprend
tous deux sous la rubrique de sensibilité. Mais ces matériaux ne
suffisent pas à constituer une représentation objective : car la
représentation objective exige absolument que l'impression soit
rapportée à la cause, autrement dit elle suppose la loi de causalité,
l'entendement ; en effet, sans cette condition, l'impression demeure
toujours simplement subjective et elle ne projette point l'objet dans
l'espace, même si cette forme d'espace lui est concomitante. Mais
chez Kant l'entendement ne devait point être employé pour l'intuition : il devait simplement *penser*, afin de rester dans le ressort
de la *Logique transcendantale*. A ce défaut se rattache encore un
autre défaut de Kant : sans doute il a reconnu avec raison que la
loi de causalité était une loi *a priori* ; mais il n'y avait qu'une
preuve valable pour le démontrer, savoir la preuve tirée de la possibilité de l'intuition empirique objective elle-même ; or il m'a laissé
l'honneur d'inaugurer cette démonstration, et, au lieu de la donner
lui-même, il en apporte une qui est ouvertement fausse, ainsi que
je l'ai déjà démontré (1).

De ce qui précède il ressort clairement que Kant a composé son
objet de la représentation avec ce qu'il a enlevé partie à la représentation, partie à la chose en soi. Pour Kant, l'expérience ne pouvait avoir lieu sans l'intervention des douze fonctions différentes de
notre entendement, et il fallait également douze concepts *a priori*
pour penser les objets qui n'avaient été d'abord qu'intuitivement
perçus ; à ce compte, chaque chose réelle devait avoir comme telle
une foule de déterminations ; de ces déterminations, pas plus que
de l'espace et du temps, la pensée ne peut en aucune manière faire
abstraction, attendu qu'elles sont données *a priori* ; elles appartiennent à titre essentiel à l'essence des choses, et pourtant on ne peut

(1) Cf. mon traité sur la *Quadruple racine du principe de raison suffisante*, § 23.

pas les déduire des propriétés de l'espace et du temps. En réalité il n'y a qu'une seule détermination de cette sorte dont on puisse constater l'existence : celle de la causalité. C'est sur elle que repose la matérialité, puisque l'essence de la matière consiste dans l'action et que la matière est purement et simplement causalité (1). Or la matérialité est le seul caractère qui distingue l'objet réel de l'hallucination, laquelle n'est que représentation. En effet, la matière, en tant que persistante, donne à l'objet la persistance dans le temps, du moins la persistance matérielle, alors même que les formes changent conformément à la loi de causalité. Dans l'objet tout le reste n'est que détermination de l'espace et du temps ; quant aux propriétés empiriques, elles se ramènent toutes au genre d'activité de l'objet, autrement dit elles sont des détermations causales. La causalité entre déjà à titre de condition dans l'intuition empirique ; grâce à elle, l'intuition est du ressort de l'entendement, c'est l'entendement qui rend possible l'intuition ; mais, à part la loi de causalité, l'entendement ne contribue en rien à l'expérience, ni à la possibilité de l'expérience. Sauf ce que nous indiquons ici, le contenu des vieilles ontologies se borne aux rapports des choses entre elles ou avec notre réflexion.

La manière dont Kant expose sa théorie des catégories suffit déjà à prouver que cette théorie est dénuée de fondement. Quelle différence, à ce point de vue, entre l'*Esthétique transcendantale* et l'*Analytique transcendantale!* Dans la première, quelle clarté, quelle précision, quelle sûreté, quelle solide conviction franchement exprimée, infailliblement communiquée! Tout y est lumineux, et Kant n'y a pas laissé de recoins obscurs: il sait ce qu'il veut, et il sait qu'il a raison. Dans la seconde, au contraire, tout est obscur, confus, vague, flottant, incertain; l'exposition est timide, pleine de restrictions et de renvois à ce qui suit, ou même à des restrictions précédentes. Du reste, toute la seconde et toute la troisième section de la déduction des concepts purs de l'entendement ont été complètement changées dans la seconde édition ; car Kant lui-même les trouvait insuffisantes, et il leur a substitué quelque chose de tout différent, mais qui n'est en aucune façon plus clair. On voit Kant en lutte véritable avec la vérité, à seule fin de faire passer l'opinion à laquelle il s'était arrêté. Dans l'*Esthétique transcendantale*, toutes ses propositions sont démontrées effectivement par des faits de conscience indéniables; au contraire, dans l'*Analytique transcendantale*, nous ne trouvons, si nous y regardons de près, que des pures affirmations: « cela est ainsi, cela ne peut être autrement; » et rien de plus. Ici, en un mot, comme partout, l'exposition porte la marque de la pensée qui l'inspire : car le style est la physionomie de l'esprit. — En-

(1) Voir chap. **IV** des *Suppléments*.

core un fait à remarquer : toutes les fois que, pour mieux s'expliquer Kant veut donner un exemple, il prend presque toujours la catégorie de la causalité, et, dans ce cas, l'exemple concorde parfaitement avec son assertion : c'est précisément parce que la causalité est la forme réelle, mais aussi l'unique forme de l'entendement ; quant aux onze autres catégories, ce sont comme de fausses fenêtres sur une façade. La déduction des catégories, dans la première édition, est plus simple, moins embarrassée que dans la seconde.

Il tâche de démontrer de quelle manière l'entendement, se guidant sur l'intuition fournie par la sensibilité et s'aidant de la pensée des catégories, arrive à constituer l'expérience. Dans le courant de cette démonstration, il répète jusqu'à satiété les expressions de récognition, reproduction, association, appréhension, unité transcendantale de l'aperception, et malgré tout il n'arrive point à la netteté. Mais, chose tout à fait remarquable, il ne touche pas une seule fois dans toute cette étude ce qui doit frapper d'abord tout le monde, je veux dire le rapport de l'impression sensible avec sa cause extérieure. S'il ne voulait point reconnaître l'existence de ce rapport, tout au moins devait-il le nier explicitement : mais il n'en produit pas même la négation. Il tourne autour de la question sans l'aborder, et tous les kantiens l'ont imité sur ce point. Le motif secret de cette réserve, c'est qu'il met de côté l'enchaînement causal sous le nom de « raison du phénomène (1) », afin de s'en servir dans sa fausse déduction de la chose en soi ; d'ailleurs, si l'on admet l'idée d'une relation avec la cause, l'intuition devient intellectuelle, et c'est ce que Kant ne veut pas accorder. En outre, Kant semble avoir craint, s'il admettait l'existence d'un lien causal entre l'impression sensible et l'objet, de transformer par là même l'objet en chose en soi et d'être ramené à l'empirisme de Locke. Mais cette difficulté s'évanouit à la lumière de la réflexion, qui nous montre que la loi de causalité est d'origine subjective, de même que l'impression sensible elle-même, de même aussi que notre propre corps, dans la mesure où il se manifeste dans l'espace, appartiennent au monde des représentations. Mais Kant ne pouvait souscrire à tout cela, parce qu'il avait peur de tomber dans l'idéalisme de Berkeley.

A plusieurs reprises Kant nous donne, comme l'opération essentielle accomplie par l'entendement à l'aide des douze catégories, *la synthèse de la diversité de l'intuition* (2) ; mais nulle part il n'éclaircit ni il ne montre suffisamment ce qu'est cette diversité de l'intuition, avant que l'entendement en fasse la synthèse. Mais en réalité le temps et l'espace, — l'espace même avec ses trois dimensions, — sont continus, autrement dit toutes leurs parties ne sont

(1) « Grund der Erscheinung. »
(2) « Die Verbindung des Mannifaltigen der Anschauung. »

point originairement séparées, mais au contraire unies entre elles
Or, le temps et l'espace sont les formes universelles de notre intuition : par conséquent, tout ce qui est représenté ou donné dans le
temps et dans l'espace se manifeste originairement comme continu,
autrement dit comme uni dans toutes ses parties ; plus n'est besoin
désormais de faire intervenir une prétendue synthèse de cette diversité. Ce serait une erreur de faire consister cette synthèse de la
pluralité de l'intuition dans l'opération par laquelle, lorsqu'un objet
produit sur nos différents sens des impressions diverses, nous
rapportons néanmoins ces impressions à un objet unique ; ainsi,
quand nous avons l'intuition d'une cloche et que nous reconnaissons
un seul et même corps dans ce qui donne à notre œil l'impression
du jaune, à nos mains celle du poli et de la dureté, à nos oreilles
celles du son. En réalité il ne faut voir là qu'un résultat de la connaissance *a priori* du lien causal ; cette connaissance est la fonction
réelle et unique de l'entendement ; grâce à elle, étant données
les différentes impressions reçues par les organes de nos différents
sens, nous remontons cependant à une cause unique, commune à
toutes ces impressions, et cette cause n'est autre que la constitution
du corps qui se trouve devant nous, de telle sorte que notre entendement, malgré la diversité et la pluralité des effets, saisit
néanmoins l'unité de la cause sous la forme d'un objet un et qui grâce
à son unité même se manifeste intuitivement. — Dans le beau
résumé qu'il donne de sa doctrine dans la *Critique de la Raison
pure* (1), Kant définit les catégories d'une manière plus nette peut-
être que partout ailleurs: elles sont, dit-il, « la simple règle de la
synthèse des données *a posteriori* de la perception ». Kant semble
concevoir ici le rôle des catégories par analogie avec celui des
angles dans la construction des triangles ; car les angles eux aussi
nous donnent la règle de combinaison des lignes : tout au moins,
grâce à cette image. il nous est possible d'expliquer de notre
mieux ce que dit Kant au sujet de la fonction des catégories. La
préface des *Fondements métaphysiques de la science de la nature*
contient une longue remarque qui nous donne également une définition des catégories ; « les catégories, dit-il, ne sont en rien
distinctes des opérations formelles accomplies par l'entendement
dans le jugement, » sauf sur un seul point : dans ces dernière, les
sujet et le prédicat peuvent en toutes circonstances changer de
place entre eux ; puis Kant définit le jugement en général de la manière suivante : « Une opération par laquelle les représentations
données commencent à devenir des connaissances relatives à un
objet ». A ce compte les animaux, qui ne formulent point de ju-

____

(1) P. 719, 726 ; Vᵉ éd. P. 747, 754.

gement, devraient n'avoir aucune connaissance des objets. D'une
manière générale, d'après Kant, on ne peut avoir l'intuition des
objets ; on en a le concept. Moi, je dis au contraire : les objets
n'existent en réalité que par l'intuition, et les concepts ne sont
jamais que des abstractions tirées de cette intuition. La pensée
abstraite doit donc se guider rigoureusement d'après le monde, tel
qu'il nous est livré par l'intuition, puisque c'est uniquement à leur
rapport avec le monde intuitif que les concepts doivent leur contenu ; de même, il est inutile d'admettre, pour la formation des
concepts, aucune forme déterminée *a priori*, sauf l'aptitude toute
générale à la réflexion dont la fonction essentielle est la formation
des concepts, autrement 'dit de représentations abstraites et non
intuitives; ce qui est d'ailleurs l'unique fonction de la raison, ainsi
que je l'ai montré dans le premier livre. Voilà pourquoi je veux
que, sur les douze catégories, on en jette onze par-dessus bord pour
conserver seulement la causalité ; toutefois il faut bien 'entendre
que l'exercice de cette catégorie n'est rien moins que la condition
de l'intuition empirique, laquelle par suite n'est point une opération
purement sensible, mais bien intellectuelle, et que l'objet ainsi
perçu par l'intuition, l'objet de l'expérience ne fait qu'un avec la
représentation : il n'y a que la chose en soi qui ne rentre pas dans
cette dernière.

Ayant étudié à diverses reprises et à des époques différentes de
ma vie la *Critique de la raison pure* , je me suis fait ou plutôt
j'ai reçu de cette étude approfondie des idées arrêtées au sujet
de l'origine de la *Logique transcendantale* ; comme je les crois
fort utiles à l'intelligence de l'œuvre, je les exprime ici. A lui tout
seul, ce simple aperçu, que « *l'espace et le temps nous sont connus
a priori* », est une découverte qui suppose une intelligence objective et la plus haute réflexion dont un homme soit capable. Réjoui
de cette heureuse trouvaille, Kant a voulu poursuivre plus loin la
veine qu'il avait rencontrée : son amour pour la symétrie architectonique fut pour lui le fil directeur. Ayant découvert que l'intuition empirique repose sur une intuition pure *a priori* qui en
est la condition, il pensa que les concepts acquis empiriquement,
devaient avoir également pour fondement dans notre faculté de
connaître certains *concepts purs* ; la pensée empirique réelle ne
devait être possible que grâce à une pensée pure *a priori*, laquelle
n'avait par elle-même aucun objet propre, mais devait em-
prunter ses objets à l'intuition; en sorte que, si les démonstrations
de l'*Esthétique transcendentale* attribuaient un fondement *a priori*
aux mathématiques, il devait également y en avoir un autre analogue
pour la logique. Et voilà pourquoi l'*Esthétique transcendantale* eut
dans la *Logique transcendantale* son pendant symétrique. Désor-

mais Kant ne fut plus libre, il ne se trouva plus dans la condition d'un chercheur désintéressé, d'un observateur des faits de conscience ; il reçut sa direction d'une hypothèse et il poursuivit un but, celui de confirmer son hypothèse par ses découvertes ; après avoir si heureusement invente l'*Esthétique transcendantale*, il voulait à tout prix surmonter celle-ci d'un second étage, d'une *Logique transcendantale* qui lui fût analogue, c'est-à-dire qui lui répondit symétriquement. Il en vint ainsi au tableau des jugements ; du tableau des jugements, il déduisit du mieux qu'il put celui des catégories, sous la forme d'une théorie de douze concepts *a priori* ; ces concepts étaient la condition sous laquelle nous pensions les choses, de même que tout à l'heure les deux formes de la sensibilité étaient la condition sous laquelle nous les percevions intuitivement ; de cette manière, à la sensibilité pure correspondait désormais un entendement pur ; toujours en suivant la même voie, il fît une remarque qui lui fournit un moyen d'augmenter la probabilité de son système, en recourant au *schématisme* des concepts purs de l'entendement ; mais par là même son procédé (dont il usait d'ailleurs inconsciemment) se trahit, de la manière la plus évidente. En effet, tandis qu'il s'efforçait de trouver, pour chaque fonction empirique de la faculté de connaître, une fonction *a priori* analogue, il fit la remarque suivante : entre notre intuition empirique et notre pensée empirique, réalisée dans des concepts abstraits non-intuitifs, il y a encore un terme moyen qui intervient sinon toujours, du moins très fréquemment ; de temps à autre, en effet, nous essayons de passer de la pensée abstraite à l'intuition, mais nous ne faisons qu'essayer, et en cela notre but est simplement de nous assurer que notre pensée abstraite n'a point quitté le terrain solide de l'intuition, qu'elle ne s'est point envolée ailleurs, qu'elle n'est point devenu simple échafaudage de mots ; c'est à peu près comme si, marchant dans les ténèbres, de temps en temps, nous touchions le mur de la main pour nous guider. Dans ce cas nous faisons — momentanément et à titre d'essai — un retour à l'intuition : nous évoquons dans notre imagination une intuition correspondant au concept qui nous occupe ; toutefois cette intuition ne peut jamais être complètement adéquate à ce concept, elle en est simplement un représentant provisoire. Sur ce sujet j'ai déjà dit le nécessaire dans mon essai sur le *Principe de Raison* (1). Par opposition avec les images parfaites de l'imagination, Kant nomme un fantôme passager de cette espèce un *schema* ; c'est, dit-il, en quelque sorte un monogramme de l'imagination. De là il arrive à la théorie suivante : de même qu'entre la pensée abstraite de nos

____

(1) Dissertation sur la quadruple racine du principe de raison suffisante, § 28.

concepts acquis par l'expérience, et la claire intuition, qui nous vient par les sens, il y a comme intermédiaire un schema ; de même entre la sensibilité pure—faculté de percevoir intuitivement *a priori* —, et l'entendement pur — faculté de penser *a priori*, qui n'est autre chose que les catégories —, il doit également y avoir des *schemas a priori* analogues, *les schemas des concepts purs de l'entendement ;* ces *schemas*, Kant les définit un. à un comme des monogrammes de l'imagination pure *a priori* et il classe chacun d'eux dans la catégorie qui lui correspond ; cela fait le sujet de l'étonnant chapitre *du schématisme des concepts purs de l'entendement*, chapitre réputé obscur entre tous, parce que personne jusqu'à présent n'y a pu voir clair ; pourtant cette obscurité s'éclaire si l'on se place, pour le considérer, au point de vue que nous indiquons ici — point de vue du reste d'où l'on découvre mieux que de tout autre la partialité avec laquelle Kant procède et son parti pris de trouver des analogies, des correspondances, des éléments qui obéissent à la symétrie architectonique : il faut même avouer qu'ici la chose est poussée si loin qu'elle en devient comique. Kant, en effet, se met à chercher des analogies aux schemas empiriques, c'est-à-dire aux représentants imaginatifs de nos concepts réels, ces analogues devant être les schemas des concepts purs *a priori*, soit des catégories, lesquelles sont dénuées de contenu ; et il ne s'aperçoit pas que de tels schemas n'atteignent nullement à leur but. En effet, dans la pensée réelle, dans la pensée empirique, le but des schemas n'est jamais autre que de vérifier le contenu matériel des concepts : comme les concepts procèdent de l'intuition empirique, nous nous aidons et nous nous orientons dans la pensée abstraite en jetant de temps à autre un regard rapide sur l'intuition dont les concepts sont issus, à seule fin de nous assurer que notre pensée a encore un contenu réel. Or cette opération suppose nécessairement que les concepts qui nous occupent sont originaires de l'intuition ; c'est un simple regard jeté en arrière pour vérifier leur contenu matériel ; en un mot, c'est purement et simplement un remède à notre faiblesse. Mais les concepts *a priori* n'ont comme tels aucun contenu ; il est donc de toute évidence qu'on ne peut faire sur eux aucune opération de ce genre ; en effet, ils ne sont point issus de l'intuition ; ils sont au contraire fournis à celle-ci par nous-mêmes, et c'est de l'intuition qu'ils reçoivent leur contenu ; par conséquent ils n'ont par eux-mêmes aucun contenu auquel on puisse se référer. Je m'étends sur ce point ; car il fait le jour sur le mode intime de formation de la philosophie de Kant. En voici tout le secret: Kant, après son heureuse découverte des deux formes *a priori* de l'intuition, se laisse guider par l'analogie, et pour chaque mode de notre connaissance empirique s'efforce de trouver un mode analogue de connaissance *a priori*; dans la théorie du schématisme, il finit par étendre ce procédé jusqu'à un fait purement psychologique ; en même temps, l'apparente profondeur et la difficulté de l'exposition servent précisément à faire illusion au lecteur sur le contenu de ces *schemas*, c'est-à-dire à lui cacher qu'ils ne sont qu'une supposition parfaitement indémontrable et purement arbitraire ; quant à celui qui finit par pénétrer le sens d'une pareille exposition, il a eu tant de peine à comprendre, qu'il croit être convaincu. Si au contraire Kant avait conservé ici sa liberté, sa condition de simple observateur, comme lorsqu'il avait découvert les intuitions *a priori*, voici ce qu'il aurait trouvé : ce qui s'ajoute à l'intuition pure de l'espace et du temps, lorsqu'une intuition empirique s'en dégage, c'est d'une part la sensation, d'autre part l'idée de causalité ; cette idée transforme la simple sensation en intuition empirique objective ; aussi ne peut-elle être empruntée à l'intuition ni enseignée par elle ; elle est donnée *a priori*, elle est la forme et la fonction de l'entendement pur, forme et fonction unique, mais tellement féconde par ses effets que toute notre connaissance empirique repose sur elle. — On a souvent dit que la réfutation d'une erreur n'était complète que si l'on en montrait psychologiquement l'origine ; je crois dans ce qui précède, — touchant la doctrine de Kant sur les catégories et sur les schemas, m'être conformé à ce précepte.

Après avoir, dans les grandes lignes de sa théorie sur la faculté de représentation, commis tant de graves fautes, Kant arrive à des hypothèses multiples et fort compliquées. Citons entre autres et en première ligne, l'unité synthétique de l'aperception, chose fort singulière, exprimée d'une manière plus singulière encore. « Le *je pense* doit pouvoir accompagner toutes mes représentations. » — Doit pouvoir! — C'est là ce qu'on appelle une énonciation tout à la fois problématique et apodictique ; autrement dit, et pour parler clair, c'est une proposition qui reprend d'une main ce qu'elle donne de l'autre. Quel est en définitive le sens de cette phrase si ambiguë? Est-ce celui-ci : *Toute représentation est une pensée* ? Non ; heureusement non ; car dans ce cas il n'existerait plus que des concepts abstraits, et surtout il n'y aurait plus d'intuition exempte de réflexion et de volonté ; du même coup serait supprimée la compréhension la plus profonde qu'on puisse avoir de l'essence vraie des choses, c'est-à-dire de leurs Idées, au sens platonicien du mot. Ajoutons que dans ce cas les animaux devraient, de deux choses l'une, ou bien penser comme les hommes ou bien être totalement privés de représentations. — Ou bien Kant aurait-il voulu dire par hasard : *Point d'objet sans sujet ?* Cette vérité serait alors bien mal exprimée, et elle viendrait trop tard. — En résumant les explications de Kant, voici ce que nous trouvons : ce qu'il appelle unité synthétique de l'aperception, c'est en quelque sorte le centre de la sphère de nos représentations, point sans étendue vers lequel convergent tous leurs rayons ; c'est ce que j'appelle le sujet connaissant, le corrélatif de toutes les représentations ; c'est également ce que, dans un autre passage, je décris en détail et caractérise de la manière suivante : le foyer où convergent les rayons de l'activité cérébrale(1). Pour ne point me répéter, je renvoie le lecteur au passage en question.

Je rejette toute la doctrine des catégories, et je la mets au nombre des hypothèses sans fondement qui, chez Kant, gâtent la théorie de la connaissance ; on le voit assez par la critique que je viens d'en faire, on le voit également par le relevé que j'ai dressé des contradictions de la *Logique transcendantale*, contradictions issues d'une confusion entre la connaissance intuitive et la connaissance abstraite ; j'ai en outre déjà signalé l'absence de toute conception claire et distincte concernant l'essence de l'entendement et de la raison : en effet dans les écrits de Kant nous n'avons trouvé sur ces deux facultés de l'esprit que des explications incohérentes, mal accordées ensemble, insuffisantes, inexactes. J'ai enfin motivé mon jugement par mes propres définitions de ces deux facultés de l'esprit ; je renvoie sur ce point à mon livre et à ses *Suppléments*, et pour plus de détails au *Traité sur le principe de raison*(2) ; les définitions en question sont très précises et très nettes ; elles sont évidemment empruntées à l'étude de notre connaissance, considérée dans son essence ; elles sont enfin pleinement d'accord avec le concept de nos deux facultés cognitives, tel qu'il s'exprime dans le langage usuel et dans les écrits de tous les temps et de tous les peuples, concept auquel d'ailleurs il ne manque rien, sinon d'être tiré au clair. Pour défendre mes définitions contre l'analyse si différente qui se trouve chez Kant, il suffit déjà en grande partie de signaler les défauts de cette exposition. — Malgré tout, pris en soi, ce tableau des jugements, sur lequel Kant fonde sa théorie de la pensée et même toute sa philosophie, retrouve en somme sa justesse ; par suite je suis obligé de rechercher comment prennent

---

(1) Voyez ch. xxii des *Suppléments*.
(2) Dissertation sur la quadruple racine du principe de raison suffisante. §§ 21, 26,31.

naissance dans notre faculté de connaître ces formes générales de tout jugement : il faut que je les mette en accord avec une théorie de la connaissance. — Dans cette exposition je donnerai toujours aux concepts *entendement* et *raison* le sens qu'ils doivent avoir en vertu de mes définitions ; je suppose que le lecteur y est déjà suffisamment accoutumé.

Il y a une différence essentielle entre la méthode de Kant et celle que je suis : Kant part de la connaissance médiate et réfléchie ; moi, *au contraire*, je pars de la connaissance immédiate et intuitive. Il est comme celui qui évalue la hauteur d'une tour d'après son ombre ; moi au contraire je la mesure directement avec le mètre. Aussi pour lui la philosophie est-elle une science tirée des concepts ; pour moi elle est une science qui aboutit à des concepts, dérivée de la connaissance intuitive, source unique de toute évidence ; résumée, fixée dans des concepts généraux. Tout ce monde intuitif qui nous entoure, si multiple de formes, si riche de signification, Kant saute par-dessus et il s'en tient aux formes de la pensée abstraite, ce qui revient au fond, bien qu'il ne le dise nulle part. à l'hypothèse suivante : la réflexion est le décalque de toute intuition ; tout ce qu'il y a d'essentiel dans l'intuition doit être explicitement contenu dans la réflexion, bien que la forme et le dessin en soient fortement raccourcis, et par suite échappent facilement à l'attention. A ce compte, connaître l'essence et les lois de la connaissance abstraite, ce serait avoir en main tous les fils qui mettent en mouvement ce jeu de marionnettes aux bigarrures infinies qu'on appelle le monde intuitif. — Si seulement Kant avait exprimé cette proposition capitale, fondement de sa méthode, s'il était resté fidèlement d'accord avec elle, tout au moins il aurait été amené à nettement distinguer l'intuitif de l'abstrait, et alors nous n'aurions point à lutter chez lui contre des contradictions, des confusions inextricables. Mais à la façon dont il résout son problème, on voit que cette proposition fondamentale, issue de sa méthode, n'a jamais été pour lui que très vague et très flottante ; voilà pourquoi, même après avoir étudié à fond le système de Kant, on est encore réduit à la deviner.

Pour ce qui est de la méthode et de la maxime en question, elles ont beaucoup de bon ; il y a là une vue remarquable. C'est déjà sur le même principe que repose l'essence de toute science : dans la science en effet nous ne faisons pas autre chose que de résumer la complexité infinie des phénomènes intuitifs en un nombre relativement restreint de concepts abstraits avec lesquels nous organisons un système, destiné à nous permettre de réduire

---

(1) Ἔκτυπος;

la totalité de ces phénomènes sous la complète dépendance de notre connaissance, d'expliquer le passé et de déterminer l'avenir. Seulement les sciences se partagent entre elles le domaine immense des phénomènes, d'après les classes différentes et multiples de ces mêmes phénomènes. A plus forte raison, c'était une entreprise hardie et heureuse de prendre les concepts en eux-mêmes, faisant abstraction de leur contenu, et d'isoler ce qu'il y a en eux d'essentiel, afin de découvrir les formes de la pensée et de déterminer d'après elles ce qu'il y a d'essentiel dans toute connaissance intuitive, par suite dans le monde en tant que phénomène. Comme d'ailleurs, en raison de la nécessité inhérente à ces formes de la pensée, on les déterminait *a priori*, cette découverte était elle-même d'origine subjective, et elle menait Kant précisément à son but. — Mais alors, avant d'aller plus loin, il aurait fallu rechercher quel est le rapport de la réflexion à la connaissance intuitive, question qui d'ailleurs suppose ce que Kant a négligé d'établir, savoir, une distinction nette entre l'un et l'autre de ces deux termes. Il aurait fallu rechercher également de quelle manière à proprement parler la réflexion reproduit et représente la connaissance intuitive, est-ce d'une façon pure ? ou bien au contraire la connaissance intuitive est-elle déjà altérée et en partie méconnaissable par le seul fait de sa réception sous les formes de la réflexion ? Qu'est-ce qui détermine surtout la forme de la connaissance abstraite et réfléchie ? Est-ce la forme de la connaissance intuitive, ou bien est-ce plutôt une propriété inhérente à la connaissance réfléchie elle-même ? Toujours est-il que les choses qui sont les plus hétérogènes entre elles dans la connaissance intuitive, une fois entrées dans la connaissance réfléchie, perdent leur différence ; et réciproquement bon nombre de différences, perçues dans la connaissance réfléchie, n'ont d'autre origine que le fait même de cette connaissance et ne se rapportent nullement à des différences correspondantes dans la connaissance intuitive. Cette étude aurait eu pour résultat de montrer que la connaissance intuitive, une fois introduite dans la réflexion, subit presque autant d'altérations que les aliments, qui une fois introduits dans l'organisme vivant, sont déterminés par lui à revêtir diverses formes et combinaisons, si bien qu'on ne saurait, en analysant ces combinaisons et formes, reconnaître la constitution première de l'aliment. Cependant la comparaison est un peu trop forte ; mais au moins cette étude eût montré que la réflexion ne se comporte nullement avec la connaissance intuitive comme le miroir de l'eau envers les objets qu'il reflète ; tout au plus reproduit-elle l'intuition comme l'ombre reproduit les objets : elle se contente de rendre certains contours extérieurs, elle unit en une même masse ce qu'il y a de plus com-

plexe, et elle dessine d'un même contour les choses les plus différentes. En un mot il est impossible, en la prenant pour base, de
construire d'une manière complète et sûre la forme des choses.

La connaissance réfléchie ou raison n'a qu'une forme fondamentale, le concept abstrait: cette forme est la propriété exclusive
de la connaissance réfléchie et, directement, elle ne dépend en rien
du monde intuitif; celui-ci existe tout entier, bien qu'elle soit
absente, pour les animaux; et d'ailleurs il pourrait être tout autre,
sans que cette forme, la réflexion, cessât pour cela de lui convenir. Mais le groupement des concepts en jugements a certaines
formes déterminées et fixes ; ces formes, trouvées par l'induction,
constituent le tableau des jugements. On peut en grande partie
les déduire de la connaissance réfléchie elle-même, c'est-à-dire
directement de la raison, particulièrement lorsqu'elles se manifestent en vertu des quatre lois de la pensée, appelées par moi *vérités métalogiques*, et en vertu du *dictum de omni et nullo*. Parmi
ces formes d'autres s'expliquent par la connaissance intuitive,
c'est-à-dire par l'entendement, et c'est justement là une preuve
qu'il n'y a nullement lieu de recourir à un aussi grand nombre de
formes spéciales de l'entendement : ces formes sont purement et
simplement issues de l'unique fonction de l'entendement, savoir,
la connaissance immédiate de la cause et de l'effet. D'autres enfin
parmi ces formes naissent de la rencontre et de la réunion de la
connaissance réfléchie et de la connaissance intuitive, ou pour
mieux dire de la réception de celle-ci sous celle-là. Je vais à
présent parcourir en détail les phases du jugement ; et je rappor-
terai l'origine de chacune d'elles à l'une des sources que j'ai
indiquées. Nous avions déjà constaté que dans la déduction des
catégories, l'exposition est confuse et contradictoire : désormais il
sera évident que cette déduction est une chose inutile, une hypothèse dénuée de fondement.

1. Ce qu'on appelle *quantité* des jugements vient de l'essence
des concepts considérés comme tels ; par suite la quantité repose
exclusivement sur la raison, et n'a aucune relation immédiate avec
l'entendement ou la connaissance intuitive. — En effet, comme je
l'ai expliqué dans le premier livre, c'est une propriété essentielle
des concepts pris comme tels, d'avoir un domaine circonscrit, une
sphère ; le plus large, le plus indéterminé contient le plus étroit et
le plus déterminé ; mais celui-ci à son tour peut être considéré isolément. Cette dernière opération peut se faire, soit en se bornant
à caractériser d'une manière générale le petit concept comme une
partie indéterminée du grand, soit encore en distinguant le petit
concept d'une manière précise et complète grâce à l'emploi d'un
nom particulier. Le jugement qui accomplit cette opération s'appelle

dans le premier cas un jugement particulier (1); dans le second, un jugement général (2). Voici un exemple : Soit une seule et même partie de la sphère du concept arbre : elle peut être isolée soit par un jugement spécial, soit par un jugement général; en effet, l'on peut dire, ou bien : « certains arbres portent des noix de galle », ou bien : « tous les chênes portent des noix de galle ». — On voit que la différence des deux opérations est très petite; disons même que, si on peut les distinguer, cela tient à la richesse de la langue. Malgré cela, Kant a prétendu que cette différence est l'indice de deux opérations foncièrement différentes, de deux fonctions, de deux catégories de l'entendement pur, lequel, par ce moyen, détermine *a priori* l'expérience.

L'on peut enfin se servir d'un concept pour arriver par le moyen de ce concept à une représentation déterminée, particulière, intuitive, laquelle, accompagnée de plusieurs autres, a donné lieu à ce concept : cette opération se fait par le jugement particulier (3). Un tel jugement se borne à marquer les limites de la connaissance abstraite et de la connaissance intuitive, du reste il sert de transition pour passer immédiatement à celle-ci : « Cet arbre-ci porte des noix de galle ». — Kant a encore fait de cela une catégorie particulière.

Après tout ce que nous avons dit, il n'y a plus lieu de discuter là-dessus.

2. La *qualité* des jugements, elle aussi, réside uniquement dans le domaine de la raison ; elle n'est nullement le reflet (4) d'une loi de l'entendement qui rendrait l'intuition possible; par suite, il est inutile d'y recourir. La nature des concepts abstraits, laquelle est précisément l'essence de la raison, conçue objectivement, comporte la possibilité d'unir et de séparer leurs sphères (5); et c'est sur cette possibilité que reposent deux lois générales de la pensée qui à leur tour supposent elles-mêmes cette possibilité: ces deux lois sont la loi d'identité et celle de contradiction; pour moi je leur ai attribué la *vérité métalogique*, attendu qu'elles émanent *a priori* de la raison et qu'on n'en doit pas chercher l'explication ailleurs. Ces lois exigent que ce qui est uni soit uni, que ce qui est séparé soit séparé; par suite elles empêchent que ce qui est une fois posé soit enlevé; donc elles supposent la possibilité de l'union et de la séparation des sphères, c'est-à-dire le jugement. Mais tout cela, quant à la forme, repose uniquement et exclusivement

---

(1) *Besonderes Urtheil.*
(2) *Allgemeines Urtheil.*
(3) *Einzelnes Urtheil.*
(4) *Abschattung.*
(5) Ce point a été expliqué dans le premier livre

sur la raison ; cette forme n'est point empruntée, comme le contenu
des jugements, à la connaissance intuitive de l'entendement ; par
suite il est inutile de lui chercher dans la connaissance intuitive
aucun corrélatif, aucun analogue. L'intuition, une fois engendrée par
et pour l'entendement, est arrivée à la perfection ; elle n'est plus
sujette à aucun doute ni à aucune erreur ; l'affirmation et la négation lui sont inconnues ; car elle s'exprime elle-même, et elle n'a
point, comme la connaissance abstraite de la raison, toute sa
valeur et tout son contenu à la merci de quelque chose d'extérieur:
telle est en effet la loi qu'impose à la connaissance abstraite le
principe de raison de la connaissance. Donc l'intuition est purement réalité, toute négation est étrangère à son essence et ne peut
être ajoutée à l'intuition que par la réflexion, c'est-à-dire que par
le fait la négation demeure, ici comme partout, dans le domaine
de la pensée abstraite.

Aux jugements affirmatifs et négatifs, Kant ajoute encore, faisant revivre les chimères des scolastiques, les jugements infinis ;
c'est un bouche-trou subtilement inventé ; mais en réalité une
telle classe de jugements ne méritait pas même qu'il en fût question. Bref, c'est encore une fausse fenêtre, comme Kant en a tant
fait dans l'intérêt de la symétrie architectonique.

3. Sous le concept très vaste de la relation, Kant a groupé trois
espèces de jugements tout à fait différentes ; il nous faut donc,
pour en connaître l'origine, les étudier séparément.

a. Le *jugement hypothétique* est l'expression abstraite de la
forme la plus générale de toute notre connaissance, le principe
de raison. Or ce principe a quatre significations tout à fait différentes ; dans chacune de ces quatre significations, il émane d'une
faculté de connaissance différente et il concerne une classe de
représentations également différente ; j'ai déjà démontré tout cela
en 1813 dans ma Dissertation sur *le principe de raison*. De là il
résulte assez clairement que l'origine du jugement hypothétique,
cette forme générale de la pensée, ne peut pas être simplement,
comme le veut Kant, l'entendement et sa catégorie de la causalité ;
car la loi de causalité, qui, d'après mon exposition, est l'unique
forme de connaissance de l'entendement pur, la loi de causalité
n'est qu'une des expressions du principe de raison lequel comprend
toute connaissance pure ou *a priori* ; or le principe de raison, dans
chacune de ses quatre significations, a pour expression cette forme
hypothétique du jugement. Maintenant nous voyons tout à fait
clairement cette vérité, que certaines connaissances ont beau être
tout à fait différentes quant à leur origine et à leur signification ; que
malgré tout, si on les pense abstraitement par le moyen de la raison, l'on découvre qu'en elles l'union des concepts, les jugements

ont une seule et même forme, et que dans cette forme il n'y a plus
de distinction à faire ; qu'en un mot, pour établir des différences,
il faut retourner à la connaissance intuitive et abandonner tout à
fait la connaissance abstraite. Aussi est-ce le contraire de la bonne
méthode que celle inaugurée en cette matière par Kant. En quoi
consistait-elle en effet ? A se mettre au point de vue de la connaissance abstraite pour découvrir les éléments et les rouages inté-
rieurs de la connaissance intuitive elle-même ! D'ailleurs l'on peut,
dans une certaine mesure, considérer tout mon traité préparatoire
sur le principe de raison comme une étude approfondie de la
forme hypothétique du jugement et de sa signification ; je ne m'ap-
pesantis donc pas davantage sur cette matière.

b. La forme du *jugement catégorique* n'est pas autre chose que
la forme du jugement en général dans le sens le plus exact du mot.
En effet, rigoureusement parlant, ce qui s'appelle juger, c'est uniquement penser la liaison ou l'incompatibilité des sphères des concepts : par suite la liaison hypothétique et la liaison disjonctive ne
sont point, à proprement parler, des formes particulières de jugement; en effet, on se borne à les superposer sur des jugements déjà
préparés; mais dans ces jugements la liaison des concepts demeure
toujours et nécessairement la liaison catégorique; les formes hypo-
thétiques et disjonctives servent toutefois à relier les jugements
entre eux, puisque la première exprime leur dépendance respective
la deuxième leur incompatibilité. Mais les simples concepts n'ont
qu'une seule relation entre eux, celle qui s'exprime dans les jugements catégoriques. Si l'on veut déterminer de plus près cette relation, si l'on veut y faire des subdivisions, l'on peut distinguer la
pénétration mutuelle et la complète séparation des sphères des
concepts, c'est-à-dire l'affirmation et la négation, lesquelles d'ailleurs ont été érigées par Kant en deux catégories particulières sous
un titre tout différent, la *qualité*. La pénétration et la séparation se
subdivisent à leur tour, selon que les sphères sont pénétrées entièrement par d'autres sphères ou seulement en partie; ce point de
vue constitue la *quantité* des jugements ; de celle-ci Kant a encore
fait une classe de catégorie à part. De cette façon il séparait des
choses tout à fait voisines, identiques même, je veux dire les
nuances presque imperceptibles de la seule relation possible des
concepts entre eux. Au contraire il unissait sous la rubrique *relation* des choses fort différentes.

Les jugements catégoriques ont pour principe métalogique l'identité et la contradiction, lois de la pensée. Mais la raison qui donne
lieu à l'union des sphères des concepts, qui confère au jugement —
c'est-à-dire à cette union — la vérité, cette raison n'est pas du
même ordre dans tous les jugements : selon l'ordre auquel elle

appartient, la vérité du jugement peut être logique, empirique, métaphysique ou métalogique; j'ai du reste expliqué ce point dans mon traité préparatoire (§§ 30, 33) et il est inutile d'y revenir ici. L'on voit par là combien différentes peuvent être les variétés de la connaissance immédiate, bien qu'abstraitement parlant nous nous les représentions toutes comme l'union des sphères de deux concepts, l'un sujet, l'autre prédicat; l'on voit qu'il est tout à fait impossible d'invoquer, pour correspondre à cette connaissance immédiate et pour la produire, une seule et unique fonction de l'entendement. Voici par exemple les jugements suivants : « L'eau cuit les aliments. — Le sinus est la mesure de l'angle. —La volonté se décide. — L'occupation distrait — La distinction est difficile. » Ils expriment par la même forme logique les relations les plus diverses : cela nous prouve encore une fois combien il est absurde de vouloir se mettre au point de vue de la connaissance abstraite pour analyser la connaissance immédiate et intuitive. — D'ailleurs une connaissance venue de l'entendement proprement dit, dans le sens que j'attache à ce mot, ne peut donner naissance à un jugement catégorique, si ce n'est à un jugement catégorique exprimant une causalité; or cela est le cas de tous les jugements qui expriment une qualité physique. En effet, lorsque je dis : « Ce corps est lourd, dur, liquide, vert, acide, alcalin, organique, etc... », cela exprime toujours la manière dont ce corps agit, autrement dit une connaissance qui n'est possible que par l'entendement pur. Or les connaissances de cette espèce ayant été exprimées abstraitement, sous forme de sujet et prédicat, à la manière de plusieurs autres connaissances fort différentes (telles que par exemple la subordination de concepts souverainement abstraits), l'on a transporté les simples rapports des concepts entre eux dans la connaissance intuitive, et l'on s'est figuré que le sujet et le prédicat du jugement devaient avoir dans l'intuition leur corrélatif propre et spécial : la substance et l'accident. Mais je démontrerai plus loin que le concept de substance n'a, en réalité, d'autre contenu que celui du concept de matière. Quant aux accidents, ils correspondent simplement aux différentes espèces d'activité : par conséquent la prétendue idée de substance et d'accident se réduit à l'idée de cause et d'effet, idée de l'entendement pur. Mais comment, à vrai dire, prend naissance la représentation de la matière? cette question est traitée en partie dans mon premier livre (1), puis d'une manière plus étendue dans mon traité *sur le Principe de Raison* (2); pour le reste, je compte l'étudier de plus près encore, lorsque j'examinerai le principe de permanence de la matière.

(1) Ier vol. § IV.
(2) A la fin du § 21, p. 77, 3e édit., p. 82.

c. Les *jugements disjonctifs* ont leur origine dans le principe du tiers exclu, loi de la pensée et vérité métalogique; par suite ils sont la propriété exclusive de la raison pure et ils n'ont point leur origine dans l'entendement. En déduisant des jugements disjonctifs la catégorie de la communauté *(Gemeinschaft)* ou action réciproque *(Wechselwirkung)*, Kant a donné un exemple bien frappant des violences qu'il se permet de temps en temps à l'égard de la vérité, par pur amour de la symétrie architectonique. L'impossibilité de cette déduction a été déjà souvent et à bon droit signalée; elle a été démontrée par nombre d'arguments; je renvoie entre autres à la *Critique de la philosophie théorétique*, par G.-E. Schulze et à l'*Epicritique de la philosophie*, par Berg. — Quelle analogie réelle y a-t-il entre la détermination d'un concept mise en lumière par des prédicats qui s'excluent mutuellement, et, d'autre part, l'idée d'action réciproque? Ces deux termes sont même tout à fait opposés : en effet dans le jugement disjonctif, par le fait seul que l'on pose l'un des deux membres, l'on supprime nécessairement l'autre; au contraire, lorsque l'on pense deux choses sous la relation d'action réciproque, **par** le fait seul que l'on pose l'une, l'on pose aussi nécessairement l'autre, et réciproquement. Donc le véritable correspondant logique de l'acton réciproque est incontestablement le cercle vicieux; en effet, dans le cercle vicieux comme dans l'action réciproque, le principe est conséquence et, réciproquement, la conséquence est principe. De même que la logique répudie le cercle vicieux, la métaphysique, elle aussi, doit bannir le concept d'action réciproque. Aussi suis-je tout à fait résolu à démontrer ce qui suit : il n'existe point d'action réciproque au sens propre du mot; ce concept a beau être — grâce au défaut si commun de précision dans la pensée — d'un usage populaire; toujours est-il que, si on l'examine de près, on en découvre le vide, la fausseté, le néant. Tout d'abord, que l'on se rappelle ce qu'est la causalité; je renvoie également, à titre d'éclaircissement, à l'exposition que j'ai faite de la causalité, dans mon traité préparatoire (§ 20), dans mon mémoire sur la *Liberté de la volonté* (Ch. iii. pp. 27 et suiv.), et enfin dans le quatrième livre de mes *Suppléments*. La causalité est la loi d'après laquelle les *états* de la matière se déterminent une place dans le temps. Dans la causalité il n'est question que des *états*, c'est-à-dire que des changements, mais non point de la matière, en tant que matière, ni de ce qui demeure sans changer La matière en tant que matière ne rentre point sous la loi de causalité, puisqu'elle ne devient point et qu'elle ne passe point; par conséquent la causalité ne règne point sur la totalité des choses, comme on le dit communément, mais seulement sur les états de la matière. La loi de causalité n'a rien à faire avec ce qui demeure ; car là où rien ne change, il n'y a pas d'action, il n'y a pas de causalité, il n'y a qu'un état de repos permanent. Si maintenant cet état vient à changer, de deux choses l'une : ou bien le nouvel état est encore un état permanent, ou bien il ne l'est point ; dans ce cas il en amène aussitôt un troisième, et la nécessité, qui préside à ce changement, est précisément la loi de causalité ; or la loi de causalité, étant une expression du principe de raison, n'a pas besoin de plus ample explication, attendu que le principe de raison est lui-même la source de toute explication, de toute nécessité. De là il résulte clairement que le fait d'être cause et effet se trouve en étroite liaison, en rapport nécessaire avec la succession dans le temps. Que faut-il en effet pour que l'état A soit cause et l'état B effet ? Il faut que l'état A précède dans le temps l'état B, que leur succession soit nécessaire et non point contingente, autrement dit qu'elle ne soit pas une simple suite, mais une conséquence. Mais le concept d'action réciproque implique que les deux sont à la fois effet et cause l'un de l'autre : cela revient à dire que chacun des deux est à la fois antérieur et postérieur à l'autre, ce qui est un non-sens. Deux états simultanés, qui se nécessiteraient l'un l'autre, c'est chose inadmissible. Qu'y a-t-il en effet au fond de ce concept, *deux états nécessairement liés et simultanés ?* En réalité ces deux états n'en font qu'un seul : pour que cet état dure, il faut, il est vrai, la présence permanente de toutes ses déterminations ; mais sans que parmi ces déterminations il s'agisse ni de changement ni de causalité : il n'y est question que de durée et de repos. Et qu'implique encore notre concept ? Uniquement ceci, à savoir que, si une seule des déterminations de l'état ainsi existant vient à être changée, le nouvel état survenu par ce fait ne peut être durable, qu'il est pour le reste des déterminations de l'état primitif une cause d'altération, et par suite qu'il occasionne lui-même un nouvel et troisième état : toutes choses qui ont lieu purement et simplement d'après la loi de causalité ; il n'y a point là de place pour une nouvelle loi, telle que l'action réciproque.

J'affirme également d'une manière absolue qu'il n'y a pas un seul exemple à citer en faveur du concept d'action réciproque. De tous ceux que l'on pourrait invoquer, les uns se ramènent à un état de repos, où le concept de causalité n'a aucune application, puisqu'il n'a de sens qu'en présence du changement ; les autres se ramènent à une succession alternative d'états périodiquement analogues, se conditionnant entre eux ; or ce dernier cas, lui aussi, peut être parfaitement expliqué par la simple causalité. Voici un exemple de la première série : ce sont les plateaux de la balance amenés au repos par l'égalité de leur poids ; ici il n'y a aucune action, car il n'y a aucun changement : c'est un état de repos ;

également partagée de part et d'autre, la pesanteur fait effort, mais elle ne peut manifester sa force par aucun effet, ainsi qu'il arrive dans tout corps appuyé sur son centre de gravité. Sans doute il suffit d'enlever l'un des poids pour donner lieu à un second état, lequel devient aussitôt la cause d'un troisième, à savoir la chute du second plateau; mais ce fait n'arrive que d'après la simple loi d'effet et de cause, et ne donne lieu à aucune catégorie spéciale de l'entendement non plus qu'à aucune dénomination particulière. Veut-on un exemple de la deuxième série? En voici un : Pourquoi le feu continue-t-il de brûler? Parce que la combinaison de l'oxygène avec le combustible est une cause de chaleur ; à son tour cette chaleur devient cause, elle amène le retour de la combinaison. Il y a là tout simplement un enchaînement de causes et d'effets, dont les membres sont analogues alternativement : la combustion A détermine la chaleur effective B ; celle-ci détermine une nouvelle combustion C — c'est-à-dire un nouvel effet qui est analogue à la cause A, bien que numériquement il ne lui soit pas identique ; — la combustion C détermine une nouvelle chaleur D, — laquelle est identique non point à l'effet B, mais à son concept, c'est-à-dire est analogue à l'effet B —, et ainsi indéfiniment. Dans les *Aspects de la nature* (1) de Humboldt, je trouve un curieux exemple de ce que, dans la vie commune, on nomme action réciproque. C'est dans une théorie sur les déserts. Dans les déserts de sable, il ne pleut pas, mais il pleut sur les montagnes boisées qui les entourent. Ce n'est point l'attraction, exercée par les montagnes sur les nuages, qui en est cause; voici comment les choses se passent : la colonne d'air échauffé qui monte de la plaine sablonneuse empêche les bulles de vapeur de se condenser et pousse les nuages sur les hauteurs. Sur la montagne le courant d'air qui s'élève perpendiculairement est plus faible, les nuages s'abaissent et par suite ils tombent en pluie, en raison de la plus grande fraîcheur de l'air. De cette façon le manque de pluie et la stérilité du désert se trouvent, l'un avec l'autre, en relation *d'action réciproque* ; il ne pleut pas parce que la surface sablonneuse échauffée fait rayonner plus de chaleur ; le désert ne devient ni une steppe ni une plaine herbeuse, parce qu'il ne pleut pas. Mais il est évident qu'ici encore nous n'avons affaire, comme dans l'exemple précédent, qu'à une succession de causes et d'effets analogues entre eux périodiquement ; donc il n'y a rien là qui soit absolument différent de la simple causalité. Tout se passe de la même façon dans les oscillations du pendule, dans l'entretien du corps organique par lui-même; là également chaque état en amène un autre, lequel est spécifiquement identique à l'état qui

____

(1) 2ᵉ éd., vol. II, p. 79.

l'a occasionné, mais en est numériquement différent; seulement ici la chose est plus compliquée ; car la chaîne se compose non plus de deux sortes de membres, mais d'un très grand nombre de membres d'espèces différentes; de cette façon les membres analogues ne se reproduisent qu'après insertion d'un très grand nombre de membres différents. Mais ici encore nous n'avons devant les yeux qu'une application de l'unique et simple loi de causalité, laquelle règle la succession des différents états. Il n'y a là rien qui ait besoin pour être conçu d'une fonction nouvelle et spéciale de l'entendement.

Pourtant, on pourrait essayer d'invoquer, en faveur du concept d'action réciproque, l'égalité de l'action et de la réaction. Il faut s'entendre là-dessus ; c'est un point sur lequel j'insiste beaucoup ; dans ma Dissertation sur *le principe de raison*, j'ai démontré en détail en quoi consistait cette égalité ; que la cause et l'effet ne sont point deux corps, mais deux états successifs des corps ; que par suite chacun de ces deux états concerne tous les corps qui sont en jeu ; que par conséquent l'effet, c'est-à-dire l'état nouvellement produit, le choc, par exemple, distribue son influence aux deux corps dans une même mesure : plus est modifié le corps qui subit le choc, plus l'est aussi celui qui le donne (chacun en raison de sa masse et de sa vitesse). Si l'on veut nommer ce phénomène action réciproque, toute action devient action réciproque et alors l'action réciproque n'est plus un nouveau concept, encore bien moins une nouvelle fonction de l'entendement, mais simplement un synonyme superflu du mot causalité. Du reste, Kant lui-même exprime cette idée ou plutôt la laisse échapper dans les *Fondements métaphysiques des sciences de la nature*, au début de la démonstration du quatrième principe de la mécanique : « toute action extérieure dans le monde, dit-il, est action réciproque ». Dès lors, à quoi bon supposer dans l'entendement des fonctions *a priori* différentes pour la causalité simple et pour l'action réciproque ? pourquoi la succession réelle des choses ne serait-elle possible et connaissable que par l'intermédiaire de la causalité, leur existence simultanée que par celui de l'action réciproque? Car alors, si toute action était action réciproque, la succession serait identique à la simultanéité, par suite tout serait simultané dans le monde. — S'il y avait réellement une action réciproque, le mouvement perpétuel serait possible, et même certain *a priori* : or chacun affirme qu'il est impossible; c'est qu'au fond nous sommes tous convaincus qu'il n'y a ni action réciproque ni forme de l'entendement qui y corresponde.

Aristote lui aussi nie l'action réciproque au sens propre du mot: il fait la remarque suivante: deux choses peuvent être réciproquement causes l'une de l'autre, mais à condition que pour chacune d'elle on entend le mot cause dans un sens différent. Par exemple étant données deux choses, l'une agit sur l'autre comme motif, celle-ci agit sur celle-là comme cause efficiente. C'est ce qu'Aristote exprime en deux passages dans les mêmes termes (1) : « Ἔστι δὲ τινὰ καὶ ἀλλήλων αἴτια, οἷον τὸ πονεῖν αἴτιον τῆς εὐεξίας, καὶ αὕτη τοῦ πονεῖν ἀλλ ᾽οὐ τόν αὐτὸν τρόπον; ἀλλὰ τὸ μὲν ὡς τέλος, τὸ δὲ ὡς ἀρχή κινήσεως. — Il est des choses qui sont mutuellement causes les unes des autres : par exemple l'exercice est cause de la bonne habitude, et celle-ci est cause de l'exercice, mais non dans le même sens ; la bonne habitude est cause finale, l'exercice est cause efficiente. » Si de plus il admettait encore une action réciproque proprement dite, il en ferait mention ici, puisqu'il prend soin en deux passages d'énumérer d'une manière complète les sortes de causes qui peuvent se présenter. Dans les *Analytiques* (2), il parle d'un échange circulaire entre les causes et les effets; mais il ne parle point d'action réciproque.

4. Les catégories de la *modalité* ont sur toutes les autres un grand avantage : ce que chacune d'elles exprime correspond véritablement à la forme du jugement dont on la déduit ; or avec les autres catégories ce n'est presque jamais le cas, attendu que le plus souvent elles sont déduites des formes du jugement de la manière la plus forcée et la plus arbitraire.

Ce sont les concepts du possible, du réel et du nécessaire qui donnent lieu aux jugements problématiques, assertoriques et apodictiques, rien n'est plus vrai. Mais, d'après Kant, ces concepts sont des formes particulières, originales, irréductibles, de l'entendement ; je dis que cela est faux. Loin d'être eux-mêmes originaux, ces concepts procédent de l'unique forme originale et *a priori* de toute connaissance, je veux dire le principe de raison ; ajoutons que l'idée de *nécessité* dérive immédiatement de ce principe ; au contraire, c'est seulement après l'application de la réflexion à l'idée de nécessité que naissent les concepts de contingence, possibilité, impossibilité, réalité. Ce n'est point une faculté unique de l'esprit qui leur donne naissance : ils ont, ainsi que nous l'allons voir, leur origine dans un conflit entre la connaissance abstraite et la connaissance intuitive.

J'affirme que les concepts suivants : *être nécessaire* et *être la conséquence d'une raison donnée* sont des termes parfaitement convertibles et identiques. Nous ne pouvons connaître ni même penser aucune chose comme nécessaire, à moins de la considérer comme la conséquence d'une raison donnée ; et à part cette dépen-

---

(1) *Phys.*, lib. II, cap. III: *Métaphys.*, lib. V, cap. II.
(2) *Analyt. post.*, lib. II., cap. II.

dance impliquant que la chose nécessaire est amenée par une autre dont elle est la conséquence infaillible, le concept de nécessité ne contient absolument rien. Le concept naît et subsiste purement et simplement par l'application du principe de raison. Par suite il y a, conformément aux différents aspects de ce principe une nécessité physique (celle qui lie l'effet à la cause), une nécessité logique (qui résulte du principe de raison imposé à la connaissance, et qui se manifeste dans les jugements analytiques, dans les raisonnements etc., (une nécessité mathématique) dérivée de la raison d'être par rapport à l'espace et au temps), et enfin une nécessité pratique; par cette dernière je n'entends point le fait d'être déterminé par un prétendu impératif catégorique ; je désigne simplement l'action qui survient nécessairement, tel caractère empirique étant donné, sous l'impulsion des motifs ordinaires. Toute nécessité est simplement relative, car elle est subordonnée au principe de raison dont elle émane : par suite une nécessité absolue est une contradiction. — Pour le reste, je renvoie à ma Dissertation sur *le principe de raison* (1).

Le terme contradictoirement opposé à la nécessité, c'est-à-dire la négation de la nécessité, est la *contingence*. Le contenu de ce concept est négatif; en effet, il se borne à ceci : « Absence de toute liaison exprimée par le principe de raison. » Aussi le contingent n'est-il jamais que relatif; il est contingent par rapport à quelque chose qui n'est point sa raison. Toute chose, de quelque espèce qu'elle soit, par exemple toute conjoncture prise dans le monde réel, est toujours à la fois nécessaire et contingente : nécessaire par rapport à la chose unique qui est sa raison d'être; contingente par rapport à tout le reste. Tout objet en effet se trouve, dans l'espace et dans le temps, en contact avec ce qui n'est point sa cause; mais c'est là une simple rencontre, ce n'est pas une liaison nécessaire; de là les mots συμπτῶμα, *contingens, contingence, Zufall*. La contingence absolue est aussi inconcevable que la nécessité absolue. Que serait en effet un objet absolument contingent? Il ne serait avec aucun autre objet en relation de conséquence à principe. L'inconcevabilité d'une contingence absolue correspond justement au contenu du principe de raison négativement exprimé ; et il faudrait violer ce principe pour penser un objet absolument contingent ; dès lors la contingence elle-même n'aurait plus aucun sens, puisque le concept du contingent ne signifie quelque chose que par rapport au principe de raison. Qui dit en effet contingent, dit deux objets qui ne sont point entre eux dans un rapport de cause à effet.

(1) § 49.

Dans la nature, en tant qu'elle est représentation intuitive, tout ce qui arrive est nécessaire ; car chaque chose qui arrive procède de sa cause. Mais si nous considérons une chose particulière par rapport à ce qui n'en est point la cause, nous nous apercevons qu'elle est contingente : et c'est déjà là faire œuvre de réflexion abstraite. Nous pouvons maintenant, étant donné un objet de la nature, faire complète abstraction de ses relations causales, positive et négative, c'est-à-dire de sa nécessité et de sa contingence ; le genre de connaissance qui résulte de là se trouve compris sous le concept du *réel* ; cette connaissance se borne à considérer l'effet, sans remonter à la cause ; or c'est par rapport à cette dernière que l'effet pourrait être qualifié de nécessaire, et par rapport à tout le reste qu'il pourrait être qualifié de contingent. Tout cela tient, en dernière analyse, à ce que la modalité du jugement exprime le rapport de notre connaissance avec les choses plutôt que la nature objective des choses elles-mêmes. Du reste, comme dans la nature toute chose procède d'une cause, tout ce qui est *réel* est en même temps *nécessaire*. Mais, entendons-nous, nécessaire en cet instant du temps, en ce point de l'espace : car c'est là que se borne la détermination opérée par la loi de causalité. Abandonnons maintenant la nature intuitive pour passer à la pensée abstraite ; nous pouvons, en exerçant notre réflexion, nous représenter toutes les lois de la nature, qui nous sont connues les unes *a priori*, les autres *a posteriori* ; et cette représentation abstraite contient tout ce qui dans la nature existe en un instant quelconque, en un lieu quelconque, abstraction faite de tout lieu et de tout instant déterminés. Dès lors et par une telle réflexion, nous entrons dans le vaste domaine de la *possibilité*. Quant à ce qui ne trouve aucune place dans ce domaine, c'est l'*impossible*. Il est évident que *possibilité* et *impossibilité* n'existent qu'au regard de la réflexion, de la connaissance abstraite de la raison et non au regard de la connaissance intuitive ; toutefois c'est aux formes pures de cette dernière que la raison emprunte la détermination du possible et de l'impossible. Du reste les lois de la nature, qui nous servent de point de départ dans la détermination du possible et de l'impossible, étant connues les unes *a priori*, les autres *a posteriori*, il s'ensuit que la possibilité et l'impossibilité sont tantôt métaphysiques, tantôt purement physiques.

Cette exposition n'avait besoin d'aucune preuve, car elle s'appuie directement sur la connaissance du principe de raison et sur le développement des concepts du nécessaire, du réel et du possible ; d'ailleurs, elle montre suffisamment que Kant n'avait aucune raison d'inventer trois formes spéciales de l'entendement pour chacun de ces trois concepts : ici encore aucune considération ne l'a arrêté dans le développement de sa symétrie architectonique.

A cela s'ajoute encore une autre faute très grave. Suivant sans doute l'exemple de la philosophie antérieure, il a confondu ensemble les concepts du nécessaire et du contingent. En effet, sur ce point, la philosophie antérieure avait fait un mauvais usage de l'abstraction. Voici comment : il était évident qu'une fois donnée la raison d'une chose, cette chose suit inévitablement, c'est-à-dire qu'elle ne peut pas ne pas être, et qu'elle est nécessaire. Mais on s'en est tenu uniquement à cette dernière détermination et l'on a dit : est nécessaire toute chose qui ne peut être autrement qu'elle n'est et dont le contraire est impossible. Dès lors on perdit de vue la raison et la racine d'une telle nécessité, on ne prit point garde que toute nécessité était, en vertu de cette racine même, relative, et l'on forgea ainsi la fiction tout à fait impossible à penser d'une nécessité absolue, c'est-à-dire d'une chose qui, d'une part, existerait aussi nécessairement que la conséquence découle du principe, mais qui, d'autre part, ne découlerait elle-même d'aucune raison, ne dépendrait de rien ; ce qui est une absurde pétition de principe, en contradiction avec le principe de raison. Puis, partant de cette fiction et prenant exactement le contre-pied de la vérité, on a pris pour contingent tout ce qui est déterminé par une cause ; cela, parce que dans ce genre de nécessité on avait surtout considéré son caractère relatif, et qu'on la comparait avec la nécessité absolue, cette invention en l'air, ce concept contradictoire (1). Kant, lui aussi, adopte cette détermination absurde du contingent, et il la donne à titre de définition (2). Il tombe même, à ce sujet, dans les contradictions les plus évidentes : il dit, à la page 301 : « Tout ce qui est contingent a une cause », et il ajoute : « Est contingent, ce dont le non-être est possible ». Mais ce qui a une cause ne peut pas ne pas être, par conséquent est nécessaire. — D'ailleurs, l'origine de cette fausse définition de la nécessité de la contingence se

(1) Voyez Christian Wolf : *les idées rationnelles de Dieu, du monde et de l'âme.* (*Vernünftige Gedanken von Gott, Welt und Seele*) §§ 577, 579. — Chose bizarre, Wolf déclare contingent ce qui est nécessité par le principe de raison du devenir, c'est-à-dire les effets des causes ; au contraire, ce qui est nécessité par les autres formes, du principe de raison, il le reconnaît comme nécessaire : tel est le cas pour les conséquences tirées de l'essence ou de la définition, pour les jugements analytiques et aussi pour les vérités mathématiques. Pour expliquer cela, il fait observer que la loi de causalité est seule à donner des séries infinies de raisons, tandis que les autres formes du principe de raison n'en donnent que de finies. Et cependant il n'en est pas ainsi à l'égard des formes du principe de raison qui s'appliquent à l'espace et au temps ; et l'affirmation n'est vraie que du principe de raison de la connaissance logique : mais Wolff faisait rentrer sous ce dernier principe la nécessité mathématique. — Cf. mon traité *sur le principe de raison*, § 50.

(2) *Critique de la raison pure.* 5ᵉ éd., pp. 289, 291 ; 1ʳᵉ éd., p. 243 ; 5ᵉ éd., p. 301 ; 1ʳᵉ éd., p. 419 ; 5ᵉ éd. p. 447 ; P. 476, P. 488.

trouve déjà chez Aristote (1) ; il définit le nécessaire ce dont le
non-être est impossible : il oppose au nécessaire ce dont l'être est impossible : et, entre les deux, il place ce qui peut être et aussi ne pas
être, c'est-à-dire ce qui naît et ce qui meurt : tel est pour lui le contingent. D'après ce qui précède, il est clair que cette définition —
comme tant d'autres chez Aristote — vient d'un esprit qui s'en est
tenu aux simples concepts, au lieu de remonter au concret, à l'intuitif ; là pourtant est la source de tous les concepts abstraits, là
par suite est leur pierre de touche. « Quelque chose dont le non-être
est impossible », cela peut se penser, à la rigueur, abstraitement ;
mais si nous passons au concret, au réel, à l'intuitif, nous sommes
incapables d'asseoir la simple possibilité de cette conception, à
moins d'invoquer, comme nous l'avons fait, la conséquence décou-
lant d'un principe donné, conséquence d'ailleurs dont la nécessité
n'est jamais que relative et conditionnée.

A cette occasion, j'ajoute encore certaines remarques concernant
les concepts de la modalité. Puisque toute nécessité repose sur le
principe de raison et est par le fait relative, tous les jugements
apodictiques sont, originairement et en dernière analyse, *hypo-
thétiques*. Ils ne deviennent *catégoriques* que par l'intervention
d'une mineure *assertorique*, c'est-à-dire dans la conclusion d'un
raisonnement. Si cette mineure est encore incertaine et si cette
incertitude est exprimée, la conclusion devient un jugement problématique.

Ce qui est apodictique d'une manière générale — c'est-à-dire en
tant que règle — une loi de la nature par exemple, n'est jamais
que problématique par rapport à un cas particulier : car il faut
avant tout, pour que la loi se trouve appliquée, la présence effective
de la condition qui fait rentrer ce cas particulier dans la règle en
question. La réciproque est vraie. Voici comment : tout fait particulier est, en tant que tel, nécessaire, apodictique, puisque tout
changement particulier est nécessité par sa cause ; mais, si l'on
exprime le même fait d'une manière générale, il redevient problématique ; car la cause, qui était intervenue, n'était impliquée que
dans le cas particulier ; le jugement apodictique, toujours hypothétique, n'exprime jamais que des lois générales, il n'exprime
point directement les cas particuliers.

Voici du reste l'explication de ces différences : le possible appartient exclusivement au domaine de la réflexion et n'existe que pour
la raison ; le réel appartient exclusivement au domaine de l'intuition et n'existe que pour l'entendement ; le nécessaire appartient à
l'un et à l'autre domaine, il existe à la fois pour l'entendement et

_____

(1) 5° éd. *De generatione et corruptione*, lib. II, cap. ix-xi.

pour la raison. L'on peut même dire, à proprement parler, que la
différence entre nécessaire, réel et possible ne se présente qu'à la
pensée abstraite, au point de vue des concepts ; dans le monde réel,
les trois termes se confondent en un seul.En effet,tout ce qui arrive,
arrive *nécessairement*, puisque tout ce qui arrive, arrive par une
cause, laquelle possède, à son tour, sa cause, et ainsi de suite : la
totalité des événements, accomplis dans le monde, grands et petits,
constitue un enchaînement unique d'événements nécessaires,
étroitement liés. Par conséquent toute chose réelle est en même
temps nécessaire, et il n'y a, dans le monde, aucune différence
entre réalité et nécessité : ce qui n'est point arrivé — autrement
dit ce qui n'est point devenu réel — n'était pas non plus possible :
les causes, sans lesquelles cet événement imaginaire ne pouvait se
produire,ne se sont pas produites elles-mêmes et ne pouvaientse produire dans la grande chaîne des causes ; par conséquent l'événement en question était impossible. Tout événement est donc ou
nécessaire ou impossible. Tout cela n'est vrai que du monde empirique et réel, c'est-à-dire de l'ensemble des choses particulières,
de tout le particulier considéré comme tel. Considérons au contraire, au moyen de la raison, les choses en général ; concevons-les
abstraitement ; dès lors, nécessité, réalité, possibilité deviennent
distinctes l'une de l'autre ; tout ce qui est conforme *a priori* aux
lois propres de notre intellect,nous le reconnaissons d'une manière
générale comme possible ; ce qui correspond aux lois empiriques de
la nature, nous le reconnaissons comme possible en ce monde,
même si cela n'est point réel ; c'est assez dire que nous faisons ici
une distinction entre possible et réel. En soi le réel est toujours
nécessaire ; mais il n'est conçu comme tel que par celui qui connaît sa cause ; abstraction faite de la cause, il est et il s'appelle
contingent. Cette considération nous donne la clef du problème
des possibles (περὶ δυνατῶν), agité entre le mégarique Diodore et le stoïcien Chrysippe, exposé d'ailleurs par Cicéron dans le *De Fato*.
Diodore soutient l'opinion suivante : « N'a été possible que ce
qui devient réel ; tout ce qui est réel est également nécessaire. » — Chrysippe dit au contraire : « Il y a beaucoup de choses
possibles qui ne deviennent jamais réelles ; car il n'y a que le
nécessaire qui devienne possible ». — Voici comment nous pouvons éclaircir la questoin. La réalité est la conclusion d'un raisonnement dont les prémisses sont fournies par la possibilité. Mais il
ne suffit pas que la possibilité soit affirmée par la majeure, il faut
encore qu'elle le soit par la mineure ; ce n'est que l'accord de la
majeure et de la mineure qui constitue la pleine possibilité. La
majeure en effet donne abstraitement une possibilité générale, purement théorétique ; mais elle n'implique rien qui soit effective-

ment possible, c'est-à-dire susceptible de devenir réel. Pour
accomplir ce progrès dans le raisonnement, il faut la mineure : la
mineure établit la possibilité pour le cas particulier, puisqu'elle
fait rentrer ce cas dans la règle générale. De là sort naturellement
la réalité. Exemple :

Majeure. Le feu est capable de détruire toute maison (par suite
aussi la mienne).

Mineure. Le feu prend à ma maison.

Conclusion. Le feu détruit ma maison.

Toute proposition générale, et par suite toute majeure, ne détermine les choses au point de vue de leur réalité que sous condition,
c'est-à-dire hypothétiquement : pour le feu, par exemple, la faculté
de détruire a pour condition le fait d'être allumé. Cette condition
est donnée comme existante dans la mineure. La majeure, c'est
l'artilleur qui charge le canon ; la mineure, c'est celui qui doit
approcher la mèche, faute de quoi le coup, c'est-à-dire la conclusion,
ne peut être tiré. Cette comparaison peut être appliquée d'une
manière générale aux rapports de la possibilité et de la réalité. La
conclusion, c'est-à-dire l'expression de la réalité, est toujours une
conséquence nécessaire : donc tout ce qui est réel est également
nécessaire ; il y a du reste une autre façon de le prouver, la voici :
qui dit nécessaire, dit conséquence d'un principe donné ; dans le
monde réel, ce principe est une cause : donc tout ce qui est réel,
est nécessaire. De cette façon nous voyons les concepts de possible, de réel et de nécessaire se confondre ; ce n'est point seulement le réel qui suppose le possible, mais c'est aussi le possible
qui suppose le réel. Ce qui les distingue l'un de l'autre, c'est la limitation de notre intellect par la forme du temps : le temps est l'intermédiaire entre la possibilité et la réalité. Un événement donné se
manifeste évidemment comme nécessaire aux yeux de celui qui en
connaît toutes les causes ; mais la rencontre de toutes ces causes,
différentes entre elles, indépendantes les unes des autres, voilà ce
qui nous apparaît comme contingent ; c'est justement l'indépendance de ces causes les unes à l'égard des autres qui constitue le
concept de la contingence. Pourtant, chacune de ces causes étant
la suite nécessaire de sa propre cause, et ainsi de suite indéfiniment, il est évident que la contingence est une apparence purement subjective, issue de la limitation de l'horizon de notre entend-
ment, non moins subjective que cette ligne d'horizon optique où le
ciel touche la terre.

Qui dit nécessité dit conséquence d'une raison donnée : par suite
la nécessité doit se manifester sous une forme différente, selon que
l'on a à faire à l'une des quatre expressions du principe de raison ;
à chaque forme de la nécessité s'oppose une forme correspondante

de possibilité ou impossibilité, laquelle apparaît pour la première fois, dès que l'on applique à l'objet la réflexion abstraite de la raison. Ainsi, aux quatre sortes de nécessités que nous avons citées plus haut s'opposent quatre sortes d'impossibilités, savoir : l'impossibilité physique, l'impossibilité logique, l'impossibilité mathématique, l'impossibilité pratique. Remarquons encore ceci : si l'on se borne complètement au domaine des concepts abstraits, la possibilité est toujours inhérente au concept le plus général, la nécessité au plus restreint, par exemple : « un animal *peut* être poisson, oiseau, amphibie, etc... » — « Un rossignol *doit* être un oiseau, l'oiseau un animal, l'animal un organisme, l'organisme un corps. » — Cela tient précisément à ce que la nécessité logique, dont l'expression est le syllogisme, va toujours du général au particulier, et jamais réciproquement. — Au contraire, dans la nature intuitive, — dans les représentations de la première classe —, tout est, à proprement parler, nécessaire, en vertu de la loi de causalité ; il suffit de l'intervention de la réflexion pour que nous puissions concevoir un phénomène intuitif à la fois comme contingent et comme simplement réel ; contingent, par comparaison avec ce qui n'est point la cause de ce phénomène ; simplement réel, par abstraction de tout lien causal. Il n'y a en réalité que cette seule classe de représentations qui donne lieu au concept du réel ; d'ailleurs nous pouvions déjà le savoir par l'origine de l'expression *concept de la causalité*. — Dans la troisième classe de représentation, dans l'intuition mathématique pure, il n'y a, pourvu que l'on se borne strictement à cette classe, exclusivement que la nécessité : la possibilité n'apparaît ici que par rapport aux concepts de la réflexion, par exemple : « un triangle *peut* être rectangle, équiangle, obtusangle ; il *doit* avoir trois angles dont la somme est égale à deux droits. » Ici donc l'on n'arrive à l'idée de possible que par le passage de l'intuitif à l'abstrait.

Après cet exposé, où j'ai invoqué non seulement le premier livre du présent écrit, mais encore ma dissertation sur le *Principe de Raison*, j'espère qu'il n'y aura plus de doutes sur la véritable origine, sur la genèse si complexe de ces formes du jugement dont le *tableau* de Kant nous fournit le catalogue ; l'on verra clairement combien inacceptable et dénuée de tout fondement est l'hypothèse des douze fonctions particulières de l'entendement, inventée pour rendre raison des formes du jugement. Ceci est déjà prouvé par bon nombre de remarques particulières et des plus faciles à faire. N'a-t-il pas fallu par exemple tout l'amour de Kant pour la symétrie, toute sa confiance exagérée dans le fil d'Ariane par lui choisi, pour admettre que les jugements affirmatifs, catégoriques et assertoriques, étaient trois choses si foncièrement différentes que l'on devait pour chacune d'elles recourir à l'existence d'une fonction toute particulière de l'entendement?

Du reste Kant avait conscience de la faiblesse de sa théorie des catégories, et il le laisse voir : dans le troisième chapitre de l'analyse des principes (phénomènes et noumènes), il a rayé de la seconde édition plusieurs longs passages qui se trouvaient dans la première (1) et qui eussent trop ouvertement mis au jour la faiblesse de la doctrine. Ainsi, par exemple, il dit (p. 241) qu'il n'a pas défini les catégories particulières, que, même s'il l'eut désiré, il ne pouvait les définir, attendu qu'elles ne sont susceptibles d'aucune définition. Sans doute il ne se souvenait plus qu'à la page 82 de la même première édition, il avait dit : « Je m'abstiens à dessein de définir les catégories, bien que je fusse en mesure de mener à bien cette opération ». Cette assertion n'était donc — pardon du terme — que pure jactance. Pourtant il a laissé subsister ce dernier passage. Du reste tous les passages, qu'il a eu par la suite la prudence de laisser de côté, le trahissent à tel point que dans la théorie des catégories rien ne se laisse clairement concevoir, et que toute la théorie repose sur des bases sans consistance.

Or ce tableau des catégories doit être, d'après Kant, le fil directeur qui servira de guide à toute recherche métaphysique et même scientifique (2). Et en réalité le tableau des catégories n'est pas seulement la base de toute la philosophie kantienne, le modèle où Kant a puisé cette symétrie, qui, ainsi que je l'ai montré, règne dans tout son ouvrage ; le tableau des catégories devient en outre un véritable lit de Procuste où Kant fait rentrer bon gré mal gré toute étude possible ; acte de violence que je vais maintenant étudier d'un peu plus près. Dans une telle conjoncture quels excès ne devait-on pas attendre du *troupeau servile des imitateurs*! on l'a vu hélas? La violence consiste en ce que Kant a tout à fait oublié, tout à fait mis de côté le sens exprimé par les rubriques, dites formes des jugements ou catégories : il s'en est tenu aux mots par lesquels ces rubriques étaient désignées. Les mots en question sont tirés en partie d'Aristote (3) ; mais ils sont choisis arbitrairement ; en effet, la compréhension des concepts aurait pu être désignée tout aussi bien par un autre mot que par le mot *quantité* ; toutefois celui-ci convient encore mieux à son objet que les autres rubriques des catégories. Evidemment le mot *qualité* a déjà été choisi par pure routine, par habitude d'opposer à la quantité la qualité ; en effet, le terme de « qualité » ne s'ap-

(1) Pages 241, 242, 244-6, 248, 253.
(2) Prolégomènes § XXXIX.
(3) *Analyt. priora*, I, 23 (De la quantité et de la qualité des termes du syllogisme).

plique que d'une manière assez arbitraire à l'affirmation et à la négation. Or Kant, dans chacune des études auxquelles il se livre, place toute quantité, dans le temps et dans l'espace, et toute qualité quelconque des choses (physique, morale, etc...,), sous les rubriques de ces deux catégories ; et pourtant entre ces quantités et qualités là, d'une part, et d'autre part, les rubriques des formes du jugement et de la pensée , il n'y a pas le moindre point commun, sauf l'identité toute contingente et tout arbitraire de leur dénomination.

Il faut se rappeler toute la vénération que nous devons à Kant, pour ne point exprimer dans des termes sévères la mauvaise humeur que nous cause ce procédé. — Le tableau physiologique pur des principes généraux des sciences de la nature nous offre encore un exemple analogue. Dans un monde quelconque, qu'y a-t-il de commun entre la quantité des jugements et ce fait que toute intuition a une grandeur extensive ? entre la qualité et ce fait que toute sensation a un degré? Absolument rien. Si toute intuition a une grandeur extensive, cela tient à ce que l'espace est la forme de notre intuition extérieure. Si toute sensation a un degré, il faut voir là tout simplement une perception empirique et de plus parfaitement subjective, issue de la nature de nos organes sensoriels et explicable par l'étude de ces organes.— Plus loin, dans le tableau qui sert de fondement à la psychologie rationnelle (1), la *simplicité* (Einfachheit) se trouve rangée sous la rubrique « qualité » ; pourtant c'est bien là une propriété quantitative, et elle n'est nullement en rapport avec l'affirmation et la négation, telle qu'on les rencontre dans le jugement. Seulement, il fallait que la rubrique « quantité », fût remplie tout entière par l'*unité* de l'âme, laquelle cependant est bien renfermée dans l'idée de simplicité. La modalité est introduite de force et d'une façon dérisoire : elle consisterait en ce que l'âme se trouve en rapport avec les objets possibles ; or le rapport appartient à la catégorie de relation ; mais celle-ci est occupée déjà par la substance. Puis les quatre idées cosmologiques, qui forment la matière des antinomies, sont ramenées aux rubriques des catégories ; plus loin, lorsque j'étudierai les antinomies, je m'étendrai là-dessus en détail.

Veut-on des exemples plus nombreux et, s'il est possible, plus frappants? Nous en pouvons prendre dans la *Critique de la raison pratique* au tableau des *catégories de la liberté* ; dans le premier livre de la *Critique du jugement*, consacré à l'étude du jugement esthétique d'après les quatre rubriques de catégories: enfin dans les *Fondements métaphysiques des sciences de la nature*, taillés

—————

(1) *Crit. de la raison pure*, p. 344, ou 5ᵉ éd., p. 402.

d'un bout à l'autre d'après le tableau des catégories, ce qui peut
être est la cause principale des erreurs qui çà et là déparent cet
ouvrage important, plein de justes et d'excellentes remarques. Le
lecteur n'a qu'à voir de quelle manière à la fin du premier chapitre,
il démontre que l'unité, la pluralité, la totalité des directions des
lignes doivent correspondre aux catégories de même nom, lesquelles sont ainsi dénommées d'après la quantité des jugements.

Le principe de *permanence de la substance* est déduit de la catégorie de la subsistance et de l'inhérence. Or nous ne connaissons
cette catégorie que par la forme des jugements catégoriques, c'est-
à-dire par la liaison de deux concepts à titre de sujet et d'attribut.
L'on voit par suite combien il était arbitraire de mettre un aussi
grand principe métaphysique sous la dépendance de cette simple
forme purement logique. Mais là aussi c'est le formalisme et la
symétrie qui sont causes de tout. La démonstration, qui est
donnée ici au sujet de ce principe, laisse complètement de côté la
prétendue genèse qui le fait dériver de l'entendement et des catégories ; elle est tirée de l'intuition pure du temps. Malheureusement
cette démonstration, elle aussi, est tout à fait inexacte. Il n'est
pas vrai que, dans le temps, considéré exclusivement comme tel,
il y ait une *simultanéité* et une *durée* : ces représentations ne
prennent naissance du reste que par l'union de l'espace et du temps ;
je l'ai déjà montré dans mon traité *sur le Principe de raison* (§ 18),
et je l'ai expliqué plus amplement encore dans le premier livre
du présent ouvrage (§ 4) ; je suppose connus ces deux éclaircissements, nécessaires à l'intelligence de cé qui suit. Il n'est pas vrai
que, dans tout changement, le temps *demeure* : au contraire le
temps est précisément *ce qui passe ;* un temps qui demeure est une
contradiction. La démonstration de Kant ne se tient pas debout, à
force d'avoir été appuyée sur des sophismes : il va jusqu'à tomber
dans la contradiction la plus manifeste. En effet il commence par
déclarer, à tort, que la simultanéité (*Zugleichseyn*) est un mode du
temps (1) ; puis il dit, fort justement: « La simultanéité n'est pas un
mode du temps, puisque dans celui-ci aucune partie n'existe en
même temps qu'une autre ; toutes au contraire sont successives » (2).
— En réalité, l'idée de simultanéité implique celle d'espace tout
autant que celle de temps. En effet, si deux choses existent en même
temps et cependant ne sont pas identiques, c'est qu'elles sont différentes grâce à l'espace : si deux états d'une même chose existent

(1) P. 177, 5e éd. P. 219.
(2) P. 183, 5e éd. P. 226.

en même temps — par exemple l'état lumineux et la température élevée du fer — c'est qu'il y a là deux états simultanés d'une même chose, ce qui suppose la matière, laquelle à son tour suppose l'espace. Rigoureusement parlant, la simultanéité est une détermination négative, indiquant simplement que deux choses ou deux états ne sont point différents par le temps et qu'il faut chercher ailleurs la raison de leur différence. — Toutefois il est incontestable que, chez nous, l'idée de permanence de la substance, c'est-à-dire de matière, repose sur une donnée *a priori* ; car aucun doute ne peut l'atteindre, autrement dit elle n'émane pas de l'expérience. Voici comment j'explique cette idée : le principe de tout devenir et de toute disparition, la loi de causalité, connu par nous *a priori* s'applique uniquement, en vertu de son essence même, aux seuls changements, c'est-à-dire aux états successifs de la matière; autrement dit la loi de causalité n'affecte que la forme, elle laisse intacte la matière; par suite la matière existe en notre conscience à titre de fondement universel des choses, affranchi de tout devenir et de toute mort, par suite éternellement vivant et permanent. Si l'on veut, à propos de la permanence de la substance, une démonstration plus approfondie, appuyée sur l'analyse de la représentation intuitive que nous avons du monde empirique, on la trouvera dans mon premier livre (§ 4); j'ai montré là que l'être de la matière consiste dans l'union complète de l'espace et du temps, union qui n'est possible que par la représentation de la causalité, c'est-à-dire par l'entendement, qui n'est pas autre chose que le corrélatif subjectif de la causalité ; par suite la matière n'est connue que comme agissante, autrement dit, elle n'est connue qu'à titre de causalité; chez elle, être et agir, c'est tout un, comme d'ailleurs l'indique déjà en allemand le mot *Wirklichkeit*, signifiant à la fois réalité et activité. Union intime de l'espace et du temps — ou bien causalité, matière, *Wirklichkeit* (réalité et activité) — cela est tout un ; et le corrélatif subjectif de ces termes identiques, c'est l'entendement. La matière doit porter en elle les propriétés opposées des deux facteurs dont elle émane, et c'est à la représentation de la causalité qu'il incombe de supprimer l'antipathie des deux facteurs, de rendre en un mot leur coexistence intelligible pour l'entendement; la matière existe par l'entendement et pour lui seul; tout le pouvoir de l'entendement consiste dans la connaissance de la cause et de l'effet; c'est pour l'entendement que se concilient ensemble dans la matière deux termes des plus différents, je veux dire, d'une part, la fuite sans repos du temps, d'autre part, l'immobilité rigoureuse de l'espace; le premier de ces termes est représenté dans l'entendement par le changement des accidents, le second par la permanence de la substance. Si en effet la substance passait comme le accidents, le phénomène serait complètement séparé de l'espace et n'appartiendrait plus qu'au temps : le monde de l'expérience se trouverait supprimé par anéantissement de la matière, par annihilation. — Pour déduire et pour expliquer le principe de permanence de la substance, connu *a priori* par chacun de nous de la manière la plus certaine, il ne fallait point recourir au temps; surtout il ne fallait point, comme l'a fait Kant, attribuer au temps la permanence, ce qui est un pur contre-sens admis là pour les besoins de la cause; il suffisait pour déduire et pour expliquer le principe en question d'invoquer le rôle que joue l'espace dans la matière, c'est-à-dire dans tous les phénomènes de la réalité ; en effet, l'espace est l'opposé, il est en quelque sorte la contre-partie du temps et il n'admet en soi, abstraction faite de son union avec le temps, aucun changement.

Suit maintenant, dans l'ouvrage de Kant, un passage tendant à démontrer que la loi de causalité est nécessaire et *a priori* ; cette démonstration, empruntée à la simple succession des événements dans le temps, est tout à fait inexacte : c'est ce que j'ai prouvé en détail dans ma dissertation sur *le Principe de Raison* (1); aussi, je me contente d'y renvoyer le lecteur (2). Même observation au sujet de la démonstration de la loi d'action réciproque; d'ailleurs j'ai été précédemment amené à démontrer que le concept même d'action réciproque ne peut être pensé. Sur la modalité, dont je vais tout à l'heure étudier les principes, j'ai déjà dit ce qui était nécessaire.

J'aurais encore à m'inscrire contre mainte singularité que j'ai remarquée dans la suite de l'analytique transcendentale, si je ne craignais de fatiguer la patience du lecteur, et j'ai confiance dans ses réflexions personnelles pour faire les critiques nécessaires. Mais toujours nous retrouvons dans la *Critique de la Raison pure*, le défaut capital et fondamental de Kant, défaut que j'ai déjà critiqué en détail : Kant ne distingue point la connaissance abstraite et discursive de la connaissance intuitive. Telle est l'erreur qui répand une obscurité continuelle sur toute la théorie de la faculté cognitive chez Kant : il en résulte que le lecteur ne peut jamais savoir de quoi il est question exactement; au lieu de comprendre il se perd sans cesse en conjectures, il cherche à appliquer les paroles de l'auteur tantôt à la pensée, tantôt à l'intuition, et toujours il reste dans le vague.

Ce défaut incroyable de réflexion aveugle Kant sur la nature de la connaissance intuitive et de la connaissance abstraite : dans le

(1) § XXIII.
(2) Comparez avec ma critique de la preuve kantienne les critiques ultérieures de Feder et de A.-F. Schulze. Feder, *Ueber Zeit, Raum und Causalität*, § XXVIII; G.-E. Schulze, *Kritik dertheoretischen Philosophie*, pp. 422-442 du texte allemand.

chapitre « *sur la distinction de tous les objets en phénomènes et noumènes* », il en arrive, ainsi que je vais le montrer, à l'affirmation monstrueuse suivante : sans la pensée, c'est-à-dire sans concepts abstraits, aucun objet ne peut être connu ; l'intuition, n'étant point pensée, n'est point non plus connaissance ; elle n'est en somme que simple affection de la sensibilité, simple sensation ! Chose encore plus bizarre, il prétend que l'intuition sans concept est tout à fait vide ; mais que le concept sans intuition a cependant encore une valeur propre (1). C'est là justement le contraire de la vérité : les concepts en effet tiennent toute leur signification, tout leur contenu du rapport qu'ils ont avec la connaissance intuitive ; ils sont tirés, extraits de la connaissance intuitive, autrement dit, ils sont formés par élimination de tout ce qui n'est pas essentiel : voilà pourquoi, dès qu'on leur ôte l'intuition sur laquelle ils s'appuyent, ils deviennent vides et nuls. Les intuitions au contraire ont par elles-mêmes une signification directe et fort importante (c'est même en elle que s'objective la chose en soi) : elles se représentent elles-mêmes, elles s'expriment elles-mêmes, elles n'ont point un contenu d'emprunt comme les concepts. En effet, le principe de raison ne règne sur elles que comme la loi de causalité, et en cette qualité, il se borne à déterminer leur place dans l'espace et dans le temps ; mais il ne conditionne ni leur contenu ni leur signification, tandis qu'il le fait pour les concepts, car dans ce dernier cas il agit à titre de raison de la connaissance. Pourtant, à cet endroit, l'on pourrait croire que Kant a l'intention d'aborder enfin la distinction entre la représentation intuitive et la représentation abstraite : il reproche à Leibniz et à Locke d'avoir abusé, l'un des représentations abstraites, l'autre des représentations intuitives. Quant à lui, il ne fait pour son compte aucune distinction. Leibniz et Locke avaient effectivement commis la faute qu'il leur reproche ; mais Kant tombe à son tour dans un défaut qui résume les deux autres : chez lui en effet l'intuitif et l'abstrait sont confondus à tel point qu'il en résulte un monstre hybride, un non-sens, dont il est impossible de se faire aucune représentation, capable tout au plus de troubler ses élèves, de les ahurir et de les faire entrer en lutte les uns avec les autres. Dans le chapitre déjà cité « *sur la distinction de tous les objets en phénomènes et noumènes* », Kant distingue plus encore que partout ailleurs la pensée et l'intuition ; mais, chez lui, le principe de cette distinction est radicalement faux. Voici un passage caractéristique (2) : « Etant donnée une connaissance empirique, si je fais

<hr>

(1) P. 253, 5ᵉ éd. p. 309
(2) Ibid.

abstraction de la pensée — de la pensée qui s'exerce par le moyen
des catégories —, la connaissance de l'objet n'existe plus : car par
la simple intuition l'on ne pense rien : si une affection de la sensibilité se produit en moi, il ne s'en suit point pour cela que les *
représentations intuitives ainsi provoquées soient en rapport avec
aucun objet ». Cette phrase contient pour ainsi dire toutes les
erreurs de Kant en raccourci ; nous y voyons que Kant a mal conçu
le rapport entre la sensation, l'intuition, d'une part, et d'autre part,
la pensée ; par suite l'intuition, dont la forme doit être l'espace,
l'espace avec ses trois dimensions, se trouve identifiée avec la
simple impression subjective, produite dans les organes sensoriels :
et enfin la connaissance de l'objet n'est réalisée que par la pensée
différente de l'intuition. Moi, je dis au contraire : les objets sont,
avant tout, objet de l'intuition, non de la pensée ; toute connaissance des objets est, originairement et en soi, intuition ; mais l'intuition n'est nullement une simple sensation ; au contraire c'est
déjà dans l'intuition que se montre l'activité de l'entendement. La
pensée, privilège exclusif de l'homme, la pensée, refusée aux animaux, n'est que simple abstraction, abstraction tirée de l'intuition,
elle ne donne aucune connaissance radicalement neuve, elle n'introduit point devant nous des objets qui auparavant n'y étaient
point ; elle se borne à changer la forme de la connaissance, de la
connaissance qui était déjà commencée grâce à l'intuition ; elle
transforme cette connaissance en une connaissance de concepts,
en une connaissance abstraite ; par suite la connaissance perd sa
qualité intuitive, mais il devient possible de la soumettre à des combinaisons et d'étendre ainsi indéfiniment la sphère de ses applications possibles. Au contraire la *matière* de notre pensée n'est pas
autre chose que nos intuitions elles-mêmes ; elle n'est point étrangère à l'intuition ; ce n'est point la pensée qui l'introduit pour la
première fois devant nous : Voilà pourquoi la matière de tout ce
qu'élabore notre pensée, doit être vérifiée dans l'intuition ; autrement notre pensée serait une pensée vide. Bien que cette matière
soit élaborée, métamorphosée de mille manières par la pensée, l'on doit néanmoins pouvoir la dégager et aussi isoler la
pensée qui la revêt. C'est comme un lingot d'or que l'on aurait dis-
sous, oxydé, sublimé, amalgamé : finalement on ne manque jamais
de le réduire et on vous le remontre à la fin de l'expérience,
identique et intact. Il n'en pourrait être ainsi, si la pensée ajoutait
quelque chose à l'objet, si surtout elle lui donnait sa qualité cons-
titutive essentielle.

Le chapitre suivant, sur l'*Amphibolie*, est simplement une
critique de la philosophie leibnizienne, et, à ce titre, il est en général
exact ; toutefois, dans l'ensemble du plan, Kant n'a qu'un souci : se

conformer à la symétrie architectonique qui, ici encore, lui sert de
fil directeur. Par analogie avec l'*Organon* d'Aristote, il fait une
« topique transcendantale » : cette *topique* consiste en ceci : l'on
doit examiner chaque concept d'après quatre points de vue différents, afin de pouvoir décider à quelle faculté cognitive il ressortit.
Ces quatre points de vue sont choisis d'une manière tout à fait arbitraire, et l'on pourrait sans aucun inconvénient en ajouter encore dix
autres : mais le nombre quatre a l'avantage de correspondre aux
rubriques des catégories, et par suite, les théories principales de
Leibniz se trouvent bon gré mal gré réparties sous quatre rubriques
différentes. Par cette critique Kant catalogue, pour ainsi dire, sous
l'étiquette « *erreurs naturelles de la raison* » les fausses abstractions, introduites par Leibniz ; (celui-ci en effet, au lieu d'étudier à
l'école des grands philosophes de son temps, Spinoza et Locke,
préféra nous servir les inventions bizarres dont il était l'auteur).
Dans le chapitre de l'*Amphibolie de la réflexion*, Kant dit enfin
que si par hasard il existait une sorte d'intuition différente de la
nôtre, néanmoins nos catégories seraient encore applicables à cette
intuition : les objets de cette intuition supposée, ajoute-t-il, pourraient être les noumènes, mais les noumènes sont des choses que
nous devons nous borner à penser ; or puisque l'intuition, seule
capable de donner un sens à une telle pensée, n'est point à notre
portée, puisque même elle est tout à fait problématique, l'objet de
cette pensée n'est lui-même qu'une possibilité complètement indéterminée. Plus haut j'ai montré, en citant des textes, que Kant, au
prix d'une grave contradiction, représente les catégories tantôt
comme une condition de la représentation intuitive, tantôt comme
une fonction de la pensée purement abstraite. A l'endroit qui nous
occupe, les catégories nous sont résolûment présentées sous ce
dernier aspect, et l'on se trouve fort tenté de croire que Kant veut
seulement leur attribuer une pensée discursive. Mais si telle est
réellement son opinion, il aurait fallu de toute nécessité que dès le
début de la *Logique transcendantale*, avant de spécifier si minutieusement les différentes fonctions de la pensée, il caractérisât
la pensée d'une manière générale ; il aurait fallu, par suite, qu'il la
distinguât de l'intuition, qu'il montrât quelle connaissance procure
l'intuition et enfin quelle connaissance nouvelle vient s'ajouter à
la première par le fait de la pensée. Alors on aurait su de quoi il
parle ; disons mieux il aurait parlé d'une manière toute autre,
traitant en premier lieu de l'intuition, puis ensuite de la pensée ;
il n'aurait pas spéculé sans cesse, comme il le fait, sur un intermédiaire entre l'intuition et la pensée, intermédiaire qui est un non-
sens. Alors non plus, il n'y aurait pas eu cette grande lacune entre
l'*Esthétique transcendantale* et la *Logique transcendantale* :

Kant, en effet, aussitôt après l'exposition de la simple forme de
l'intuition, néglige le contenu de l'intuition, c'est-à-dire la totalité
de la perception empirique ; il s'en débarrasse au moyen de la
formule suivante: « La partie empirique de l'intuition est *donnée* »;
il ne se demande point comment la perception a lieu, si c'est avec
ou sans l'entendement ; il ne fait qu'un saut jusqu'à la pensée
abstraite, et encore ne dit-il pas un mot de la pensée en général,
il se borne à parler de certaines formes de pensées ; il ne s'inquiète
pas non plus de ce que sont la pensée, le concept, le rapport de
l'abstrait et du discursif au concret et à l'intuitif; il néglige de
rechercher quelle est la différence entre la connaissance de
l'homme et celle de l'animal, quelle est l'essence de la raison.

Cette distinction entre la connaissance abstraite et la connaissance intuitive, que Kant a tout à fait négligée, est précisément
celle que les anciens philosophes exprimaient par les mots de
phénomènes (φαινόμενα) et de *Noumènes* (νοούμενα) (1); l'opposition et
l'incommensurabilité de ces deux termes entre eux leur avait donné
maint souci ; qu'on se rappelle les sophismes des Eléates, la théorie
des Idées de Platon, la dialectique des Mégariens, et plus tard, du
temps de la scolastique, la lutte entre le nominalisme et le réalisme;
— d'ailleurs cette lutte était déjà en germe dans les tendances opposées de l'esprit de Platon et de celui d'Aristote ; mais le germe n'en
devait se développer que tardivement. — Kant, par une erreur impardonnable, négligea totalement la chose que les mots phénomène et
noumène étaient chargés de désigner ; puis il s'empara de ces mots,
comme on fait d'une propriété sans maître, et il s'en servit pour désigner ce qu'il appelle chose en soi et phénomène *(Erscheinungen)*.

J'ai donc été obligé de rejeter la théorie kantienne des catégories,
comme Kant lui-même avait rejeté la théorie d'Aristote sur le même
sujet; cependant je veux, à titre d'essai, indiquer ici une nouvelle
et troisième méthode pour arriver au but qu'ils se sont proposé. Ce
que l'un et l'autre cherchaient sous le nom de catégories, c'étaient
les concepts les plus généraux qui dussent nous servir à embrasser
toute la diversité — encore si complexe — des choses, et par suite
à penser d'une manière souverainement générale tout ce qui s'offre
à nous. C'est précisément pour cela que Kant a conçu les catégories
comme étant les formes de toute pensée.

La grammaire est à la logique ce qu'est le vêtement au corps. Ces

---

(1) **V. Sext. Empiricus.** *Hypotyposes pyrrhoniennes*, lib. I, cap. 13. νοούμενα
ναινομένοις ἀντετίθη 'Αναξάγορας (Anaxagore opposait les choses intelligibles aux appa-
rences).

concepts suprêmes, cette base fondamentale de la raison, qui sert
de fondement à toute pensée particulière, dont l'application est
nécessaire pour mener à bien toute pensée, ces concepts suprêmes,
dis-je, ne se réduisent-ils pas en définitive à des concepts qui, en
raison de leur généralitéextrême, de leur transcendantalité, s'expriment non dans des mots particuliers, mais dans des classes.
entières de mots? Tout mot, en effet, quel qu'il soit, se trouve déjà
lié à un concept; par suite ce n'est point dans le vocabulaire, mais
plutôt dans la grammaire qu'il faudrait chercher de quoi désigner
les concepts en question. Mais comment trouver un principe de
classification ?Ne pourrait-on pas choisir à cet effet ces différences
particulières des concepts, en vertu desquelles le mot qui les
exprime est substantif, adjectif, verbe, adverbe, pronom, préposition ou toute autre particule? Ne pourrait-on pas, en un mot, fonder
une classification sur les parties du discours? Car il est incontestable que les parties du discours représentent les formes primordiales revêtues par toute pensée, les formes où l'on peut observer
directement le mouvement de la pensée ; elles sont les formes
essentielles du langage, les éléments fondamentaux de toute langue,
et nous ne pouvons concevoir aucune langue qui ne se compose,
au moins, de substantifs, d'adjectifs et de verbes. Puis il faudrait
subordonner à ces formes essentielles les formes de pensées qui
s'expriment par les flexions des formes essentielles, c'est-à-dire
par la déclinaison et la conjugaison; d'ailleurs ces formes de pensées peuvent aussi êtreindiquées à l'aide de l'article ou du pronom;
mais, en somme, il n'y a point là de quoi faire une distinction. —
Toutefois nous voulons examiner la chose encore de plus près et
nous poser à nouveau la question : que sont les formes de la
pensée ?

1. — La pensée se compose tout entière de jugements : les jugements sont les fils dont elle est tout entière tissée. En effet, si l'on
n'emploie pas un verbe, notre pensée ne bouge point de place ; et
dès que l'on fait usage d'un verbe, on forme un jugement.

2. — Toutjugement consiste dans la connaissance d'un rapport
entre le sujet et le prédicat : ce rapport est un rapport de séparation
ou de liaison, accompagné de restrictions variées. Le rapport de
liaison a lieu : 1° Lorsqu'on reconnaît l'identité effective des deux
termes, cette identité ne se présente que dans le cas de deux
concepts convertibles entre eux; 2° lorsque l'un des deux termes
implique toujours l'autre, mais non réciproquement, c'est le cas
du jugement universel affirmatif; 3° Lorsque l'un des deux termes
est quelquefois impliqué dans l'autre, c'est le cas du jugement
particulier affirmatif. Les jugements négatifs suivent la marche inverse. Ainsi l'on doit trouver dans chaque jugement un sujet, un

prédicat et une copule, cette dernière affirmative ou négative ; toutefois il peut se faire qu'il n'y ait pas de mot spécial pour désigner chacun de ces éléments ; d'ailleurs il en est le plus souvent ainsi. Souvent il n'y a qu'un mot pour désigner le prédicat et la copule ; ex. : « Caius vieillit ». Quelquefois il n'y a qu'un mot pour désigner les trois éléments ; ex. : *concurritur*, c'est-à-dire : « les armées en viennent aux mains », « les armées — deviennent — étant aux prises ». Cela confirme ce que je disais tout à l'heure : ce n'est point directement ni immédiatement dans les mots qu'il faut chercher les formes de la pensée, ce n'est pas même dans les parties du discours : en effet, le même jugement dans des langues différentes et même dans la même langue, peut être exprimé par des mots différents et même par des parties du discours différentes, bien que la pensée reste la même et que par suite sa forme ne change pas ; car la pensée ne pourrait être la même, si la forme de pensée devenait différente. Quant à la tournure grammaticale, elle peut parfaitement être différente, tout en exprimant la même pensée, sous la même forme de pensée : la tournure grammaticale n'est en effet que le vêtement extérieur de la pensée ; la pensée au contraire est inséparable de la forme. Ainsi, des formes de la pensée, la grammaire n'étudie que le vêtement. Les parties du discours se déduisent des formes de la pensée primordiales, indépendantes de toute langue particulière : exprimer les formes de la pensée avec toutes les modifications qu'elles comportent, telle est leur destination. Elles sont l'instrument des formes de la pensée, elles en sont le vêtement, vêtement si exactement ajusté que l'on peut, sous les parties du discours, reconnaître les formes de la pensée.

3. — Ces formes réelles, inaltérables, primordiales de la pensée, sont exactement celles que Kant énumère dans le *Tableau logique des jugements* : pourtant, ici encore, il convient de négliger toutes les fausses fenêtres que Kant a dessinées, par amour de la symétrie, par analogie avec le tableau des catégories ; ajoutons encore que l'ordre de son tableau ne vaut rien. Quant à moi, voici comment je dresserais la liste :

a. — QUALITÉ : Affirmation ou négation, c'est-à-dire liaison ou séparation des concepts : deux formes. La qualité dépend de la copule.

b. — QUANTITÉ : Le concept-sujet est considéré en tout ou en partie : totalité ou pluralité. A la première classe appartiennent également les jugements dont les sujets sont des individus : qui dit « Socrate » veut dire « tous les Socrate ». La quantité n'a donc que deux formes. Elle dépend du sujet.

c. — MODALITÉ : elle a trois formes. Elle détermine la qualité, à titre de chose nécessaire, réelle ou contingente. Par conséquent elle dépend de la copule.

Ces trois formes de pensée émanent des lois de contradiction et d'identité, lois de la pensée. Mais du principe de raison et du principe du tiers exclu procède la :

d. — RELATION. Elle ne se présente que lorsqu'on porte un jugement sur des jugements déjà formulés ; voici donc uniquement en quoi elle consiste : tantôt elle affirme la dépendance d'un jugement au regard d'un autre, ou bien de plusieurs jugements au regard de plusieurs autres ; dans ce cas elle les unit par un jugement *hypothétique* ; tantôt elle affirme que des jugements s'excluent entre eux ; dans ce cas elle les sépare par un jugement *disjonctif*. La relation dépend de la copule qui sépare ou unit les jugements déjà formulés.

Les parties du discours et les formes grammaticales sont des expressions des trois éléments du jugement, je veux dire du sujet, du prédicat et de la copule ; elles expriment également les rapports qui peuvent exister entre ces éléments, les formes de la pensée telles que nous venons de les énumérer, plus les déterminations et modifications particulières de ces formes. Substantif, adjectif et verbe, tels sont donc les éléments essentiels du langage ; aussi doivent-ils se rencontrer dans toutes les langues. Toutefois on pourrait concevoir une langue dans laquelle l'adjectif et le verbe seraient toujours fondus ensemble, ce qui d'ailleurs arrive fréquemment dans toutes les langues. L'on pourrait dire provisoirement : à l'expression du sujet sont destinés le substantif, l'article, le pronom ; à l'expression du prédicat, sont destinés l'adjectif, l'adverbe, la préposition ; à l'expression de la copule correspond le verbe ; — tous les verbes à l'exception du verbe *être* contiennent déjà en eux un prédicat. — Quant au mécanisme exact qui régit l'expression des formes de la pensée, c'est à la philosophie de la grammaire de l'enseigner, de même que c'est à la logique d'enseigner les opérations que l'on accomplit avec ces mêmes formes.

Remarque. Pour prévenir toute méprise et aussi pour éclairer ce qui précède, il faut que je parle de l'ouvrage de S. Stern, *le Fondement provisoire de la philosophie des langues* (1), où l'auteur essaie de construire les catégories au moyen des formes grammaticales. C'est une tentative tout à fait manquée : il a totalement confondu la pensée avec l'intuition. Des formes grammaticales, il prétend déduire non point les catégories de la pensée, mais les prétendues catégories de l'intuition, par suite il met les formes grammaticales en rapport direct avec l'intuition. Il commet la grave erreur de croire que la langue se rapporte directement à l'intuition, tandis qu'en réalité elle se rapporte uniquement à la

____

(1) S. Stern, *Vorlaüfige Grundlage zur Sprachphilosophie,* 1835.

pensée, aux concepts abstraits ; elle ne se rapporte à l'intuition que par l'intermédiaire des concepts ; or les concepts se comportent à l'égard de l'intuition de manière à la transformer totalement. Les choses qui existent dans l'intuition, autrement dit, les rapports issus du temps et de l'espace, sont, à coup sûr, objets de la pensée ; par suite il doit y avoir, dans la langue, des formes pour les exprimer ; toutefois on ne les exprime qu'abstraitement, à titre de concepts. Les matériaux sur lesquels la pensée opère immédiatement, ce sont les concepts, rien que les concepts ; c'est à eux seuls que se rapportent les formes de la logique, car jamais elles ne se rapportent directement à l'intuition. Dans les jugements, l'intuition ne fournit que la vérité matérielle, jamais la vérité formelle, cette dernière se détermine uniquement d'après les règles dialectiques.

Je reviens à la philosophie kantienne et je passe à la *Dialectique transcendantale*. Kant commence par définir la *raison*, — faculté qui doit jouer le rôle principal dans cette partie de son ouvrage, puisque jusqu'ici c'étaient là la sensibilité et l'entendement qu'il avait mis en vedette. A propos des différentes définitions de la raison d'après Kant, j'ai déjà parlé plus haut de celle qu'il donne ici : «La raison est la faculté des principes». Par là il déclare que toutes les connaissances *a priori* étudiées jusqu'ici, celles qui fondent la possibilité des mathématiques pures et celles qui fondent la possibilité des sciences naturelles pures, nous donnent non pas des principes, mais de simples règles ; car elles procèdent d'intuitions et de formes de la connaissance, non de simples concepts ; or il faut qu'une connaissance procède de simples concepts pour qu'elle soit un principe. Ainsi, pour Kant, une connaissance de ce genre doit se composer de simples concepts et cependant être synthétique. — En fait, cela est radicalement impossible. Les simples concepts ne peuvent donner naissance qu'à des jugements analytiques. Si l'on unit des concepts tout à la fois synthétiquement et *a priori*, cette union ne peut être effectuée que par l'intermédiaire d'un troisième terme, grâce à une intuition pure de la possibilité formelle de l'expérience ; de même, les jugements synthétiques *a posteriori* sont unis par l'intermédiaire de l'intuition empirique. J'en conclus qu'un jugement synthétique *a priori* ne peut jamais procéder de simples concepts. Mais en somme, nous ne connaissons *a priori* que le principe de raison dans ses différentes expressions ; par suite, en fait de jugements synthétiques *a priori*, ne sont possibles que ceux qui procèdent de ce qui fournit un contenu à ce principe.

Puis, Kant nous présente un prétendu principe de la raison, approprié du reste aux besoins de la cause ; mais il ne nous présente que celui-là, lequel d'ailleurs engendre ultérieurement d'autres conséquences. Ce principe est celui que Wolf établit et explique dans sa *Cosmologie* (1) et dans son *Ontologie* (2). Nous avons vu plus haut que, dans le chapitre de l'*Amphibolie*, Kant prenait les sophismes de Leibniz pour des erreurs naturelles et nécessaires de la raison et qu'il les critiquait en conséquence ; le même fait se reproduit exactement ici, à propos des sophismes de Wolf. Kant expose ce principe de la raison ; mais on ne fait que l'entrevoir à travers le brouillard ; car l'exposition est obscure, vague et incomplète (3). Voici le principe, clairement formulé cette fois : « Lorsque le conditionné est donné, par le fait la totalité de ses conditions est également donnée, autrement dit l'inconditionné, — qui seul peut rendre complète la totalité des conditions —, est donné. » Le principe est précieux ; et chacun sera intimement convaincu qu'il est vrai, si l'on se représente les conditions et le conditionné comme les chaînons d'une chaîne verticale, dont l'extrémité supérieure ne nous serait point visible en sorte qu'elle pourrait se prolonger à l'infini : or la chaîne ne tombe pas, elle reste suspendue ; donc il doit y avoir plus haut un premier chaînon, et ce chaînon doit être attaché quelque part. Ou plus brièvement : à cette chaîne de causes, qui nous invite à remonter à l'infini, il est bon que la raison fixe un point d'attache ; cela la met à l'aise. Mais quittons les images et examinons le principe en lui-même. Il est incontestablement synthétique ; car, étant donné le concept du conditionné, l'on n'en peut retirer analytiquement qu'un seul concept, celui de la condition. De plus, ce principe n'a aucune vérité *a priori ; a posteriori*, il n'en a pas non plus ; mais il se pare très artificieusement d'une apparence de vérité ; voyons comment il s'y prend pour cela. Nous possédons directement et *a priori* les connaissances exprimées par le principe de raison sous sa quadruple forme. C'est à ces connaissances immédiates que l'on emprunte toutes les énonciations abstraites du principe de raison ; par suite ces énonciations elles-mêmes, et *a fortiori* leurs conséquences ne sont que des connaissances indirectes. J'ai déjà expliqué plus haut de quelle manière la connaissance abstraite unit souvent sous une seule forme ou sous un seul concept des connaissances intuitives fort complexes, et les unit de telle sorte qu'il est désormais impossible de les distinguer : la connaissance abstraite est donc à la connaissance intuitive ce qu'est l'ombre

(1) Sect. ɪ, c. ɪɪ, § 93.
(2) § 178.
(3) P. 307 ; 5ᵉ éd., pp. 371 et 322 ; 5ᵉ éd., p. 37ᵃ

aux objets réels : l'ombre en effet reproduit à grands traits la complexité des choses et l'enveloppe d'un contour simple qui, en quelque sorte, la résume. Notre prétendu principe de la raison utilise cette ombre. Il ne s'agit de rien moins que de tirer du principe de raison, et cela par voie de conséquence, l'inconditionné, lequel est avec lui en contradiction formelle ; pour arriver néanmoins au but, notre principe abandonne prudemment la connaissance directe et intuitive du contenu du principe de raison, telle qu'elle s'offre à nous dans ses expressions particulières ; il se sert uniquement de concepts abstraits qui sont tirés de ces expressions particulières et qui tiennent d'elles leur valeur et leur signification; de cette façon il introduit subrepticement son inconditionné dans la vaste sphère de ces concepts.

Le procédé apparaît de la manière la plus claire, lorsqu'on le met sous forme dialectique ; ainsi par exemple : « Si le conditionné existe, sa condition, elle aussi, doit être donnée, donnée tout entière, donnée complètement ; autrement dit, la totalité des conditions doit être donnée ; et, si ces conditions forment une série, cette série tout entière doit être donnée avec son commencement, c'est-à-dire avec l'inconditionné. » — Dans ce raisonnement je relève déjà une erreur : il n'est pas vrai que les conditions d'un conditionné constituent, à ce titre, une série. Au contraire la totalité des conditions d'un conditionné doit être contenue dans sa raison la plus prochaine, dans la raison dont il procède directement et qui par là même est sa *raison suffisante*. Tel est, par exemple, le cas des différentes déterminations d'un état qui constitue lui-même une cause : toutes ces déterminations doivent s'accomplir concurremment, avant que l'effet ne se produise. Mais cela ne nous conduit point à l'idée d'une série, telle que, par exemple, la chaîne des causes : pour qu'il y ait série, il faut que ce qui tout à l'heure était condition soit à son tour considéré comme conditionné ; il faut, autrement dit, que l'on recommence à nouveau l'opération tout entière ; il faut que le principe de raison, avec ses exigences, intervienne une seconde fois. A proprement parler, pour un conditionné, il ne peut pas y avoir une série successive de conditions, de conditions existant simplement à titre de conditions et ne servant qu'à expliquer le dernier conditionné. En réalité, la série est toujours une série alternative de conditionnés et de conditions : chaque fois que l'on a remonté un chaînon, la chaîne se trouve interrompue et les exigences du principe de raison sont complètement satisfaites : puis la chaîne recommence dès que l'on considère la condition comme un conditionné. Ainsi le principe de raison suffisante exige uniquement que la condition prochaine soit complète ; jamais il n'exige qu'il y ait

une série de conditions ni que cette série soit complète. Toutefois
le concept d'une condition complète n'indiquant point si les
éléments de la condition doivent être simultanés ou successifs,
l'on a décidé arbitrairement qu'ils devaient être successifs ; voilà
comment on s'est figuré qu'une série complète de conditions successives était chose nécessaire. Par une pure abstraction, par une
convention arbitraire, la série des causes et des effets a été considérée simplement comme une série de causes, déterminées par
l'unique nécessité d'expliquer le dernier effet et de lui fournir une
raison suffisante. J'invite le lecteur à y regarder de plus près, à
réfléchir davantage, à quitter la généralité vague de l'abstraction
pour descendre aux réalités particulières et précises ; il verra dès lors
que les exigences de la raison suffisante se bornent à ceci : les déterminations de la cause prochaine doivent être complètes ; mais il
n'est point question d'une série complète. Les exigences du principe
de raison sont parfaitement satisfaites, dès que, pour un conditionné
quelconque, la raison suffisante lui est donnée. Elles se renouvellent
aussitôt que cette raison est à son tour considérée comme une
conséquence : jamais pourtant il ne réclame directement une série
de raisons. Mais si, au lieu de considérer les choses en elles-
mêmes, l'on se renferme dans les concepts abstraits, toutes ces
nuances s'effacent : de cette manière, l'on prend facilement une
chaîne alternative de causes et d'effets, de raisons logiques et de
conséquences, pour une chaîne exclusivement composée de causes
et de raisons aboutissant en définitive à un effet ; l'on part de ce
principe, juste d'ailleurs, « pour qu'une raison soit suffisante, il
faut que les conditions dont elle se compose soient complètes » ;
puis on conclut, ainsi que nous l'avons vu, de la manière suivante :
« il existe une série complète, exclusivement composée de raisons, lesquelles n'existent que pour expliquer la conséquence
dernière ». Voilà comment le principe abstrait de la raison parvient à s'imposer effrontément, lui et l'inconditionné, sa prétendue
conséquence. Pour en découvrir la nullité, il n'y avait pas besoin
d'une critique de la raison pure, faite au moyen des antinomies et
de leur solution : il suffisait d'une critique de la raison, entendue
dans le sens de ma définition, autrement dit il suffisait de rechercher le rapport de la connaissance abstraite avec la connaissance
directement intuitive ; pour cela il aurait fallu quitter les généra-
lités vagues de la connaissance abstraite et se placer sur le terrain
ferme et précis de la connaissance intuitive. Ainsi entendue, la
critique de la raison nous apprend que l'essence de cette faculté ne
consiste nullement dans la recherche de l'inconditionné : en effet, la
raison elle-même, sitôt qu'elle agit avec la plénitude de sa réflexion,
ne peut manquer de s'apercevoir que l'inconditionné est un pur

néant. La raison, en tant que faculté de cognition, n'a jamais affaire en définitive qu'à des objets; or tout ce qui est objet pour un sujet se trouve nécessairement et irrévocablement sous la puissance et dans le domaine du principe de raison, tant *a priori* qu'*a posteriori*. La valeur du principe de raison repose sur la forme même de la conscience, et cela est tellement vrai qu'on ne peut se représenter rien d'objectif sans qu'aussitôt une question se pose, celle du *pourquoi*; par suite il n'y a pas, absolument parlant, d'absolu qui puisse nous servir d'oreiller. Tel ou tel philosophe a beau trouver commode de s'en tenir au *statu quo,* il a beau admettre arbitrairement un pareil absolu, rien ne peut prévaloir contre une certitude *a priori* aussi incontestable que celle-là; sur ce point il n'y a pas de grands airs qui soient capables de nous duper. En réalité, tout ce qu'on nous dit de l'absolu — le thème quasi perpétuel des systèmes philosophiques essayés depuis Kant — n'est autre chose que la preuve cosmologique déguisée. Celle-ci, en effet, depuis le procès que lui fit Kant, se trouvait déchue de tous ses droits, mise au ban de la philosophie; ne pouvant plus se montrer sous sa véritable forme, elle s'est présentée sous des déguisements de toutes sortes; tantôt elle est magnifiquement revêtue, elle se drape dans les grands mots d'intuition intellectuelle ou de pensée pure; tantôt au contraire elle ne vit que de mendicité et d'escroquerie, à force de sophismes et d'expédients. Si ces messieurs veulent absolument avoir un absolu, j'en ai un à leur service; à tout ce que l'on peut exiger d'un absolu il répond beaucoup mieux que toutes les chimères dont ils sont les auteurs : cet absolu, c'est la matière. Elle n'a ni origine ni fin; elle est indépendante dans le vrai sens du mot; elle est « ce qui est en soi et est conçu par soi (1) »; tout émane de son sein et tout y retourne : que peut-on demander de plus à un absolu? — Quant à ceux qui sont restés sourds à la Critique de la raison, c'est bien à eux que l'on devrait crier : « Vous êtes donc comme les femmes : on a beau leur parler raison pendant une heure, toujours elles reviennent à leur premier mot (2) ? »

Ce n'est nullement l'essence de la raison qui nous autorise à remonter vers une cause inconditionnée, vers un premier commencement; en voici d'ailleurs une nouvelle preuve, une preuve de fait : les religions primitives de notre race, le brahmanisme et le bouddhisme, qui ont aujourd'hui encore de si nombreux croyants, ne connaissent ni n'admettent aucune doctrine semblable; elles pro-

(1) *Quod per se est et quod per se concipitur.* (Spinoza, *Ethique,* livre I, déf. 1).
(2)　　　Seid ihr nicht wie die Weiber, die beständig
　　　Zurück nur kommen auf ihr erstes Wort,
　　　Wenn man Vernunft gesprochen stundenlang ?

longent à l'infini la série des phénomènes qui se conditionnent les uns les autres. Je renvoie, sur ce point, à la remarque que je fais plus bas, dans la critique de la première antinomie. L'on peut encore consulter « la Doctrine du bouddhisme » de Upham (1), et d'une manière générale tous les travaux exacts sur les religions de l'Asie. Il ne faut pas confondre judaïsme et raison.

Ainsi Kant n'attribue au prétendu principe de la raison aucune valeur objective : il lui attribue simplement une nécessité subjective ; mais tout en faisant cette réserve, il ne l'en déduit pas moins, par un vain sophisme (2). Voici comment il procède : nous cherchons, aussi longtemps que nous le pouvons, à subordonner toute vérité à nous connue à une autre plus générale ; or ce fait même n'est autre chose que la recherche de l'inconditionné, supposé par nous. Mais en réalité, lorsque nous cherchons ainsi, nous ne faisons que simplifier notre connaissance en élargissant notre point de vue, par l'application et par l'usage normal de la raison, de cette faculté de cognition abstraite et générale qui distingue l'homme raisonnable, parlant et pensant, de l'animal, esclave du présent. En effet, l'usage de la raison consiste à connaître le particulier par le général, le cas par la règle, la règle par une règle plus générale, en un mot à chercher les points de vue les plus généraux : en élargissant ainsi notre raison, nous facilitons et nous perfectionnons notre connaissance à un tel point que c'est là la grande différence entre la vie animale et la vie humaine, entre la vie sauvage et celle de l'homme civilisé. Incontestablement la série des raisons de la connaissance bornée au domaine de l'abstrait, c'est-à-dire de la raison, trouve toujours une fin, lorsqu'elle se heurte à l'indémontrable, autrement dit à une représentation qui n'est plus conditionnée d'après cette expression du principe de raison — la raison de la connaissance ; or cette représentation, perçue soit *a priori* soit *a posteriori*, mais toujours d'une manière immédiate et intuitive, c'est précisément ce qui fonde le principe suprême de l'enchaînement des raisonnements. J'ai déjà montré dans ma Dissertation *sur le principe de raison* (3) que, dans ce cas, la série des raisons de connaissance se réduit à proprement parler aux raisons du devenir et de l'être. Mais prétendre tirer parti de cette circonstance pour déclarer qu'il existe même subjectivement un inconditionné au point de vue de la loi de causalité, cela n'est permis qu'à ceux qui n'ont pas encore distingué les différentes expressions du principe de raison, qui les confondent toutes ensemble et qui se bornent à l'énonciation abstraite. Or Kant cherche à accréditer

<hr>

(1) Upham, *Doctrine of Buddhaïsm.* p).
(2) P. 307 ; 5ᵉ éd., p. 304.
(3) § 50.

cette confusion, et pour cela il se sert d'un simple jeu de mots
(universalitas et *universitas)* (1). — Ainsi la recherche des raisons
suprêmes de la connaissance, des vérités générales, n'est nullement
fondée sur l'hypothèse d'un objet inconditionné quant à son
existence; cette recherche n'a rien de commun avec cette hypothèse, et ce serait une erreur radicale que de se figurer le contraire.
Quand bien même l'essence de la raison comporterait une hypothèse de ce genre, la raison, dès qu'elle réfléchit, doit considérer
cette hypothèse comme un non-sens. Disons plus : l'origine de ce
concept d'inconditionné n'a d'autre source que la paresse de l'individu : celui-ci, en effet, bien qu'il n'en ait nullement le droit,
espère, au moyen de ce concept, se débarrasser de tout problème
ultérieur, soit qu'il le concerne ou non.

A ce prétendu principe de la raison, Kant lui-même refuse la
valeur objective ; mais il nous le présente comme une hypothèse
subjective nécessaire, et de cette façon il provoque dans notre
connaissance un conflit sans issue, conflit que tout à l'heure il va
accentuer encore davantage. A cet effet il développe ce principe
de la raison (2), toujours fidèle d'ailleurs à sa méthode de symétrie
architectonique. Les trois catégories de la relation donnent naissance à trois sortes de raisonnement ; chacune de ces trois sortes
de raisonnement nous fournit une méthode pour rechercher un
inconditionné particulier ; par conséquent il y a également trois
inconditionnés : l'âme, le monde (comme objet en soi et totalité
complète), Dieu. Nous devons, dès maintenant, remarquer une
grave contracdition, à laquelle Kant n'a sûrement pas pris garde ;
car elle pourrait être très préjudiciable à la symétrie. Deux de ces
inconditionnés *sont* à leur tour conditionnés par le troisième; l'âme
et le monde sont conditionnés par Dieu qui est leur cause efficiente :
l'âme et le monde ne partagent point avec Dieu le prédicat *incon-*
ditionné, c'est-à-dire le seul dont il soit question ici ; l'âme et le
monde n'ont de commun avec Dieu que le prédicat suivant : ils
sont déduits d'après les principes de l'expérience, en dehors et au-
dessus de la possibilité de l'expérience.

Quoi qu'il en soit, le fait est qu'il y a pour Kant trois inconditionnés auxquels toute raison doit aboutir, suivant la loi de son essence.
Or dans ces trois inconditionnés nous retrouvons les trois grands
objets autour desquels a tourné toute la philosophie soumise à
l'influence du christianisme, depuis les scolastiques jusqu'à
Ch. Wolf. De pareils concepts ont beau, grâce à l'influence des
philosophes, être devenus des idées courantes, familières même à

____

(1) P. 322; 5ᵉ éd. p., 379.
(2) P. 322; 5ᵉ éd. p. 379.

la pure raison ; néanmoins nous ne pouvons, sans recourir à l'hypothèse de la révélation, les considérer comme émanant du développement de la raison humaine ou comme produits par elle suivant la propre loi de son essence. Pour vider la question, il faudrait recourir à des recherches historiques ; il faudrait se demander si les peuples anciens, étrangers à l'Europe, et particulièrement les Hindous, si les plus vieux philosophes grecs sont effectivement parvenus, eux aussi, à des concepts de ce genre ; ou bien si au contraire ce ne serait pas nous qui aurions la complaisance vraiment exagérée de leur attribuer de semblables créations ; le procédé d'ailleurs ne serait pas nouveau : les Grecs retrouvaient partout leurs dieux, et, ce serait par un contre-sens pareil que nous traduirions le mot « Brahm » des Hindous, le mot « Tien » des Chinois, par notre mot « Dieu » ; il faudrait rechercher enfin si le théisme proprement dit n'est pas une production unique, issue de la seule religion juive et des deux autres religions qui en procèdent ; n'est-ce pas pour cela en effet que les croyants de ces trois religions enveloppent les adeptes de toutes les autres sous le nom de *païens* ? — Par parenthèse cette expression est singulièrement naïve et grossière ; elle devrait au moins être bannie des écrits des savants, puisqu'elle identifie et met dans le même sac Brahmanistes, Bouddhistes, Égyptiens, Grecs, Romains, Germains, Gaulois, Iroquois, Patagons, Caraïbes, Otahitiens, Australiens et autres. Pour la prêtraille, cette expression convient : dans le monde savant la porte doit lui être fermée ; qu'elle passe en Angleterre, qu'on la relègue à Oxford ! — Le bouddhisme, c'est-à-dire la religion qui compte sur la terre le plus de fidèles, loin d'admettre le moindre vestige de théisme, en a, au contraire, une horreur invincible ; c'est là une vérité absolument établie. Pour ce qui est de Platon, j'imagine que c'est aux juifs qu'il doit ses accès périodiques de théisme. Numenius (1) l'appelle pour cette raison, le Moïse grec, *Moses græcisans :* « Qu'est-ce que Platon, sinon un Moïse attique ? » — « Τί γάρ ἐστι Πλάτων, ἢ Μώσης ἀττικίζων ; » et il lui reproche d'avoir dérobé dans les écrits de Moïse ses doctrines de Dieu et de la création. Clément d'Alexandrie répète souvent que Platon a connu Moïse et qu'il en a tiré parti (2) ; dans *l'Exhortation aux Gentils*, il commence par gourmander et narguer tous les philosophes grecs ; il leur reproche de n'avoir pas été des Juifs ; c'est une vraie capucinade (3) ; puis il fait une exception en faveur de Platon (4) ; il le félicite, il se livre à de véritable trans-

---

(1) Ap. Clément d'Alexandrie, *Strom.*, I, c. xxii. — Eusèbe, *Praep., evang.*, XIII, 12. — Suidas. art. Numenius.
(2) *Strom.* I, 25 ; V. cap. 14, § 90 et 99. — Paedag. II, 10 ; III, 11.
(3) Cap. 5.
(4) Cap. 6.

ports d'allégresse ; car, dit-il, après avoir appris la géométrie chez
les Égyptiens, l'astronomie chez les Babyloniens, la magie chez les
Thraces, mille autres choses chez les Assyriens, Platon s'est fait enseigner le théisme par les Juifs: « Je reconnais tes maîtres ; tu as
beau les vouloir cacher ; ta doctrine de Dieu, tu l'as puisée aux
pures sources hébraïques. » — « Οἶδα τοὺς σοῦ διδασκάλους κἂν ἀποκρύπτειν
ἐθελῇς,... δοξὰν τοῦ θεοῦ παρ' αὐτῶν ὠφελῆσαι τῶν Ἑβραίων. » — C'est une
scène de reconnaissance vraiment touchante, digne d'un mélo-
drame. — Voici encore une remarquable confirmation, à l'appui
de mon dire. D'après Plutarque (1), et mieux encore d'après
Lactance (2), Platon rendait grâces à la nature d'être né homme et
non point animal, homme et non femme, Grec et non point barbare.
Or dans le recueil de *Prières des Juifs* d'Isaac Euchel, le fidèle
remercie Dieu de l'avoir fait juif et non païen, libre et non point
esclave, homme et non point femme. — Si Kant avait fait cette
étude historique, il aurait échappé à la fâcheuse nécessité où il s'est
trouvé ; il n'aurait pas été conduit à dire que les trois concepts de
l'âme, du monde et de Dieu, étaient une conséquence nécessaire,
un produit naturel de la raison, alors que d'autre part il démontre
l'inanité des mêmes concepts, l'impossibilité de leur donner une
valeur légitime ; en un mot, il n'eût point fait de la raison elle-
même une sorte de sophiste, comme lorsqu'il dit : « Ce sont des
sophismes non de l'homme, mais de la raison ; le plus sage lui-
même ne peut y échapper ; peut-être, malgré tous ses efforts, sera-
t-il impuissant contre l'erreur ; en tous cas, il ne peut se débarrasser de cette apparence qui le dupe et le trompe sans cesse (3). »
D'après cela les *Idées de la raison* seraient, pour Kant, comme le
foyer d'un miroir concave : tous les rayons viennent se réfléchir et
converger dans ce foyer, à quelques pouces de la surface du miroir,
et, en vertu d'un procédé nécessaire de notre entendement, nous
apercevons un objet qui est une pure apparence, sans réalité.

Pour désigner ces trois productions nécessaires — ou soi-disant
telles — de la raison pure théorétique, Kant n'a pas choisi une
expression heureuse : il les appelle *Idées* ; ce terme est pris de
Platon ; or Platon s'en sert pour désigner ces types immuables,
multipliés par l'espace et par le temps, dont les choses individuelles et périssables ne sont que les innombrables, mais
imparfaites images. Les Idées de Platon sont donc essentiellement
intuitives ; d'ailleurs le mot même qu'il a choisi exprime d'une
manière fort précise le sens suivant: choses perçues par intuition

ou par vision (1). Malgré cela Kant s'est approprié le terme pour désigner ce qui réside en dehors de toute intuition possible, ce que la pensée abstraite elle-même ne peut saisir qu'à demi. Le mot Idées, inauguré par Platon, a conservé, durant vingt-deux siècles, le sens que lui donnait Platon : non seulement les philosophes de l'antiquité, mais encore les scolastiques et même les Pères de l'Eglise, les théologiens du moyen âge, l'ont employé exclusivement dans le sens platonicien, c'est-à-dire dans le sens du mot latin *exemplar*; Suarez d'ailleurs le dit expressément (2). — Plus tard les Anglais et les Français ont été amenés par la pauvreté de leur langue à abuser du mot; cela est fâcheux, mais ne tire pas à conséquence. — Mais revenons à Kant : il s'est servi à contre sens du mot Idée; il lui a donné une nouvelle signification, fondée sur la conception peu solide d'une chose qui ne serait point objet d'expérience; sans doute les Idées de Platon sont un peu dans le même cas, comme aussi toutes les chimères possibles; toujours est-il que Kant a abusé du mot et que cet abus ne se peut justifier. Un abus récent ne pouvant prévaloir contre un usage accrédité par l'autorité des siècles, j'ai toujours employé le mot *Idée* dans son sens antique et primordial, dans le sens platonicien.

La réfutation de la *Psychologie rationnelle* est beaucoup plus détaillée, beaucoup plus approfondie dans la première édition de la *Critique de la Raison pure* que dans la seconde et dans les suivantes; aussi est-ce uniquement la première édition que chacun doit consulter sur ce point. Cette réfutation est, dans son ensemble, un morceau d'une très grande valeur; elle contient une part considérable de vérité. Cependant je fais mes réserves : selon moi c'est uniquement pour l'amour de la symétrie que Kant déduit du paralogisme précédent le concept de l'âme, en appliquant le concept soi-disant nécessaire de l'inconditionné à celui de la substance, lequel est la première catégorie de la relation; puis, en partant de là, il affirme que dans toute raison spéculative telle doit être la genèse du concept de l'âme. Si ce concept avait réellement son origine dans l'hypothèse du sujet dernier de tous les prédicats possibles d'une chose, dans ce cas on aurait admis l'existence d'une âme non seulement chez l'homme, mais encore et avec une égale nécessité dans toute chose inanimée; car toute chose sans vie suppose un sujet dernier de tous ses prédicats. Mais Kant se sert d'une expression tout à fait impropre, toutes les fois qu'il parle d'une chose ne pouvant exister

(1) *Anschaulichkeiten oder Sichtbarkeiten.*
(2) *Disput.* XXV, Sect. I.

qu'à titre de sujet, non à titre de prédicat (1) ; toutefois il y avait déjà un exemple de cette impropriété dans la métaphysique d'Aristote (2). Rien n'existe comme sujet ou comme prédicat : ce sont là des expressions qui appartiennent exclusivement à la logique et qui désignent les rapports des concepts abstraits entre eux. Toutefois le sujet et le prédicat ont, dans le monde intuitif, leurs corrélatifs, leurs termes correspondants : la substance et l'accident. Or nous n'avons pas à chercher bien loin pour trouver la substance, ce qui existe toujours à titre de substance, jamais à titre d'accident: la substance nous est directement donnée dans la matière. La matière est substance au regard de toutes les propriétés des choses; et celles-ci sont ses accidents. La matière est réellement, pour employer l'expression kantienne que nous avons citée, le sujet dernier de tous les prédicats se rapportant à une chose quelconque donnée empiriquement; autrement dit, elle est ce quelque chose qui subsiste, lorsqu'on a fait abstraction de toutes les propriétés possibles d'une chose. Or il existe quelque chose de tel dans l'homme, comme dans l'animal, dans la plante ou dans la pierre, et cela est si évident que, pour ne point le voir, il faut y mettre une mauvaise foi insigne. Du reste la matière est le prototype du concept de substance, ainsi que je le montrerai bientôt. Maintenant voyons ce que c'est que sujet et prédicat. Le sujet et le prédicat sont à la substance et à l'accident ce qu'est le principe de raison suffisante à la loi de causalité, ce qu'est un principe de logique à une loi de la nature; principe de raison suffisante, loi de causalité, voilà deux termes qui ne sont ni convertibles, ni identiques. Le sujet et la substance, le prédicat et l'accident, eux non plus ne sont ni convertibles, ni identiques. Or Kant s'est manifestement permis de les convertir et de les identifier dans ses *Prolégomènes* (3), alors qu'il s'agissait, étant donnés le sujet dernier de tous les prédicats et la forme du raisonnement catégorique, d'en faire dériver le concept de l'âme. Pour démasquer le sophisme qu'il y a dans ce paragraphe, il suffit de réfléchir un peu, et l'on s'aperçoit que le sujet et le prédicat sont des déterminations purement logiques, concernant uniquement et exclusivement les concepts abstraits ou plutôt les rapports des concepts abstraits entre eux dans le jugement: la substance et l'accident au contraire appartiennent au monde intuitif et à son aperception par l'entendement: ce sont des termes identiques à ceux de matière et de forme (ou qualité).

L'antithèse, qui a donné lieu à la théorie des deux susbtances

____

(1) Par exemple, *Critique de la raison pure*, p, 323, 5ᵉ éd., p. 412. *Prolégomènes*, §§ 4 et 46.
(2) Livre IV, cap. 8.
(3) § 46.

radicalement différentes, le corps et l'âme, est en réalité l'antithèse
de l'objectif et du subjectif. Quand l'homme se perçoit objectivement par l'intuition extérieure, il perçoit un être étendu dans l'espace et parfaitement corporel ; si au contraire il se perçoit par la
simple conscience, c'est-à-dire d'une manière purement subjective, il perçoit un être composé uniquement de volonté et de
représentation, affranchi de toutes les formes de l'intuition,
dépourvu aussi de toutes les propriétés inhérentes au corps. Alors
il crée le concept de l'âme ; il le crée, comme l'on crée tous les concepts transcendants que Kant appelle des Idées: il applique le
principe de raison, forme de tout objet, à ce qui n'est point un
objet, c'est-à-dire dans l'espèce au sujet de la connaissance et de la
volonté. C'est qu'en effet l'homme considère la connaissance, la
pensée, la volonté comme des effets ; il cherche la cause des effets
en question, et ne la pouvant trouver dans le corps, il invente une
cause tout à fait différente du corps. C'est ainsi que tous les
dogmatiques, depuis le premier jusqu'au dernier, démontrent
l'existence de l'âme: ainsi procédait Platon dans le *Phèdre*, ainsi
procède Wolf ; ils considèrent la pensée et la volonté comme des
effets, et de ces effets ils remontent à une cause : l'âme. C'est
de cette manière, c'est en érigeant en hypostase une cause correspondant à cet effet, que l'on a créé ce concept d'un être
immatériel, simple et indestructible ; c'est seulement après que ce
concept fut formé, que l'école voulut l'expliquer et en démontrer la
légitimité au moyen du concept de substance. Mais le concept de
substance lui-même, l'école venait justement de le confectionner
pour les besoins de la cause ; et il est intéressant de voir par quel
artifice.

Dans ma première classe de représentations, c'est-à-dire parmi
les représentations du monde intuitif et réel, je range également la
représentation de la matière ; en effet, la loi de causalité qui règne
sur la matière détermine le changement des états ; or les états, qui
changent, supposent une chose qui demeure et dont ils sont eux-
mêmes les modifications. Plus haut, dans mon paragraphe sur le
principe de permanence de la substance, j'ai fait voir, en me référant à des passages antérieurs, quelle est la genèse de la représentation de matière ; la matière existe exclusivement pour l'entendement; or la loi de causalité — unique forme de l'entendement — unit
intimement dans l'entendement le temps et l'espace ; dans le résultat ainsi produit la part prise par l'espace correspond à la permanence de la matière, la part prise par le temps correspond aux changements d'état de cette même matière. La matière pure, la matière
en soi, ne peut être que pensée abstraitement ; elle ne peut être perçue par intuition ; car, dès que la matière se manifeste à l'intuition,

elle a une forme, une qualité. Or à son tour, ce concept de matière a donné naissance à un nouveau concept, celui de substance ; ce nouveau concept était une abstraction, et soi-disant un genre dont la matière était une espèce ; on l'avait formé en ne laissant au concept de la matière qu'un seul prédicat, celui de la permanence ; quant aux autres prédicats, propriétés essentielles de la matière, tels qu'étendue, impénétrabilité, divisibilité, etc., on en avait fait abstraction. Le concept de substance a, en sa qualité de genre, une compréhension moindre, mais — et c'est en cela qu'il diffère des autres genres— il n'a pas une extension plus vaste que le concept de matière, il n'embrasse point, outre la matière, d'autres espèces ; la matière est l'unique espèce du genre « substance », elle en est l'unique contenu possible ; donc le contenu du concept de substance se trouve d'un seul coup effectivement donné et vérifié. Or, à l'ordinaire, lorsque la raison recourt à l'abstraction pour créer le concept d'un genre, elle a pour but de réunir sous une même pensée plusieurs espèces différant entre elles par des caractères secondaires. Mais ici ce but n'avait pas à être poursuivi. J'en conclus : de deux choses l'une, ou bien le travail d'abstraction que l'on a entrepris était oiseux et inopportun ; ou bien ceux qui l'ont entrepris avaient une secrète arrière-pensée. Cette arrière-pensée, la voici : il s'agissait de ranger dans le concept de substance, à côté de la matière, à côté de la seule et unique espèce qui constituait le genre, une seconde espèce, l'âme, substance immatérielle, simple et indestructible. Si ce nouveau concept de l'âme a pu s'insinuer, cela tient à ce que, en enveloppant la matière sous le concept soi-disant plus étendu de la substance, l'on avait déjà procédé d'une manière irrégulière et illogique. Lorsque la raison, dans sa marche régulière, forme le concept d'un genre, toujours elle rapproche les uns des autres les concepts de plusieurs espèces, puis elle procède par voie comparative et discursive, elle fait abstraction des différences, elle ne s'attache qu'aux ressemblances, et enfin elle obtient le concept du genre, concept qui résume ceux de toutes les espèces, mais qui leur est inférieur en compréhension. D'où il suit que les concepts des espèces doivent toujours être antérieurs à celui du genre. Dans le cas présent la marche est inverse. Il n'y a que le concept de matière qui ait précédé le soi-disant concept du genre, c'est-à-dire celui de substance ; le second a été formé au moyen du premier sans nécessité, par suite sans raison, d'une manière parfaitement oiseuse ; ce concept de substance est tout simplement celui de matière, dépouillé de toutes ses déterminations sauf une. C'est seulement après cela qu'à côté du concept de matière l'on a placé et insinué une prétendue deuxième espèce qui en réalité n'en est pas une. Il suffisait désormais pour former le concept de l'âme de nier explicitement, ce que tout à l'heure, lors de la formation du concept de substance, on avait implicitement négligé, je veux dire l'étendue, l'impénétrabilité, la divisibilité. Ainsi le concept de substance n'avait eu d'autre raison d'être que celle-ci : servir de véhicule pour faire passer le concept de la substance immatérielle. Par suite le concept de substance, loin d'être une catégorie ou une fonction nécessaire de l'entendement, n'est au contraire qu'un concept des plus superflus : tout son vrai contenu se trouve déjà dans le concept de matière ; à part le concept de matière, il ne contient pour ainsi dire, qu'un grand vide ; et ce vide il ne parvient à le remplir qu'en introduisant subrepticement l'espèce dite substance immatérielle ; or c'était justement pour servir de véhicule à la *substance immatérielle* qu'on avait inventé la *substance en général*. Voilà pourquoi, rigoureusement parlant, l'on doit rejeter le concept de substance et le remplacer partout par celui de matière.

Les catégories étaient un lit de Procuste où l'on appliquait d'une manière générale tous les objets ; les trois sortes de raisonnements ne jouent ce rôle qu'à l'égard de ce que Kant nomme les trois Idées. L'Idée de l'âme avait dû bon gré mal gré trouver son origine dans la forme du raisonnement catégorique. Kant se trouve maintenant en présence des représentations dogmatiques que nous avons sur l'ensemble du monde, lorsque nous le pensons comme objet en soi, compris entre les deux limites de la petitesse extrême — l'atome, et de la grandeur extrême — les bornes du monde dans le temps et dans l'espace. Or il est, pour Kant, de toute nécessité que les représentations en question émanent de la forme du raisonnement hypothétique. Du reste pour confirmer cette assertion, Kant n'a pas à faire de nouvelle violence à la vérité. En effet, le jugement hypothétique tire sa forme du principe de raison ; or c'est en appliquant inconsidérément et radicalement ce principe, puis en le mettant non moins arbitrairement de côté, que l'on est arrivé en réalité à créer toutes les soi-disant Idées, non pas seulement les Idées cosmologiques. Voici comment on s'y prenait : l'on se contentait d'abord, conformément au principe de raison, de rechercher la dépendance des objets entre eux ; mais l'imagination fatiguée de ce jeu, finissait par assigner un but à sa course. C'était oublier que tout objet, que la série des objets, que le principe de raison lui-même se trouve dans la plus étroite de toutes les dépendances, celle du sujet connaissant ; c'était oublier que le principe de raison n'a de valeur que pour les objets du sujet connaissant, c'est-à-dire pour les représentations ; qu'il a pour seule destination d'assigner aux

representations une place dans l'espace et dans le temps. Ainsi le
principe de raison, cette forme de connaissance, d'où Kant avait
déduit simplement les Idées cosmologiques, était en même temps
l'origine de toutes les autres entités sophistiques ; il n'y avait donc
point de sophisme à commettre pour arriver au but que Kant s'était
assigné ici. Mais en revanche et pour la même raison, il est amené à
en commettre de très graves, lorsqu'il s'agit de faire une classification des Idées d'après les quatre rubriques des catégories.

1. — Pour les Idées cosmologiques se rapportant à l'espace et au
temps, c'est-à-dire aux limites du monde dans l'espace et dans le
temps, Kant déclare imperturbablement qu'elles sont déterminées
par la catégorie de la quantité ; or elles n'ont rien de commun avec
cette catégorie, si ce n'est que, en logique, dans la théorie du jugement, l'on a donné par hasard à l'extension du concept-sujet le nom
de quantité, nom tout conventionnel d'ailleurs et que l'on aurait pu
parfaitement remplacer par un autre. Mais, dans son amour de la
symétrie, Kant n'hésite pas à exploiter ce hasard heureux, cette
similitude de noms, qui leur permet de rattacher à la catégorie de la
quantité les dogmes transcendants sur l'étendue du monde.

2. — Plus témérairement encore, Kant rattache à la catégorie de la
qualité, c'est-à-dire à la théorie des jugements affirmatifs et négatifs, les Idées transcendantes sur la matière ; ici pourtant il ne peut
plus invoquer une analogie fortuite de dénomination ; car c'est à la
quantité, non point à la qualité de la matière que se rapporte sa
divisibilité mécanique (il n'y a pas à parler ici de divisibilité chimique). Mais — chose plus grave encore — cette Idée de la divisibilité
ne peut nullement être comptée parmi les conséquences du principe de raison ; or c'est de ce principe, considéré comme contenu
de la forme hypothétique, que doivent découler toutes les Idées
cosmologiques. Voici l'affirmation sur laquelle s'appuie Kant : le
rapport des parties au tout est un rapport de condition à conditionné, autrement dit un rapport conforme au principe de raison.
Cette affirmation est un sophisme aussi vain que subtil. Le rapport
des parties au tout s'appuie purement et simplement sur le principe
de contradiction. Le tout n'est point conditionné par les parties ni
réciproquement ; tous deux sont solidairement nécessaires, car ils
ne sont qu'un et on ne les sépare que par un acte arbitraire. De là
résulte, d'après le principe de contradiction, la vérité suivante :
faire abstraction des parties, c'est en même temps faire abstraction
du tout et réciproquement ; mais, s'il en est ainsi, ce n'est pas à
dire que les parties conditionnent le tout, ni que les parties soient
la raison du tout, ni le tout la conséquence des parties ; il ne faut
pas nous figurer que nous soyons, d'après le principe de raison,
nécessairement induits à étudier les parties pour comprendre le

tout, comme l'on est forcé d'étudier la raison pour comprendre
la conséquence. — Voilà pourtant les difficultés énormes sur
lesquelles, chez Kant, l'amour de la symétrie arrive à l'emporter.

3. — Sous la rubrique de la relation viendrait se ranger fort à propos l'Idée de la cause première du monde. Mais Kant est forcé de
réserver cette Idée pour la quatrième rubrique (modalité), sans
quoi il ne resterait rien à y mettre ; il force donc bon gré mal gré
l'Idée de la cause première du monde à rentrer sous la catégorie
de la modalité. Voici comment il s'y prend : il a une définition du
contingent diamétralement opposée à la vérité ; pour lui, est contingente toute conséquence d'un principe ; or il remarque que c'est
la cause première du monde qui transforme le contingent en
nécessaire. — Mais il s'agit maintenant de rattacher une Idée à la
troisième rubrique, à la catégorie de la relation : Kant choisit à cet
effet le concept de la liberté ; notons que sous ce concept il n'entend en réalité que l'Idée de la cause du monde, laquelle d'ailleurs
se trouverait ici à sa seule et véritable place ; tout cela ressort
clairement de la remarque, annexée à la *thèse* de la troisième antinomie. La quatrième antinomie n'est au fond qu'une répétition de
la troisième.

A ce propos je trouve et je déclare que toute la série des antinomies n'est qu'une feinte, un simulacre de conflit. Seules, les propositions appelées *antithèses* reposent effectivement sur les formes
de notre faculté de connaître ; autrement dit, – et pour parler au point
de vue objectif — elles sont seules à reposer sur les lois de la
nature, nécessaires, universelles, *a priori*. Seules, elles tirent leurs
démonstrations de raisons objectives. Au contraire les propositions
appelées *thèses*, et leurs démonstrations, n'ont d'autre fondement
qu'un fondement subjectif ; elles reposent purement et simplement
sur la faiblesse et sur les sophismes de l'individu : l'imagination se
fatigue de remonter indéfiniment en arrière et elle met un terme
à sa course au moyen d'hypothèses arbitraires qu'elle essaie de
pallier du mieux qu'elle peut ; ajoutez à cela que le jugement se
trouve dans l'impossibilité de quitter cette mauvaise voie où le
retiennent des préjugés invétérés. Aussi, dans chacune des quatre
antinomies, la démonstration de la thèse est elle un sophisme ; au
contraire la démonstration de l'antithèse est une conséquence
incontestable, déduite par la raison, des lois *a priori* du monde de
la représentation. Il a fallu à Kant beaucoup de peine et beaucoup
d'artifice pour faire tenir debout les *propositions-thèses*, pour leur
donner une certaine valeur spécieuse en face des antithèses qui,
elles, étaient naturellement très fortes. Voici d'ailleurs quel est, à
cet effet, l'artifice principal et constant qu'il emploie : il ne procède
point comme un homme qui a conscience de la vérité de son asser-

tion ; il n'isole pas, il ne met pas en relief, il ne découvre pas à nu le nerf de l'argumentation ; en un mot il ne le présente point nettement devant nos yeux, ainsi qu'on doit toujours le faire dans la mesure du possible ; loin de là, du côté de la thèse comme du côté de l'antithèse, la marche du raisonnement se trouve embarrassée, dissimulée même par un flot de phrases prolixes et superflues.

Les thèses et antithèses que Kant met ici aux prises font songer au combat qui est décrit dans les *Nuées* d'Aristophane, combat où Socrate met aux prises le juste et l'injuste (1). Pourtant l'analogie n'existe que dans la forme, elle ne s'étend pas au contenu, quelles que puissent être à ce sujet les protestations de certaines gens : je veux dire ceux qui prétendent que ces questions, les plus spéculatives de toute la philosophie théorétique, ont une influence sur la moralité, et qui se figurent de bonne foi que la thèse correspond au juste, l'antithèse à l'injuste. Je ne veux tenir aucun compte de ces petits esprits, bornés et faux ; il y a là une complaisance que je n'aurai point ; c'est la vérité, ce n'est pas eux que je veux respecter. En conséquence, voici ce que je vais démontrer : les arguments employés par Kant pour la démonstration de chaque thèse, ne sont que des sophismes ; au contraire les arguments employés à la démonstration des antithèses, sont introduits le plus loyalement, le plus correctement du monde et ils sont tirés de raisons objectives. — Dans le cours de cette critique, je suppose que le lecteur a toujours présentes à l'esprit les antinomies kantiennes.

Supposons pour un instant que, dans la première antinomie, la preuve de la thèse soit juste ; dans ce cas elle prouverait beaucoup trop ; en, effet elle s'appliquerait non seulement aux changements qui existent dans le temps, mais encore au temps lui-même, ce qui tendrait à prouver l'absurdité suivante : le temps lui-même doit avoir eu un commencement. D'ailleurs, voici en quoi consiste le sophisme : au début Kant avait purement et simplement examiné la cas où la série des états n'aurait point de commencement ; mais, quittant subitement cette simple hypothèse, il se met à raisonner sur le cas où la série des états n'aurait non plus aucune fin, serait infinie ; alors il démontre ce que personne ne met en doute, à savoir qu'une telle hypothèse est en contradiction avec l'idée d'un tout achevé et que cependant tout instant présent peut être considéré comme la fin du passé. Nous objecterons à Kant que l'on peut toujours concevoir la fin d'une série qui n'a point de commencement, qu'il n'y a là rien de contradictoire ; la réciproque d'ailleurs est vraie ; l'on peut concevoir le commencement d'une série qui n'a

(1) Δίκαιος λόγος, ἄδικος λόγος.

point de fin. Quant à l'argument de l'antithèse, il est rigoureusement vrai ; les changements qui se produisent dans le monde, supposent d'une manière nécessaire une série infinie de changements antérieurs ; contre ce raisonnement il n'y a rien à dire. Nous pouvons à la rigueur concevoir qu'un jour la série des causes s'arrête, se termine dans un repos absolu ; quant à la possibilité d'un commencement absolu, c'est chose radicalement inconcevable (1).

A propos des limites du monde dans l'espace, Kant démontre ce qui suit : si le monde doit être appelé un tout donné, il faut nécessairement qu'il ait des limites. La conséquence est exacte ; mais c'est la proposition antécédente qu'il fallait démontrer et qui reste indémontrée. Qui dit totalité dit limites, qui dit limites dit totalité : mais l'un et l'autre terme, limite et totalité, sont introduits ici d'une manière tout à fait arbitraire. Il faut avouer que sur ce second point l'antithèse ne nous offre point de démonstration aussi satisfaisante que sur le premier : cela tient d'abord à ce que la loi de causalité, qui nous fournit à propos du temps des déterminations nécessaires, ne nous en fournit point à propos de l'espace ; ajoutez ceci : sans doute la loi de causalité nous donne *a priori* la certitude que le temps rempli par les phénomènes ne peut confiner à un temps antérieur et vide ; elle nous enseigne qu'il n'y a pas de *premier* changement, mais en aucune façon elle ne nous affirme que l'espace plein n'ait pas à côté de lui un espace vide. Si l'on s'en tient là, aucune solution *a priori* n'est possible sur ce second point. Pourtant il y a une difficulté qui nous empêche de concevoir le monde comme limité dans l'espace : c'est que l'espace lui-même est nécessairement infini, et que par suite un monde fini et limité, situé dans l'espace, n'a en définitive, si grand qu'il soit, qu'une

(1) Non, ceux qui assignent au monde une limite dans le temps ne s'appuient nullement sur une pensée nécessaire de la raison. Veut-on encore que je donne, à l'appui de mon dire, des arguments historiques ; consultez la religion populaire des Hindous et à plus forte raison les Védas : nulle part il n'y est question des limites du monde. Les Hindous cherchent à exprimer sous une forme mystique, au moyen d'une chronologie fantastique, l'infinité de ce monde phénoménal, de ce tissu de la Maya, sans consistance et sans être ; dans le mythe suivant ils démontrent en même temps d'une manière singulièrement suggestive la relativité de toute durée temporelle (Polier, *Mythologie des Indous*, vol. II, p. 585). Une période de quatre âges — et c'est dans le quatrième que nous vivons — comprend une durée totale de quatre millions trois cent vingt mille années. Chaque journée de Brahma créateur équivaut à une période de quatre âges ; et la nuit de Brahma est égale à son jour. Son année a trois cent soixante-cinq jours et autant de nuits. Il vit, créant sans cesse, durant cent années ; puis lorsqu'il meurt, un nouveau Brahma naît aussitôt, et ainsi de suite d'éternités en éternités. — Cette relativité du temps se trouve également exprimée dans un mythe particulier qui nous est raconté par Polier, d'après les Pouranas (*Mythologie des Indous*, vol. II, p. 594). Un Rajah avait eu avec Vischnou, dans le ciel, une entrevue de quelques instants ; lorsqu'il redescendit sur la terre, plusieurs millions d'années s'étaient écoulés : l'on était entré dans un nouvel âge ; car chaque jour de Vischnou équivaut à cent périodes de quatre âges.

grandeur infiniment petite ; or une pareille disproportion donne à
l'imagination une impulsion invincible ; car elle n'a plus qu'à
choisir entre deux hypothèses : concevoir le monde infiniment
grand ou infiniment petit. Cela avait déjà été compris des philosophes anciens : « Métrodore, le maître d'Epicure, trouve inadmissible que dans un vaste champ il ne pousse qu'un épi, que dans
l'infini il ne se produise qu'un monde (1) ». Voilà pourquoi beaucoup
d'entre eux enseignèrent qu'il y avait une infinité de mondes dans
l'infini (2). Tel est aussi l'esprit de l'argument de Kant dans l'antithèse. Mais il est rendu méconnaissable par la forme scolastique
et embarrassée sous laquelle il est présenté. Le même argument
pourrait également être employé contre la limitation du monde
dans le temps, si l'on n'en avait trouvé un beaucoup meilleur, à la
lumière de la loi de causalité. Ajoutons que, si l'on admet l'hypothèse d'un monde limité dans l'espace, il se pose encore une
question sans réponse : en vertu de quel privilège une partie de
l'espace a-t-elle été remplie, tandis que l'autre, infinie, est restée
vide ? Si l'on veut une exposition détaillée fort intéressante des
arguments pour et contre la limitation du monde on la trouvera
chez Giordano Bruno dans le cinquième dialogue de son livre :
« *Del infinito, universo e mondi :* » Du reste Kant lui-même, dans
son *Histoire naturelle et théorie du ciel* (3), affirme fort
sérieusement, d'après des raisons objectives, que le monde n'a
point de limites dans l'espace. Aristote déjà s'était rallié à la même
opinion dans deux chapitres (4), fort intéressants à lire au sujet de
cette antinomie.

Dans la seconde antinomie, dès le début, la thèse est entachée
d'une grossière pétition de principe : voici les premiers mots de
cette thèse : « Toute substance composée est composée de parties
simples ». Une fois admise la conception tout à fait arbitraire de
substance composée, Kant n'a évidemment aucune peine à prouver
l'existence des parties simples. Mais ce principe sur lequel tout
repose, à savoir « toute matière est composée », voilà justement
ce qui demeure indémontré, et pour une bonne raison : c'est que ce
principe est une hypothèse dénuée de fondement. En effet, ce qui
s'oppose à l'idée du *simple*, ce n'est pas celle du *composé* ; c'est
celle de la chose étendue, de la chose qui a des parties, de la chose
divisible. En réalité Kant admet ici implicitement que les parties
existaient avant le tout, qu'elles ont été réunies ensemble et que

<hr>

(1) Μητρόδωρος, ὁ καθηγήτης Ἐπικούρου, φῆσιν ἄτοπον εἶναι ἐν μεγάλῳ πεδίῳ
ἕνα στάχυν γεννηθῆναι, καὶ ἕνα κόσμον ἐν ἀπείρῳ.

(Stobée. Eclog e.I. 23.)

(2) Ἄπειρους κόσμους ἐν τῷ ἀπείρῳ.
(3) *Naturgeschichte und Theorie des Himmels*, Theil II, kap. 7.
(4) *Phys.* III. §. 4 et 5.

de cette réunion est né le tout : car c'est bien cela que veut dire
le mot *composé*. Mais une telle hypothèse est aussi insoutenable
que l'hypothèse contraire. Qui dit divisibilité dit simplement possibilité de diviser le tout en parties ; la divisibilité n'implique
nullement que le tout est *composé* des parties, c'est-à-dire engendré
par elles. La divisibilité implique l'existence de parties dépendantes
du tout, *a parte post* ; elle n'implique nullement l'existence de
parties antérieures au tout, *a parte ante*. Entre les parties et le tout,
il n'y a en réalité aucun rapport de temps ; loin de là, parties et
tout se conditionnent mutuellement et sont par conséquent toujours
simultanés : car, s'il existe quelque chose d'étendu dans l'espace,
c'est uniquement en tant que deux choses existent ensemble. Par
suite ce que Kant dit dans la remarque sur la thèse, à savoir : « on
devrait appeler l'espace non pas un composé, mais un tout... »,
est également tout à fait vrai, si on l'applique à la matière; celle-ci
en effet n'est autre chose que l'espace devenu perceptible. Quant
à cette assertion contenue dans l'antithèse, à savoir que la matière
est divisible à l'infini, elle découle *a priori*, incontestablement, du
principe de la divisibilité infinie de l'espace; car la matière est ce
qui remplit l'espace. Contre ce principe il n'y a aucune objection à
faire; aussi dans un autre passage (1), ayant dépouillé son rôle
d'*avocat du diable*, Kant, en un aveu fort sincère et fort personnel,
nous le représente comme une vérité objective ; de même dans les
Fondements métaphysiques des sciences de la nature (2), nous
trouvons le principe suivant: « la matière est divisible à l'infini »,
exprimé comme une vérité incontestable, en tête de la démonstration du premier principe de la mécanique ; du reste, la même vérité
avait déjà été exposée et démontrée comme premier principe de
la dynamique. Mais ici Kant gâte la démonstration de son antithèse par la singulière confusion de son exposé, par un flot de
paroles inutiles, sans doute dans l'intention astucieuse de ne point
renverser les sophismes de la thèse par la simple et claire évidence
de l'antithèse. — Les atomes ne sont point une idée nécessaire
de la raison, mais seulement une hypothèse tendant à expliquer
la différence des poids spécifiques des divers corps. Cependant
nous pouvons expliquer cette différence par une autre hypothèse
meilleure et même plus simple que l'atomistique. Kant lui-même
le montre dans la dynamique de ses *Fondements métaphysiques
des sciences de la nature;* il avait été précédé dans cette voie
par Priestley, *On matter and spirit* (3). L'on trouve même déjà

(1) *Critique de la Raison pure.* P. 313, 5e éd. P. 541.
(2) P. 108. 1re éd.
(3) Sect. I.

chez Aristote la pensée fondamentale de cette autre explica·
tion (1).

L'argument en faveur de la troisième thèse est un sophisme très
habile; il n'est autre en réalité que le prétendu principe de la raison
pure, qui appartient en propre à Kant et qui est reproduit ici
sans mélange, sans altération. Ce principe tend à démontrer que
la série des causes est une série finie ; car d'après lui une cause
ne saurait être suffisante, à moins de contenir la somme totale
des conditions dont émane l'état qui suit, autrement dit l'effet. Ainsi
donc, les déterminations simultanément réalisées dans l'état qui
est la cause doivent se trouver au complet. Mais voici quel est
au fond l'esprit de cette argumentation: la série des causes en
vertu desquelles cet état lui-même est parvenu à la réalité doit
être complète ; or qui dit complet dit achevé, qui dit achevé dit
fini; et de cette manière l'argumentation conclut à une première
cause, fermant la série, par conséquent inconditionnée. Le tour
de passe-passe est manifeste. Si je considère l'état A comme la
cause suffisante de l'état B, je suppose que l'état A contient la
totalité des conditions nécessaires dont la réunion produit inévitablement l'état B. Voilà tout ce que je puis exiger de l'état A
considéré en tant que cause suffisante ; et cela n'a aucun rapport
direct avec la question de savoir comment l'état A est parvenu
à son tour à la réalité: cette dernière question fait partie d'un
problème tout différent ; dans ce nouveau problème je considère ce même état A non plus comme une cause, mais à son tour
comme un effet conditionné par un troisième état ; et ce troisième
état est à l'état A ce que l'état A était tout à l'heure à l'état B.
Supposer que la série des causes et des effets est une série finie et
que par suite elle a un commencement, c'est là une hypothèse qui
ne nous apparaît nullement comme nécessaire, pas plus nécessaire
que de supposer un commencement du temps pour expliquer
l'existence de l'instant présent; cette hypothèse n'a été introduite
que par la paresse d'esprit des individus qui se livraient à la spéculation. Prétendre que cette hypothèse consiste dans l'affirmation
d'une cause, prise comme raison suffisante, c'est une supercherie et
une erreur ; du reste je l'ai prouvé en détail, plus haut, lorsque j'ai
étudié le principe kantien de la raison, principe qui correspond à
cette thèse. Pour appuyer l'affirmation de cette thèse fausse, Kant
n'hésite point, dans la remarque qui y est annexée, à dire que,
lorsqu'il se lève de sa chaise, c'est là un exemple de commencement
inconditionné: comme s'il ne lui était pas aussi impossible de se
lever sans motif qu'il est impossible à une bille de rouler sans

(1) *Phys.* IV, 9.

cause ! Sentant la faiblesse de l'argument , il se réclame des philosophes antiques ; or ce recours n'est point fondé, et pour le prouver je n'aurais qu'à citer Ocellus Lucanus, les Eléates et tant d'autres ; sans compter les Hindous. Contre la démonstration de l'antithèse, il n'y a rien à objecter : c'est comme dans les deux antinomies précédentes.

La quatrième antinomie forme, ainsi que je l'ai déjà remarqué, une véritable tautologie avec la troisième. La démonstration de la thèse est, en substance, une réédition de la démonstration de la thèse précédente. L'assertion suivante : « Tout conditionné suppose une série de conditions complète et par suite se terminant par l'in-conditionné », cette assertion est une pétition de principe que l'on doit absolument rejeter. Un conditionné ne suppose qu'une seule chose, à savoir sa condition : que cette condition soit à son tour conditionnée, c'est là le commencement d'une nouvelle étude qui n'est pas directement contenue dans la première.

La théorie des antinomies, il faut l'avouer, est jusqu'à un certain point spécieuse. Cependant il est remarquable qu'aucune partie de la philosophie de Kant n'ait trouvé aussi peu de contradicteurs que la théorie des antinomies ; aucune même n'a trouvé une approba-tion plus générale ; et pourtant c'est bien là la plus paradoxale de toutes les théories de Kant. Presque tous les partis et tous les manuels philosophiques l'ont considérée comme vraie, l'ont repro-duite et même l'ont travaillée; et cela, bien que toutes ou presque toutes les autres doctrines de Kant aient été combattues ; bien qu'il y ait eu des cerveaux assez mal faits pour attaquer l'*Esthétique transcendantale* elle-même. L'approbation unanime, que la théorie des antinomies a rencontrée, doit venir en définitive de la raison suivante : certaines gens contemplent avec une satis-faction intime le point où l'intelligence doit s'arrêter court, s'étant heurtée à quelque chose qui à la fois est et n'est pas ; ils se figurent avoir réellement sous les yeux le sixième prodige de Philadelphie, annoncé sur les affiches de Lichtenberg.

Kant nous donne ensuite *la solution critique du conflit cosmolo-gique* (1). Cette solution n'est point, si l'on en recherche le véritable sens, ce que nous annonçait son auteur : il nous avait promis de résoudre le conflit en démontrant que, dans la première et dans la seconde antinomie, la thèse et l'antithèse, parties de suppositions également fausses, ont tort toutes les deux, tandis que, dans la troisième et dans la quatrième antinomie, la thèse et l'antithèse ont toutes deux raison. Or Kant n'a point rempli ce programme; il n'a fait que confirmer les antithèses, en en précisant l'exposition.

____

(1) *Kritische Entscheidung des kosmologischen. Streites.*

Dans cette solution Kant commence par affirmer, à tort évidemment : que la thèse et l'antithèse ont pour premier principe l'hypothèse suivante, à savoir que, si le conditionné nous est donné, la série complète, autrement dit finie, de ses conditions nous est également donnée. Or il n'y avait que la thèse qui appuyât ses assertions sur ce principe, lequel n'est autre que le principe pur de la raison, tel que Kant nous l'a déjà exposé ; quant à l'antithèse, elle niait ce principe d'une manière générale et expresse, elle en affirmait le contraire. Plus loin encore, il reproche aux deux premières thèses et antithèses d'avoir fait l'hypothèse suivante, à savoir que le monde existe pris en soi, c'est-à-dire indépendamment du fait d'être connu et des formes de la connaissance : en effet cette hypothèse est encore répétée dans la thèse, mais uniquement dans la thèse ; l'antithèse, au contraire, loin de tirer de cette hypothèse le principe de ses assertions, se trouve, d'un bout à l'autre, inconciliable avec elle. En effet, le concept d'une série *infinie*, tel qu'il est exprimé dans l'antithèse, se trouve en contradiction radicale avec l'hypothèse d'une série *tout entière donnée* : un caractère essentiel d'une série infinie, c'est qu'elle existe toujours relativement au dénombrement que l'on en fait, jamais abstraction faite de ce dénombrement. Au contraire qui dit limites déterminées, dit un tout, lequel existe et subsiste par soi, indépendamment du dénombrement plus ou moins complet que l'on en peut faire. Ainsi c'est uniquement la thèse qui commet l'hypothèse erronée d'un tout cosmique subsistant en soi, c'est-à-dire avant toute connaissance, d'un tout où la connaissance n'a d'autre rôle que de se superposer à ce tout. L'antithèse se trouve en lutte radicale et constante avec cette hypothèse : en effet, l'infinité des séries, affirmée par l'antithèse à la simple lumière du principe de raison, ne peut être réelle que si l'on opère le *regressus*, indépendamment de quoi cette infinité n'existe point. Car si d'une manière générale l'objet suppose le sujet, il va de soi qu'un objet se composant d'une chaîne infinie de conditions suppose dans le sujet un mode de connaissance correspondant, c'est-à-dire un dénombrement infini des anneaux de cette chaîne. Or c'est précisément là ce que Kant nous dit et répète si souvent pour résoudre le conflit : « L'infinie grandeur du monde n'existe que par le *regressus* et non antérieurement à lui ». Résoudre ainsi le conflit, c'est en réalité le trancher en faveur de l'antithèse ; car cette vérité se trouve déjà dans la proposition de l'antithèse, en même temps qu'elle est tout à fait inconciliable avec les assertions de la thèse. Supposons que l'antithèse ait affirmé que le monde se compose de séries infinies de raisons et de conséquences, que néanmoins le monde existe indépendamment de la représentation et du dénombrement régressif de ces raisons et conséquences, bref que le monde existe en soi et que partout il constitue un tout donné ; dans ce cas l'antithèse aurait été en contradiction non seulement avec la thèse, mais encore avec elle-même ; car jamais un tout ne peut être donné tout entier, jamais une série infinie ne peut exister, à moins d'être parcourue à l'infini, jamais une chose illimitée ne peut constituer un tout. Ainsi c'est uniquement à la thèse que l'on doit imputer cette supposition qui, selon l'affirmation de Kant, a conduit à l'erreur thèse et antithèse.

Aristote déjà enseigne qu'un infini ne peut exister qu'en puissance, jamais en acte ; autrement dit, jamais un infini ne peut être réel, ne peut être donné : « L'infini ne peut être en acte ;.... mais il est impossible que l'infini soit en acte (1). » Ailleurs : « Il n'y a pas, dit-il, d'infini en acte ; il n'y a d'infini qu'en puissance et par voie de division (2). » Il explique cela en détail, dans un passage de la *Physique* (3), où dans une certaine mesure il nous donne la solution vraie de l'ensemble des problèmes antinomiques. Il nous expose, avec sa manière concise, les antinomies et alors il dit : « il faut un conciliateur (4) » : puis il donne la solution suivante, à savoir que l'infini, l'infini du monde dans l'espace aussi bien que dans le temps et dans la divisibilité, n'existe point antérieurement au fait de remonter ou de descendre les séries, *progressus et regressus*, mais bien par le fait même qu'on les remonte ou qu'on les descend. — Ainsi cette vérité se trouve déjà dans le concept logiquement entendu de l'infini. Et celui-là ne le comprend pas lui-même, qui s'imagine concevoir l'infini comme une chose objectivement réelle et donnée, indépendamment de tout *regressus*.

Disons plus : si l'on procède par la méthode inverse et si l'on prend pour point de départ ce que Kant nous donne comme la solution du conflit, par ce moyen, l'on arrive justement à la même affirmation de l'antithèse. En effet : si le monde n'est pas un tout nconditionné, s'il n'existe point en soi, mais seulement dans la représentation ; si les séries de raisons et de conséquences constituant le monde existent non pas avant le dénombrement des représentations de ces raisons et conséquences, mais par le fait seul de ce dénombrement ; dans ce cas, le monde ne peut pas contenir de séries déterminées, de séries finies ; en effet, la détermina-

---

(1) Οὔκ ἐστιν ἐνεργειᾷ εἶναι τὸ ἄπειρον..... ἀλλ'ἀδύνατον τὸ ἐνεργειᾷ ὂν ἄπειρον. *Métaphys.* K, 1C.

(2) Κατ'ἐνεργείαν μὲν γὰρ οὐδέν ἐστιν ἄπειρον, δυνάμει δὲ ἐπὶ τὴν διαίρεσιν *De gener. et corrupt.*, I, 3.

(3) *Phys.*, III, 5 et 6

(4) Διαιτήτου.

tion et la limitation de ces séries devraient exister indépendamment de la représentation, laquelle ne vient qu'après : toutes les séries, dans un tel monde, doivent donc être infinies, c'est-à-dire ne pouvoir être épuisées par aucune représentation.

Plus loin (1), Kant veut se fonder sur l'erreur de la thèse et de l'antithèse pour démontrer l'idéalité transcendantale de l'expérience, et il commence ainsi : « Si le monde est un tout existant en soi, il est ou fini ou infini ». — Mais ceci est faux : un tout existant en soi ne peut en aucune façon être infini. — Allons plus loin : supposons que cette idéalité puisse être prouvée de la façon suivante, par l'infinité des séries qui constituent le monde : « les séries de raisons et conséquences constituant le monde n'ont absolument aucune fin » ; eh bien ! dans ce cas, le monde ne peut être un tout donné, indépendant de la représentation : car un tout donné, indépendant de la représentation, suppose toujours des limites déterminées, de même que, en revanche, des séries infinies supposent un *regressus* infini. Ainsi l'infinité supposée des séries doit être déterminée par la forme de « raison et conséquence », celle-ci à son tour par le mode de connaissance du sujet ; bref le monde, tel que nous le connaissons, ne peut exister que dans la représentation du sujet.

Kant a-t-il senti ou non que la *Solution critique du conflit* était en réalité un arrêt en faveur de l'antithèse ? Je n'ai pas qualité pour prononcer là-dessus. Voici en effet quelle est la question : cette solution est-elle encore un résultat de ce que Schelling a nommé quelque part, et fort justement, le *Système d'accommodation* de Kant (2) ? Ou bien l'esprit de Kant se trouvait-il inconsciemment entraîné à l'accommodation par l'influence de son temps et de son entourage ?

———

La solution de la troisième antinomie, qui a pour objet l'Idée de de la liberté, mérite une étude spéciale ; en effet pour nous il est fort remarquable que Kant se trouve forcé, justement ici, à propos de l'Idée de la liberté, de parler en détail de cette chose en soi, que jusque-là nous avions vu reléguée au second plan. Cela est très significatif pour nous, qui avons identifié la chose en soi avec la volonté. D'une manière générale, c'est ici le point par où la philosophie de Kant sert d'introduction à la mienne, ou plutôt par où la mienne se rattache à la philosophie de Kant, comme l'arbre à la racine. Pour se convaincre de ce que je dis là, il suffit de lire avec

(1) P. 506 ; 5ᵉ éd., p. 534.
(2) *Kants Accommodations systeme.*

attention, dans la *Critique de la raison pure*, les pages 536, 537
(5° éd., pp. 564, 565) ; j'invite en outre le lecteur à mettre en
regard de ce passage l'introduction à la *Critique du jugement* (1),
où Kant va jusqu'à dire : « Le concept de liberté peut représenter
une chose en soi dans son objet — qui est la volonté —, mais non
dans l'intuition ; au contraire le concept de nature peut représenter son objet dans l'intuition, mais non comme chose en soi ». Au
sujet de la solution des antinomies, je recommande particulièrement
la lecture du § 53 des *Prolégomènes* ; et après cela, que l'on me
dise si tout le contenu de ce passage n'a pas l'air d'une énigme dont
ma doctrine est le mot. Kant n'avait pas mené sa pensée jusqu'au
bout ; j'ai simplement continué son œuvre. En conséquence, j'ai
étendu à tout phénomène en général ce que Kant disait uniquè-
ment du phénomène humain, à savoir qu'il a pour essence en soi
quelque chose d'absolument libre, c'est-à-dire une volonté. Quant
à la fécondité de cette vue, lorsqu'on la combine avec la doctrine
de Kant sur l'idéalité de l'espace, du temps et de la causalité, elle
ressort assez de mon ouvrage.

Kant n'a fait nulle part de la chose en soi l'objet d'une analyse
particulière, d'une déduction précise. Toutes les fois qu'il a besoin
d'elle, il se la procure aussitôt par ce raisonnement, que l'expérience, c'est-à-dire le monde visible, doit avoir une raison, une
cause intelligible, qui ne soit pas expérimentale et ne relève, par
conséquent, d'aucune expérience possible. Il emploie ce raisonnement, après nous avoir répété sans cesse que l'application des
catégories, conséquemment de celle de causalité, est bornée à
l'expérience possible ; qu'elles sont de simples formes de l'entendement qui servent à épeler les phénomènes du monde sensible :
qu'au-delà de ce monde elles n'ont aucune importance ; et c'est pourquoi il en interdit sévèrement l'application à toute chose située en
deçà de l'expérience et condamne tous les dogmatismes antérieurs
pour avoir violé cette loi. L'incroyable inconséquence que renferme
ce procédé de Kant fut vite remarquée de ses premiers adversaires,
et servit pour des attaques auxquelles sa philosophie ne pouvait pas
résister. Sans doute, c'est tout à fait *a priori* et avant toute expérience que nous appliquons la loi de causalité aux modifications
éprouvées par nos organes des sens : mais c'est justement pour
cela que cette loi est d'origine subjective, comme nos sensations
elles-mêmes, et ne conduit pas à la chose en soi. La vérité, c'est
qu'en suivant la voie de la représentation on ne pourra jamais dépasser la représentation : elle est un tout fermé et ne
possède pas en propre un fil qui puisse mener jusqu'à cette chose

____

(1) 3ᵉ éd., pp. 18, 19 ; éd. Rosenkranz, p. 13.

en soi, dont l'essence diffère *toto genere* de la science. Si nous n'étions que des êtres capables de représentations, le chemin de la chose en soi nous serait à jamais fermé. C'est l'autre côté seulement de notre propre être qui peut nous donner quelques éclaircissements sur l'autre côté de l'essence en soi des choses. J'ai suivi cette méthode. Pourtant je vais montrer que le raisonnement de Kant relatif à la chose en soi qu'il semblait s'être interdit d'avance, peut être justifié dans une certaine mesure. Kant ne pose pas purement et simplement — et c'est en quoi il s'écarte de la vérité — l'objet comme conditionné par le sujet et inversement ; il reconnaît seulement que la manière dont apparaît l'objet est déterminée par les formes du sujet qui connaît, formes qui prennent *a priori* conscience d'elles-mêmes. Ce qui, au contraire, n'est connu qu'*a posteriori*, est pour Kant l'effet immédiat de la chose en soi, et cet effet ne devient phénomène que par son passage à travers les formes données *a priori*. Cette manière de voir explique, dans une certaine mesure, comment il a pu échapper à Kant, que l'objet en tant que tel rentre déjà dans la catégorie du phénomène et est déterminé par le sujet en tant que sujet, aussi bien que la manière dont l'objet apparaît est déterminée par les modes de connaissance du sujet ; que, par conséquent, si l'existence d'une chose en soi doit être admise, cette chose en soi ne peut pas être un objet : Kant a tort de la considérer toujours comme telle ; la chose en soi se trouve nécessairement dans un domaine génériquement distinct de la représentation (c'est-à-dire du sujet qui connaît et de l'objet connu); aussi l'existence n'en saurait-elle être établie d'après les lois de la liaison des objets entre eux.

Chez Kant, il en est de la démonstration de la chose en soi, comme de l'apriorité de la loi de cause ; les deux doctrines sont justes, la manière dont il les établit est fausse : elles rentrent dans la catégorie des conclusions vraies tirées de prémisses erronées. J'ai conservé les deux théories, mais en les fondant sur des bases toutes différentes et certaines.

Je n'ai pas atteint subrepticement la chose en soi, je ne l'ai pas déduite en m'appuyant sur des lois qui l'excluent, puisqu'elles en régissent la forme phénoménale ; ce n'est point par des détours, pour tout dire, que j'y suis arrivé : j'en ai établi immédiatement l'existence, là où elle se trouve immédiatement, dans la volonté, qui apparaît immédiatement à tous comme le fond en soi de leur nature phénoménale.

C'est encore de cette connaissance immédiate de la volonté propre que résulte, dans la conscience humaine, le concept de liberté ; car il est incontestable que la volonté, en tant que créatrice du monde, en tant que chose en soi, est indépendante du prin-

cipe de raison et conséquemment de toute nécessité, qu'elle est
libre, je dis plus, qu'elle est toute-puissante. Sans doute cela n'est
vrai que de la volonté en soi, et non pas de ses phénomènes, les
individus, qui, en tant que manifestations phénoménales dans le
temps de la volonté en soi, sont immuablement déterminés par
cette dernière. Mais dans la conscience du commun des hommes,
que la philosophie n'a pas épurée, la volonté est confondue avec
ce qui n'en est que le phénomène, et l'on attribue à celui-
ci ce qui n'appartient qu'à celle-là ; de là naît l'illusion de l'absolue liberté de l'individu. Aussi Spinosa dit-il avec raison que la
pierre même qu'on lance se figurerait, si elle était consciente, voler
spontanément. Car le fond en soi de la pierre c'est également
la volonté une et libre, seulement la volonté, lorsqu'elle apparaît
comme pierre, est absolument déterminée, comme dans toutes ses
autres manifestations phénoménales. Mais toutes ces questions
ont été suffisamment traitées dans les parties essentielles de ce
livre.

Kant méconnaît cette naissance immédiate du concept de liberté
dans toute conscience humaine, et en place (p. 533 ; V, 561) l'origine dans une spéculation fort subtile : la raison tendant toujours
à l'inconditionnel, nous sommes amenés à hypostasier le concept
de liberté, et cette idée transcendante de liberté est le fondement
essentiel du concept pratique de liberté. Dans la *Critique de la
raison pratique* (§ 6, et p. 185 de la 4ᵉ édit. ; p. 235 de celle de
Rosenkranz), il déduit ce dernier concept d'une manière toute
différente, en montrant que l'impératif catégorique le suppose :
l'idée spéculative dont nous parlions plus haut ne serait que l'origine première du concept de liberté, auquel l'impératif catégorique
donne véritablement son sens et son application. Ni l'une ni l'autre
explication ne sont fondées. Car l'illusion d'une entière liberté
individuelle dans la conduite de ses actes particuliers est surtout
enracinée dans la conviction de l'homme ignorant et sans culture,
qui n'a jamais réfléchi ; elle n'est donc pas fondée sur une spéculation. Ceux-là, au contraire, qui savent s'affranchir de cette illusion, ce sont les philosophes, surtout les plus profonds d'entre eux,
et aussi les auteurs ecclésiastiques les plus réfléchis et les plus
éclairés.

Il résulte de tout ceci que le concept de liberté ne saurait être
tiré, par voie de conclusion, ni de l'idée spéculative d'une cause
inconditionnée, ni d'un impératif catégorique qui la supposerait ;
ce concept naît immédiatement de la conscience : car chacun de
nous se reconnaît par elle comme volonté, c'est-à-dire comme
quelque chose qui, étant en soi, ne relève pas du principe de raison,
qui est indépendant de tout et dont tout dépend ; mais chacun de

nous n'a pas la force de réflexion et de critique nécessaire pour se distinguer, en tant que phénomène temporel et déterminé de cette volonté, ou plutôt de cet acte de volonté, pour se distinguer, dis-je, de cette volonté de vivre elle-même; et, au lieu de considérer toute notre existence comme l'effet d'un acte unique de notre liberté, nous voulons retrouver celle-ci dans nos actions particulières. Je renvoie pour ce point à mon livre sur la liberté de la volonté.

Si donc Kant, comme il l'avance ici et comme il semble l'avoir fait ailleurs, s'était contenté d'établir l'existence de la chose en soi, au prix sans doute d'une grande inconséquence et d'un raisonnement qu'il s'était interdit lui-même, par quel hasard singulier, en cet endroit, où pour la première fois il serre de plus près la chose en soi et semble vouloir s'éclairer sur sa nature, a-t-il pu voir d'emblée la volonté, la volonté libre qui ne se manifeste dans le monde que par des phénomènes temporels? — C'est pourquoi j'admets, quoi qu'il me soit impossible de le démontrer, que Kant, chaque fois qu'il parle de la chose en soi, se représentait vaguement et dans les profondeurs les plus obscures de son esprit la volonté libre. Ce qui semble confirmer mon opinion, c'est un passage de la préface de la 2e édition de la *Critique de la raison pure* (p. 27 et 28, et dans l'éd. de Rosenkranz p. 677 des suppléments).

C'est d'ailleurs en cherchant à résoudre la troisième prétendue antinomie, que Kant a trouvé l'occasion d'exprimer avec une grande beauté les pensées les plus profondes de toute sa philosophie. Ainsi dans toute la « sixième section de l'antinomie de la raison pure » ; mais avant tout, dans l'exposé du contraste entre le caractère empirique et le caractère intelligible, morceau que je mets au nombre des choses les plus excellentes qui aient été jamais dites par un homme. (On trouvera une explication complémentaire de ce passage dans un endroit parallèle de la *Critique de la raison pratique*, p. 169-179 de la 4e éd., ou p. 224-231 de l'éd. Rosenkr.) Il est d'autant plus regrettable, d'abord que ces vues éloquentes ne se trouvent pas à leur véritable place, et aussi que d'une part elles n'aient pas été obtenues par la méthode indiquée dans le texte, si bien qu'elles devraient être déduites d'une tout autre manière, et enfin que d'autre part elles n'atteignent pas le but que leur assigne Kant, à savoir la solution de la prétendue antinomie. On conclut du phénomène à sa raison intelligible, la chose en soi, par l'application inconséquente, que j'ai relevée tant de fois, du principe de causalité à un ordre de choses situé par delà toute expérience. Cette chose en soi, on la voit en l'espèce dans la volonté de l'homme (Kant l'appelle incongrûment raison, par une violation impardonnable de toutes les lois de la langue), en se référant à un devoir inconditionné, l'impératif catégorique, qui est postulé sans plus de raison.

Voici au contraire, quelle eût été la vraie méthode : il fallait partir immédiatement de la volonté, montrer dans celle-ci le fonds en soi, connu sans intermédiaire aucun, de notre propre phénoménalité, puis donner une exposition du caractère empirique et du caractère intelligible, établir comment toutes les actions, bien que nécessitées par des motifs, n'en sont pas moins attribuées nécessairement et absolument à l'agent même et au seul agent, aussi bien par lui que par un juge étranger, que ces actes sont considérés comme dépendant uniquement de lui-même et qu'il doit par conséquemment en assumer le mérite et la peine. — Telle était la voie qui menait directement à la connaissance de ce qui n'est pas phénomène et ne saurait, par conséquent, être obtenu d'après les lois des phénomènes, de la volonté de vivre qui se manifeste dans le phénomène et y devient objet de connaissance. Il eût fallu ensuite la considérer, en vertu d'une simple analogie, comme le fonds en soi de toute forme phénoménale. Mais alors Kant n'aurait pas pu dire (p. 546 ; V, 574), que dans la nature inanimée et même dans la nature animale, aucun pouvoir ne peut être conçu sous une autre forme que celle de la détermination sensible ; ce qui, dans la langue de Kant, revient à dire que l'explication par la loi de la causalité épuise l'essence la plus intime même de ces phénomènes, théorie qui leur enlève, d'une manière fort inconséquente, tout caractère de chose en soi. — Kant n'ayant pas assigné à l'exposé de la chose en soi la place qu'il fallait, n'ayant pas déduit la chose en soi par le procédé qu'il fallait, toute la conception en a été faussée. Car la volonté ou chose en soi ayant été obtenue par la recherche d'une cause inconditionnée, elle entre avec le phénomène dans le rapport de cause à effet. Mais ce rapport n'a lieu que dans le cercle même du phénomène, il suppose par conséquent ce phénomène et ne peut pas le relier à ce qui est situé en dehors de lui, à ce qui est génériquement distinct de lui.

De plus le but proposé, à savoir la solution de la troisième antinomie, n'est nullement atteint par cette affirmation, que les deux parties ont raison, chacune à un point de vue différent. Car la thèse pas plus que l'antithèse ne parlent de la chose en soi, elles s'occupent purement et simplement de la phénoménalité, du monde objectif, du monde comme représentation. La thèse cherche à établir par le sophisme indiqué que ce monde-là, et non pas un autre, renferme des causes inconditionnées, et c'est en parlant de ce même monde que l'antithèse nie avec raison la thèse. Aussi bien toute la démonstration donnée ici de la liberté transcendantale de la volonté, en tant que chose en soi, si excellente qu'elle puisse être n'en est pas moins, à la place où elle se trouve, une μετάβασις εἰς ἄλλο γένος (un passage illégitime d'un genre à un autre). Car la liberté transcendantale en question n'est nullement la causalité inconditionnée d'une cause, qu'affirme la thèse, puisqu'une cause est par son essence même un phénomène, et non pas quelque chose de radicalement différent du phénomène, une chose située au-delà de toute expérience.

Ce n'est pas en traitant de la cause et de l'effet qu'il faut étudier, comme le fait Kant, le rapport de la volonté à sa manifestation phénoménale (c'est-à-dire du caractère intelligible au caractère empirique) : car ce rapport est absolument distinct de la relation causale.

Dans cette solution de l'antinomie, Kant dit avec raison que le caractère empirique de l'homme, comme celui de toute autre cause dans la nature, est immuablement déterminé, que les actes en procèdent nécessairement, à l'occasion des influences externes ; aussi, en dépit de toute liberté transcendantale (c'est-à-dire de l'indépendance de la volonté en soi vis-à-vis des lois qui régissent ses modes phénoménaux), aucun homme n'a-t-il le pouvoir de commencer spontanément une série d'actions, comme l'affirmait la thèse. La liberté n'a donc pas de causalité, car est libre seulement la volonté, qui est située en dehors de la nature ou de l'expérience, laquelle n'en est que l'objectivation, mais ne soutient pas avec elle un rapport d'effet à cause ; ce dernier rapport ne se rencontre qu'au sein de l'expérience, il présuppose donc celle-ci, et ne peut pas la relier à ce qui ne relève absolument pas de l'expérience. Le monde devrait être uniquement expliqué par la volonté, puisqu'il est cette volonté même en tant que phénomène, et non point par la causalité. Mais *dans* le monde la causalité est le seul principe d'explication, et tout s'y fait suivant les seules lois de l'expérience. Toute la vérité est donc du côté de l'antithèse, qui demeure dans la question, qui emploie le principe d'explication applicable à cette question.

La quatrième antinomie est, comme je l'ai déjà dit, une tautologie de la troisième. Dans la solution qu'il en donne, Kant insiste encore davantage sur le caractère insoutenable de la thèse : en revanche, il ne l'établit sur aucune raison et ne démontre pas comment elle se pose nécessairement en place de l'antithèse, et réciproquement il ne voit aucune raison à opposer à l'antithèse. C'est subrepticement qu'il introduit la thèse ; il l'appelle lui-même (p. 562 ; V, 590) une supposition arbitraire dont l'objet pourrait bien être impossible en soi ; Kant ne fait au fond que déployer des efforts tout à fait impuissants pour lui procurer quelque part une petite place sûre, en face d'une antithèse dont la vérité est incontestable, s'évertuant

à ne pas dévoiler tout le néant de ce procédé qui consiste à trouver
dans la raison humaine des antinomies nécessaires.

Suit le chapitre sur l'idéal transcendant, qui nous transporte
d'un coup dans la scolastique figée du moyen âge. On croirait
.entendre Anselme de Canterbury lui-même. *L'ens realissimum*,
quintessence de toutes les réalités, contenu de toutes les propositions affirmatives, apparaît, avec la prétention d'être une notion
nécessaire de la raison. — Pour ma part je dois avouer qu'il est
impossible à ma raison de produire une telle notion, et que les mots
qui servent à la caractériser n'éveillent en moi aucune idée précise.

Je ne doute d'ailleurs pas que Kant n'ait été amené à écrire ce
chapitre singulier et indigne de lui, sous l'influence de sa prédi-
lection pour la symétrie architectonique.

Les trois objets principaux de la scolastique (qui, entendus dans
un sens plus large, ont régné, comme je l'ai dit, dans la philosophie jusqu'à Kant), l'âme, le monde et Dieu, devaient être déduits
des trois majeures possibles de syllogismes ; bien qu'il soit évident
que ces notions ne sont nées et ne pouvaient naître que par une
application rigoureuse du principe de raison. Donc, après qu'on
eût forcé l'âme d'entrer dans le jugement catégorique, après avoir
réservé au monde le jugement hypothétique, il ne restait pour la
troisième Idée que la majeure discursive. Fort heureusement un
travail préparatoire en ce sens se trouvait avoir été fait, à savoir
l'ens realissimum des scolastiques, accompagné de la démonstration ontologique de l'existence de Dieu, preuve posée sous forme
rudimentaire par saint Anselme, puis perfectionnée par Descartes.
Ces éléments, Kant les exploita avec joie, en y mélant quelques
réminiscences d'une œuvre de jeunesse écrite en latin. Toutefois
le sacrifice que Kant fait, sous la forme de ce chapitre, à son amour
pour la symétrie architectonique dépasse toute mesure. En dépit
de toute vérité, la représentation grotesque, puisqu'il faut le dire,
d'une quintessence de toutes les réalités possibles y est présentée
comme une notion essentielle et nécessaire de la raison. Pour la
déduire, Kant émet cette assertion fausse, que notre connaissance
des choses particulières a lieu par une limitation de plus en plus
grande de concepts généraux, qu'il faut aboutir par conséquent à
un concept souverainement général, qui renferme en soi toute
réalité. Cette affirmation est aussi contraire à sa propre doctrine
qu'à la vérité ; car, tout à l'opposé, notre connaissance part du
particulier, pour s'élargir et s'étendre jusqu'au général ; les notions

générales ne naissent que par une abstraction de choses réelles, singulières, intuitivement connues, abstraction qui peut être poussée jusqu'à la notion souverainement générale, laquelle comprendra bien toutes choses sous elle, mais presque rien *en elle*. Ici Kant a littéralement renversé la marche de notre connaissance, et on pourrait lui reprocher d'avoir donné naissance à un charlatanisme philosophique, devenu célèbre de nos jours, qui, au lieu de voir dans les concepts des pensées abstraites des objets, donne au contraire aux concepts la priorité dans l'ordre du temps et ne voit dans les objets que des concepts concrets; arlequinade philosophique qui a naturellement obtenu un succès énorme, lorsqu'elle fut portée sur les tréteaux.

Même si nous admettons que toute raison doive, ou du moins puisse, sans le secours d'aucune révélation, arriver jusqu'à la notion de Dieu, cela n'est possible que si cette raison prend pour guide la loi de causalité. Chose tellement évidente qu'elle n'a pas besoin de démonstration. Aussi Chr. Wolf (*Cosmologia generalis, praef.*, p. 1) dit-il : « Sane in theologia naturali existentiam Numinis « e principiis cosmologicis demonstramus. Contingentia universi et « ordinis naturæ, una cum impossibilitate casus, sunt scala, per « quam a mundo hoc adspectabili ad Deum ascenditur. » Et avant lui Leibnitz avait déjà dit du principe de causalité: « Sans ce grand principe nous ne pourrions jamais prouver l'existence de Dieu (Théod., § 44). » De même dans sa controverse avec Clarke, § 126 : « J'ose dire que sans ce grand principe on ne saurait venir à l'existence de Dieu ». Au contraire la pensée développée dans ce chapitre est tellement éloignée d'être une notion essentielle et nécessaire de la raison, qu'elle doit être plutôt considérée comme le chef-d'œuvre des produits monstrueux d'une époque, telle que le moyen âge, que des circonstances singulières poussèrent dans la voie des erreurs et des bizarreries les plus étranges, époque unique dans l'histoire et qui ne reviendra jamais. Sans doute cette scolastique, une fois arrivée au faîte de son développement, tira la démonstration principale de l'existence de Dieu du concept de *l'ens realissimum*, et ne se servit qu'accessoirement des autres preuves : mais ce n'est là qu'une méthode d'enseignement qui ne prouve rien pour l'origine de la théologie dans l'esprit humain. Kant a pris ici les procédés de la scolastique pour ceux de la raison, erreur où d'ailleurs il est souvent tombé. S'il était vrai que, conformément à des lois essentielles de la raison, l'Idée de Dieu sort d'un syllogisme disjonctif, sous forme de l'Idée de l'Etre le plus réel, cette idée se serait bien rencontrée déjà chez les philosophes de l'antiquité : mais nulle part, chez aucun des anciens philosophes, on ne trouve trace de *l'ens realissimum*, bien que

quelques-uns d'entre eux enseignent un créateur du monde, qui
ne fait que donner une forme à une matière qui existe indépendamment de lui, un δημιοῦργος : c'est d'ailleurs par le principe de causalité seul qu'ils remontent jusqu'à ce démiurge. Il est vrai que
Sextus Empiricus (adv. Math., iv, § 88) cite une argumentation de
Cléanthe que quelques-uns prennent pour la preuve ontologique.
Mais elle n'a pas ce caractère, elle n'est qu'un simple raisonnement
par analogie : en effet, comme l'expérience apprend que sur terre
un être est toujours plus excellent que l'autre, et que l'homme,
étant le plus excellent, clôt la série, bien qu'il ait encore de nombreux défauts, il doit évidemment exister des êtres plus excellents
encore et en dernière ligne un être d'une excellence suprême
(κράτιστον, ἄριστὸν) c'est-à-dire Dieu.

Au sujet de la réfutation radicale de la théologie spéculative, qui
vient à la suite, je me bornerai à remarquer qu'elle est sans doute,
dans une certaine mesure, tout comme la critique des trois Idées de
la raison, c'est-à-dire toute la dialectique de la raison pure, le but
et la fin de l'œuvre entière; que cependant cette partie polémique
n'a pas, comme la partie théorique qui précède, c'est-à-dire l'esthétique et l'analytique, un intérêt général, permanent et purement
philosophique; mais l'intérêt en est plutôt temporaire et local, puisqu'elle se rapporte aux moments principaux de la philosophie qui
jusqu'à Kant a régné en Europe : toutefois ce sera l'immortel mérite
de Kant d'avoir par cette polémique donné le coup de grâce à cette
philosophie. Il a éliminé de la philosophie le théisme, car dans la
philosophie, entendue comme science, et non comme foi religieuse, il n'y a que les données empiriques ou les résultats de
démonstrations certaines qui puissent trouver place. Naturellement
j'entends par philosophie celle qui est pratiquée sérieusement, et
qui ne vise qu'à la vérité, et non pas cette philosophie pour rire des
Universités, dans laquelle la théologie spéculative joue toujours le
rôle principal, et où l'âme, comme une vieille connaissance, se meut
sans aucune gêne. Celle-là, c'est la philosophie qui traîne à sa
suite les pensions et les honoraires, et même les titres de conseiller
aulique; c'est elle qui, des hauteurs dédaigneuses où elle réside, ne
s'aperçoit même pas, quarante années durant, de l'existence d'aussi
petites gens que moi; qui voudrait bien être débarrassée du vieux
Kant et de ses critiques, pour acclamer de tout cœur son Leibniz.
— Je dois remarquer en outre que, de même que le scepticisme de
Hume au sujet du concept de cause a donné l'impulsion première à
la doctrine kantienne du caractère à priori de la loi de cause, de

même la critique que fait Kant de toute théologie spéculative a peut-être son point de départ dans la critique que fait Hume de toute théologie populaire, et qu'il a exposée dans sa remarquable *natural history of religion*, et dans ses *Dialogues on natural religion* : peut-être même Kant a-t-il voulu, dans une certaine mesure, compléter ces écrits. Car le premier des écrits susnommés de Hume est au fond une critique de la théologie populaire, critique qui en veut montrer le piteux et misérable caractère, et renvoyer à la théologie spéculative ou rationnelle comme à la seule vraie et respectable. Kant à son tour découvre tout le néant de cette dernière, et ne touche pas à la théologie populaire ; au contraire il la remet debout, sous une forme plus noble, comme croyance fondée sur le sens moral. Après lui de prétendus philosophes ont singulièrement perverti et détourné de son acception primitive ce sens moral, qu'ils ont transformé en connaissance rationnelle, en conscience de la divinité, en intuition intellectuelle du suprasensible, de la divinité, etc. ; au lieu que Kant, lorsqu'il brisa d'anciennes et respectables idoles, reconnaissant tout le danger de cette entreprise, ne cherchait en créant la théologie morale qu'à dresser provisoirement quelques faibles étais, afin que l'édifice ne l'ensevelît point lui-même sous sa chute et qu'il pût trouver le temps de se retirer.

En ce qui concerne l'exécution, une critique de la raison n'était nullement nécessaire pour la réfutation de la preuve ontologique de l'existence de Dieu, car il est facile de démontrer, sans même faire intervenir l'esthétique ni l'analytique, que toute preuve ontologique n'est qu'un jeu subtil de concepts, sans aucune valeur probante. Déjà dans l'*Organum* d'Aristote se trouve un chapitre, qui semble avoir été écrit spécialement en vue de réfuter la preuve ontologique, tant il se prête à cette fin ; c'est le septième chapitre du deuxième livre des *Analyt. post.* : entre autres il y est dit expressément : τὸ δὲ εἶναι οὐκ οὐσία οὐδενί : c'est-à-dire : « Il n'y a pas d'être qui ait pour toute essence d'exister. »

La réfutation de la preuve ontologique est une application des doctrines critiques exposées jusque-là à un cas donné : nous n'avons rien de particulier à en dire. — La preuve physico-théologique est une pure amplification de la preuve cosmologique, qu'elle suppose ; elle n'est d'ailleurs expressément réfutée que dans la *Critique du Jugement*. Je renvoie à cet égard mes lecteurs à la rubrique « Anatomie comparée », dans mon écrit sur la *Volonté dans la Nature*.

Kant, comme nous l'avons dit, n'a affaire dans cette critique qu'à la théologique spéculative, aux théories de l'École. Si, au contraire, il avait pris en considération la vie et la théologie populaire, il se serait vu forcé d'ajouter aux trois preuves une quatrième, qui agit sur le vulgaire avec le plus de force, et que dans la langue technique de Kant il faudrait dénommer : la preuve *céraunologique* (par la foudre) : c'est la preuve qui se fonde sur notre besoin d'être soutenus, sur la faiblesse et la dépendance de l'homme vis-à-vis de forces naturelles supérieures, impénétrables, et généralement menaçantes ; ajoutez à ce sentiment notre penchant naturel à tout personnifier et l'espoir que nous avons d'obtenir quelque chose par des prières et des flatteries, ou même par des présents. Dans toute entreprise humaine se trouve, en effet, un élément qui n'est pas en notre puissance et qui échappe à nos calculs : c'est le désir de se rendre cet élément favorable qui est l'origine des dieux. *Primus in orbe Deos fecit timor* est une maxime de Pétrone aussi juste qu'ancienne. C'est cette preuve principalement que critique Hume, et à cet égard il nous apparaît comme le précurseur de Kant. — Si Kant, par sa critique de la théologie spéculative, a jeté quelqu'un dans un embarras durable, ce sont les professeurs de philosophie : à la solde de gouvernements chrétiens, ils ne sauraient lâcher le plus important des articles de foi (1). Comment ces Messieurs se tireront-ils d'affaire? — En prétendant que l'existence de Dieu se comprend d'elle-même. — Fort bien! ainsi donc le vieux monde a inventé, au prix de sa conscience, des miracles pour la démontrer, le nouveau monde a mis en campagne, au prix de sa raison, des preuves ontologiques, cosmologiques et physico-théologiques, — et chez ces messieurs cela va de soi. Puis par ce Dieu qui va de soi, ils expliquent le monde : et voilà leur philosophie.

Jusqu'à Kant, un véritable dilemme subsistait eutre le matérialisme et le théisme; ou le monde était l'œuvre d'un aveugle hasard, ou c'était une intelligence ordonnatrice qui, agissant du dehors, l'avait créé suivant des fins et des idées : *neque dabatur tertium*. Aussi l'athéisme et le matérialisme étaient-ils mis sur le même plan : l'on doutait qu'il pût y avoir un matérialiste, c'est-à-dire un homme capable d'attribuer à un hasard aveugle l'ordonnance de la nature, et surtout de la nature organique, où l'appropriation à des fins éclate avec tant d'évidence : qu'on lise, par exemple, les Essais de Bacon *(Sermones fideles), Essays on atheism.* Pour

---

(1) Kant a dit : « Il est absurde de demander des lumières à la raison, si on lui prescrit d'avance vers quel côté elle devra pencher. » (*Critique de la Raison pure*, p. 747; V, 775). A côté de cela qu'on lise la naïveté suivante, échappée à un professeur de philosophie contemporain: « Si une philosophie nie la réalité des idées fondamentales du christianisme, ou elle est fausse, ou, quoique vraie, elle ne saurait être d'aucun usage », — *scilicet* pour des professeurs de philosophie. C'est feu le professeur Bachmann qui dans la *Litteraturzeitung* de Iéna, de juillet 1840, n° 126, a si imprudemment révélé le dogme de tous ses collègues. En tout cas c'est un fait précieux pour la caractéristique de la philosophie universitaire que cette attitude vis-à-vis de la vérité : si elle refuse, inflexible, de se plier à des idées préconçues, on lui montre la porte sans plus de façons : « Hors d'ici, vérité, nous ne pouvons pas nous servir de toi. Te devons-nous quelque chose? Est-ce toi qui nous paies? En avant, donc, marche ! »

le vulgaire et pour les Anglais qui, en de telles matières, se confondent avec le vulgaire, la question sé pose toujours ainsi ; cela
est vrai même de leurs savants les plus célèbres : qu'on consulte
seulement l'*Ostéologie comparée* de R. Owen, parue en 1855, préface, pp. 11, 12; l'auteur ne s'y est pas encore détaché de la vieille
opposition entre la doctrine d'Epicure et Démocrite d'un côté, et
d'autre part l'idée d' « une intelligence », dans laquelle « la connaissance d'un être tel que l'homme a existé avant que l'homme fît son
apparition ». Toute finalité doit émaner d'une *Intelligence* : même
en réveil ne saurait nous arriver d'en douter. M. Owen, dans la lecture qu'il a faite, le 5 septembre 1853, à l'Académie des sciences,
de cette préface quelque peu modifiée, n'a-t-il pas dit avec une
naïveté enfantine : « La téléologie, ou la théologie scientifique,
c'est tout un » (Ctes rendus, sept. 1853).Si quelque chose dans la
nature est approprié à une fin, il faut y voir une œuvre intentionnelle de la Réflexion, de l'Intelligence. Que voulez-vous ? Un Anglais ou l'Académie des sciences doivent-ils se soucier de la *Critique du jugement ?* peuvent-ils bien descendre jusqu'à mon livre
sur la *Volonté dans la Nature?* Les regards de ces Messieurs ne
s'abaissent point aussi bas. Ces « illustres confrères » méprisent
la métaphysique et « la philosophie allemande » : — ils s'en tiennent à la philosophie du gros bon sens. Mais disons la vérité : la
valeur de cette majeure disjonctive, de ce dilemme entre le matérialisme et le théisme, repose sur cette opinion que le monde, que
nous avons sous les yeux, est celui des choses en soi, qu'il n'y a
pas d'autre ordre de choses que l'ordre empirique. Du moment où
Kant avait ramené le monde et l'ordre du monde à de purs phénomènes, dont les lois reposent principalement sur les formes de
notre intellect, il n'était plus nécessaire d'expliquer l'existence et
l'essence des choses et du monde par analogie avec les modifications que nous percevions ou opérions dans la nature ; il devenait
inutile d'admettre que ce que nous concevons sous la forme de
fins et de moyens fût né à la suite d'une conception analogue. —
Kant, par sa distinction importante entre le phénomène et la chose
en soi, retira au théisme sa base, et d'autre part il ouvrait la voie
à de nouvelles et profondes explications de l'existence.

Dans le chapitre sur les fins de la dialectique naturelle de la
raison, Kant avance que les trois Idées transcendantes ont, en tant
que principes régulateurs, une certaine importance pour l'évolution
de la connaissance de la nature. Kant a pu difficilement prendre
cette assertion au sérieux. Il est incontestable au contraire pour
tout savant que l'admission de ces hypothèses entrave les recherches naturelles et les rend stériles. Pour prendre un exemple, qu'on
se demande si la croyance à une âme, substance immatérielle

simple et pensante, loin de servir les vérités que Cabanis a si bien
exposées, ou les découvertes de Flourens, de Marshall Hall ou de
Ch. Bell, n'eût pas été pour elle le plus gênant obstacle. Kant lui-même
n'a-t-il pas dit (Prolégomènes, § 4) « que les Idées de la raison sont
contraires et défavorables aux maximes de la connaissance rationnelle de la Nature » ?

Ce n'est pas un des moindres mérites de Frédéric le Grand que,
sous son gouvernement, ait pu se développer et se publier la *Critique de la Raison pure*. Sous tout autre gouvernement, une telle
audace eût été difficilement permise à un professeur appointé. Le
successeur immédiat du grand roi exigea de Kant la promesse de
ne plus rien écrire.

J'aurais pu me dispenser de conserver à cette place la critique
de la partie morale de la philosophie de Kant, puisque, vingt-deux
ans après avoir écrit la critique qu'on va lire, j'en ai publié une
plus développée et plus précise dans mon livre sur les « deux problèmes fondamentaux de l'Ethique ». Cependant j'ai dû la reproduire, telle qu'elle se trouvait dans la première édition, pour que
mon volume ne fût pas incomplet ; et d'ailleurs elle peut servir de
préface à cette critique ultérieure, beaucoup plus nette, à laquelle
je renvoie le lecteur pour les questions essentielles.

Toujours en vertu de cet amour, dont nous avons parlé, pour la
symétrie architectonique, la raison théorétique devait avoir un pendant. L'*intellectus practicus* de la scolastique, qui dérive du νοῦς
πρακτικός d'Aristote (*De anima*, III, 10, et *Polit.*, VII, c. 14 : ὁ μὲν γὰρ
πρακτικός ἐστι λόγος, ὁ δὲ θεωρητικὸς), fournissait le terme. Cependant,
tandis que chez les scolastiques il désigne la raison employée à des
combinaisons pratiques, ici la raison pratique est posée comme
source et origine de la valeur morale indéniable des actions humaines, comme source de toute vertu, de toute grandeur d'âme,
de tout degré de sainteté auquel il est possible d'atteindre. Tout
cela procède uniquement de la *raison* et n'exige qu'elle.

Agir raisonnablement, ou agir vertueusement, noblement, sainte-
ment, reviendrait au même : agir par égoïsme, avec méchanceté, mal
agir, ce serait agir déraisonnablement. Cependant tous les temps,
tous les peuples, toutes les langues ont profondement distingué ces
deux choses, et aujourd'hui encore tout ceux qui ne connaissent
pas la langue nouvelle, c'est-à-dire le monde entier, à l'exception
d'un petit tas de savants allemands, les tiennent pour essentiellement différentes : pour tous une conduite vertueuse, et un système
de vie raisonnable sont deux choses absolument différentes. Si on
disait du sublime auteur de la religion chrétienne, dont la vie nous

est présentée comme le modèle de toutes les vertus, qu'il a été
le plus raisonnable des hommes, on considérerait cette façon de
s'exprimer comme indigne et presque comme blasphématoire ; il
en serait de même encore, si l'on disait que ses préceptes se
bornent à donner les meilleures instructions pour mener une vie
raisonnable. Lorsqu'un homme, conformément à ces préceptes, au
lieu de songer à ses propres besoins futurs, ne cherche qu'à sou-
lager la misère actuelle des autres, sans aucune arrière-pensée ;
quand cet homme va jusqu'à donner aux pauvres tout son avoir,
puis, dépouillé de tout, sans ressources, va préchant aux autres la
vertu qu'il a pratiquée lui-même, tout le monde s'incline devant
une telle conduite et l'honore ; mais qui oserait la célébrer, en
disant que c'est là le comble du *raisonnable ?* — Qualifiera-t-on de
raisonnable, si on veut en faire l'éloge, l'action héroïque d'Arnold
Winkelried qui, avec une grandeur d'âme surhumaine, réunissant
en un faisceau, les lances ennemies les dirigea sur son propre corps,
pour assurer le salut et la victoire de ses compatriotes ? — Au contraire quand nous voyons un homme uniquement préoccupé, depuis
sa jeunesse, de se faire une existence libre de soucis, de trouver
le moyen d'entretenir femme et enfants, d'acquérir auprès des
gens une bonne réputation, de se procurer des honneurs extérieurs
et des distinctions, sans qu'il se laisse jamais détourner du but par
le charme de jouissances actuelles, par la tentation de braver la
superbe des puissants, par le désir de venger des offenses subies
ou des humiliations imméritées, par l'attraction d'occupations
esthétiques ou philosophiques désintéressées, par le plaisir de
visiter des contrées remarquables ; quand il travaille, au contraire,
avec une persistance et une logique infatigables, à réaliser la fin
qu'il poursuit, oserons-nous nier qu'un tel philistin ne soit déme-
surément **raisonnable**, même alors qu'il se sera permis quelques
moyens, peu louables, mais exempts de danger? Bien plus : lorsqu'un
scélérat, grâce à des artifices prémédités, à un plan longuement
élaboré, acquiert richesses, honneurs, des trônes mêmes et des
couronnes, qu'il circonvient ensuite avec une perfidie subtile les
Etats voisins, s'en rend successivement maître et devient ainsi le
conquérant du monde, sans qu'aucune considération de droit ou
d'humanité l'arrête ; quand, avec une rigoureuse logique, il foule
aux pieds et écrase tout ce qui s'oppose à son plan, quand il préci-
pite des millions d'hommes dans des infortunes de toute sorte,
quand il gaspille leur sang et leur vie, n'oubliant jamais de récom-
penser royalement et de protéger toujours ses adhérents et ses
auxiliaires; quand, n'ayant négligé aucune circonstance, il est enfin
parvenu au but : ne voit-on pas qu'un tel homme a dû procéder
d'une manière extrêmement raisonnable, que, si la conception

du plan demandait une raison puissante, il fallait, pour l'exécuter, une raison, et une raison éminemment pratique, entièrement maîtresse d'elle-même ? — Ou bien, les préceptes que le prudent, conséquent, réfléchi et prévoyant Machiavel donne à son prince seraient-ils d'aventure déraisonnables ? (1)

De même que la malice et la raison font bon ménage, que celle-là ne devient vraiment féconde que par son alliance avec celle-ci, de même inversement la magnanimité se trouve parfois unie au manque de raison. Au nombre des actes généreux mais déraisonnables, nous pouvons compter la conduite de Coriolan qui, après avoir pendant des années employé toutes ses forces à se venger sur les Romains, se laissa attendrir, au bon moment, par les prières du Sénat et les larmes de sa mère et de son épouse, renonça à sa vengeance, et, excitant ainsi la colère légitime des Volsques, mourut pour ces Romains dont il avait connu l'ingratitude et qu'au prix de tant d'efforts il avait cherché à punir. — Enfin, pour être complets, disons que la raison s'associe souvent avec l'inintelligence. C'est le cas quand on adopte une maxime sotte, mais qu'on l'exécute avec logique. Un exemple de ce genre nous est fourni par la princesse Isabelle, fille de Philippe II, qui fit vœu de ne pas changer de chemise, avant qu'Ostende fût prise, et qui tint parole trois années durant. Tous les vœux rentrent d'ailleurs dans cette catégorie : ils ont leur source dans l'inintelligence, dans l'incapacité de comprendre la loi de causalité ; il n'en est pas moins raisonnable de remplir ces vœux, si on a été assez borné pour les faire

C'est aussi d'après ces considérations que nous voyons encore les prédécesseurs immédiats de Kant opposer la conscience, siège des impulsions morales, à la raison : ainsi Rousseau dans le quatrième livre de l'*Emile* : « La *raison* nous trompe, mais la conscience ne trompe jamais » ; et un peu plus loin : « il est impossible d'expliquer par les conséquences de notre nature le principe immédiat de la *conscience* indépendamment de la *raison* même ». Plus loin encore : « Mes sentiments naturels parlaient pour l'intérêt commun, ma *raison* rapportait tout à moi... On a beau vouloir établir la vertu par la *raison* seule, quelle solide

(1) Disons à ce propos que le problème que se pose Machiavel, c'est de résoudre la question suivante : Comment un prince peut-il réussir, malgré les ennemis du dedans et du dehors, à garder *à jamais* son pouvoir? Son problème n'a aucun rapport avec le problème moral, qui consiste à se demander, si un prince en tant qu'homme doit avoir une telle ambition, ou non ; il est purement politique : s'il veut garder ce pouvoir, comment y réussira-t-il? Il résout cette question, absolument comme on pose les règles du jeu d'échecs ; il serait insensé de demander au théoricien de ce jeu de répondre à cette question : si la morale conseille d'y jouer. Il serait aussi illogique de reprocher à Machiavel l'immoralité de son écrit, que de reprocher à un prévôt d'armes de ne pas ouvrir son enseignement par une conférence contre le meurtre et l'homicide.

base peut-on lui donner ? »... Dans les *Rêveries du promeneur* (prom. 4ᵐᵉ), il dit : « Dans toutes les questions de morale difficiles, je me suis toujours bien trouvé de les résoudre par le dictamen de la *conscience*, plutôt que par les lumières de la *raison* ». — Aristote déjà avait dit expressément que les vertus ont leur siège dans ἀλόγῳ μορίῳ τῆς ψυχῆς (c'est-à-dire la partie irraisonnable de l'âme), et non pas dans le λόγον ἔχοντι (la partie raisonnable). Conformément à ceci Stobée (Ecl., II, c. 7) dit, en parlant des péripatéticiens : Τὴν ἠθικὴν ἀρετὴν ὑπολαμβάνουσι περὶ τὸν ἄλογον μέρος γίγνεσθαι τῆς ψυχῆς, ἐπειδὴ διμέρη πρὸς τὴν πάρουσαν θεωρίαν ὑπέθεντο τὴν ψυχὴν, τὸ μὲν λογικὸν ἔχουσαν, τὸ δ'ἄλογον. Καὶ περὶ μὲν τὸ λογικὸν τὴν καλοκἀγαθίαν γίγνεσθαι, καὶ τὴν φρονῆσιν, καὶ τὴν ἀγχινοίαν, καὶ σοφίαν, καὶ εὐμαθείαν, καὶ μνήμην, καὶ τὰς ὁμοίους, περὶ δὲ τὸ ἄλογον, σωφροσύνην, καὶ δικαιοσύνην, καὶ ανδρείαν, καὶ τὰς ἀλλὰς τὰς ἠθικὰς καλουμένας ἀρῆτας. (Ethicam virtutem circa partem animæ ratione carentem versari putant, cum duplicem, ad hanc disquisitionem, animam ponant, ratione præditam, et ea carentem. In parte vero ratione prædita collocant ingenuitatem, prudentiam, perspicacitatem, sapientiam, docilitatem, memoriam et reliqua ; in parte vero ratione destituta temperantiam, justitiam, fortitudinem et reliquas virtutes quas ethicas vocant.) Et Cicéron (*De nat. Deor.*, III, c. 26-31) expose longuement que la raison est le moyen et l'outil nécessaire à tous les crimes.

J'ai expliqué que la *raison* est la *faculté* des *concepts*. C'est cette classe spéciale de représentations générales et non intuitives, symbolisées et fixées par des mots seulement, qui distingue l'homme de l'animal et le rend maître du monde. Si l'animal est l'esclave du présent, s'il ne connaît que des motifs sensibles immédiats, et si par conséquent, lorsque ces motifs se présentent à lui, il est attiré ou repoussé par eux aussi nécessairement que le fer par l'aimant ; au contraire, dans l'homme, grâce à la raison, est née la réflexion. C'est la réflexion qui lui permet de voir l'avenir et le passé, de faire des revues rapides de sa propre vie et du cours du monde, qui le rend indépendant du présent, qui lui donne le pouvoir de faire après mûr examen, après avoir tout prévu et combiné, le bien comme le mal. Mais tout ce qu'il fait, il le fait avec la pleine conscience de ses actes : il sait avec précision dans quel sens se décide sa volonté, ce qu'elle a choisi et quel autre choix elle eût pu faire, et cette volonté consciente lui apprend à se connaître soi-même, à se mirer dans ses propres actes. Dans toutes ces relations avec l'activité humaine, la raison mérite le nom de *pratique* ; elle n'est théorique qu'autant que les objets dont elle s'occupe ne se rapportent pas à l'activité du sujet qui pense, mais ont un intérêt purement théorique, auquel peu d'hommes sont accessibles. Le sens de l'expression « raison pratique » ainsi entendue est assez bien rendu par

l expression latine *prudentia* que Cicéron *(De nat. Deor.*, II, 22)
dit être le mot *providentia* contracté; au contraire le mot « ratio »,
lorsqu'on l'emploie pour désigner une faculté de l'esprit, signifie
généralement la raison proprement théorique, bien que les anciens
n'observent pas très sévèrement cette différence. — Chez presque
tous les hommes la raison a une tendance presque exclusivement
pratique, mais si on abandonne cette tendance même, si la pensée
perd son pouvoir sur l'action, si le mot du poète latin *video meliora
proboque, deteriora sequor* ou le proverbe français « le matin
je fais des projets, et le soir je. fais des sottises », deviennent des
vérités, si l'homme s'en remet, pour la direction de ses actes, non
pas à sa pensée mais à l'impression actuelle, à peu près comme
fait l'animal, on l'appelle « déraisonnable » (sans que ce mot
implique un reproche moral), bien que ce ne soit pas, à proprement parler, la raison qui lui manque. Ce qui lui fait défaut, c'est
de savoir l'appliquer à sa manière d'agir, et on pourrait dire dans
une certaine mesure que sa raison est purement théorique, et non
pratique. Néanmoins il peut être un très brave homme; ainsi bien
des gens qui ne peuvent pas voir un malheureux sans le secourir,
même au prix de sacrifices, ne paient pas leurs dettes. Un tel caractère privé de raison n'est pas capable d'accomplir de grands crimes,
parce que la logique, la dissimulation et la possession de soi qu'ils
réclament ne sont pas en son pouvoir. Il ne lui sera pas moins
malaisé d'arriver à un haut degré de vertu; car, quel que soit son
penchant naturel au bien, les velléités passagères de mal agir,
auxquelles tout homme est soumis, l'assailleront lui aussi, et comme
sa raison, dépourvue du sens pratique, n'a pas à leur opposer des
maximes immuables et de fermes résolutions, elles se réaliseront
fatalement.

La *raison* révèle son caractère vraiment *pratique* dans les caractères très raisonnables, qu'à cause de cela on nomme dans la vie
ordinaire des philosophes pratiques, et qui se distinguent par une
égalité d'humeur peu commune, dans les situations désagréables
aussi bien que dans les moments de joie et de bonheur, par un état
d'esprit toujours équilibré, par la fermeté dans la résolution prise.
En réalité c'est la prépondérance chez eux de la raison, c'est-à-dire
de la connaissance abstraite plutôt qu'intuitive, c'est le talent de
passer rapidement en vue, au moyen de concepts généraux, la vie
tout entière dans ce qu'elle a d'essentiel, qui les ont familiarisés une
fois pour toutes, avec la notion de ce qu'il y a d'illusoire dans l'impression du moment, de l'inconstance de toutes choses, de la brièveté de la vie, de la vanité des jouissances, des alternatives du bonheur et des grandes et petites perfidies du hasard. Rien donc ne leur
arrive sans qu'ils s'y soient attendus, et ce qu'ils savent *in abstracto*

ne les surprend pas et ne les fait pas sortir de leur calme habituel,
en se présentant à eux dans la réalité sous forme de cas particulier.
Le présent, l'intuitif, le réel exercent au contraire un tel pouvoir
sur les caractères moins raisonnables, que les concepts froids et
incolores disparaissent à l'arrière-plan de la conscience; ils en
oublient les résolutions et les maximes de conduite, et deviennent
la proie des impressions et des passions de toute sorte. J'ai déjà
exposé à la fin du premier livre qu'à mon avis la morale stoïque
n'était originairement qu'une série de préceptes, recommandant
une vie *raisonnable,* au sens que nous venons de dire. C'est une
telle vie que célèbre Horace à maintes reprises dans de nombreux
passages. C'est ainsi qu'il faut entendre son *Nil admirari,* et
aussi l'inscription delphique Μηδὲν ἄγαν. Traduire *Nil admirari* par
« ne rien admirer » est un véritable contre-sens. Ce conseil d'Horace ne s'applique pas tant au domaine de la théorie qu'à celui de
la pratique et peut se paraphraser ainsi : « N'estime rien d'une
manière absolue, ne t'énamoure de rien, ne crois pas que la possession d'une certaine chose donne le bonheur; tout désir profond
d'un objet n'est qu'une chimère décevante, dont on se débarrasse
aussi sûrement, mais avec plus de facilité, par une connaissance
claire que par la possession péniblement obtenue. » C'est dans le
même sens que Cicéron emploie le mot *admirari (De divina-
tione,* II, 2). Ce que poursuit Horace, c'est cette ἀθαμβία, cette
ἀκαταπλῆξις, cette ἀθαυμασία que Démocrite célébrait déjà comme le
souverain bien. (Cf. Clém. Alex., *Strom.,* II, 21 ; Strabon, I,
p. 98 et 103.) — Il ne saurait être proprement question de vice ni
de vertu à propos d'un système de vie aussi raisonnable, mais cet
usage pratique de la raison fait valoir la véritable supériorité qu'a
l'homme sur l'animal, et donne un sens et un contenu à cette
expression : la dignité de l'homme.

Dans tous les cas donnés et concevables, la différence entre une
action raisonnable et une action déraisonnable résulte de ce que les
motifs sont, ou des concepts abstraits, ou des représentations intuitives. Aussi l'explication que j'ai donnée de la raison s'accorde-t-
elle exactement avec les habitudes de langue de tous les temps et
de tous les peuples ; or ces habitudes, personne ne les considérera
comme purement arbitraires ou accidentelles, mais on reconnaîtra
qu'elles sont sorties de cette différence entre les diverses facultés
de l'esprit dont chacun a conscience; c'est cette conscience qui dicte
le mot, sans l'élever toutefois à la précision d'une définition
abstraite. Nos ancêtres n'ont pas créé les mots sans y déposer un
sens déterminé, pour le simple plaisir de laisser après des siècles
des philosophes s'en emparer afin d'en déterminer le contenu; ils
désignaient par les mots des concepts tout à fait tranchés. Les mots

ne sont donc pas un bien sans maître, et y glisser un sens qu'ils n'ont pas eu jusqu'à présent, c'est introduire pour tout le monde la licence de donner à chaque mot le sens qu'on voudra, c'est amener une anarchie sans bornes. Déjà Locke a montré expressément qu'en philosophie la plupart des désaccords naissent du mauvais usage des mots. Pour s'en convaincre, qu'on jette un regard sur l'abus infâme qu'un tas de sophistes, vides de pensées, font aujourd'hui des mots « substance, conscience, vérité, » etc. Les explications et les assertions de tous les philosophes, dans tous les temps, à l'exception de ces dernières années, au sujet de la raison, ne s'accordent pas moins avec ma théorie que les concepts répandus parmi tous les peuples de ce privilège de l'homme. Qu'on voie ce que Platon, dans le VIᵉ livre de la *République*, et en maints endroits épars, entend par λογῖμον, par λογιστικὸν τῆς ψυχῆς, ce que Cicéron dit dans le *De nat. Deor.*, III, 26-31, ce que Leibniz et Locke en disent dans les passages déjà cités au Iᵉʳ livre. Les citations n'en finiraient pas, si je voulais montrer que tous les philosophes avant Kant ont parlé de la raison tout à fait au sens où je l'entends, bien qu'ils n'en aient pas su expliquer l'essence avec toute la clarté et la précision désirables, en la ramenant à un trait unique. Ce qu'on entendait peu avant l'apparition de Kant par raison, on peut le voir par deux dissertations de Sulzer, qui se trouvent dans le premier volume de ses *Mélanges philosophiques* ; la première est intitulée : *Analyse du concept de raison,* l'autre : *De l'influence réciproque de la raison et du langage.* Si on compare ensuite la façon dont on parle aujourd'hui de la raison, grâce à cette erreur de Kant qui depuis a été grossie demesurément et a pris des proportions étonnantes, on sera forcé d'admettre que tous les sages de l'antiquité, que tous les philosophes antérieurs à Kant ont manqué de raison ; car les perceptions, les intuitions, les intellections, les pressentiments de la raison, phénomènes qu'on vient de découvrir, leur sont restés aussi étrangers que l'est pour nous le sixième sens des chauves-souris. Pour ma part, je dois avouer que lorsqu'on me parle de la raison qui perçoit immédiatement, qui conçoit ou qui voit d'une intuition intellectuelle l'Absolu et l'Infini, quand on m'entretient de toutes sortes de balivernes à ce sujet, je m'en rends compte dans mon ignorance à peu près comme du sixième sens de la chauve-souris. Mais ce qui sera l'éternel honneur de l'invention, ou si l'on préfère de la découverte de cette raison qui appréhende aussitôt tout ce qu'elle veut, c'est qu'elle est un expédient incomparable qui permet au philosophe de se tirer d'affaire le plus facilement du monde, lui-même et ses idées aussi fixes que favorites, en dépit de tous les Kant et de toutes les Critiques de la Raison. L'invention et l'accueil qu'elle a obtenu font honneur à notre temps.

Si l'essence de la *raison* (τὸ λόγιμον, ἡ φρηνῆσις, *ratio*, raison, *reason*) a été reconnue par les philosophes de tous les temps dans ce qu'elle a de plus important, bien qu'elle n'ait pas été déterminée avec assez de précision ni ramenée à un seul point ; en revanche, ils ne se sont pas rendu aussi nettement compte de la nature de l'*entendement* (νοῦς, διάνοια, *intellectus*, esprit, intellect, *understanding*). Il leur arrive de le confondre avec la raison, et c'est pourquoi ils n'aboutissent pas à une explication parfaite, pure et simple de l'essence de cette dernière. Chez les philosophes chrétiens le concept de l'entendement a revêtu encore un sens accessoire tout à fait singulier, par opposition à la révélation; c'est en partant de cette acception, que beaucoup prétendent, avec raison, que la connaissance de l'obligation de la vertu est possible par le simple *entendement*, c'est-à-dire sans révélation. Ce sens a même eu une certaine influence sur l'exposition et sur le vocabulaire de Kant. Mais l'opposition d'où il résulte a un importance proprement positive et historique, elle est un élément étranger à la philosophie et ne doit pas y être mêlée.

On aurait pu s'attendre à voir Kant, dans ses deux *Critiques de la raison*, suivre la méthode suivante : parti d'une exposition de l'essence de la raison en général, et ayant ainsi déterminé le genre, il aurait passé à l'explication des deux espèces, en montrant comment la même raison se manifeste de deux façons aussi différentes, et toutefois, conservant sous les deux formes son caractère principal, se révèle toujours une et la même. Mais il n'y a pas trace d'un tel procédé. Combien les explications qu'il donne çà et là dans la *Critique de la raison pure* de la faculté même qu'il critique sont insuffisantes, flottantes et disparates, je l'ai déjà montré. La *raison pratique* a déjà fait son apparition, sans être annoncée, dans la *Critique de la raison pure*, et maintenant, dans la critique qui lui est spécialement consacrée, nous la rencontrons comme quelque chose de tout naturel et qui n'a pas besoin de preuves, sans que les habitudes de langage de tous les temps et de tous les peuples foulées aux pieds, sans que les définitions des plus grands philosophes antérieurs à Kant puissent être invoquées pour une protestation. *Grosso modo*, voici, d'après divers passages, quelle est l'opinion de Kant: la connaissance de principes a priori est le caractère essentiel de la raison; or, comme la connaissance de la valeur éthique des actions n'est pas d'origine empirique, elle est aussi un principe à priori, qui a son origine dans la *raison pratique*.— J'ai assez souvent montré la fausseté de cette explication de la raison. Mais, abstraction faite de cette fausseté, quel procédé superficiel et peu fondé que celui qui s'appuie sur un seul caractère commun, l'indépendance à l'égard de l'expérience, pour réunir les choses les plus hétérogènes, méconnaissant l'abîme profond, incommensurable qui les sépare à tous autres égards! Admettons même — sans le reconnaître toutefois — que la connaissance de la valeur éthique de nos actions naisse d'un impératif qui se trouve en nous, d'un *devoir* inconditionné; ce devoir ne sera-t-il pas essentiellement distinct de ces formes générales de la connaissance, qu'il montre dans la *Critique de la raison pure* comme nous étant connues à priori, et déterminant par conséquent d'une manière nécessaire toute expérience possible? La différence entre cette *nécessité* des principes, qui fait que dans le sujet la forme de tout objet est déjà déterminée, et ce *devoir* de la moralité, est tellement évidente, qu'il n'est possible que par un tour de force de les assimiler à cause de leur caractère commun de connaissances non empiriques; cette coïncidence n'est vraiment pas suffisante pour justifier philosophiquement l'identification de l'origine de ces deux pouvoirs.

D'ailleurs le berceau de cet enfant de la raison pratique, du *devoir absolu* ou impératif catégorique, se trouve, non pas dans la *Critique de la raison pratique,* mais déjà dans celle de la *raison pure* (p. 803, V. 830). L'enfantement est pénible et ne réussit que grâce à un « voilà pourquoi », qui comme un forceps se glisse avec audace, je dirais presque avec impudeur, entre deux propositions qui n'ont aucun rapport, pour établir entre elles une liaison de principe à conséquence. Kant part en effet de cette proposition, que nous ne sommes pas seulement déterminés par des motifs intuitifs mais aussi par des motifs abstraits, et voici comment il la formule : « Non seulement ce qui existe, c'est-à-dire ce qui affecte immédiatement les sens, détermine la volonté humaine; mais nous avons le pouvoir de triompher des impressions exercées sur notre sensibilité par des représentations de ce qui, même d'une façon éloignée, nous est nuisible ou utile. Ces réflexions sur ce qui est désirable au point de vue de notre état tout entier, c'est-à-dire de ce qui est bon et utile, reposent sur la raison. » (Rien de plus juste. Si seulement il pouvait toujours parler ainsi de la raison!) « *Voilà pourquoi* celle-ci donne des lois qui sont des impératifs, c'est-à-dire des lois objectives de la liberté, qui disent ce qui doit se faire, bien que cela ne se fasse peut-être jamais! » — C'est ainsi, et sans être autrement accrédité, que l'impératif catégorique s'élance d'un bond dans le monde, qu'il régira par son *devoir* inconditionné... sorte de spectre en bois. Car le concept de *devoir* a pour condition nécessaire la relation avec une peine dont on est menacé, ou une récompense promise; il ne saurait s'en séparer sans perdre lui-même toute sa valeur: aussi un *devoir inconditionné* est-il une *contraditio in adjecto.* Je devais relever cette faute , bien qu'elle soit étroitement liée au grand mérite de

Kant en morale, qui est d'avoir affranchi l'éthique de tous les principes du monde de l'expérience, et surtout de toutes les théories
du bonheur directes ou indirectes, d'avoir véritablement montré
que le règne de la vertu n'est pas de ce monde. Ce mérite est d'autant plus grand que tous les anciens philosophes, à l'exception du
seul Platon, à savoir les péripatéticiens, les stoïciens, les épicuriens,
ont par des artifices fort différents tantôt cherché à établir la
dépendance respective de la vertu et du bonheur au moyen du principe de raison, tantôt à les identifier au moyen du principe de
contradiction. Le même reproche atteint les philosophes modernes
antérieurs à Kant. Le mérite de ce dernier, à cet égard, est certainement très grand : cependant il n'est que juste de rappeler en
regard que certaines parties de son exposition ne répondent pas à
la tendance et à l'esprit de son éthique, et aussi qu'il n'est pas
absolument le premier qui ait purifié la vertu de tout élément d'eudémonisme. Car déjà Platon, principalement dans la *République*,
enseigne expressément que la vertu ne doit être adoptée que pour
elle seule, même si le malheur et la honte devaient s'y associer
irrémédiablement. Le christianisme prêche avec plus de force
encore une vertu absolument désintéressée, qui ne doit pas être
pratiquée en vue d'une récompense même dans une autre vie, mais
tout à fait gratuitement, par amour pour Dieu ; car ce ne sont pas
les œuvres qui justifient, c'est la foi seule qui accompagne, symptôme unique qui la révèle, la vertu. Qu'on lise Luther, *De libertate
christiana*. Je ne veux pas faire entrer en ligne de compte les
Indous ; leurs livres sacrés dépeignent partout l'espoir d'une
récompense comme le chemin des ténèbres, qui ne conduira jamais
au salut. La théorie de la vertu chez Kant n'atteint pas encore cette
pureté : ou plutôt l'exposition est demeurée bien au-dessous de
l'esprit, elle est quelquefois même diamétralement opposée. Dans
la dissertation qui suit sur le « Souverain Bien », nous trouvons la
vertu unie au bonheur. Le devoir originairement inconditionné
postule pourtant à la fin une condition ; à vrai dire, c'est pour se
débarrasser de la contradiction interne qui l'empêche de vivre. Le
bonheur dans le Souverain Bien n'est pas précisément donné
comme motif de la vertu : pourtant ce bonheur est là, comme un
article secret, dont la présence ravale tout le reste à l'état de con-
trat illusoire : il n'est pas à proprement parler la récompense de
la vertu, mais un pourboire, vers lequel la vertu, une fois le
travail fini, tend en cachette la main. Pour s'en convaincre, qu'on
consulte la *Critique de la raison pratique* (p. 223-266 de la 4ᵉ édit.,
p. 264-95 de l'édit. Rosenkr.). Cette même tendance se retrouve
dans toute sa théologie morale : par celle-ci la morale se détruit
elle-même. Car, je le répète, toute vertu pratiquée en vue d'une

certaine récompense, repose sur un égoïsme prudent, méthodique et prévoyant.

Le contenu du devoir absolu, la loi fondamentale de la raison pratique est le fameux : « Agis de telle sorte que la maxime de ta volonté puisse toujours être considérée comme le principe d'une législation générale ». — Ce principe charge celui qui cherche un régulateur de sa volonté propre d'en trouver également un pour celle des autres. — On se demande ensuite comment un tel régulateur peut être trouvé. Pour découvrir la règle de ma conduite, je ne dois pas seulement avoir égard à moi, mais à l'ensemble des individus. C'est-à-dire que ma fin, au lieu d'être mon bien propre, est le bien de tous sans distinction. Mais il est toujours question de bien. Et en ce cas je trouve que le bien de tous ne sera atteint qu'autant que chacun posera son égoïsme comme borne à celui des autres. Sans doute il suit de là que je ne dois nuire à personne, puisque l'adoption universelle de ce principe fait qu'on ne me nuit pas non plus ; mais c'est uniquement à cause de cet avantage personnel que moi, qui suis à la recherche d'un principe moral que je ne possède pas encore, je souhaite la transformation du principe dont il s'agit en loi universelle. Et il demeure certain que c'est le désir de réaliser de cette façon mon bien, c'est-à-dire l'égoïsme, qui est la source de ce principe éthique. Comme base de la politique, il serait excellent ; comme principe de la morale, il ne vaut rien. Celui qui recherche un régulateur pour la volonté de tous, comme le suppose ce principe moral, est évidemment en quête avant tout d'un régulateur personnel, autrement tout lui serait indifférent. Mais ce régulateur ne peut être que son propre égoïsme, car cet égoïsme est l'unique confluent par lequel pénètre en lui la conduite d'autrui ; ce n'est qu'au moyen de lui et par considération pour lui qu'il peut avoir une volonté touchant les actes d'autrui, et y être intéressé. Kant le donne à reconnaître lui-même avec une grande naïveté (p.123 de la *Crit. de la rais. prat.*, p. 192 de l'éd. Rosenkr.), car voici comment en ce passage il explique la recherche d'une maxime pour la volonté : « Si tout le monde voyait le malheur d'autrui avec une entière indifférence, et *que tu appartinsses* à un tel ordre de choses, y consentirais-tu ? Ce consentement de la part d'un individu équivaudrait à l'approbation d'une loi inique dirigée contre lui-même (*quam temere in nosmet legem sancimus iniquam !*). » De même dans le *Fondement de la métaphysique des mœurs* (p. 56 de la 3ᵉ édit. , p. 50 de l'éd. Rosenkranz) : « Une volonté qui déciderait de n'assister personne dans la peine, serait en contradiction avec elle-même, car il peut arriver des cas où elle-même ait besoin *de l'amour et de la sympathie d'autrui .*» Ce principe moral qui, considéré de près, n'est autre chose que l'expression indirecte et voilée de ce vieux et simple précepte, *quod tibi fieri non vis, alteri ne feceris,* se rapporte donc immédiatement à ce qui est passif en nous, à la souffrance, puis médiatement seulement à l'activité : aussi pourrait-on s'en servir comme d'un guide dans l'*institution politique*, qui est destinée à garantir les hommes des *injustices*, et qui cherche à procurer à tous et à chacun la plus grande somme de bonheur ; mais en morale, où l'objet de la recherche est l'*acte* en tant qu'*acte* dans sa signification immédiate au point de vue de *l'agent*, et non pas les conséquences de l'acte, la souffrance, ni l'importance de l'acte par rapport à autrui, cette considération passive n'est pas admissible, puisqu'en réalité elle se ramène à une préoccupation de bonheur, c'est-à-dire à l'égoïsme.

Nous ne pouvons donc pas partager la joie qu'éprouve Kant de savoir que son principe moral n'est pas matériel, c'est-à-dire ne pose pas un objet comme motif, mais qu'il est purement formel, ce qui fait qu'il répond symétriquement aux principes purement formels que nous avons appris à connaître dans la *Critique de la raison pure*. Sans doute, au lieu d'être une loi, ce n'est que la formule pour la recherche d'une loi ; mais d'abord cette formule existait déjà plus brève et plus claire dans l'adage : *quod tibi fieri non vis, alteri ne feceris ;* ensuite l'analyse de cette formule montre que c'est uniquement la considération du bonheur personnel qui en fait le contenu, qu'elle ne peut servir par conséquent qu'à l'égoïsme raisonnable, source de toute institution légale.

Une autre faute encore a été relevée souvent dans le système moral de Kant, parce qu'elle choque les sentiments de tous, et Schiller l'a tournée en ridicule dans une de ses épigrammes. C'est cette affirmation pédantesque, qu'une action pour être vraiment bonne et méritoire, doit être accomplie par pur respect pour la loi et le concept de devoir, et d'après une maxime abstraite de la raison, non point par inclination, par bienveillance pour autrui, par sympathie, par pitié, par quelque tendre mouvement du cœur : tous ces sentiments (v. *Crit. de la R. prat.,* p. 132 ; p. 257 de l'éd. Rosenkr.) sont même très gênants pour les personnes bien pensantes, car ils jettent la confusion dans leurs maximes réfléchies ; l'action doit se faire à contre cœur, en surmontant une certaine répugnance. — Si l'on remarque que l'agent n'est même pas soutenu par l'espoir d'une récompense, on mesurera toute l'étendue de cette exigence. Mais, ce qui est plus grave, cette manière de comprendre l'acte moral est tout à fait contraire à l'esprit de vertu véritable : ce n'est pas l'acte en lui-même qui est bon, c'est l'amour dont il procède, c'est la joie de l'accomplir, sans laquelle il reste lettre morte, qui en font tout le mérite. Aussi le christianisme enseigne-t-il avec raison, que toutes les œuvres extérieures sont sans valeur, si elles ne procèdent point d'une intention généreuse, fruit de l'amour; que ce ne sont pas les œuvres accomplies *(opera operata)*, qui assurent le salut et la rédemption, mais la foi, l'intention généreuse que seul l'esprit saint confère, et que n'engendre pas la volonté libre et réfléchie qui n'a que la loi en vue. — Exiger avec Kant que toute action vertueuse s'accomplisse purement par respect réfléchi pour la loi et conformément à des maximes abstraites, qu'elle soit opérée froidement et contre toute inclination, équivaudrait à dire qu'une véritable œuvre d'art doit naître de l'application réfléchie des règles esthétiques. A la question déjà traitée par Platon et Sénèque, si la vertu peut s'enseigner, il faut répondre négativement. On se décidera enfin à reconnaître ce fait, qui d'ailleurs a donné naissance à la théorie chrétienne des élus de la grâce, à savoir que dans leur essence intime principale, la vertu comme le génie sont dans une certaine mesure innés; que si les forces réunies de tous les professeurs d'esthétique sont impuissantes à conférer à quelqu'un la faculté de produire des œuvres de génie, c'est-à-dire de véritables œuvres d'art, il sera également impossible à tous les professeurs de morale, à tous les prédicateurs de vertus, de faire d'un caractère vil un caractère noble et vertueux, impossibilité qui est plus manifeste encore que celle de la transmutation du plomb en or; et la recherche d'une morale et d'un principe moral suprème qui aient pour but d'agir sur l'humanité, de la transformer et de l'améliorer, ne peut se comparer qu'à la recherche de la pierre philosophale. — Quant à la possibilité d'un changement d'esprit complet de l'homme (renaissance), non point par une connaissance abstraite (morale), mais par une connaissance intuitive (action de la grâce), nous en parlons longuement à la fin de notre quatrième livre. Le contenu de ce livre me dispense d'aillieurs d'insister plus longtemps sur ce sujet.

Kant n'a nullement pénétré le sens véritable du contenu moral des actions : c'est ce qui ressort encore de sa théorie du souverain bien, comme union nécessaire de la vertu et du bonheur, celle-là rendant l'être digne de celui-ci. Au point de vue logique d'abord on peut objecter à Kant que le concept de dignité qui est ici décisif, suppose une morale déjà faite qui le fonde, que par conséquent ce n'est pas de lui qu'il fallait partir. Il résulte de notre quatrième livre que toute vertu véritable, après avoir atteint son degré suprême, aboutit finalement à un renoncement complet, où toute volonté trouve un terme; le bonheur, au contraire, c'est la volonté satisfaite: vertu et bonheur sont donc essentiellement inconciliables. Celui que mon exposition aura convaincu, sera amplement édifié par là même sur la fausseté des vues de Kant touchant le souverain bien. Et indépendamment de cette exposition positive, je n'en ai pas de négative à donner.

L'amour de Kant pour la symétrie architectonique se rencontre donc dans la *Critique de la raison pratique* également. Elle est taillée sur le même patron que la *Critique de la raison pure*, les mêmes titres, les mêmes formes y sont transportés, d'une manière évidemment arbitraire ; la table des catégories de la liberté en est surtout une preuve frappante.

———

La *Théorie du droit* est une des dernières œuvres de Kant et une œuvre tellement faible que je ne crois pas nécessaire de la combattre, bien que je la désapprouve entièrement. Il semble qu'elle ne soit pas l'œuvre de ce grand homme, mais le produit d'un mortel ordinaire, et sa propre faiblesse la fera mourir de mort naturelle. Au sujet du droit je laisse donc de côté la partie polémique, pour ne m'attacher qu'au côté positif, c'est-à-dire aux traits fondamentaux de cette science, traits qu'on trouvera dans notre quatrième livre. Qu'on me permette seulement quelques remarques générales sur les théories du droit de Kant. Les défauts que, dans mon appréciation de la *Critique de la raison pure*, j'ai relevés comme inhérents au génie de Kant, se rencontrent dans la *Théorie du droit* avec une telle abondance que souvent on croit lire une parodie satirique de la manière kantienne, ou du moins entendre un Kantien. Voici deux de ses défauts principaux : Kant prétend (et beaucoup l'ont tenté depuis) séparer rigoureusement le droit de l'éthique, et toutefois il ne veut pas faire dépendre le droit de la législation positive, c'est-à-dire d'une contrainte arbitraire, mais laisser subsister *en soi a priori* le concept du droit. Cela est impossible ; car l'activité, en dehors de sa valeur morale, en dehors de son influence physique sur autrui, laquelle rend possible la contrainte arbitraire, n'admet pas une troisième manière d'être. Aussi, lorsque Kant dit : « Le devoir de droit est celui qui peut être imposé par force » ; ou bien ce *peut* doit s'entendre au sens physique, et alors tout droit est positif et arbitraire, et réciproquement toute volonté qui s'impose est droit ; ou bien ce *peut* doit s'entendre au sens moral, et nous voilà revenus sur le domaine de la morale. Chez Kant le concept du droit flotte entre ciel et terre, il ne saurait prendre pied sur le sol ferme ; pour moi, le concept du droit relève de la morale. En second lieu, sa détermination du concept du droit est tout à fait négative et par conséquent insuffisante. « On appelle droit ce qui s'accorde avec l'existence simultanée des diverses libertés individuelles d'après une loi générale. » La liberté (c'est-à-dire la liberté empirique, physique, non la liberté morale de la volonté) consiste à ne pas être gêné, entravé, c'est donc une

simple négation. L'existence côte à côte a un sens tout analogue :
nous ne sommes donc en présence que de négations et n'obtenons
pas le concept positif que nous cherchons, si nous ne le connaissons déjà d'autre part. Dans le cours du livre se développent les vues
les plus fausses, celle-ci par exemple que, dans l'état de nature, en
dehors de l'État, il n'y a pas de droit de propriété, ce qui revient à
dire que tout droit est positif et que le droit naturel se fonde sur
le droit positif, tandis que c'est le contraire qui est vrai. Je signa-
lerai encore son explication de l'acquisition légale par la prise de
possession ; l'obligation morale d'instituer une constitution civile ;
le fondement du droit pénal, toutes théories auxquelles je ne crois
pas devoir consacrer, ainsi que je l'ai déjà dit, une réfutation spéciale. Cependant ces erreurs de Kant ont exercé une influence très
funeste; elles ont troublé et obscurci des vérités reconnues et
énoncées depuis longtemps, provoqué des théories bizarres, beaucoup d'écrits et beaucoup de discussions. Sans doute ce désarroi ne
saurait durer, et nous voyons déjà la vérité et le bon sens se frayer
une nouvelle voie ; le *Droit naturel* de J.-C.-F. Meister témoigne
surtout de ce retour au vrai, à l'inverse de tant de théories bizarres
et contournées ; toutefois je ne considère pas ce livre comme
un modèle de perfection achevée.

Il me sera permis, après tout ce qui précède, d'être très court
sur la *Critique du Jugement* elle-même. Une chose surprenante,
c'est que Kant, à qui l'art est resté fort étranger, qui, selon toute
apparence, était peu fait pour sentir le beau, qui, sans doute, n'a
même jamais eu l'occasion de voir une œuvre d'art digne de ce
nom, qui enfin paraît n'avoir jamais connu Gœthe, le seul
homme de son siècle et de son pays qui puisse aller de pair avec
lui, — c'est, dis-je, une chose surprenante que Kant, malgré tout,
ait pu rendre un si grand et durable service à la philosophie
de l'art. Ce service consiste en ce que, dans toutes les considérations antérieures sur l'art et sur le beau, on n'envisageait jamais
l'objet que du point de vue empirique, et qu'on recherchait, en
s'appuyant sur des faits, quelle propriété distinguait tel objet
déclaré beau d'un autre objet de la même espèce. Dans cette voie,
on arrivait d'abord à des jugements particuliers pour s'élever peu
à peu à de plus généraux. On s'efforçait de séparer ce qui est véritablement, authentiquement beau de ce qui ne l'est pas, d'établir
les caractères auxquels on reconnaît cette beauté vraie, pour les
ériger ensuite en règles. Le beau, et son contraire, et par conséquent ce qu'il faut s'efforcer de reproduire et d'éviter, les règles

du moins négatives, que l'on doit prescrire, les moyens d'exciter le plaisir esthétique, c'est-à-dire les conditions objectives requises pour cela, tel était presque exclusivement le thème de toutes les considérations sur l'art. Aristote avait inauguré cette méthode, et il a été suivi, jusqu'à ces derniers temps, par Home, Burke, Winkelmann, Lessing, Herder, etc. La généralité des principes que l'on trouva, ramena, il est vrai, en dernière analyse, les philosophes à considérer le sujet, et l'on remarqua que si l'on arrivait à connaître exactement l'effet produit sur le sujet par l'œuvre d'art, on pourrait déterminer *a priori* ce qui, dans cette œuvre d'art, en est la cause, seul moyen de donner à cette étude une certitude toute scientifique. Ce fut l'occasion d'une foule de considérations psychologiques, dont les plus importantes furent celles d'Alexandre Baumgarten, auteur d'une Esthétique générale du beau, dont le point de départ était le concept de perfection de la connaissance sensible, c'est-à-dire intuitive. Mais, avec ce concept, il renonce du même coup au point de vue subjectif pour aborder le point de vue objectif et toute la technique qui s'y rapporte. Ce devait être le mérite de Kant d'examiner d'une façon sérieuse et profonde l'*excitation même*, à la suite de laquelle, nous déclarons beau l'objet qu l'a produite, et d'essayer d'en déterminer les éléments et les conditions dans notre sensibilité même. Les recherches prirent dès lors une direction toute subjective. Cette voie était évidemment la bonne ; car, pour expliquer un phénomène donné dans son effet, on doit, si l'on veut déterminer absolument l'essence de sa cause, connaître d'abord exactement cet effet lui-même. Mais le mérite de Kant ne consiste guère qu'à avoir montré la voie, et laissé, dans ses recherches provisoires, un exemple de la façon dont il la faut parcourir. Car ce qu'il a donné ne peut être considéré comme une vérité objective, et comme un gain réel. Il a montré la méthode et ouvert la route, mais il a manqué le but.

Dans la critique du jugement esthétique, — il importe de le remarquer tout d'abord, — Kant conserve la méthode qui est particulière à toute sa philosophie, et que j'ai longuement étudiée plus haut : je veux dire qu'il part toujours de la connaissance abstraite, pour y chercher l'explication de la connaissance intuitive ; celle-là est une chambre obscure, où celle-ci vient se fixer à ses yeux et d'où il promène ses regards sur la réalité !

De même que, dans la *Critique de la raison pure*, les formes du jugement devaient lui permettre de se prononcer sur l'ensemble de notre connaissance intuitive ; de même, dans cette critique du jugement esthétique, il ne part point du beau lui-même, du beau intuitif et immédiat, mais du jugement formulé sur le beau, et qu'on appelle d'une expression fort laide, jugement de goût. C'est là son problème. Ce qui le frappe surtout, c'est qu'un tel jugement est manifestement l'expression d'un processus du sujet et qu'il a pourtant une généralité telle, qu'il semble se rapporter à une propriété de l'objet. Voilà ce qui l'a frappé, et non pas le beau lui-même. Son point de départ, c'est le verdict d'autrui, le jugement sur le beau, et non pas le beau. Autant vaudrait ne connaître les choses que par ouï dire et non par soi-même ; à peu près de la même façon, un aveugle très intelligent pourrait, avec ce qu'il a entendu dire sur les couleurs, en composer une théorie. Et réellement on ne devrait envisager les philosophèmes de Kant sur le beau que sous ce rapport. On trouverait alors que sa théorie est très judicieuse, et même on remarquerait que çà et là, il y a quelques observations justes et d'une vérité générale ; mais la solution qu'il donne est tellement inadmissible, elle répond si peu à la dignité de son objet, que nous ne pouvons l'adopter comme vérité objective : c'est pourquoi je me considère comme dispensé d'en donner la réfutation, et je renvoie sur ce point à la partie positive de mon ouvrage.

Pour ce qui est de la forme de son livre, remarquons que Kant y a été conduit par l'idée de trouver dans le concept de finalité la solution du problème du beau. L'idée est déduite ; ce qui n'est pas bien difficile, comme les successeurs de Kant nous l'ont montré. De là résulte cette union baroque de la connaissance du beau avec celle de la finalité des corps, dans une faculté de connaître qu'il appelle jugement ; et de là vient enfin, qu'il traite dans le même livre de deux sujets aussi différents. Avec ces trois facultés, la raison, le jugement et l'entendement, il entreprend ensuite des fantaisies architectoniques d'une belle symétrie ; il suffit d'ouvrir la *Critique du jugement*, pour voir jusqu'à quel point Kant en a le goût ; ce goût apparaît déjà dans l'ordonnance de la *Critique de la raison pure,* dont l'harmonie n'est obtenue que par un tour de force, mais surtout dans cette antinomie du jugement esthétique, qui est si fort tirée par les cheveux. On pourrait encore faire à Kant un grand reproche d'inconséquence ; il répète à satiété, dans la *Critique de la raison pure*, que l'entendement est la faculté de juger, et qu'il considère les formes de ses jugements comme les pierres angulaires de toute philosophie. Or, voici que maintenant il nous parle d'une faculté de juger toute particulière, absolument différente de l'autre. Aussi bien, ce que je nomme la faculté de juger, c'est-à-dire le pouvoir de transformer la connaissance intuitive en connaissance abstraite, et réciproquement, cette faculté, dis-je, j'en ai parlé tout au long dans la partie positive de mon ouvrage.

La partie de la *Critique du jugement* qui est de beaucoup la meilleure, c'est la théorie du sublime. Elle vaut incomparablement mieux que la théorie du beau, et non seulement elle nous donne, comme celle-ci, une méthode générale d'investigation, mais encore elle nous fait faire une partie du véritable chemin, à tel point, que si elle ne donne pas la solution vraie du problème, elle s'en rapproche du moins beaucoup.

C'est dans la critique du jugement téléologique que se révèle avec plus de netteté que partout ailleurs, à cause de la grande simplicité de la matière, le rare talent de Kant à tourner une idée en tous sens, et à en donner des expressions variées, jusqu'à ce qu'il en sorte un livre. Tout l'ouvrage se réduit à ceci : Bien que les corps organisés nous apparaissent nécessairement comme soumis, dans leur structure, à un concept préalable de finalité, rien ne nous autorise cependant à regarder cette finalité comme objective. Car notre intellect, auquel les choses sont données du dehors et d'une façon médiate, qui par conséquent n'en connaît jamais l'essence intime, par quoi elles naissent et subsistent, mais uniquement l'enveloppe extérieure, notre intellect, dis-je, ne peut jamais saisir que par analogie l'essence particulière aux produits de la nature organique : il les compare aux œuvres de l'industrie humaine, qui, dans leur essence, sont déterminées par une fin et par un concept correspondant à cette fin. Cette analogie est suffisante pour nous faire saisir la conformité de toutes les parties au tout, et pour nous donner un fil conducteur dans les recherches que nous pourrons faire, mais elle ne peut en aucune façon nous expliquer réellement l'origine et l'existence des corps. Car la nécessité de les concevoir comme soumis au principe de finalité est d'origine subjective. C'est à peu près ainsi que je résumerais la doctrine de Kant sur le jugement téléologique. En ce qu'elle a d'essentiel, il l'avait déjà exposée dans la *Critique de la raison pure* (pp. 692-702) ; mais ici encore, nous trouvons que David Hume a été le glorieux précurseur de Kant dans la connaissance de cette vérité. Lui aussi, il a discuté avec sa pénétration habituelle, la conception téléologique, dans la seconde partie de ses *Dialogues concerning the natural religion*. La différence essentielle qu'il y a entre la critique de Hume et celle de Kant, c'est que Hume donne cette conception comme ayant son fondement dans l'expérience, et que Kant au contraire la critique comme une idée *a priori*. Tous deux ont raison, et leurs explications se complètent mutuellement. Que dis-je ? pour l'essentiel, on trouve déjà la doctrine de Kant à ce sujet exprimée dans le commentaire de Simplicius sur la *Physique* d'Aristote : ἡ δὲ πλανὴ γέγονε ἀυτοῖς ἀπὸ τοῦ ἡγεῖσθαι, παντὰ τὰ ἔνεικά του γιγνόμενα κατὰ προαίρεσιν γένεσθαι καὶ λογισμὸν, τὰ δὲ φύσει μὴ οὑτῶς ὁρᾶν γινόμενα. *Error in eis ortus est, ex eo, quod credebant omnia quæ propter finem aliquem fierent, ex proposito et ratiocinio fieri, dum videbant naturæ opera non ita fieri.* (Schol. *in Arist.* ex edit. Berol.,354.) Là-dessus, Kant a parfaitement raison : Il était nécessaire aussi, qu'après avoir montré l'incompatibilité qu'il y a entre l'existence même du monde et le concept de cause et d'effet, on fît voir ensuite que le monde, dans son essence, ne peut être considéré comme l'effet d'une cause dirigée par des motifs. Quand on songe à tout ce que la preuve physico-théologique a de spécieux (à tel point que Voltaire l'a considérée comme irréfutable), on voit combien il importait de démontrer que la subjectivité de nos perceptions, où Kant avait fait rentrer déjà le temps, l'espace et la causalité, s'étend aussi à nos jugements sur les objets de la nature, et que, par conséquent, la nécessité où nous sommes de penser ces objets comme soumis à des concepts de finalité, c'est-à-dire comme ayant existé dans une représentation avant d'exister réellement, est d'une origine aussi subjective que l'intuition de l'espace,—lequel nous apparaît pourtant comme si objectif,—et partant ne peut être considérée comme d'une vérité objective. Là-dessus, la démonstration de Kant, en dépit de longueurs fatigantes et de répétitions, est excellente. Il soutient, avec raison, que nous ne pourrons jamais expliquer l'essence des corps organiques par des causes purement mécaniques, car c'est sous ce nom qu'il range toute action aveugle et nécessaire des lois générales de la nature. Cependant, il y a encore une lacune à signaler dans cette déduction. Kant ne conteste, en effet, la possibilité d'une telle explication qu'au point de vue de la finalité, et de la préméditation apparente qu'il y a dans les objets de la nature organique. Mais nous trouvons que là même où cette finalité ne se révèle pas, les principes d'explication applicables à un domaine de la nature ne sauraient y être transportés d'un autre ; dès que nous abordons un domaine nouveau, ces principes ne nous sont plus d'aucun secours ; des lois fondamentales d'un autre genre apparaissent, dont l'explication ne saurait être trouvée dans les lois du domaine précédent. Telles sont, en mécanique, les lois de la pesanteur, de la cohésion, de l'impénétrabilité, de l'élasticité, qui (indépendamment de mon explication de toutes les forces de la nature comme degrés inférieurs de l'objectivation de la volonté) sont les manifestations de forces, dont il n'y a pas à chercher plus loin l'explication ; ces lois elles-mêmes sont dans l'ordre des phénomènes mécaniques, le principe de toute explication, car l'explication se borne à les ramener aux forces susdites. Mais si nous abandonnons ce terrain pour celui de la chimie, de l'électricité, du magnétisme, de la cristallisation, ces principes dont nous parlions ne sont plus applicables, ces lois n'ont plus de sens, ces forces sont tenues en échec par d'autres et contredites par les phénomènes nouveaux dont nous nous occupons ; ceux-ci sont régis par des lois fondamentales, qui, comme les précédentes, sont originales et irréductibles, c'est-à-dire ne peuvent se ramener à d'autres lois plus générales. Ainsi on n'arrivera jamais à expliquer avec les lois du mécanisme proprement dit la solution d'un sel dans l'eau ; que serait-ce si l'on avait affaire à des phénomènes plus compliqués de la chimie ? Dans le second livre du présent ouvrage, j'ai donné sur tous ces points d'amples explications. Des éclaircissements de ce genre eussent été, je crois, d'une grande utilité dans la critique du jugement téléologique, et en auraient fait mieux comprendre l'esprit. Ils auraient mis surtout en lumière cette idée de Kant, qu'avec une connaissance plus approfondie de l'Etre en soi, dont les objets de la nature ne sont que les manifestations, aussi bien dans ses effets purement mécaniques que dans ceux qui visiblement sont soumis à une fin, — on trouverait un seul et même principe, capable de servir d'explication générale à l'un et à l'autre ordre de phénomènes. Ce principe, je crois l'avoir déterminé, en représentant la Volonté comme la seule chose en soi. C'est peut-être dans mon second livre et dans son supplément, mais surtout dans mon écrit sur *la Volonté dans la nature*, que j'ai saisi de la façon la plus nette et la plus profonde l'essence même de la finalité apparente et de l'harmonie du monde : je n'en dirai donc pas davantage ici.

Le lecteur qui s'intéresse à cette critique de la philosophie de Kant ne devra pas négliger de lire dans la seconde dissertation du premier volume de mes *Parerga*, le complément intitulé : *Encore quelques éclaircissements sur la philosophie de Kant*. Il faut bien considérer, en effet, que mes écrits, si peu nombreux, n'ont pas tous été composés à la fois, mais successivement, au cours d'une longue vie, et à des intervalles éloignés ; par conséquent, on ne doit pas s'attendre à trouver condensé en un seul endroit tout ce que j'ai pu dire sur un même sujet.

SUPPLÉMENTS

AUX QUATRE LIVRES

DU PREMIER VOLUME

SUPPLÉMENT

AU

PREMIER LIVRE

« Pourquoi veux-tu t'écarter de
nous tous et de notre opinion ? — Je
n'écris point pour vous plaire, mais
pour vous enseigner quelque chose. »

GŒTHE.

SUPPLÉMENT AU LIVRE PREMIER

PREMIÈRE PARTIE

LA THÉORIE DE LA REPRÉSENTATION INTUITIVE
(§§ 1-7 du premier volume)

CHAPITRE PREMIER

LE POINT DE VUE IDÉALISTE

Des sphères brillantes en nombre infini, dans l'espace illimité, une douzaine environ de sphères plus petites et plus éclairées, qui se meuvent autour de chacune d'elles, chaudes à l'intérieur, mais froides et solidifiées à la surface, des êtres vivants et intelligents sortis de l'espèce de moisissure qui les enduit, — voilà la vérité empirique, voilà le monde. Cependant c'est une situation bien critique pour un être qui pense, que d'appartenir à une de ces sphères innombrables emportées dans l'espace illimité, sans savoir d'où il vient et où il va, perdu dans la foule d'autres êtres semblables, qui s'efforcent, se travaillent, se tourmentent, passent rapidement et renaissent sans trève dans le temps éternel. Là, rien de fixe que la matière, et le retour des mêmes formes diversement organisées, suivant de certaines lois, données une fois pour toutes. Tout ce que la science empirique peut nous apprendre, c'est la nature et les règles de l'apparition de ces formes. — Mais la philosophie moderne, avec Berkeley et Kant, s'est avisée enfin, que tout ce qui nous entoure n'est qu'un phénomène du cerveau, soumis à des conditions subjectives si nombreuses et si variées, que cette réalité absolue dont nous parlions doit faire place à une tout autre ordonnance du monde, et que le monde se réduit au substrat du phénomène, c'est-à-dire qu'il y a entre ceci et cela le même rapport qu'entre la chose en soi et sa manifestation.

— « Le monde est ma représentation » — voilà une proposition, semblable aux axiomes d'Euclide, que tout le monde doit admettre dès qu'il l'a comprise ; cependant ce n'est pas une de ces vérités qu'il suffît d'entendre pour l'admettre. — Faire comprendre cette proposition, y rattacher la question des rapports de l'idéal et du réel, c'est-à-dire du monde pensé au monde qui est en dehors de la pensée, ç'a été, avec le problème de la liberté morale, l'œuvre caractéristique de la philosophie moderne. Après des siècles de recherches dans le domaine de la philosophie objective, on découvrit pour la première fois que parmi tant de choses, qui rendent le monde si énigmatique et si digne de méditations, la plus importante à coup sûr est ce simple fait : quelle qu'en soit la grandeur et la masse, son existence cependant est suspendue à un fil très mince, j'entends la conscience, où il nous est chaque fois donné. Cette condition nécessaire de l'existence du monde lui imprime, en dehors de toute réalité empirique, un caractère d'idéalité, et partant de simple phénomène ; c'est pourquoi, — du moins par un côté, — on peut considérer ce fait comme étant de même nature que le rêve, et le classer dans la même catégorie. Car la fonction du cerveau, qui, pendant le sommeil, nous enchante par la vision d'un monde que nous voyons ou que nous touchons, peut avoir autant de part à la représentation du monde objectif pendant la veille. Ces mondes, quoique différents par la matière, procèdent visiblement d'une même forme. Cette forme est l'intellect, la fonction du cerveau. — Descartes est probablement le premier qui soit arrivé au degré de conscience que cette vérité fondamentale exige ; quoique en passant et sous forme de doute méthodique, il en a fait le point de départ de sa philosophie. En somme, en donnant le *Cogito ergo sum* comme la seule chose certaine, et l'existence du monde comme problématique, il avait trouvé le point de départ général, et d'ailleurs le seul juste, en même temps que le seul point d'appui de toute philosophie. Ce point d'appui, c'est essentiellement et nécessairement *le subjectif*, la conscience proprement dite. Car cela seul est une donnée immédiate ; tout le reste, quel qu'il soit, trouve son moyen et sa condition dans la conscience ; il lui est soumis par conséquent. Aussi est-ce avec raison que l'on considère Descartes comme le père de la philosophie moderne, et qu'on la fait commencer avec lui. Peu de temps après, Berkeley s'avance très loin dans cette voie, et aboutit à l'idéalisme proprement dit, c'est-à-dire à cette notion, que l'étendu dans l'espace, le monde objectif, matériel, — en tant que tel, — n'existe que dans notre représentation, et qu'il est faux, absurde même, de lui attribuer, en tant que tel, une existence en dehors de toute représentation, et indépendamment du sujet connaissant, c'est-à-dire d'en voir le substrat dans une matière directement perçue et existant en soi. Ce point de vue si juste et si profond est toute la philosophie de Berkeley. Il s'est épuisé à l'établir.

Le véritable philosophe doit donc être idéaliste ; il doit l'être pour être vraiment sincère. Il est évident en effet que personne ne peut sortir de soi pour s'identifier immédiatement avec des choses différentes, et que tout ce dont nous sommes sûrs, tout ce dont nous avons une conscience immédiate, réside dans notre conscience. En dehors ou au-dessus d'elle, il ne peut y avoir de certitude immédiate ; celle qu'exige la science, pour appuyer ses premiers principes, est celle de la conscience. Le point de vue empirique est conforme à l'esprit des sciences, qui considère le monde comme existant absolument, mais non pas à celui de la philosophie, qui s'efforce de remonter au premier principe. La conscience seule nous est immédiatement donnée ; voilà pourquoi toute la philosophie est renfermée dans les faits conscients, c'est-à-dire pourquoi elle est essentiellement idéaliste. — Le réalisme, qui s'impose à l'entendement grossier, parce qu'il se donne comme positif, part en réalité d'une hypothèse gratuite, et n'est ainsi qu'un système en l'air : il passe sous silence ou il nie le fait fondamental, à savoir que tout ce que nous connaissons gît au sein de la conscience. Car affirmer que l'existence des choses est conditionnée par un sujet représentant, et par conséquent que le monde n'existe que comme représentation, ce n'est pas faire une hypothèse, ce n'est rien affirmer gratuitement, c'est encore moins émettre un paradoxe inventé pour les besoins de la cause. C'est la vérité la plus certaine et la plus simple, la plus difficile de toutes à saisir, précisément parce que c'est la plus simple, et que tout le monde ne pense pas assez pour remonter des choses aux premiers éléments de la conscience. Il ne saurait y avoir une existence objective absolue, une existence objective en soi : elle serait inconcevable ; car l'objectif, par son essence même, n'existe en tant que tel que dans la conscience d'un sujet ; il n'en est par conséquent que la représentation ; il n'est conditionné que par elle, et que par les formes de la représentation, lesquelles dépendent du sujet et non de l'objet.

Que le monde existe encore, sans sujet connaissant, c'est ce qui semble évident au premier abord ; on pense cela *in abstracto* sans se rendre compte de la contradiction qu'il y a au fond de cette proposition. Mais lorsqu'on veut réaliser cette idée abstraite, c'est-à-dire la ramener à une représentation intuitive, dont elle tiendrait (comme toutes les idées abstraites d'ailleurs) toute sa vérité et tout son contenu, et lorsqu'on cherche à s'imaginer un monde objectif, sans sujet connaissant; alors on finit par se convaincre que ce qu'on imagine là est en réalité le contraire de ce qu'on se

proposait, c'est-à-dire uniquement la démarche d'un sujet connaissant, qui se représente un monde objectif, en d'autres termes,
c'est ce qu'on se proposait d'exclure. — Ce monde réel, intuitif,
est manifestement un phénomène du cerveau ; c'est pourquoi
l'hypothèse qu'il puisse y avoir un monde, en tant que tel, en
dehors de tout cerveau, est contradictoire.

L'objection qui s'élève consciemment ou non dans l'esprit de
chacun contre cette idéalité essentielle et nécessaire de tout objet
est la suivante : Mais ma personne aussi est un objet pour une
autre personne ; elle est donc une simple représentation ; et pourtant je sais certainement que j'existe, et que je n'ai besoin de personne pour exister ; tous les autres objets sont dans le même rapport que moi-même avec le sujet connaissant ; donc ils existeraient
encore, quand bien même le sujet connaissant disparaîtrait. A cela
il y aurait à répondre : Cet autre, dont je considère ma personne
comme l'objet, n'est pas seulement le sujet, mais encore un individu connaissant. C'est pourquoi si cet autre n'existait pas, et
si j'étais le seul être connaissant, je n'existerais pas moins
comme le sujet, qui seul permet aux objets d'exister dans sa
représentation. Car je suis sujet, comme tout être connaissant est
sujet. Par conséquent, dans le cas que nous supposons, ma
personne existerait encore de toute façon, mais comme représentation, c'est-à-dire dans ma propre connaissance. Je ne la connais
jamais immédiatement, mais toujours d'une façon médiate :
puisque tout ce qui est dans la représentation est toujours médiat.
Ainsi, je ne connais mon corps comme objet, c'est-à-dire comme
étendu, remplissant l'espace et agissant, que dans une représentation de mon cerveau ; cette intuition se produit au moyen des sens
et ce sont leurs données qui permettent au cerveau d'accomplir sa
fonction, c'est-à-dire de remonter de l'effet à la cause : de cette
façon, en voyant le corps par les yeux, en le touchant par les
mains, on construit dans l'espace une figure qui se représente
comme notre corps. Mais aucune espèce d'étendue, de forme ou
d'activité ne m'est immédiatement donnée dans je ne sais quel sentiment général du corps, ou conscience intime, donnée qui cadre-
rait avec mon être, lequel n'aurait pas besoin, pour exister ainsi,
d'être représenté dans un sujet connaissant. Bien plus, ce sentiment général, comme aussi ma conscience, n'existent immédiatement qu'en rapport avec la volonté, c'est-à-dire en tant qu'agréables ou désagréables, et en tant qu'actifs dans les actes de la
volonté, qui sont représentés dans l'intuition extérieure comme
des actes du corps. Il en résulte que l'existence de ma personne ou
de mon corps, en tant qu'étendu et actif, suppose toujours un sujet
connaissant qui en diffère, puisque c'est toujours une existence per-

çue, représentée, c'est-à-dire une existence pour *un autre*. En réalité, c'est un phénomène du cerveau, que ce cerveau dans lequel ce phénomène se produit soit le mien ou celui d'une autre personne. Dans le premier cas, la personne se divise en connaissant et en connu, en sujet et en objet, qui là, comme partout, sont juxtaposés, sans pouvoir être absolument réunis ou absolument séparés. Si maintenant ma propre personne, pour exister comme telle, a toujours besoin d'un sujet connaissant, cela est au moins aussi vrai de tous les autres objets, à qui le but de l'objection précédente était précisément d'attribuer une existence indépendante de la connaissance et de son sujet.

On comprend dès lors que l'existence qui est conditionnée par un sujet connaissant, n'est que l'existence dans l'espace, par conséquent la connaissance de quelque chose d'étendu et d'actif : c'est toujours une existence connue, c'est-à-dire une existence pour un autre. En revanche, toute chose qui existe de cette façon peut en outre avoir une existence en soi, pour laquelle il n'est pas besoin d'un sujet ; mais cette existence ne peut être ni étendue ni activité (c'est-à-dire être dans l'espace), il faut nécessairement que son essence soit d'une autre sorte : c'est l'essence d'une *chose en soi*, qui, comme telle, ne peut jamais être objet. Telle serait la réponse que l'on pourrait faire à l'objection mentionnée plus haut. Elle n'infirme en rien cette vérité fondamentale, que le monde objectif n'existe qu'en représentation, c'est-à-dire uniquement pour un sujet.

Remarquons encore ici que Kant, du moins en tant qu'il est resté conséquent avec lui-même, ne voyait pas des objets dans *ses choses en soi*. On peut le conclure des arguments, par lesquels il a prouvé, que l'espace et le temps ne sont que de simples formes de notre intuition, lesquelles par conséquent n'appartiennent pas aux choses en soi. Ce qui ni dans l'espace, ni dans le temps ne saurait être un objet, par conséquent l'essence des choses en soi, ne peut être objective, elle doit être d'une autre sorte, je veux dire métaphysique. Il y a donc déjà dans cette proposition de Kant cet autre principe que le monde objectif n'existe que comme représentation.

Aucune doctrine ne défie la contradiction, et d'autre part n'est exposée à de perpétuels malentendus, comme l'idéalisme, qui va jusqu'à nier la réalité empirique du monde extérieur. Par là s'expliquent ces appels constants à la saine raison, qui se reproduisent de tant de façons et sous des costumes si différents, comme par exemple « la conviction intérieure » dans l'Ecole de Duns Scot, ou la Foi à la réalité du monde extérieur chez Jacobi. En réalité, le monde extérieur ne nous est pas donné à crédit, comme le prétend Jacobi, et nous n'y croyons pas simplement par un acte de foi : il

se donne pour ce qu'il est, et tient immédiatement ses promesses
Il faut rappeler que le Jacobi qui imagina ce système sur le monde,
et qui parvint à l'imposer à quelques professeurs de philosophie,
lesquels, pendant trente années, l'ont complaisamment et largement développé, était le même, qui dénonça Lessing comme spinoziste, et Schelling comme athée; ce qui lui valut, ainsi que chacun sait, d'être vertement tancé par ce dernier. C'est ce beau zèle
qui le poussa, en réduisant le monde à n'être qu'un objet de
croyance, à ouvrir une petite porte à la foi, et à préparer le crédit
pour ce qui, dans la suite, sera réellement exigé de l'homme à
crédit ; c'est comme si, pour introduire le papier monnaie, on met-
tait en avant cette excuse, que la valeur de l'or repose tout entière
sur l'estampille que l'Etat y appose. Jacobi, dans ses philosophèmes sur la réalité du monde extérieur devenue affaire de foi,
est tout justement ce « réaliste transcendental, qui joue l'idéaliste
empirique », dont Kant a fait la critique dans la *Raison pure*
(1ʳᵉ édit., p. 369).

Le véritable idéalisme au contraire n'est pas l'idéalisme empirique, mais l'idéalisme transcendental. Celui-ci ne s'occupe pas
de la réalité du monde extérieur : il se borne à soutenir que
tout objet et par conséquent toute réalité empirique en général,
est doublement conditionné par ce sujet : d'abord *matériellement*, c'est-à-dire en tant qu'objet, attendu qu'une existence
objective ne se conçoit que par rapport à un sujet, et en tant qu'ell
est sa représentation ; ensuite *formellement*, en ce que le genre
d'existence des objets, ou leur manière d'être représentés (espace,
temps, cause) provient d'un sujet, est disposée d'avance dans
un sujet. Ainsi la conclusion naturelle de l'idéalisme simple de
Berkeley, — qui concerne uniquement l'objet, — est l'idéalisme
de Kant, qui concerne le genre et la forme spéciale de l'existence
objective. Ce système démontre que l'univers matériel tout entier,
avec ses corps dans l'espace, lesquels sont étendus, et, grâce au
temps, ont les uns avec les autres des rapports de causalité, en
un mot que tout ce qui en dépend, n'a pas une existence indépendante de notre tête ; mais que tout cela a son principe
dans les fonctions de notre cerveau. C'est grâce à ces fonctions, et
c'est dans le cerveau seul que cette ordonnance objective des choses
est possible ; car le temps, l'espace et la causalité, sur lesquels
reposent tous ces processus objectifs, ne sont en effet que des fonctions du cerveau. Enfin il démontre que cet ordre immuable des
choses, qui est le critérium et le fil conducteur de la réalité empirique, procède du cerveau et tient de lui tout son crédit. Tel est
l'exposé de la critique radicale de Kant, sauf que le mot « cerveau »
n'y intervient pas, qu'il est remplace par « la faculté de connaître ».

Aussi a-t-il cherché à prouver que cette ordonnance objective dans
l'espace et dans le temps, soumise au principe de causalité, au sein
de la matière, sur laquelle reposent en dernière analyse tous les
événements du monde réel, ne peut être conçue comme existant par
soi, c'est-à-dire comme étant l'ordre des choses en soi, ou comme
quelque chose d'absolument objectif, de directement donné ; car il
suffit de s'engager un peu loin dans cette voie pour aboutir à des
contradictions. C'est ce que Kant a voulu faire voir par ses antinomies ; mais j'ai montré, dans un de mes suppléments, combien
cette tentative était infructueuse. — En revanche, la doctrine
kantienne, même sans les antinomies, nous amène à cette idée,
que les choses et leur mode d'existence sont étroitement unis
avec la conscience que nous en avons. Quiconque l'a bien compris ne tarde pas à se convaincre, que l'hypothèse d'un monde
extérieur existant en dehors de la conscience et indépendamment
d'elle, est profondément absurde. Il serait impossible que nous
fussions si fortement engagés dans l'espace, le temps et la causalité,
et dans tout le développement de l'expérience, qui repose sur ces
principes, conformément à ses lois ; que nous nous y trouvassions
comme chez nous (même les animaux), que nous y fussions aussi
commodément, si la nature de notre intellect et celle des choses
étaient différentes ; au contraire, on ne peut s'expliquer ce fait, qu'en
supposant que les deux forment un tout, que l'intellect lui-même
crée cet ordre, et qu'il n'existe que pour les choses, comme
elles n'existent que pour lui.

Mais indépendamment des vues profondes que la philosophie
kantienne seule nous a procurées, on peut juger aisément combien
est fragile l'hypothèse si opiniâtrément défendue, du réalisme
absolu ; on peut du moins le rendre sensible, en cherchant à
éclaircir le sens de cette hypothèse, par des considérations comme
celles-ci : — Le monde, conformément au réalisme, — tel du moins
que nous pouvons le connaître, — doit être indépendant de
notre connaissance. Supprimons-en tous les êtres connaissants, et
n'y laissons subsister que la nature inorganique et végétale. Le
rocher, l'arbre, le ruisseau, existent ainsi que le ciel bleu. Le
soleil, la lune et les étoiles éclairent cet univers, comme avant ;
mais tout cela est bien inutile, puisqu'il n'y a pas d'œil pour le voir.
Introduisons maintenant un être doué de connaissance. Cet univers
se représente et se répète à l'intérieur de son cerveau, exactement
tel qu'il existait tout à l'heure en dehors de ce cerveau. Un second
univers est venu s'ajouter au premier, et quoique profondément
séparé de lui, il lui ressemble point pour point. Le monde subjectif
de l'intuition dans l'espace subjectif de la connaissance, est absolument identique au monde objectif, dans l'espace objectif infini. Mais

ce monde subjectif a en outre l'avantage de savoir que cet espace qui est là au dehors est infini ; il peut même indiquer à l'avance minutieusement, exactement, et sans examen préalable, l'ordonnance régulière de tous les événements qui peuvent s'y produire et qui n'y sont pas encore réalisés ; il peut l'annoncer même à l'égard de la succession dans le temps, et du rapport de la cause à l'effet, qui règle au dehors tous les changements. Tout cela, je pense, paraît assez absurde pour nous convaincre que ce monde objectif absolu, existant en dehors du cerveau, indépendamment de lui, et avant toute connaissance, ce monde que nous croyions pouvoir penser, n'est autre que le second, celui que nous connaissons subjectivement, le monde de la représentation, qui est le seul que nous puissions réellement penser. Aussi arrivons-nous tout naturellement à cette hypothèse que ce monde, tel que nous le connaissons, n'existe que par notre connaissance, uniquement dans la représentation, et non en dehors d'elle (1). Conformément à cette hypothèse, la chose en soi, c'est-à-dire ce qui existe indépendamment de toute connaissance, est absolument différente de la représentation et de tous ses attributs, par conséquent de l'objectivité en général : ce qu'est cette chose en soi, le second livre nous l'apprendra.

Mais la discussion engagée dans le chapitre V du Ier volume touchant la réalité du monde extérieur, roule sur une critique analogue de l'hypothèse d'un monde objectif et d'un monde subjectif, existant tous deux dans l'espace, et sur l'impossibilité résultant d'une telle hypothèse, d'établir un passage, et, pour ainsi dire, un pont de l'un à l'autre. En ce sens, j'ai encore à ajouter ce qui va suivre.

Le subjectif et l'objectif ne forment pas un *continuum* : la conscience immédiate est limitée par la périphérie, ou plutôt par les dernières ramifications du système nerveux. C'est là-dessus que repose le monde, dont nous ne savons rien, que par les images de notre cerveau. S'il existe en dehors de nous un monde, qui corresponde à celui-là, et dans quelle mesure ce monde est indépendant de notre représentation, toute la question est là. Le rapport entre les deux ne pourrait exister qu'au moyen de la loi de causalité ; car cette loi seule nous permet de passer de quelque chose de donné à quelque chose de tout différent. Mais cette loi elle-même doit d'abord justifier ses titres. L'origine doit en être objective ou sub-

---

(1) Je recommande au lecteur le passage suivant des *Mélanges* de Lichtenberg (Göttingen, 1801 ; vol. II, pp. 12 sq.) : « Euler, dans ses Lettres sur divers sujets de philosophie naturelle, dit (vol. II, p. 228) qu'il tonnerait encore et qu'il ferait des éclairs, alors même que nul homme ne se trouverait là pour être foudroyé. C'est là une façon de parler tout à fait répandue, mais je dois avouer que je ne suis pas arrivé à la concevoir bien clairement. Il me semble toujours que le verbe *être* a été emprunté à notre pensée, et que là où il n'y a plus d'êtres sentants ni pensants, il n'y a plus rien qui *soit*. »

jective : dans les deux cas, elle est tout entière sur l'un ou l'autre bord, et ne peut par conséquent servir de fond. Si comme Locke et Hume le supposaient, elle est à posteriori c'est-à-dire dérivée de l'expérience, elle est d'origine objective, elle appartient à ce monde extérieur, qui est précisément en question, et ne peut par conséquent en garantir la réalité : car alors, suivant la méthode de Locke, la loi de causalité se prouverait par l'expérience, et la réalité de l'expérience par la loi de causalité. Si au contraire, — comme Kant le soutient, et à plus juste titre, — elle est donnée à priori, elle est d'origine subjective, et alors il est clair qu'avec elle nous restons toujours dont le domaine du subjectif. Car la seule véritable donnée empirique, dans l'intuition, est l'entrée d'une sensation dans un organe des sens. L'hypothèse que cette sensation, même en général, doit avoir une cause, repose sur une loi qui a sa racine dans la forme de la connaissance, c'est-à-dire dans une fonction de notre cerveau, loi dont l'origine est par conséquent aussi subjective, que cette sensation elle-même. La cause attribuée à la sensation conformément à cette loi, se représente immédiatement dans l'intuition, comme objet, c'est-à-dire comme quelque chose dont la manifestation est soumise à la forme de l'espace et du temps. Mais ces formes sont, elles aussi, d'origine subjective : elles sont le caractère même de notre faculté d'intuition. Ce passage de la sensation à sa cause, qui est à la racine de l'intuition sensible, comme je l'ai répété si souvent, suffit sans doute à nous prouver la présence empirique d'un objet, dans l'espace et dans le temps, et par conséquent répond bien à toutes les nécessités de la vie pratique ; mais cela ne suffit nullement pour nous garantir l'existence en soi de phénomènes qui se manifestent à tous de cette façon et à plus forte raison de leur substrat intelligible. De ce que certaines sensations de mes organes sensoriels sont l'occasion d'une intuition de mon cerveau, composée d'objets étendus dans l'espace, qui durent dans le temps, et qui agissent comme motifs, il n'en résulte pas que je sois autorisé à supposer que ces objets avec les qualités particulières qui leur appartiennent, existent en eux-mêmes, c'est-à-dire indépendamment de mon cerveau et en dehors de lui. — Telles sont les conclusions légitimes de la philosophie de Kant. Elles se rattachent à une théorie antérieure de Locke, laquelle est aussi juste, mais moins solidement déduite. Si en effet, comme la théorie de Locke l'accorde, les objets extérieurs se ramènent à la sensation comme étant sa cause, il ne peut y avoir aucune ressemblance entre la sensation, qui est l'effet, et l'essence objective de la cause, qui l'a produite ; car la sensation, en tant que fonction organique, est déterminée par la nature artiste et complexe de nos organes, laquelle collabore à la sensation ; par suite elle est

simplement occasionnée par la cause extérieure, et ensuite elle est
façonnée par les lois mêmes de notre sensibilité, c'est-à-dire qu'elle
est entièrement subjective. — La philosophie de Locke était la
critique des fonctions des sens ; la philosophie de Kant nous a donné
la critique des fonctions du cerveau. Il faut ajouter à tout cela les
conclusions de Berkeley que j'ai reprises à mon compte, savoir que
tout objet, quelle qu'en soit l'origine en tant qu'objet, est déjà conditionné par le sujet, c'est-à-dire n'en est essentiellement que la représentation. Ainsi, le but du réalisme est un objet sans sujet, et il
n'est même pas possible de savoir clairement ce que cela veut dire.

De tout cet exposé, il résulte bien clairement que vouloir atteindre
l'essence intime des choses est une tentative illusoire, du moins
par voie de représentation et dans la connaissance pure et simple.
Car la représentation n'atteint les choses que par le dehors, et
par conséquent ne peut les pénétrer. Pour y arriver, il nous faudrait nous placer à l'intérieur même des choses. Alors nous pourrions les connaître immédiatement. L'objet de mon second livre
est précisément cette connaissance, dans la mesure où elle est
possible. Mais tant que nous en resterons, comme dans ce premier
livre, à la perception objective, c'est-à-dire à la connaissance, le
monde est et reste pour nous une simple représentation, car ici il
n'y a pas de chemin qui puisse nous conduire au delà.

Mais en outre il est bon de maintenir le point de vue idéaliste pour
faire contrepoids au point de vue matérialiste. On peut considérer
toute controverse sur le Réel et l'Idéal comme concernant l'existence de la matière ; car c'est en dernière analyse la réalité ou
l'idéalité de celle-ci qui est débattue. La matière, comme telle,
existe-t-elle dans notre représentation, ou est-elle indépendante de
toute représentation ? Dans le dernier cas, elle serait la chose en soi,
et quiconque suppose une matière existant par elle-même, doit,
pour être conséquent, se déclarer aussi matérialiste, c'est-à-dire
faire de la matière le principe d'explication de toutes choses. Celui
au contraire qui la nie comme *chose* en soi, est par le fait même
idéaliste. Locke, seul parmi les modernes, a soutenu absolument
et sans réserves la réalité de la matière. Aussi sa doctrine, grâce à
Condillac, a-t-elle produit le sensualisme et le matérialisme des
Français. Berkeley seul a nié la matière absolument et sans restrictions. De là résulte l'antithèse du matérialisme et de l'idéalisme
représentée dans ses extrêmes par Berkeley et par les matérialistes
français (d'Holbach). Fichte ne doit pas être mentionné ici : il ne
mérite aucune place parmi les vrais philosophes, parmi ces élus
de l'humanité, qui cherchent avec un sérieux profond, non leur
propre intérêt mais la vérité, et qui par conséquent ne peuvent être
mis en parallèle avec des gens, qui, sous le même prétexte, n'ont

jamais en vue que leur fortune personnelle. Fichte est le père de cette philosophie de l'apparence qui, par l'ambiguïté des termes, par l'emploi de phrases incompréhensibles et de sophismes, cherche à faire illusion, à en imposer par je ne sais quel air d'importance et par suite à duper les gens avides de savoir ; cette méthode, après avoir été employée par Schelling, a atteint sa perfection avec le fameux système de Hegel où elle s'épanouit en charlatanisme. Nommer Fichte à côté de Kant, c'est prouver qu'on ne sait pas ce que l'on dit. — En revanche, le matérialisme a sa justification. Il est aussi vrai de dire que le sujet connaissant est un produit de la matière que de dire que la matière est une simple représentation du sujet connaissant : seulement ce sont deux points de vue également étroits ; car le matérialisme est la philosophie du sujet qui s'oublie dans ses calculs. C'est pourquoi à cette hypothèse, que je suis une simple modification de la matière, doit s'opposer cette autre, que toute matière n'existe que dans ma représentation ; elle n'est pas moins fondée. La notion encore obscure de ces rapports semble avoir donné naissance à l'expression platonicienne ὕλη ἀληθινόν ψεῦδος, *materia, mendacium verax.*

Le réalisme conduit, comme nous l'avons dit, au matérialisme. Car si l'intuition empirique nous montre que les choses en soi existent indépendamment du sujet connaissant, l'expérience nous fournit aussi l'ordre des choses en soi, c'est-à-dire l'ordre vrai et unique du monde. Mais cela conduit à supposer qu'il n'y a qu'une chose en soi, la matière, dont tout le reste n'est que la modification, attendu qu'alors le cours de la nature est l'ordre unique et absolu du monde. Tant que l'empire du réalisme fut incontesté, on lui opposa le spiritualisme pour échapper à de semblables conclusions, c'est-à-dire qu'on imagina une seconde substance en dehors et à côté de la matière, une substance immatérielle. Ce dualisme échappant à toute expérience, sans preuve, sans consistance, fut nié par Spinoza, et démontré faux par Kant, lequel le pouvait, ayant rétabli l'idéalisme dans ses droits. Car, avec le réalisme le matérialisme tombe de lui-même, le spiritualisme en étant regardé comme le contre-poids ; alors la matière, dans la nature vivante, n'est plus qu'un simple phénomène conditionné par l'Intellect, et qui n'a d'existence qu'en lui. Par conséquent, si le spiritualisme est une arme illusoire contre le matérialisme, c'est l'idéalisme qui est la bonne et l'efficace, parce qu'il met le monde objectif dans notre dépendance, et constitue le contre-poids nécessaire à la dépendance où nous sommes vis-à-vis de la nature. Le monde, dont la mort me sépare, n'était d'ailleurs que ma représentation. Le centre de gravité de l'existence retombe dans le sujet. Ce n'est plus, comme dans le spiritualisme, l'indépendance du sujet connaissant par rapport à la matière, mais la dépendance d⟨ la matière par rapport au sujet, que l'on démontre. En vérité, cela ne se comprend pas aussi facilement, et ne se manie pas avec autant de commodité, que les deux substances du spiritualisme ; mais χαλεπά τὰ καλά (1).

D'ailleurs à l'axiome fondamental de la philosophie subjective : « le monde est ma représentation », on peut, avec autant de raison semble-t-il, opposer celui de la philosophie objective : « le monde est matière », ou « la matière seule est » (en tant qu'elle n'est soumise ni à la mort, ni au devenir), ou bien encore « tout ce qui existe est matière ». Tel est l'axiome fondamental de Démocrite, de Leucippe, et d'Epicure. Mais à examiner les choses de plus près, il y a un réel avantage à chercher non plus au dehors, mais dans le sujet même, le point de départ d'un système : cela permet de faire un pas en avant, qui est pleinement justifié. Car la conscience est la seule chose immédiatement donnée, et nous passons par-dessus, lorsque nous allons directement à la matière et que nous en faisons notre point de départ. D'autre part, on pourrait très bien construire le monde avec la matière et ses propriétés, une fois définies et complètement dénombrées (mais c'est ce dénombrement qui est le point délicat). Car tout ce qui existe est le résultat de causes réelles, qui ne pouvaient agir, et agir de concert, qu'en vertu des forces fondamentales de la matière ; mais ces forces doivent au moins être démontrables objectivement, puisque nous ne pourrons jamais les connaître subjectivement. Il est vrai qu'une telle explication et une telle construction du monde n'exigeraient pas seulement l'hypothèse préalable d'une existence en soi de la matière (laquelle est en réalité conditionnée par le sujet) ; elles devraient encore montrer que les propriétés originelles inhérentes à cette matière sont inexplicables, et les donner comme des qualités occultes (Voir § 26, 27, 1er vol.). Car la matière n'est que le support de ces forces, comme la loi de causalité n'est que la règle de leurs manifestations. Cependant une telle explication du monde serait toujours relative et conditionnée, ce serait proprement l'œuvre d'une physique, qui, à chaque pas, sentirait le besoin d'une métaphysique. D'un autre côté, le point de départ et l'axiome fondamental de la philosophie subjective, « le monde est ma représentation », est également incomplet : d'abord parce que le monde est encore autre chose (chose en soi, Volonté), et que partout la forme ou la représentation n'est pour lui qu'une forme accidentelle ; ensuite, parce que le sujet en tant que tel est conditionné par l'objet. Car si le grossier principe de l'entendement : « Le monde, l'objet existerait encore, en l'absence de tout sujet », est faux, cet

____

(1) « Les belles choses sont difficiles. »

autre ne l'est pas moins : « Le sujet serait encore connaissant en
"absence de tout objet, c'est-à-dire de toute représentation ». Une
conscience sans objet n'est pas une conscience. Un sujet pensant
a des concepts en rapport avec son objet, un sujet intuitif a des
objets doués de qualités correspondantes à son organisation. Si
maintenant nous dépouillons le sujet des qualités et formes les
plus intimes de sa connaissance, toutes les propriétés de l'objet
disparaissent en même temps, et il ne reste plus rien que la matière
sans forme et sans qualités, qui est aussi peu matière d'expérience que le sujet sans les formes de la connaissance, mais qui
reste cependant en face du sujet nu, lequel, étant son reflet, ne
peut disparaître qu'avec lui. Bien que le matérialisme s'imagine
borner ses postulats à cette matière, à l'atome, il y ajoute inconsciemment non seulement le sujet, mais aussi l'espace, le temps et
la cause, qui reposent sur des déterminations particulières du sujet.

Le monde comme représentation, le monde objectif a donc deux
pôles : le sujet connaissant pur et simple, dépouillé des formes de
sa connaissance, et ensuite la matière brute, sans formes ni
qualités. Tous deux sont absolument inconnaissables, le sujet,
parce qu'il est la chose qui connaît, la matière, parce que, sans
formes et qualités, elle ne peut être l'objet d'une intuition. Cependant tous deux sont les conditions essentielles de toute intuition
empirique. Et ainsi, à côté de la matière brute, sans forme et
sans vie (c'est-à-dire sans volonté), qui n'est donnée dans aucune
expérience, mais qui est supposée dans chacune, s'élève comme
un pur miroir, le sujet connaissant, en tant que tel, qui de même
précède toute expérience. Le sujet n'est pas dans le temps ; car le
temps est la forme la plus prochaine de son mode de représentation ; la matière, qui gît à côté, qui lui correspond, est éternelle et
immortelle, fixe dans le temps infini ; elle n'est même pas étendue,
car l'étendue donne une forme ; elle n'est donc pas dans l'espace. Tout le reste est dans un perpétuel mouvement de vie et de
mort, tandis que le sujet et la matière représentent les deux pôles
immobiles du monde comme représentation. On peut par conséquent considérer la matière immobile comme le reflet du sujet
pur, en dehors du temps, envisagé comme condition pure et
simple de tout objet. Tous deux appartiennent au phénomène, et
non à la chose en soi ; mais ils sont le matériel indispensable de
tout phénomène. On ne peut les obtenir que par abstraction ; ils
ne sont pas donnés à l'état pur et en eux-mêmes.

Le vice fondamental de tous les systèmes consiste à méconnaître
cette vérité, que l'Intellect et la matière sont corrélatifs, c'est-à-
dire que l'un n'existe que pour l'autre , que tous deux se tiennent
et sont solidaires, que l'un n'est que le reflet de l'autre, en un

mot qu'ils sont proprement une seule et même chose, considérée
sous deux points de vue opposés ; et que cette unité, — ici j'anticipe —, est le phénomène de la Volonté ou de la chose en soi ; que
par conséquent tous deux sont secondaires, et que par suite encore
il ne faut chercher l'origine du monde ni dans l'un, ni dans l'autre.
Mais tous les systèmes qui méconnaissent cette vérité sont amenés
à chercher l'origine de toutes choses dans l'un de ces deux principes, excepté peut-être le spinozisme. Les uns posent un Intellect, un νοῦς, comme premier principe et comme démiurge, et ils
imaginent ensuite, au sein de l'Intellect, une représentation des
choses et du monde, avant même qu'ils existent ; ils séparent donc
le monde réel du monde comme représentation, ce qui est faux.
Et alors la matière, — c'est-à-dire le principe par où les deux
mondes se distinguent — apparaît comme une chose en soi. De là
résulte la nécessité de créer cette matière, ὕλη, pour l'ajouter à la
simple représentation du monde, et lui communiquer quelque
chose de sa réalité. Et ainsi il faut supposer, ou bien que cet Intellect primordial la trouve toute faite, en face de lui, ce qui en fait
un absolu comme l'Intellect, et ce qui nous donne deux principes
absolus, la matière et le démiurge ; ou bien, que l'Intellect crée la
matière *ex nihilo*, hypothèse qui est en contradiction avec notre
entendement, lequel peut bien comprendre des changements au
sein de la matière, mais non sa naissance ou sa destruction absolue. Et au fond cela vient justement de ce que la matière est le
corrélat essentiel de l'Intellect. — Les systèmes opposés à ceux-là,
ceux qui font de l'autre terme de la relation, la matière, leur premier principe absolu, posent une matière qui existerait, même sans
être représentée, ce qui est une contradiction formelle comme
nous l'avons suffisamment montré plus haut : parce que sous le concept d'existence de la matière, nous ne mettons jamais que celui de
son mode de représentation. Mais alors se pose la nécessité, pour
ces systèmes, d'ajouter l'Intellect à cette matière, qui est leur
unique absolu, afin de rendre possible l'expérience. J'ai esquissé
dans le chapitre 7 du premier volume ce résumé du matérialisme.
Chez moi, au contraire, la matière et l'Intellect sont des corrélatifs
indissolubles ; ils n'existent que l'un pour l'autre ; ils sont donc
relatifs. La matière est la représentation de l'Intellect ; l'Intellect
est la seule chose, dans la représentation de qui la matière existe.
Tous les deux réunis forment le monde comme représentation,
c'est-à-dire le phénomène de Kant, donc quelque chose de secondaire. La chose première est ce qui *apparaît*, la *chose en soi*, en qui
nous apprendrons à reconnaître la Volonté. Celle-ci n'est en soi ni
représentant, ni *représentée ;* elle se distingue absolument de son
mode de représentation.

Comme conclusion naturelle de ces considérations aussi importantes que délicates, je veux personnifier ces deux abstractions (la
matière et le sujet), et les faire dialoguer entre elles, à l'exemple de
Prabodha Tschandro Daya : on peut rapprocher de ceci un dialogue
semblable entre la matière et la forme dans les *Duodecim principia philosophiæ* de Raymond Lulle (chap. I , 2).

LE SUJET

Je suis, et en dehors de moi, rien n'est. Car le monde est ma
représentation.

LA MATIÈRE

Illusion téméraire ! C'est moi, moi qui suis : en dehors de moi,
rien n'existe. Car le monde est ma forme passagère. Tu n'es que le
résultat d'une partie de cette forme, ton existence n'est qu'un pur
hasard.

LE SUJET

Quelle sotte outrecuidance ! Ni toi, ni ta forme n'existeriez sans
moi : vous êtes conditionnés par moi. Quiconque me néglige et
croit encore pouvoir penser, est le jouet d'une grossière illusion :
car votre existence, en dehors de ma représentation, est une contradiction formelle, c'est un « fer-en-bois » ; *vous êtes* veut dire
simplement que *vous êtes représentés* en moi. Ma représentation
est le lieu de votre existence, et ainsi j'en suis la première condition.

LA MATIÈRE

Par bonheur, l'insolence de tes prétentions va être rabattue non
par de simples mots, mais par la réalité même. Encore quelques
instants et tu n'existes plus, tu t'évanouis avec tes beaux discours,
tu disparais comme une ombre, tu as le même destin que mes
formes éphémères. Mais moi, je demeure intacte, jamais amoindrie,
de milliers de siècles en milliers de siècles, à travers le temps infini,
et j'assiste immuable au mouvement éternel de mes formes.

LE SUJET

Ce temps infini, à travers lequel tu te vantes d'exister, comme
l'espace infini, que tu remplis, n'existe que dans ma représentation,
n'en est que la forme, que je porte toujours prête, dans laquelle tu
te représentes, qui t'embrasse, et par laquelle tu existes. L'anéantissement dont tu me menaces ne m'atteint pas ; c'est toi qui dis-

paraîtrais. Il n'atteint que l'individu, qui est mon support pendant
quelque temps, et qui est représenté par moi, comme tout le reste.

LA MATIÈRE

Mais si je t'accorde cela, et si je considère comme quelque chose
d'existant par soi, ton existence liée d'une manière indissoluble à
celle de l'individu éphémère, cette existence n'en est pas moins sous
la dépendance de la mienne. Car tu n'es sujet qu'autant que tu as
un objet : et c'est moi, qui suis cet objet. J'en suis le noyau et le
contenu ; je suis la substance immuable qu'il renferme et sans
laquelle il serait dépourvu de cohésion, et flotterait vide de réalité
à la façon des rêves et des imaginations de l'individu, qui elles-
mêmes empruntent de moi leur semblant d'existence.

LE SUJET

Tu as raison de ne pas me contester mon existence parce qu'elle
est attachée aux individus. Car tu es aussi indissolublement attachée à la forme que je puis l'être à ceux-ci, et tu n'as jamais paru
sans elle ; comme moi, aucun œil ne t'a vue nue et isolée : car
tous deux nous ne sommes que des abstractions. Un être, au fond,
c'est ce qui se représente soi-même, et ce qui est représenté par
soi, mais dont l'existence en soi n'est ni dans l'acte de la représentation ni dans la qualité d'objet représenté, puisque l'un et l'autre
sont répartis entre nous.

TOUS DEUX

Nous sommes donc indissolublement unis, comme les parties
nécessaires d'un tout, qui nous embrasse, et qui n'existe que par
nous. Seul un malentendu peut nous opposer l'un à l'autre, et
conduire à l'idée que l'existence de l'un est en lutte contre l'existence de l'autre, alors qu'en réalité ces deux existences s'accordent
et ne font qu'un.

Ce *tout* embrassant ces deux termes est le monde comme représentation, ou le phénomène. Ces deux termes supprimés, il ne
reste plus que l'être métaphysique pur, la chose en soi, que nous
reconnaîtrons dans le second livre être la Volonté.

CHAPITRE II

SUPPLÉMENT A LA THÉORIE DE LA CONNAISSANCE INTUITIVE OU D'ENTENDEMENT

En dehors de toute réalité transcendentale, le monde objectif a une réalité empirique : sans doute l'objet n'est pas la chose en soi, mais c'est le réel, en tant qu'objet empirique. L'espace n'existe que dans ma tête; mais empiriquement ma tête est dans l'espace. Sans doute encore la loi de causalité ne peut servir d'appui à l'Idéalisme, en formant une sorte de pont entre les choses en soi et la connaissance que nous avons d'elles, et par suite en confirmant la réalité absolue du monde, à la représentation duquel elle est employée; mais cela ne supprime en rien le rapport causal des objets entre eux, ni celui qui existe évidemment entre le corps du sujet connaissant et les divers objets matériels. Toutefois la loi de causalité n'est qu'un lien entre les phénomènes; elle ne les dépasse pas. Avec elle, nous sommes et nous restons dans le monde des objets, c'est-à-dire des phénomènes, ou proprement de la représentation. Mais la totalité de ce monde d'expérience, connu par un sujet qui en est la condition nécessaire, et ainsi conditionné par les formes spéciales de notre intuition et de notre appréhension, doit être rangée nécessairement parmi les simples phénomènes, et ne peut élever la prétention de représenter le monde des choses en soi. Le sujet lui-même (en tant que simple sujet connaissant) appartient au pur phénomène, dont il constitue la seconde moitié en le complétant.

Sans l'emploi de la loi de causalité, il ne pouvait y avoir d'intuition du monde objectif. Car cette intuition, comme je l'ai démontré, est essentiellement intellectuelle et non simplement sensible. Les sens ne donnent que la sensation, qui n'est pas encore l'intuition. Locke distinguait la part de la sensation, dans l'intuition, sous le nom de « qualités secondes », qu'il séparait avec raison de la chose en soi. Mais Kant, développant la méthode de Locke, distingua et sépara de la chose en soi tout ce qui appartient au cerveau dans l'élaboration de la sensation, et il se trouva alors qu'il fallait ycomprendre tout ce que Locke avait attribué aux choses en soi comme « qualités primaires », l'étendue, la forme, la solidité, etc., si bien que pour Kant, la chose en soi se réduit à une inconnue, à un X. Chez Locke la chose en soi n'a ni couleur, ni son, ni odeur,

ni saveur; elle n'est ni chaude, ni froide, ni tendre, ni dure, ni
rude, ni polie; cependant elle reste étendue, figurée, impénétrable,
immobile ou en mouvement, capable d'être mesurée ou comptée.
Au contraire, chez Kant elle a perdu toutes ces dernières propriétés,
parce qu'elles ne sont possibles que grâce au temps, à l'espace et
à la cause, et que ces derniers principes procèdent de notre intellect, comme les couleurs, les sons, les odeurs, les saveurs, etc., des
nerfs de notre organisme. La chose en soi est devenue, chez Kant,
inétendue et incorporelle. Ainsi, ce que la sensation pure et simple
livre à l'intuition, qui enferme le monde objectif, se rapporte à ce
que livrent les fonctions du cerveau (espace, temps, cause) comme
la masse du système nerveux à la masse du cerveau, après qu'on
a séparé en elle la partie qui est affectée proprement à la pensée,
c'est-à-dire à la représentation abstraite, et qui par conséquent
manque aux animaux. Car si le système nerveux apporte à l'objet
de l'intuition la couleur, la sonorité, la saveur, l'odeur, la température, etc., le cerveau apporte au même objet l'étendue, la forme,
l'impénétrabilité, le mouvement, etc., bref tout ce qui est représen-
table au moyen du temps, de l'espace et de la causalité. Que la part
des sens, dans l'intuition, comparée à celle de l'intellect, soit très
mince, c'est ce que prouve la comparaison du système de nerfs
destiné à recevoir les impressions du dehors avec ceux qui les
élaborent; d'ailleurs la masse des nerfs sensoriels de tout le système
nerveux est relativement faible par rapport à celle du cerveau,
même chez les animaux, dont la fonction cérébrale n'est pas à
proprement parler de penser, mais de produire l'intuition, et chez
lesquels cependant la masse cérébrale est considérable, comme
chez les mammifères, où la fonction intuitive est le plus parfaite;
et cela, même en déduisant le cervelet, dont la fonction est de
régler les mouvements du corps.

Sur l'insuffisance des données sensibles dans la production de
l'intuition objective des choses, de même que sur l'origine non-
empirique des intuitions d'espace et de temps, nous trouvons un
témoignage très décisif, qui confirme, par voie négative, les vérités
kantiennes, dans l'excellent livre de Thomas Reid, intitulé : *Inquiry
into the human mind, first edition 1810*. Il réfute la théorie de
Locke, qui prétend que l'intuition est un produit des sens, en montrant d'une façon très saisissante et très nette, que les sensations,
dans leur ensemble, n'ont pas la moindre analogie avec le monde
connu par l'intuition, et qu'en particulier les cinq qualités primaires
de Locke (étendue, forme, solidité, mouvement, nombre) ne peuvent absolument pas nous être données par la sensation. Il considère dès lors le problème de l'origine et du mode de production de
l'intuition comme radicalement insoluble. Quoiqu'il ait absolument

ignoré Kant, Reid nous a donné ainsi une preuve décisive suivant la *regula falsi* (j'en ai fait l'exposé précédemment à la suite de la doctrine kantienne) du caractère intellectuel de l'intuition et de l'origine à priori, découverte par Kant, de ses conditions essentielles, c'est-à-dire du temps, de l'espace et de la cause, conditions d'où procèdent immédiatement les qualités primaires de Locke, qu'il est facile d'ailleurs de construire avec elles. Le livre de Thomas Reid est très instructif, et mérite cent fois plus d'être lu que tous les ouvrages parus depuis Kant, pris en bloc. — Une autre preuve indirecte de la doctrine de Kant, quoiqu'elle nous vienne par voie d'erreur, peut se tirer des philosophes sensualistes français, qui, après que Condillac se fût engagé sur les traces de Locke, se sont tourmentés à démontrer que toute notre représentation et toute notre pensée reviennent en dernière analyse aux impressions des sens (penser, c'est sentir). D'après Locke, ils nomment « idées simples » ces impressions sensibles, et affirment que c'est par la combinaison et la comparaison de ces impressions, que le monde objectif se bâtit dans notre tête. Sans doute ces messieurs « ont des idées simples ». Il est amusant de voir comment ces philosophes, qui n'ont ni la profondeur de Kant, ni la rigueur logique de Locke, tirent dans tous les sens cette misérable étoffe de la sensation, et s'efforcent d'en faire quelque chose d'assez considérable, pour en extraire le phénomène si important du monde de la représentation et du monde de la pensée. Mais l'homme qu'ils ont construit devrait être, pour parler le langage de l'anatomie, un *Anencephalus*, une tête de crapaud, un être doué uniquement d'appareils sensitifs, mais sans cerveau. Pour ne citer, à titre d'exemple, parmi d'innombrables travaux, que deux ouvrages de cette école, nommons Condorcet, au début de son livre : *Des progrès de l'esprit humain*, et Tourtual *Sur la Vision,* dans le second volume des *Scriptores opthalmogici minores;* éd. Justus Radius (1828).

Le sentiment de l'insuffisance d'une explication purement sensualiste de l'intuition, apparaît de même dans cette hypothèse émise peu de temps avant l'apparition de la philosophie kantienne, que nous n'avons pas des choses de simples représentations, excitées par la sensation, mais que nous saisissons directement les choses elles-mêmes, quoique situées en dehors de nous. Ce qui est incompréhensible, en vérité. Et ce n'est point là une opinion idéaliste, c'est une hypothèse formulée du point de vue habituel du réalisme. Le célèbre Euler a très bien et très nettement exprimé cette hypothèse dans ses *Lettres à une princesse allemande*, t. 2, p. 68. Je crois donc que les impressions (des sens) contiennent quelque chose de plus que les philosophes ne l'imaginent. Ce ne sont pas de vaines perceptions correspondant à je ne sais quelles

impressions du cerveau ; elles ne donnent pas simplement à l'âme
des idées des choses ; mais elles placent réellement devant elle les
objets, qui existent au dehors, quoiqu'on ne puisse pas comprendre
comment cela se fait. Cette assertion est confirmée par ce qui suit.
Quoique nous employions, ainsi que je l'ai suffisamment démontré,
cette loi de causalité dont nous avons conscience *a priori*, comme
un moyen dans l'intuition, cependant nous n'avons pas une conscience claire, dans la vision, de l'acte de l'entendement moyennant
lequel nous passons de l'effet à la cause ; c'est pourquoi l'impression sensible ne se distingue pas de la représentation que l'entendement extrait de l'impression prise par lui pour matière
brute. On peut encore moins saisir dans la conscience une différence qui d'une manière générale n'existe pas, entre la représentation et son objet ; mais nous percevons immédiatement les choses
elles-mêmes, comme situées en dehors de nous ; quoiqu'il soit certain que la sensation seule peut être immédiate, et qu'elle est limitée à
notre épiderme. Cela s'explique par ce fait que l'*extérieur* est exclusivement une détermination de l'espace, et que l'espace lui-même
est une forme de notre faculté d'intuition, c'est-à-dire une fonction
du cerveau. C'est pourquoi l'*extérieur*, où nous situons les objets,
à la suite des sensations visuelles, gît à l'extérieur de notre tête :
c'est là toute la scène où il se développe, à peu près comme au
théâtre nous voyons des montagnes, des bois, la mer, et cependant tout cela n'est qu'en décors. On comprend dès lors que nous
ayons une représentation des choses conditionnée par l'*extérieur*,
et cependant immédiate, bien loin de nous représenter intérieure-
ment des choses, qui en réalité existeraient extérieurement. Car,
dans l'espace, et par conséquent en dehors de nous, les choses
n'existent qu'autant que nous nous les représentons. Aussi ces
choses dont nous avons une intuition en quelque sorte immédiate,
non pas simplement une copie, ne sont elles-mêmes que des représentations, et comme telles n'existent que dans notre tête. Il ne
faut donc pas dire, avec Euler, que nous avons l'intuition des
choses elles-mêmes, situées en dehors de nous ; mais bien plutôt
que les choses dont nous avons l'intuition comme situées en dehors
de nous, ne sont que nos représentations, et partant nos perceptions immédiates. La remarque si juste d'Euler que nous avons
citée plus haut dans ses propres termes, confirme donc l'esthétique transcendentale de Kant, de même que notre propre théorie
de l'intuition qui s'appuie sur elle, et en général toute espèce
d'idéalisme. L'absence d'intermédiaire et l'inconscience que nous
avons indiquée tout à l'heure et où nous avons vu, pour l'intuition,
le passage de la sensation à sa cause, s'expliquent par un processus
analogue, qui se passe dans la représentation abstraite, ou dans la

pensée : quand nous lisons, ou quand nous écoutons, nous ne percevons que des mots, mais nous passons si rapidement aux idées qu'ils désignent, que c'est absolument comme si nous percevions directement les concepts ; car nous n'avons pas conscience du passage des mots aux idées. De là vient aussi bien souvent que nous ne savons pas dans quelle langue nous avons lu hier quelque chose dont nous nous souvenons aujourd'hui. Et cependant le passage a lieu chaque fois, et nous en avons bien le sentiment, quand par hasard il ne peut s'effectuer ; lorsque, par exemple, nous sommes distraits dans une lecture, et que tout à coup nous nous apercevons, que nous lisons des mots mais que nous ne pensons plus. C'est seulement quand nous passons de concepts abstraits à des signes figurés, que nous avons conscience de la transposition.

D'ailleurs, dans la perception empirique, cette inconscience, inhérente au passage de la perception à sa cause, n'existe que pour l'intuition, au sens le plus étroit de ce mot, c'est-à-dire dans l'acte de la vision ; au contraire, dans les autres perceptions, ce passage s'effectue avec plus ou moins de conscience, et partant, dans l'appréhension des quatre autres sens plus grossiers, nous en constatons directement et sur le fait la réalité. Dans les ténèbres, nous tâtons un objet en tous sens, jusqu'à ce que nous puissions, à l'aide des impressions diverses qu'il exerce sur nos mains, en construire la cause dans l'espace, sous une forme déterminée. Bien plus, lorsque nous sentons quelque chose de glissant, nous nous demandons pendant quelques instants, si nous n'avons pas, dans la main, quelque corps gras ou huileux. Entendons-nous un son, nous ne savons d'abord, si c'est une simple sensation interne, ou si c'est réellement une affection de l'ouïe venue du dehors, puis, si le son est lointain et faible, s'il est rapproché et fort, quelle en est la direction, enfin si c'est la voix d'un homme ou d'un animal, ou le son d'un instrument. L'effet étant donné, nous cherchons la cause. Dans les sensations de l'odorat et du goût, l'incertitude est constante sur le genre de la cause, à laquelle appartient l'effet éprouvé ; tant le passage de l'un à l'autre est conscient. Sans doute dans l'acte de la vision, le passage de l'effet à la cause est inconscient, en sorte que c'est comme si cette espèce de perception était absolument immédiate, et se produisait d'elle-même dans l'impression sensible, sans coopération de l'entendement, mais la cause en est d'une part dans la perfection de l'organe, d'autre part dans le mode d'action exclusivement rectiligne de la lumière. Grâce à elle, la sensation nous fait remonter d'elle-même au lieu de sa cause, et comme l'œil est capable de percevoir avec la plus grande délicatesse, et cela en un instant, toutes les nuances de lumière et d'ombre, la couleur et le contour, de même que les données d'après lesquelles l'entende-

ment évalue la distance de l'objet, alors, dans ce cas de la vision,
l'opération intellectuelle se produit avec une rapidité et une sûreté,
qui comporte aussi peu de conscience que celle avec laquelle nous
épelons en lisant; ainsi le phénomène se dresse à nos yeux, comme
si la sensation nous donnait immédiatement les objets. Cependant
la coopération de l'entendement dans la vision, c'est-à-dire cet
acte qui consiste à passer de l'effet à la cause, est aussi évidente
que possible. Grâce à elle, une double perception, affectant les
deux yeux, nous paraît simple; grâce à elle encore, l'impression qui
s'effectue renversée dans le sens de bas en haut sur la rétine, par
suite du croisement des rayons dans la pupille, est redressée, parce
qu'elle remonte à sa cause, en refaisant le même chemin, dans la
direction opposée; ou, comme on dit, nous voyons les objets droits,
bien que l'image en soit renversée dans notre œil. Enfin, c'est par
la même coopération de l'entendement que nous apprécions, dans
une intuition immédiate, la grandeur et la distance des objets, sur
le témoignage de cinq données spéciales, que Thomas Reid a fort
bien et fort clairement décrites. J'ai moi-même, en 1816, exposé
tout cela, avec les preuves qui établissent d'une manière irréfutable le caractère intellectuel de l'intuition, dans mon travail *Sur
la vision et les couleurs* (2ᵉ édition, 1854) ; quinze ans plus tard, ce
travail a été corrigé et considérablement augmenté, dans la version
latine que j'en ai donnée sous le titre de *Theoria colorum physiolo-
gica eademque primaria ;* elle a paru dans le IIIᵉ volume des *Scriptores ophtalmogici minores* édités par Justus Radius. Mais le
travail le plus complet et définitif se trouve dans la 2ᵉ édition de
mon ouvrage *Sur le principe de raison.* J'y renvoie le lecteur, sur
le sujet important qui nous occupe, afin de ne pas grossir davantage ces éclaircissements.

Cependant nous pouvons intercaler ici une remarque esthétique :
grâce à ce caractère intellectuel de l'intuition, que nous avons bien
établi, la vue d'un bel objet, d'un beau paysage, par exemple, est
aussi un phénomène du cerveau. La pureté et la perfection du
tableau ne dépendent pas simplement de l'objet, mais aussi de la
nature même du cerveau, de sa forme et de sa grandeur, de la
finesse de ses tissus, de l'intensité de son activité, qui est déterminée par l'énergie de la circulation dans ses artères. C'est pourquoi
l'image perçue est très différente, suivant les têtes où elle tombe,
quoique toutes aient des yeux également perçants, aussi différente
que peuvent l'être entre elles la première et la dernière épreuve
d'une gravure. De là vient l'aptitude très inégale des hommes à jouir
des beautés de la nature, et, par suite, à les reproduire, c'est-à-dire
à faire renaître le même phénomène cérébral, à l'aide d'une cause
toute différente, comme des taches colorées sur une toile.

D'ailleurs ce caractère d'immédiation apparente qu'a l'intuition et qui vient tout entier du travail de l'esprit ; ce caractère en vertu duquel les choses, comme dit Euler, sont perçues par nous en elles-mêmes, et comme si elles existaient en dehors de nous, a quelque analogie avec la façon dont nous percevons les parties de notre propre corps, surtout lorsqu'elles souffrent, et c'est presque toujours le cas quand nous les percevons. De même que nous croyons percevoir immédiatement les choses là où elles sont, tandis que nous ne les percevons en réalité que dans notre cerveau, nous nous imaginons éprouver la douleur d'un membre dans le membre lui-même, tandis que nous l'éprouvons aussi dans le cerveau, où la dirige le nerf de la partie attaquée. C'est pourquoi nous ne ressentons que les affections des parties dont les nerfs aboutissent au cerveau, et non celles des parties dont les nerfs appartiennent au système ganglionnaire, à moins que ce ne soit une douleur extraordinairement forte, qui arrive par contre-coup jusqu'au cerveau, et encore on n'éprouve la plupart du temps qu'un malaise vague, qui ne permet pas de localiser le mal. De là vient encore que les blessures d'un membre dont les nerfs sont coupés ou serrés, ne sont pas perçues ; de là enfin ce fait qu'un homme, qui a perdu un membre, éprouve néanmoins de temps en temps des douleurs qu'il localise dans ce membre, parce que les nerfs aboutissant au cerveau existent encore. — Ainsi, dans les deux phénomènes que nous avons rapprochés, ce qui se passe dans le cerveau est appréhendé comme se passant au dehors : dans l'intuition, grâce à l'entendement, qui envoie ses fils sensitifs jusque dans le monde extérieur ; dans la sensation des membres, par l'entremise des nerfs.

CHAPITRE III

Je n'ai pas l'intention de répéter ce que d'autres ont déjà dit: je n'apporte ici que des considérations isolées et d'un genre tout parculier sur les sens.

Les sens ne sont que des prolongements du cerveau; c'est par eux qu'il reçoit du dehors, sous forme de sensation, la matière dont il va se servir pour élaborer la représentation intuitive. Ces sensations, qui devaient servir principalement à la composition objective du monde extérieur, ne pouvaient être par elles-mêmes ni agréables, ni désagréables, c'est-à-dire qu'elles ne pouvaient émouvoir la volonté. Autrement la sensation même solliciterait notre attention, et nous en resterions à l'effet, au lieu de remonter à la cause, ce qui est ici le but; et cela grâce à la préférence que nous accordons à la volonté, aux dépens de la représentation pure et simple; nous ne nous référons à celle-ci, que lorsque celle-là se tait. Par conséquent, les couleurs et les sons ne nous procurent en eux-mêmes, s'ils ne dépassent pas la mesure normale, ni plaisir, ni douleur; mais ils se produisent avec ce caractère d'indifférence qui en fait la matière propre de l'intuition proprement objective. Et c'est là effectivement ce qui se passe, autant du moins qu'il était possible dans un corps qui est entièrement Volonté, et à ce titre le fait est merveilleux. Physiologiquement, il provient de ce que, dans les organes les plus nobles, comme ceux de la vue ou de l'ouïe, les nerfs, qui ont à percevoir l'impression spécifique extérieure, ne sont pas capables de la moindre sensation douloureuse, et ne connaissent pas d'autre sensation que celle qui leur est spécifiquement propre, que celle en un mot qui sert à la perception pure et simple. Conséquemment la rétine, aussi bien que le nerf optique, est insensible à toute blessure, et il en est de même pour le nerf acoustique: dans ces deux organes, la douleur n'est épouvée que dans les parties qui entourent le nerf sensoriel propre, et jamais dans le nerf lui-même. Pour l'œil, c'est surtout la conjonctive, et pour l'oreille, le conduit auditif. Il en est de même pour le cerveau, qu'on peut tailler directement par le haut, sans qu'il en éprouve la moindre sensation. C'est seulement grâce à cette indifférence par rapport à la volonté, que les sensations visuelles vont livrer à l'entendement les données si variées, aux nuances si délicates, qui lui servent à construire, — au moyen de la loi de causalité, et sur le fondement des intuitions pures d'espace et de temps, — toutes les merveilles du monde objectif. Et même cette impuissance des sensations de couleur à agir sur la volonté, nous permet d'arriver à l'état d'intuition objective pure, affranchie de la volonté, quand leur énergie est renforcée par la transparence, comme au coucher du soleil, ou par des vitraux coloriés ; et nous avons montré au troisième livre que cette intuition est l'essentiel de l'émotion esthétique. C'est encore cette indifférence par rapport à la volonté qui rend les sons aptes à traduire l'infinie variété des concepts de la raison.

Tandis que le sens extérieur, c'est-à-dire la réceptivité des impressions extérieures comme données pures de l'entendement, se divisait en cinq autres sens, ceux-ci s'accommodaient aux quatre éléments, c'est-à-dire aux quatre états d'aggrégation, sans omettre celui d'impondérabilité. Le sens du solide (terre) est le toucher ; celui du fluide (eau) c'est le goût ; celui des matières gazeuses, c'est-à-dire du volatil (exhalaisons, parfums), c'est l'odorat ; celui de l'élastique permanent (air), c'est l'ouïe ; celui de l'impondérable (feu, lumière), c'est la vue. Le second élément impondérable, la chaleur, n'est pas à proprement parler un objet des sens, mais de la sensibilité générale ; il agit toujours directement sur la volonté, comme agréable ou désagréable. De cette classification ressort la dignité relative des sens. La vue a le premier rang, en tant que sa sphère est la plus étendue, et que sa sensibilité est la plus délicate ; la cause en est qu'elle est excitée par quelque chose d'impondérable, par quelque chose qui est à peine corporel, un quasi-esprit. L'ouïe a le second rang ; elle correspond à l'air. Quant au tact, il a des connaissances profondes et variées ; tandis que les autres sens ne nous donnent qu'une propriété spéciale de l'objet, comme le son qu'il rend ou le rapport qu'il a avec la lumière, le toucher qui s'est développé avec la sensibilité générale et la force musculaire, livre à la fois à l'entendement des données sur la forme, la grandeur, la rudesse, le poli, la texture, la solidité, la température, et la pesanteur des corps, et tout cela, en réduisant autant que possible la part de l'apparence et de l'erreur, auxquelles les autres sens sont bien plus exposés. Les deux sens inférieurs, l'odorat et le goût, ne sont déjà plus affranchis de la volonté : ils l'excitent immédiatement, c'est-à-dire qu'ils sont toujours agréablement ou désagréablement affectés, et sont plus subjectifs qu'objectifs.

Les perceptions auditives sont exclusivement dans le temps. C'est pourquoi toute la musique consiste essentiellemeut dans la mesure des temps, sur laquelle repose la qualité ou la hauteur des sons, par l'intermédiaire des vibrations, comme aussi leur quantité ou leur durée, par l'intermédiaire de la mesure. Les perceptions visuelles en revanche sont surtout et principalement dans l'espace ; ce n'est que d'une façon toute secondaire, par l'intermédire de la durée, qu'elles sont aussi dans le temps.

La vue est le sens de l'entendement, qui est intuitif, et l'ouïe est le sens de la raison, qui pense et qui conçoit. Les mots ne sont représentés qu'imparfaitement par des signes visuels. Aussi je doute qu'un sourd-muet, qui peut lire, mais qui n'a aucune représentation du son des mots, puisse exécuter toutes les opérarations de la pensée, avec de simples signes visuels, aussi promptement que nous autres avec des mots réels, c'est-à-dire que nous pouvons entendre. Quand il ne peut pas lire, c'est un fait d'expérience qu'il ressemble presque à une brute sans raison, au lieu que l'aveugle-né est, dès le début, un être tout à fait raisonnable.

La vue est un sens actif, tandis que l'ouïe est passive. C'est pourquoi les sons agissent avec violence et pour ainsi dire d'une façon hostile sur notre esprit, et cela d'autant plus, que l'esprit est plus actif et plus développé ; ils bouleversent nos pensées, et troublent momentanément la réflexion. Au contraire, il n'existe pas pour l'œil de trouble analogue, il n'y a pas une action immédiate de la chose vue, en tant que telle, sur les opérations de l'esprit (naturellement il n'est pas question ici de l'influence des objets vus sur la volonté) ; mais la complexité infinie des choses qui sont sous nos yeux, n'arrête en rien le jeu de la pensée, elle la laisse parfaitement tranquille. Il résulte de tout ceci que l'œil est perpétuellement en paix avec l'esprit qui réfléchit, tandis que c'est le contraire pour l'oreille. Cette opposition des deux sens se vérifie encore par ce fait que les sourds-muets, guéris par le galvanisme, s'effrayent et pâlissent au premier son qu'ils entendent (Gilbert, *Annales de Physique*, vol. X, p. 382), tandis que les aveugles opérés reçoivent avec joie le premier rayon de lumière, et ne se laissent poser qu'à regret un bandeau sur les yeux. Tout ce que nous venons de dire pour l'ouïe s'explique par l'ébranlement du nerf acoustique, qui se propage sans interruption jusqu'au cerveau, au lieu que le fait de voir est réellement une action de la rétine, excitée et provoquée par la lumière et ses modifications ; c'est ce que j'ai montré tout au long dans ma théorie physiologique des couleurs. J'y contredis absolument cette impudente théorie, si répandue aujourd'hui, d'une espèce d'être coloré qui viendrait frapper la rétine, théorie qui réduit la sensation lumineuse de l'œil à un ébranlement mécanique, comme il arrive pour l'ouïe, tandis qu'il n'y a rien de plus différent que cette action douce et silencieuse de la lumière, et le tambour d'alarme de l'oreille. Ajoutons encore cette particularité, c'est que, bien que nous ayons deux oreilles dont la sensibilité est souvent très différente, cependant elles ne perçoivent jamais un son en double, comme il nous arrive si souvent de voir double avec nos yeux.Nous sommes ainsi amenés à supposer que les sensations auditives n'ont pas lieu dans le labyrinthe ou le limaçon, mais dans les profondeurs du cerveau, au point où les deux nerfs acoustiques se rencontrent ; ce qui fait que l'impression est simple . Or cette rencontre a lieu au point où le pont de Varole embrasse la moelle allongée, c'est-à-dire à un endroit éminemment dangereux, dont la lésion détermine la mort de tout animal. Là, le nerf acoustique n'est qu'à une courte distance du labyrinthe, qui est le siège de l'ébranlement sonore. Et même ce fait que la sensation auditive prend naissance en un endroit si dangereux, d'où partent les mouvements de tous nos membres, explique le tressaillement qui nous saisit, quand nous entendons une détonation soudaine ; ce qui n'a pas lieu quand nous sommes frappés tout à coup par un éclat de lumière, comme l'éclair par exemple. Le nerf visuel sort bien plus en avant de ses *thalami* (quoique peut-être il prenne naissance derrière ceux-ci) ; dans tout son parcours il est couvert par les lobes antérieurs du cerveau, tout en étant toujours séparé d'eux, jusqu'au moment où il sort entièrement du cerveau, et s'épanouit dans la rétine. C'est là seulement que la sensation se produit au choc de la lumière, et qu'elle a son siège réel, comme je l'ai prouvé dans mon traité sur la vue et les couleurs. Le point où le nerf auditif prend naissance explique donc le grand trouble que les sons apportent dans la pensée ; c'est à cause de ce trouble, que les gens qui réfléchissent et en général les gens intelligents sans exception, ne peuvent supporter le bruit. Cela rompt en effet le cours normal de leurs pensées ; la réflexion s'arrête au milieu de ce tumulte, parce que l'ébranlement du nerf auditif se propage très avant dans le cerveau, dont la masse tout entière est troublée par la commotion du nerf auditif et les vibrations qu'il produit, et aussi parce que le cerveau de ces gens-là est beaucoup plus excitable que les cerveaux ordinaires. Cette grande mobilité et cette force directrice qu'ont certains cerveaux, nous expliquent comment, chez eux, la moindre pensée éveille aussitôt ses analogues, ou celles qui lui sont associées. C'est pour cela que les ressemblances, les analogies et les rapports des choses les frappent si facilement et si vite. De là vient qu'une même occasion peut se présenter mille et mille fois à des cerveaux ordinaires, elle ne force que certains cerveaux à réfléchir, et les amène à des découvertes, que d'autres s'étonnent ensuite de n'avoir pas faites, parce que, s'ils peuvent sans doute réfléchir après d'autres, ils sont incapables de penser spontanément . Ainsi le soleil luit pour toutes les colonnes ; mais seule la colonne de Memnon en est ébranlée . De même Kant,

Goëthe, Jean-Paul étaient extrêmement sensibles au bruit, comme en témoignent leurs biographes. Goëthe acheta, dans les dernières années de sa vie, une maison tombant en ruine et située à côté de la sienne, uniquement pour ne plus entendre le bruit des réparations. C'est en vain que dans sa jeunesse il suivait le tambour pour s'endurcir au fracas : ce n'est pas là affaire d'habitude.

En revanche, c'est une chose étonnante que l'indifférence vraiment stoïque avec laquelle les cerveaux ordinaires supportent le bruit ; qu'ils pensent, qu'ils lisent ou qu'ils écrivent, rien ne peut les troubler, tandis que les cerveaux d'élite en deviennent incapables de tout travail. Mais ce qui les rend si insensibles aux bruits de toutes sortes, les rend également insensibles à la beauté dans les arts plastiques, à la profondeur de la pensée ou à la finesse de l'expression dans les arts du discours, bref à tout ce qui ne les intéresse pas personnellement. Au sujet de l'action paralysante qu'exerce au contraire le bruit sur les esprits d'élite, citons la remarque suivante de Lichtemberg, qui trouve ici sa place. « C'est toujours un bon signe, quand un artiste est empéché par des riens d'exercer son art comme il faut. F... plongeait ses doigts dans de la poudre de lycopode, lorsqu'il voulait jouer du piano... Des esprits moyens ne sont pas empéchés par de telles vétilles. Ce sont des cribles à larges trous. » (*Mélanges*, 1, p. 398.)

Pour moi, je nourris depuis longtemps l'idée que la quantité de bruit qu'un homme peut supporter sans en être incommodé, est en raison inverse de son intelligence, et par conséquent peut en donner la mesure approchée. Aussi lorsque j'entends, dans la cour d'une maison, les chiens aboyer pendant une heure, sans qu'on les fasse taire, je sais déjà à quoi m'en tenir sur l'intelligence du propriétaire. Celui qui fait claquer habituellement les portes, au lieu de les fermer avec la main, ou qui le tolère dans sa maison, est non seulement un homme mal élevé, mais encore une nature grossière et bornée. « Sensible » en anglais signifie également « intelligent », et ce sens-là procède d'une remarque très fine et très juste. Nous ne serons complètement civilisés que le jour où les oreilles seront libres, elles aussi, et où l'on n'aura plus le droit, à mille pas à la ronde, de venir troubler la conscience d'un être qui pense, par des sifflements, des cris, des hurlements, des coups de marteaux ou de fouets, des aboiements etc. Les Sybarites bannissaient hors de leur ville tous les métiers bruyants ; et la respectable secte des Shakers, dans le nord de l'Amérique, ne souffre aucun bruit inutile dans les villages ; on raconte la même chose des frères moraves. — Mais on en trouvera plus long sur cette question dans le xxxᵉ chapitre du IIᵉ volume des *Parerga*.

La nature passive de l'ouïe, que nous venons d'exposer, explique aussi l'action si puissante, si immédiate, si irrésistible de la musique sur l'esprit, et en outre l'action qui la suit, et qui consiste dans une certaine exaltation. Les vibrations sonores qui se succèdent, combinées suivant des rapports numériques rationnels, impriment aux fibres du cerveau de semblables vibrations. Au contraire, il est facile de déduire de la nature active de la vue, — tout l'opposé de celle de l'ouïe — pourquoi il ne peut y avoir pour l'œil aucun analogue de la musique, et pourquoi le clavier des couleurs a été une idée malheureuse et ridicule. De même le sens de la vue, à cause de sa nature active, est fortement accusé chez les animaux chasseurs, chez les bêtes de proie, tandis qu'au contraire le sens passif de l'ouïe est très développé chez les animaux poursuivis, les bêtes peureuses et promptes à la fuite, de façon qu'elles sont averties à temps de l'approche de l'ennemi, soit qu'il arrive en courant ou qu'il rampe sans bruit.

Si nous avons reconnu dans la vue le sens de l'entendement, et dans l'ouïe, celui de la raison, on pourrait nommer l'odorat le sens de la mémoire, parce qu'il nous rappelle plus immédiatement qu'aucun autre l'impression spécifique d'une circonstance ou d'un milieu, si éloignée qu'elle soit.

CHAPITRE IV

De ce fait que nous pouvons tirer de nous-mêmes et déterminer les lois des rapports dans l'espace, sans recourir à l'expérience, Platon concluait que toute science n'est qu'un souvenir ; Kant, au contraire, que l'espace est une condition subjective et une simple forme de notre faculté de connaître. Le point de vue de Kant est bien plus élevé que celui de Platon.

Cogito, ergo sum est un jugement analytique : Parménide le considérait comme une proposition identique : τὸ γὰρ αὐτὸ νοεῖν ἐστί τε καὶ εἶναι; «nam intelligere et esse idem est ».(Clément d'Alexandrie, *Stromates*, VI, 2, § 23). Mais comme tel, ou comme purement analytique, il ne peut nous apprendre quelque chose de bien particulier, pas même si, l'étudiant de plus près, on voulait le tirer, comme conclusion, de la prémisse *non-entis nulla sunt prœdicata*. Mais Descartes a proprement voulu exprimer par là cette grande vérité, que la certitude immédiate n'appartient qu'à la conscience, c'est-à-dire au subjectif; quant à l'objectif, c'est-à-dire tout le reste, il n'a qu'une certitude médiate, puisqu'il n'existe que par l'intermédiaire du premier; c'est une connaissance de seconde main, et l'on doit par conséquent la considérer comme problématique. C'est là-dessus que repose toute la valeur de la fameuse proposition. Nous pouvons lui opposer cette autre, dans le sens de la philosophie kantienne : *Cogito, ergo est*, — c'est-à-dire comme je pense dans les choses certains rapports (les mathématiques), je dois les retrouver toujours exactement dans toute expérience possible; c'était là un aperçu important, profond et tardif, qui se présentait sous le couvert du problème de la possibilité des jugements synthétiques à priori, et qui a préparé réellement une vue profonde des choses. Ce problème est le mot d'ordre de la philosophie de Kant, comme la première proposition est celui de la philosophie de Descartes, et il montre ἐξ οἵων εἰς οἷα (une brebis sur le troupeau).

Kant a bien raison de commencer par des considérations sur l'espace et le temps. Car pour un esprit spéculatif les premières questions qui s'imposent, c'est: Qu'est-ce que le temps ? Qu'est-ce que cet être qui ne consiste qu'en mouvement, sans rien qui le meuve lui-même ? — Qu'est-ce que l'espace, ce néant omni-présent en dehors duquel rien ne peut exister sans cesser d'être ?

Que l'espace et le temps dépendent du sujet, et ne soient que les manières dont s'accomplit dans le cerveau le processus de l'aperception objective, c'est ce que démontre déjà suffisamment l'impossibilité absolue pour la pensée de s'abstraire de l'espace ou du temps, tandis qu'il est très facile de négliger tout ce qu'on se représente d'eux. La main peut tout laisser échapper excepté elle-même. Cependant je vais éclaircir ici par des exemples et des considérations les dernières preuves données par Kant à l'appui de cette vérité, non pas pour répondre à de sottes objections, mais pour l'utilité de ceux qui plus tard auront à enseigner la doctrine de Kant.

« Un triangle rectangle dont les côtés sont égaux », ne renferme aucune contradiction logique : car isolément, les prédicats ne détruisent pas le sujet, et ne sont point inconciliables l'un avec l'autre. C'est seulement quand on veut construire ce triangle dans l'intuition pure, qu'on s'aperçoit de l'incompatibilité des éléments. On ne doit pas, pour cela, y voir de contradiction : sans quoi toute impossibilité physique, même révélée seulement après des siècles, en serait une aussi, par exemple un métal composé d'éléments, ou un mammifère ayant plus ou moins de sept vertèbres cervicales, ou des cornes et des incisives chez le même animal (1). Seule, l'impossibilité logique constitue une contradiction ; il n'en est pas de même de l'impossibilité physique et de la mathématique ; *équilatéral* et *rectangle* ne se contredisent pas (dans le carré ces deux éléments sont réunis), et aucun d'eux n'est en contradiction avec le triangle. C'est pourquoi l'incompatibilité des concepts cités plus haut ne peut jamais être reconnue par un acte pur et simple de la pensée, mais elle ressort uniquement de l'intuition, et cette intuition se passe de l'expérience et de tout objet réel : elle est purement mentale. C'est là-dessus encore que se fonde cette proposition de Giordano Bruno, proposition qu'on peut trouver aussi chez Aristote : « Un corps infiniment grand est nécessairement immuable ». Elle n'a pas besoin de s'appuyer sur l'expérience, ni sur le principe de contradiction, puisqu'il s'agit d'une chose qui ne peut être donnée dans aucune expérience, et que les concepts *infiniment grand* et *mobile* ne se contredisent nullement l'un l'autre. Seule l'intuition pure montre que le mouvement exige un espace en dehors du corps, et que la grandeur infinie n'en laisse aucun.

Veut-on réfuter maintenant le premier exemple tiré des mathématiques ? on ne peut dire qu'une chose : c'est que les notions de celui qui juge du triangle sont plus ou moins complètes ; si elles

_____

(1) Il semble qu'on ait tout à fait abandonné l'opinion que le paresseux tridactyle a neuf vertèbres cervicales. Cependant Owen le présente encore ainsi (*Ostéologie comparée*, p. 405).

l'étaient parfaitement, son jugement contiendrait l'impossibilité pour un triangle, d'être à la fois rectangle et équilatéral. — A cela je répondrai : J'admets que la notion du triangle ne soit pas complète chez lui ; mais sans recourir à l'expérience, il peut étendre cette notion, par une simple construction du triangle dans sa tête, et se convaincre pour l'éternité de l'impossibilité d'unir les deux concepts de « rectangle » et d' « équilatéral » ; mais cette façon de procéder est un jugement synthétique à priori, c'est-à-dire un de ceux qui nous servent à former et à compléter nos concepts, sans recourir à l'expérience, et qui valent pour toute expérience possible. — En général, un jugement est analytique ou synthétique, dans un cas donné, suivant que la notion du sujet est plus ou moins complète dans la tête de celui qui juge : la notion « chat » est beaucoup plus riche dans la tête de Cuvier que dans celle de son domestique. C'est pourquoi les mêmes jugements sur ce sujet sont chez l'un synthétiques, et chez l'autre, simplement analytiques. Veut-on maintenant prendre les concepts objectivement, et voir si le jugement donné est analytique ou synthétique ? on doit substituer à l'attribut son opposé contradictoire et l'adjoindre sans copule au sujet ; s'il en résulte une contradiction « in adjecto », le jugement était analytique ; autrement il était synthétique.

L'arithmétique repose sur l'intuition pure du temps ; mais ce fondement n'est pas aussi manifeste que celui de la géométrie, qui est l'intuition pure de l'espace. On peut cependant le prouver de la manière suivante. Compter n'est pas autre chose que répéter l'unité : c'est uniquement pour ne pas oublier combien de fois déjà nous l'avons répétée, que nous la désignons chaque fois par un autre mot ; ce sont les noms de nombre. Mais la répétition n'est possible que par la succession ; celle-ci, c'est-à-dire la marche de l'un après l'autre, repose immédiatement sur l'intuition du temps, et n'est un concept complet que grâce à lui ; il n'est donc possible de compter que dans le temps. Ce fait que la numération repose sur le temps se trahit par cet autre, que dans toutes les langues, la multiplication est désignée par le mot « fois », c'est-à-dire par un concept de temps : sexiès, ἑξάκις, six fois, six times. Mais maintenant la simple numération est déjà une multiplication par un ; aussi, dans l'Institut de Pestalozzi, les enfants devaient multiplier ainsi : « Deux fois deux font quatre fois un ». Aristote lui aussi avait déjà reconnu et exposé cette étroite alliance du nombre et du temps, dans le xive chapitre du IIe livre de la *Physique*. Le temps, suivant sa définition, est « le nombre du mouvement (ὁ χρόνος ἀριθμός ἐστι κινήσεως). Il se pose la question profonde de savoir si le temps existerait encore, en l'absence de l'âme, et il conclut à la négative.

Bien que le temps, comme l'espace, soit la forme de connaissance du sujet, il nous est donné cependant — de même que l'espace — comme indépendant du sujet et absolument objectif. Malgré notre volonté, ou sans elle, il court ou se ralentit. On demande l'heure, on s'occupe du temps, comme de choses entièrement objectives. Et qu'est-ce que cet objectif? Ce n'est pas la marche des astres, ou celle des pendules, qui ne servent qu'à mesurer la marche même du temps; c'est quelque chose qui diffère de toutes les choses, et qui cependant, comme elle, est indépendant de notre volonté et de notre savoir. Il n'existe que dans les têtes des êtres pensants ; mais la régularité de la marche, et son indépendance de la volonté, lui donnent des droits à l'objectivité.

Le temps est surtout la forme du sens intime. Anticipant ici sur le second livre, je remarque que l'objet un et identique du sens intime est la volonté propre du sujet connaissant. Le temps est par conséquent la forme, grâce à laquelle la volonté individuelle, qui est originellement inconsciente, peut se connaître elle-même. C'est en lui que son être, simple et identique en soi, apparaît comme développé dans le cours d'une existence. Mais à cause de la simplicité et de l'identité originelles de la volonté se représentant ainsi, son caractère reste toujours le même. C'est pourquoi la vie d'un individu dans son ensemble conserve toujours le même ton fondamental: les événements multiples et les scènes de la vie ne sont au fond que des variations sur un même thème.

Le caractère à priori du principe de causalité ou n'a pas été vu, ou n'a été bien compris des Anglais et des Français. Aussi quelques-uns d'entre eux ont-ils poursuivi les anciennes recherches, pour lui trouver une origine empirique. Maine de Biran voit cette origine dans ce fait d'expérience, que l'acte volontaire comme cause est suivi d'un mouvement matériel comme effet. Mais ce fait lui-même est faux. Nous ne reconnaissons nullement l'action immédiate particulière de la volonté comme différente de l'action du corps, et nous ne voyons pas de lien causal entre l'une et l'autre; toutes deux nous apparaissent comme une seule et même chose; il est impossible de les séparer. Il n y a entre elles aucune succession; elles sont simultanées. C'est une seule et même chose perçue de deux façons différentes; car ce qui inous est donné dans la perception intime (la conscience) comme un *acte réel de la volonté*, nous apparaît dans l'intuition externe, où le corps est objectivé, comme *un acte de ce même corps*. Que l'action des nerfs précède physiologiquement l'action des muscles, c'est ce dont nous n'avons pas à tenir compte ici ; car cela ne tombe pas sous la conscience, et il n'est pas ici question des rapports des muscles et des nerfs, mais de ceux du corps et de la volonté. Or ce rapport ne nous apparaît pas sous la forme d'un lien causal. Si ces deux faits se présentaient à nous comme cause et comme effet, leur lien ne nous paraîtrait pas aussi insaisissable qu'il l'est en réalité : car ce que nous comprenons comme cause d'un effet, nous ne le comprenons en général qu'autant qu'il nous fait comprendre les choses, qu'il nous en donne l'explication. Or le mouvement du corps obéissant à un acte pur et simple de la volonté, est au contraire pour nous une merveille si habituelle, que nous ne la remarquons plus ; mais si nous y appliquons notre attention, nous comprenons tout de suite et très vivement ce qu'il y a de mystérieux dans ce fait, précisément parce que nous sommes en présence de quelque chose qui ne nous apparaît pas comme l'effet d'une cause. Cette perception ne pourrait donc jamais nous conduire à la notion de causalité, car elle ne la contient pas. Maine de Biran lui-même reconnaît la complète simultanéité de l'acte volontaire et du mouvement corporel (*Nouvelles considérations sur les rapports du physique au moral*, pp. 378-8). En Angleterre, Th. Reid (*On the first principles of contingent truths. Ess.* VI, c. V), a déjà formulé ce principe que la connaissance du rapport causal a son fondement dans l'essence même de notre faculté de connaître. Plus récemment Th. Brown a professé la même opinion dans son livre si prolixe : *Inquiry in to the relation of cause and effect* (4° édit., 1835), à savoir que cette connaissance résulte d'une conviction innée, intuitive, instinctive : il est donc, à peu près, dans la bonne voie. Cependant, par une ignorance impardonnable 130 pages de son gros volume, qui en compte 476, sont consacrées à la réfutation de Hume, alors qu'il n'est pas fait la moindre mention de Kant, qui, il y a soixante-dix ans déjà, a complètement élucidé la question. Si le latin était resté la langue scientifique par excellence, cela ne serait point arrivé. Malgré les explications, exactes dans leur ensemble, qu'a données Brown, une modification de la doctrine de Maine de Biran sur l'origine empirique de la loi de causalité s'est introduite en Angleterre, parce qu'elle n'est pas sans quelque vraisemblance : c'est que nous abstrayons la loi de causalité de l'impression tout empirique qu'exerce notre propre corps sur des corps étrangers. Hume a déjà réfuté cette théorie, et moi j'ai montré son peu de solidité dans mon écrit sur *la Volonté dans la nature* (p. 75 de la 2° édition), en partant du principe que, pour percevoir mon propre corps objectivement dans une intuition d'espace, je dois avoir préalablement la notion de cause, attendu qu'elle est la condition d'une telle intuition. Au vrai, c'est donc la nécessité de passer de la sensation purement empirique à la cause de cette sensation pour arriver à l'intuition du monde extérieur, qui est la seule et véritable preuve que nous cherchons, à savoir que le principe de causalité préexiste à toute expérience. C'est pourquoi

j'ai substitué cette preuve à celle de Kant, après avoir montré que
celle-ci est inexacte. L'exposé détaillé et complet de l'importante
question que nous ne faisons qu'effleurer ici, c'est-à-dire du caractère à priori de la loi de causalité, et de l'intellectualité de l'intuition
empirique, se trouve dans la seconde édition de mon traité sur le
principe de Raison, § 21 : j'y renvoie, pour ne pas répéter ici ce
que j'ai dit dans cet ouvrage. Là, j'ai distingué aussi nettement que
possible la simple sensation de l'intuition d'un monde objectif, et
j'ai découvert l'abîme qu'il y a entre les deux; on ne peut le franchir qu'à l'aide du principe de causalité. Encore son emploi sup-
pose-t-il celui de deux formes, qui lui sont étroitement unies, l'espace et le temps. C'est seulement la réunion de ces trois formes
qui donne la représentation objective. Que la sensation — c'est-à-
dire ce qui est pour nous le point de départ de la perception —
résulte de la résistance que rencontre le développement de notre
force musculaire, ou qu'elle provienne d'une impression lumineuse
sur la rétine, d'une impression sonore sur le nerf acoustique, en
somme c'est tout un : la sensation n'est jamais qu'une donnée pour
l'entendement, et l'entendement ne peut la percevoir que comme
l'effet d'une cause différente d'elle. Cette cause, il l'envisage comme
quelque chose d'extérieur, c'est-à-dire qu'il la situe dans une forme
inhérente à l'intellect avant toute expérience, dans l'espace, comme
quelque chose qui occupe et qui remplit cet espace. Sans cette
opération intellectuelle, dont les formes sont toutes prêtes en chacune de nous, nous ne pourrions jamais avec une simple sensation
qui affecte notre périphérie, construire l'intuition du monde extérieur. Comment supposer en effet que le simple sentiment d'un
obstacle enrayant un mouvement volontaire (fait qui se produit d'ailleurs dans la paralysie) nous permettrait d'y arriver?
Ajoutons encore, que, pour que nous cherchions à agir sur les objets
extérieurs, ceux-ci doivent nécessairement avoir préalablement agi
sur nous comme motifs. D'après la théorie en question, ainsi que je
l'ai déjà fait remarquer dans l'ouvrage cité, un individu né sans
jambes et sans bras n'aurait aucune notion du principe de causalité, et par conséquent du monde extérieur. Or il n'en est pas ainsi,
et c'est ce que prouve un fait rapporté dans les *Frorieps
Notizen* (1838 juin-novembre, 133); c'est une dissertation très complète avec gravure, sur une jeune Esthonienne, Eva Lauk, alors âgée
de quatorze ans, et qui était née sans jambes et sans bras. L'opuscule
se termine par ces mots : « D'après le témoignage de la mère, le
développement intellectuel a été aussi prompt chez elle que chez ses
sœurs ; elle a appris à juger aussi bien qu'elles de la grandeur et de
l'éloignement des objets visibles, sans pouvoir pour cela se servir
des mains. » (Dorpat, 1ᵉʳ mars 1838, Dʳ A. Hueck.)

La doctrine de Hume, qui professe que le principe de causalité résulte simplement de l'habitude de voir deux objets en succession constante, est réfutée matériellement par la plus ancienne de toutes les successions, celle du jour et de la nuit, que personne n'a jamais regardés comme étant cause et effet l'un de l'autre. Cette même succession réfute aussi l'assertion fausse de Kant, qui voudrait que la réalité objective de la succession ne fût connue qu'autant qu'on perçoit les deux phénomènes successifs en rapport de cause à effet l'un avec l'autre. De cette théorie de Kant, c'est tout justement le contraire qui est vrai, c'est-à-dire que nous ne voyons qu'à leur succession, d'une façon tout empirique, lequel des deux phénomènes est cause, et lequel effet. D'autre part, il faut rejeter l'absurde opinion de certains professeurs de philosophie de nos jours qui soutiennent que la cause et l'effet sont simultanés : là contre, il suffit d'invoquer ce fait que, dans les cas où la succession ne peut être perçue à cause de sa rapidité, nous la supposons cependant, en toute sécurité, et avec elle, l'écoulement d'un certain laps de temps : par exemple, nous savons qu'entre la pression de la gachette et la sortie de la balle un certain temps doit s'écouler, bien que nous ne puissions l'apprécier, et que ce même temps doit être partagé entre plusieurs phénomènes se succédant dans un espace très restreint, c'est-à-dire la pression de la gachette, l'étincelle, l'allumage de la poudre le développement de la flamme, l'explosion, et la poussée de la balle. Jamais cette succession de phénomènes n'a pu être perçue : mais comme nous savons celui des deux qui agit sur l'autre, nous savons par le fait même celui des deux qui doit précéder l'autre dans le temps, et conséquemment que pendant le cours de toute la série un certain laps de temps s'écoule, bien qu'il échappe à l'appréciation empirique. Car personne ne soutiendra que la sortie de la balle et la pression de la gachette soient réellement simultanées. Ainsi donc, ce n'est pas seulement la loi de causalité, mais son rapport avec le temps, et la nécessité de la succession de cause à effet, qui nous est connue *a priori*. Si nous savons distinguer, entre deux phénomènes, la cause et l'effet, nous savons aussi distinguer l'antécédent et le conséquent ; mais si au contraire nous ignorons quel est le phénomène cause, et le phénomène effet, tout en sachant qu'il existe entre eux un lien causal, alors nous cherchons empiriquement à découvrir la succession et à déterminer par là lequel des deux est la cause, et lequel est l'effet. La fausseté de l'opinion qui fait de la cause et de l'effet deux phénomènes simultanés, ressort nettement encore des considérations suivantes : une chaîne ininterrompue de causes et d'effets remplit la totalité du temps (car si elle était interrompue, le monde s'arrêterait, ou bien il faudrait, pour le remettre en mouvement, admettre

un effet sans cause); si maintenant tout effet était contemporain de
sa cause, il faudrait, dans le temps, rejeter l'effet sur sa cause, et
alors une chaîne aussi longue qu'on voudra de causes et d'effets ne
saurait remplir un moment de la durée, à plus forte raison une durée
infinie : la totalité des causes et des effets tiendrait en un instant.
Ainsi donc, si l'on suppose que l'effet et la cause sont simultanés,
il faut réduire le cours du monde à un simple moment. On
démontre de même qu'une feuille de papier doit avoir une épais-
seur, autrement le livre, qui en est formé, n'en aurait aucune.
Préciser l'instant où la cause cesse et où l'effet commence, est dans
presque tous les cas une chose difficile, et souvent impossible.
Car les modifications (c'est-à-dire la succession des phénomènes)
constituent un *continuum*, comme le temps qu'elles remplissent,
et sont, comme lui, divisibles à l'infini ; mais leur série est aussi
nécessairement déterminée et aussi reconnaissable que les instants
de la durée eux-mêmes, et chacune d'elles s'appelle effet par rapport à la précédente et cause par rapport à la suivante.

*Un changement ne peut se produire dans le monde matériel,
qu'autant qu'il est immédiatement précédé d'un autre* : tel est le
véritable contenu de la loi de causalité. Mais il n'y a aucun concept
dont on ait plus abusé en philosophie que celui de la cause, et cela
grâce au stratagème ordinaire, ou à l'erreur, qui consiste à en
accroître l'extension par la pensée abstraite, à en étendre la généralité. Depuis la scolastique, et plus exactement depuis Platon et
Aristote, la philosophie n'a été en grande partie qu'un long abus
des concepts généraux, comme par exemple la substance, le principe, la cause, le bien, la perfection, la nécessité, etc. Cette tendance des esprits à opérer avec des concepts aussi abstraits
et d'une extension aussi démesurée, se retrouve toutes les
époques : peut-être provient-elle d'une certaine paresse de l'intelligence, qui trouve trop pénible de contrôler perpétuellement la
pensée par l'intuition. Peu à peu ces concepts trop étendus sont
employés à peu près comme des signes algébriques, et, comme
eux, introduits partout à tort et à travers ; d'où vient que la philosophie n'est plus qu'un art de combiner, une manière de calcul qui, comme toute opération numérique, n'occupe et n'exige
que des facultés inférieures. Que dis-je ? Elle dégénère en une véritable hâblerie ; nous en avons eu le plus détestable modèle dans
cette *Hégélerie* abrutissante, qui n'a pas reculé devant la pure
insanité. Mais la scolastique, elle aussi, est souvent tombée dans
la hâblerie. Même les *Topiques* d'Aristote, — recueil des principes
très généraux, très abstraits, qu'on peut employer pour dispu-
ter le pour ou le contre, dans les cas les plus différents, et qu'on
a toujours à sa disposition, — ce livre lui-même résulte d'un

abus des idées générales. On voit par d'innombrables exemples empruntés à leurs écrits combien les scolastiques se sont servis de l'abstraction, principalement Thomas d'Aquin. Jusqu'à Locke et à Kant, la philosophie s'est engagée sur la route frayée par ces scolastiques, et elle y a persévéré; ce sont ces deux philosophes qui s'avisèrent enfin de rechercher l'origine des concepts; mais Kant lui-même dans ses premiers écrits est encore engagé sur cette voie, par exemple, dans ses *Preuves de l'existence de Dieu* (p. 19, 2ᵉ vol. de l'édit. de Rosenkranz), où les concepts de sub-stance, de principe, de réalité sont employés comme ils n'auraient jamais dû l'être, si l'on était remonté à leur origine et au contenu déterminé par cette origine : car on aurait trouvé que la *matière* était le point de départ et le contenu du concept de *substance*, que la cause remplissait celui de principe (appliqué aux choses du monde réel), la cause c'est-à-dire la première modification qui détermine la dernière, et ainsi de suite. Sans doute on ne serait pas arrivé par là à la solution cherchée; mais toujours, comme dans le cas qui nous occupe, c'est pour avoir fait entrer, sous des con-cepts trop étendus, beaucoup plus que leur contenu réel, qu'on a raisonné faux, et que de ces raisonnements sont sortis de faux systèmes. Spinoza lui aussi a fait reposer toute sa méthode de démonstration sur des concepts de cette nature, mal analysés et trop étendus. Le grand service qu'a rendu Locke ç'a été au con-traire de réagir contre tout ce néant dogmatique, en nous obligeant à examiner l'origine des concepts, ce qui était revenir à l'intui-tion et à l'expérience. Avant lui Bacon avait agi dans le même sens, en visant toutefois plutôt la physique que la métaphy-sique. Kant suivit la voie tracée par Locke, mais avec un esprit plus large, et il alla plus loin, comme nous l'avons déjà montré. Les philosophes de l'apparence, qui réussirent à attirer sur eux l'attention du public aux dépens de Kant, devaient être gênés par les résultats de sa philosophie comme par ceux de la philosophie de Locke; mais, en pareil cas, ils savent ignorer les vivants comme les morts. Ils abandonnèrent donc, sans façon, la juste voie trouvée enfin par ces sages; ils se mirent à philosopher de droite et de gauche, avec des concepts pris je ne sais où, sans se préoc-cuper de leur origine et de leur contenu, si bien que la fausse sagesse de Hegel en arriva à soutenir que les concepts n'ont pas d'origine, et sont au contraire l'origine de toutes choses. — Cepen-dant Kant s'est trompé, en ravalant trop l'intuition empirique au-dessous de l'intuition pure, — point que j'ai traité tout au long dans ma critique de sa philosophie. Chez moi, l'intuition surtout est la source de toute connaissance. De bonne heure, j'ai reconnu ce qu'il y a de séduisant et d'insidieux dans les abstractions, et, dès 1813, j'ai montré, dans mon *Traité sur le principe de raison,* la différence des rapports, qui sont pensés sous ces concepts. C'est dans les idées générales que la philosophie dépose ses connaissances, mais ce n'est pas d'elles qu'elle les tire, c'est le *terminus ad quem,* et non pas *a quo.* En un mot, la philosophie n'est pas, comme Kant la définit, une science de concepts *(aus Begriffen),* mais une science en concepts *(in Begriffen).* — Le concept de causalité, dont il est ici question, a lui aussi toujours été pris dans un sens trop large par les philosophes, au grand avantage de leur dogmatisme, si bien qu'on a fini par y faire entrer ce qui n'y est pas du tout. De là sont sorties des propositions comme celles-ci : « Tout ce qui existe a sa cause; » — « L'effet ne peut contenir plus que la cause, c'est-à-dire rien qui ne soit déjà dans celle-ci; »— « causa est nobilior suo effectu, » — et beaucoup d'autres aussi fausses. Proclus, cet insipide bavard, nous en donne un riche et magnifique exemple dans la ratiocination suivante (Institutio theologica, 76) : Πᾶν τὸ ἀπό ἀκινητοῦ γιγνόμενον αἰτίας, ἀμετάβλητον ἔχει τὴν ὕπαρξιν. Πᾶν δὲ τὸ ἀπὸ κινουμένης, μεταβλητήν. Εἰ γὰρ ἀκινητόν ἐστι παντῇ τό ποιοῦν, οὐ διά κινησεως, ἀλλ' αὐτῷ τῷ εἶναι παράγει τὸ δεύτερον ἀφ'ἑαυτοῦ (Quidquid ab immobili causa manat, immutabilem habet essentiam [substantiam]. Quidquid vero a mobili causa manat, essentiam habet mutabilem. Si enim illud, quod aliquid facit, est prorsus immobile, non per motum, sed per ipsum esse producit ipsum secundum ex se ipso.) — Très bien ! mais montrez-nous une cause immobile : vous ne le pourrez pas. Ici, comme dans tant de cas, l'abstraction a écarté toutes les déterminations, sauf une qu'elle veut conserver sans prendre garde que celle-ci ne peut exister en l'absence des autres. — La seule expression exacte pour la loi de causalité est la suivante : Tout changement a sa cause dans un autre, qui le précède immédiatement. Si quelque chose arrive, c'est-à-dire si un nouveau phénomène se produit, c'est-à-dire si quelque chose change, un changement analogue doit s'être produit auparavant; un autre a dû précéder ce dernier, et ainsi de suite à l'infini; car une cause première est aussi impossible à penser qu'un commencement dans le temps ou une limite dans l'espace. La loi de causalité n'affirme rien de plus que ce que nous avons dit, c'est-à-dire qu'elle ne prétend pas dépasser les simples modifications. Tant qu'un changement ne s'est pas produit, il n'y a pas à demander une cause; car on n'est pas fondé *a priori* à conclure de l'existence des choses données, c'est-à-dire des phénomènes de la matière, à leur non-existence antérieure, et de cette non-existence à leur production, c'est-à-dire à une modification. Aussi l'existence d'une chose n'autorise-t-elle nullement à conclure qu'elle ait une cause. Mais il peut y avoir un fondement *a posteriori*, c'est-à-dire tiré de l'expérience, à supposer que le phénomène en question n'a pas toujours existé, qu'il ne s'est produit qu'à la suite d'un autre, c'est-à-dire par un changement, dont il faut trouver la cause, puis la cause de celle-ci : nous voilà engagés dans la régression infinie, à laquelle conduit toujours l'emploi du principe de causalité. Nous avons dit plus haut : « *Les choses, c'est-à-dire les phénomènes de la matière,* » car une modification et une cause ne peuvent se rapporter qu'à des phénomènes. Ce sont ces phénomènes que l'on comprend sous le nom de formes, dans un sens plus large : seules les formes se modifient, la matière est fixe. C'est pourquoi la forme seule est soumise au principe de causalité. Mais d'autre part c'est aussi la forme qui fait les choses, c'est-à-dire qu'elle est le fondement de la diversité, tandis que la matière ne peut être pensée que comme un homogène absolu. Aussi les scholastiques disaient-ils : « forma dat esse rei » ; il serait plus juste de dire : « forma dat rei essentiam, materia existentiam ». C'est pourquoi la question de cause ne concerne que la forme de l'objet, son phénomène, sa manière d'être et non sa matière, et encore faut-il considérer cette manière d'être non pas comme quelque chose d'éternel, mais comme le résultat d'un changement. La réunion de la forme et de la matière, ou de l'essence avec l'existence, donne le concret, qui est toujours particulier, c'est-à-dire une chose : et ce sont les formes, dont l'alliance avec la matière, c'est-à-dire dont l'entrée en elle, au moyen d'une modification, est soumise au principe de causalité. Une trop grande extension *in abstracto* du concept de causalité a conduit à étendre la cause jusqu'à l'objet pris absolument, puis à son essence entière, à son existence, et enfin à la matière, si bien qu'en fin de compte on s'est trouvé autorisé à demander une cause du monde : et c'est de là qu'est sortie la preuve cosmologique. Elle consiste à conclure, sans y être nullement autorisé, de l'existence du monde à sa non-existence antérieure; puis à la fin à supprimer cette loi de causalité, dont elle tire toute sa force, en s'arrêtant à un premier principe, sans vouloir remonter plus haut; ce qui est finir par un véritable parricide, à la façon des abeilles qui tuent les bourdons quand ils ont rendu leurs services. C'est sur une preuve cosmologique aussi impudente et aussi bien déguisée, que repose toute la phraséologie de *l'absolu*, qui, depuis soixante ans, malgré la critique de la Raison pure, passe en Allemagne pour de la philosophie. Qu'est-ce donc que l'absolu? — C'est quelque chose qui existe, mais dont on ne peut savoir (sous peine d'amende) d'où il vient et pourquoi il existe : c'est une pièce de cabinet pour professeurs de philosophie ! — Quand on expose franchement la preuve cosmologique, et qu'on suppose une cause première, c'est-à-dire un premier commencement dans un temps infini, il suffit de se demander :

« Mais pourquoi pas plus tôt? pourquoi ce commencement recule-t-il sans cesse, et si haut, qu'il est impossible en. partant de lui d'arriver au présent, et qu'on s'étonne toujours de ce que le présent n'ait pas eu lieu il y a des millions d'années ?» Ainsi, en général, la loi de causalité peut être appliquée à tous les objets de l'univers, mais non pas à l'univers lui-même, car elle est immanente au monde et non pas transcendante; elle est donnée avec lui : avec lui elle disparaît; et cela parce qu'elle est une pure forme de notre entendement, et qu'elle est conditionnée par lui comme tout le reste du monde, qui pour ce motif n'est qu'un simple phénomène. Ainsi donc la loi de causalité est applicable, sans exception, à tous les objets existants (au point de vue formel, cela va sans dire) et aux vicissitudes de ces formes, c'est-à-dire à leurs modifications. Elle est valable pour l'action de l'homme, comme pour le choc de la pierre, mais toujours, comme nous l'avons dit, par rapport à des événements, à des changements. Si maintenant nous laissons de côté son origine dans l'entendement, et si nous la considérons d'une façon purement objective, elle repose en dernière analyse sur ce fait, que tout être agissant agit en vertu de sa force originelle, c'est-à-dire éternelle, en dehors du temps, et que par conséquent son action actuelle aurait dû se produire infiniment plus tôt, avant tout temps imaginable, si la condition de temps ne lui avait pas manqué pour cela : elle est l'occasion, c'est-à-dire la cause en vertu de laquelle cette action se produit seulement maintenant, mais d'une façon nécessaire ; elle lui assigne sa place dans le temps.

C'est pour avoir donné, comme nous l'avons fait voir, une extension trop large au concept de cause, dans la pensée abstraite, que l'on a confondu avec lui le concept de force : celle-ci, quoique différant absolument de la cause, est cependant ce qui procure à chaque cause sa causalité, c'est-à-dire sa possibilité d'agir, ainsi que je l'ai exposé tout au long dans le 2ᵉ livre du 1ᵉʳ vol., plus tard dans *la Volonté dans la nature*, et enfin dans la 2ᵉ édition de mon *Traité sur le principe de raison*, 20, p. 44. Cette confusion éclate de la façon la plus grossière dans l'ouvrage de Maine de Biran dont j'ai parlé (pour plus de détails, cf. le dernier passage cité) ; mais elle est fréquente partout, comme par exemple lorsqu'on demande la cause de quelque force primitive, comme la pesanteur. Kant lui-même (*Sur la seule preuve possible*, VII, p. 211 et 215 édit. de Rosenkranz) nomme les forces naturelles des causes agissantes, et dit que « la pesanteur est une cause ». Il est pourtant impossible de voir clair dans notre propre pensée, tant qu'on ne distingue pas d'une façon expresse et absolue la force d'avec la cause Mais l'emploi de concepts abstraits conduit très facilement à cette confusion, quand on cesse de considérer leur origine. On laisse de côté la connaissance toujours intuitive — reposant sur la forme de l'entendement — des causes et des effets, pour s'en tenir au terme abstrait de cause ; cela a suffi pour que le concept de causalité, quoique très simple, fût souvent mal interprété. Aussi voyons-nous chez Aristote lui-même (*Métaphys.*, IV, 2) une division des causes en quatre classes, qui est radicalement fausse, et même tout à fait grossière. Que l'on compare avec cela ma classification des causes, telle que je l'ai dressée une première fois dans mon traité sur *la Vue et les couleurs*, ch. i ; j'ai ensuite brièvement touché cette question dans le chapitre vi de mon premier volume puis je l'ai exposée tout au long dans mon mémoire sur *la Liberté du vouloir*, pp. 30, 33. Deux êtres seuls, dans toute la nature, restent en dehors de la série des causes, qui est infinie d'un côté comme de l'autre, c'est la matière et l'ensemble des forces naturelles, car ces deux essences sont les conditions de la causalité, tandis que tout le reste est conditionné par elle. L'une en effet (la matière) est le lieu où se produisent les phénomènes et leurs modifications ; les autres (les forces naturelles) sont ce par quoi seul les phénomènes peuvent se produire. Que l'on se rappelle ici que dans le second livre, et aussi dans *la Volonté dans la nature*, mais d'une façon plus complète, nous avons montré l'identité des forces naturelles et de la volonté ; nous y avons présenté la matière comme la *simple visibilité de la volonté*, si bien qu'en dernière analyse, et dans un certain sens, elle peut être considérée comme identique avec la volonté.

D'autre part, il n'en reste pas moins vrai, comme nous l'avons déduit dans le chap. iv du premier volume, et mieux encore dans la seconde édition de notre traité sur *le principe de raison* à la fin du ch. xxi, que la matière est la causalité même prise objectivement, car toute son essence consiste en général dans l'agir ; elle-même est l'activité (ἐνεργεία = réalité) des choses, l'abstraction, pour ainsi dire, de leurs différents modes d'activité. Puis donc que l'être de la matière *(essentia)* consiste surtout dans l'agir, et que la réalité des choses *(existentia)* consiste dans leur matérialité, on peut affirmer de la matière, qu'en elle l'essence et l'existence coïncident et ne font qu'un ; car elle n'a pas d'autre attribut que l'existence elle-même en général, indépendamment de toute autre détermination. En revanche, toute matière empiriquement donnée (c'est-à-dire ce que nos matérialistes ignorants d'aujourd'hui confondent avec la matière) est déjà entrée dans le moule des formes, et ne se manifeste que par leurs qualités et leurs accidents ; parce que dans l'expérience tout acte nous apparaît d'une façon particulière et déterminée, et non pas simplement comme un acte général. C'est pourquoi la matière pure n'est qu'un objet de la pensée, et non pas de l'intuition ; et c'est ce qui a amené Plotin (Ennéade II, liv. IV, c. viii et ix) et Giordano Bruno (*Della causa*, dial. 4) à soutenir l'opinion paradoxale que la matière n'a pas d'étendue, puisque celle-ci est inséparable de la forme, et que par conséquent elle est incorporelle. Cependant Aristote avait déjà montré qu'elle n'est pas un corps, quoique corporelle : σῶμα μέν οὐκ ἂν εἴη, σωματικὴ δέ (*Stob. Ecl.*, lib. Il c. xii, § 5). En réalité, nous pensons la matière pure comme une *simple activité*, *in abstracto*, indépendamment du genre de cette activité, c'est-à-dire comme la causalité pure elle-même ; et comme telle elle n'est pas objet, mais condition d'expérience, comme l'espace et le temps. Voilà pourquoi, dans la table que nous donnons ici de nos connaissances pures *a priori*, la matière a pu prendre la place de la causalité, et figure, à côté de l'espace et du temps, comme la troisième forme pure, inhérente à notre intellect.

Cette table contient l'ensemble des vérités fondamentales, qui ont leur racines dans notre connaissance intuitive *a priori*, envisagées comme des principes premiers, indépendants les uns des autres ; j'y laisse de côté les éléments spéciaux, qui constituent le contenu de l'arithmétique et de la géométrie, et tout ce qui résulte seulement de la combinaison et de l'emploi de ces connaissances formelles, comme ce qui constitue les *Eléments métaphysiques de la nature* exposés par Kant, — ouvrage auquel cette table peut en quelque façon servir de propédeutique et d'introduction, auquel elle se rattache par conséquent d'une manière immédiate. J'ai eu surtout en vue dans cette table l'étonnant parallélisme qu'il y a entre nos connaissances *a priori*, ce fondement premier de toute expérience, et particulièrement le fait que la matière (de même que la causalité), — et c'est ce que j'ai démontré dans le ch. iv du I⁰ʳ volume, — doit être considérée comme une synthèse, ou, si l'on veut, comme une combinaison de l'espace et du temps. Et en effet nous trouvons que la philosophie de Kant est pour l'intuition pure de l'espace et du temps réunis, ce que la géométrie est pour l'intuition pure de l'espace, et ce que l'arithmétique est pour celle du temps : car la matière est avant tout ce qui est immobile dans l'espace. Le point mathématique ne peut être conçu comme quelque chose de mobile, ainsi qu'Aristote l'a déjà fait voir (*Phys.* VI, 10). Ce philosophe lui-même nous a déjà transmis un premier modèle d'une science de ce genre, en déterminant dans le V⁰ et le VI⁰ livre de la *Physique* les lois du repos et du mouvement.

Maintenant on peut considérer cette table à la façon qu'on voudra, ou bien comme un recueil des lois éternelles du monde, et partant comme la base d'une ontologie ; ou bien comme un chapitre de la physiologie du cerveau, suivant qu'on se place au point de vue réaliste ou au point de vue idéaliste ; notons cependant qu'en dernière instance, c'est celui-ci qui est le vrai. Je me suis déjà expliqué là-dessus dans le premier chapitre, mais je veux éclaircir encore ce point par un exemple spécial. Le livre d'Aristote *de Xenophane*, commence par ces mots importants du même Xénophane : Ἀΐδιον εἶναι φῆσιν, εἴ τ' ἐστιν, εἴπερ μή ἐνδέχεται γένεσθαι μῆδεν ἐκ μηδενός (*Æternum esse inquit quidquid est, siquidem fieri non potest, ut ex nihilo quipiam existat*). Ici Xénophane prononce un jugement sur l'origine possible des choses ; il ne peut là-dessus se référer à l'expérience, pas même par analogie: aussi n'en fait-il intervenir aucune, mais juge-t-il d'une manière apodictique, c'est-à-dire *a priori*. Comment le peut-il, lui qui regarde du dehors et en étranger un monde donné purement objectif, c'est-à-dire indépendant de la pensée ? Comment peut-il, lui un éphémère fugitif, qui ne peut jeter qu'un coup d'œil rapide sur ce monde, prononcer au préalable, sans aucune expérience, un jugement apodictique sur le monde et sur la possibilité de son existence et de son origine ? Le mot de cette énigme est qu'ici l'homme n'a affaire qu'à ses propres représentations, qui, comme telles, sont l'œuvre de son cerveau, dont la loi n'est que la manière dont ses fonctions cérébrales peuvent s'accomplir, c'est-à-dire la forme de sa représentation. Il ne se prononce donc que sur un phénomène du cerveau qui lui appartient en propre, et il se borne à formuler ce qui entre ou n'entre pas dans ses formes, l'espace, le temps et la cause : là, il est parfaitement chez lui et parle d'une manière apodictique. C'est dans le même sens qu'il faut prendre la table suivante des *Prædicabilia a priori* du temps, de l'espace, et de la matière.

REMARQUES SUR LE TABLEAU QUI SUIT (Pages 184, 185).

Sur le § 4 de la Matière. — L'essence de la matière consiste dans
l'*agir* : elle est l'*agir in abstracto*, partant l'*agir* en général, indépendamment de toute diversité du mode d'action. Elle est absolument cause. C'est pourquoi, dans son existence même, elle n'est pas
soumise au principe de causalité, elle est sans commencement ni fin :
autrement ce serait la loi de causalité s'appliquant à elle-même.
Comme nous avons *a priori* la notion de causalité, le concept de la
matière, à titre de fondement indestructible de toute existence, peut
prendre place parmi nos connaissances *a priori*, en tant qu'il n'est
que la réalisation d'une forme de connaissance, qui nous est également donnée *a priori*. Car pour nous toute activité se représente *ex
ipso* comme matérielle, et inversement, toute matière comme nécessairement active : ce sont en effet des concepts réciproques. Aussi
employons-nous en allemand le mot *réel* (Wirklich, agissant), comme
synonyme de *matériel* ; de même, en grec, κατ'ἐνεργείαν par opposition
à κατὰ δύναμιν trahit la même origine, puisque ἐνεργεία signifie l'*agir* en
général. De même enfin l'anglais *actual* employé pour *réel* (wirklich).
Ce que l'on appelle « remplir l'espace » ou être impénétrable, et ce
que l'on regarde comme le caractère essentiel du corps (c'est-à-dire
du matériel), n'est pas autre chose que ce mode d'activité, qui appar
tient à tous les corps en général, c'est-à-dire l'activité mécanique.
La généralité, en vertu de laquelle ce mode d'action fait partie du
concept d'un corps, et résulte *a priori* du concept de ce corps, par
conséquent n'en peut être séparé sans supprimer le corps lui-même,
cette généralité le distingue des autres modes d'activité, soit élec-
trique, soit chimique, lumineuse ou calorifique. Dans ce fait de remplir l'espace, ou activité mécanique, Kant a très justement distingué la force attractive et la force répulsive, comme on décompose
en deux une force mécanique donnée, au moyen du parallélogramme
des forces. Mais ce n'est au fond qu'une analyse raisonnée du phénomène, dans ses éléments constitutifs. Ce sont les deux forces réunies, qui maintiennent le corps dans ses limites, c'est-à-dire dans un
volume déterminé. Séparées, l'une dilaterait le corps à l'infini, tandis
que l'autre le ramasserait tout en un point. Malgré ce balancement
ou cette neutralisation, le corps exerce cependant une action répulsive sur les autres corps en vertu de la première force, et une action
attractive en vertu de la seconde, dans la gravitation. De cette façon
les deux forces ne se détruisent pas dans le corps, leur produit,
comme deux forces impulsives agissant dans une direction opposée
ou bien comme la formule $+ e - e$, ou enfin comme l'oxygène et

DU TEMPS

1. — Il n'y a qu'un temps et tous les temps particuliers ne sont que des parties de celui-là.

2. — Les temps différents ne sont point simultanés ; ils sont successifs.

3. — On ne peut supprimer le temps par la pensée ; pourtant on peut supprimer tout ce qui sort de lui.

4. — Le temps se divise en trois, le passé, le présent et le futur : ce sont comme deux directions contraires séparées par un point zéro.

5. — Le temps est divisible à l'infini.

6. — Le temps est homogène et continu, autrement dit aucune de ses parties n'est différente d'une autre et on ne pourrait les séparer entre elles qu'à condition de supprimer le temps.

7. — Le temps n'a ni commencement ni fin : tout commencement et toute fin sont en lui.

8. — C'est au moyen du temps que nous comptons (zahlen).

9. — Le rythme est uniquement dans le temps.

10. — Nous connaissons *a priori* les lois du temps.

11. — Le temps peut être représenté intuitivement *a priori*, sous la simple forme d'une *ligne*.

12. — Le temps n'a aucune consistance : dès qu'il est, il passe.

13. — Le temps n'a point d'arrêt.

14. — Tout ce qui dans le temps a une durée.

15. — Le temps n'a point de durée, mais toute durée est en lui : toute durée est la persistance de ce qui demeure, en opposition avec la course sans trêve du temps.

DE L'ESPACE

1. — Il n'y a qu'un espace et tous les espaces particuliers ne sont que des parties de celui-là.

2. — Les espaces différents ne sont point successifs ; ils sont simultanés.

3. — On ne peut supprimer l'espace par la pensée ; pourtant on peut supprimer tout ce qui sort de lui.

4. — L'espace a trois dimensions, profondeur, largeur et longueur.

5. — L'espace est divisible à l'infini.

6. — L'espace est continu, autrement dit, aucune de ses parties n'est différente d'une autre et on ne pourrait les séparer entre elles qu'à condition de supprimer l'espace.

7. — L'espace n'a ni commencement ni fin : tout commencement et toute fin sont en lui.

8. — C'est au moyen de l'espace que nous mesurons (messen).

9. — La symétrie est uniquement dans l'espace.

10. — Nous connaissons *a priori* les lois de l'espace.

11. — L'espace peut être représenté intuitivement *a priori* d'une manière directe.

12. — L'espace ne peut point passer ; au contraire il subsiste toujours.

13. — L'espace est immuable.

14. — Tout ce qui est dans l'espace a un lieu.

15. — L'espace n'a point de mouvement, mais tout mouvement est en lui ; tout mouvement est un changement de lieu subi par un mobile, en opposition avec le repos inébranlable de l'espace.

DE LA MATIÈRE

1. — Il n'y a qu'une matière et toutes les matières particulières ne sont que des états différents de celle-là à laquelle on donne le nom général de *substance*.

2. — Les différents états de la matière ne sont point différents par la substance, mais par les accidents.

3. — La négation de la matière est chose impensable, pourtant on peut concevoir la négation de toutes ses formes et de toutes ses qualités.

4. — La matière existe, c'est-à-dire agit, suivant les dimensions de l'espace et dans toute la longueur du temps ; par suite elle unit l'un et l'autre et les remplit tous deux, c'est en cela que consiste son essence ; elle est donc tout entière *causalité*.

5. — La matière est divisible à l'infini.

6. — La matière est homogène et continue, autrement dit, elle ne se compose pas de parties originairement diverses, les homéoméries, ni originairement séparées, les atomes ; par suite elle n'est point un agrégat de parties séparées essentiellement entre elles par quelque chose d'étranger à la matière.

7. — La matière ne naît ni ne meurt : toute naissance et toute mort sont en elles.

8. — C'est au moyen de la matière que nous pesons (wagen).

9. — L'équilibre est uniquement dans la matière.

10. — Nous connaissons *a priori* les lois de la substance de tous les accidents.

11. — *A priori*, on ne peut que penser la matière.

12. — Les accidents changent, la substance demeure.

13. — La matière est indifférente au repos ou au mouvement, autrement dit elle n'est originairement portée ni vers l'un ni vers l'autre.

14. — Tout ce qui est matériel a une activité.

15. — La matière est ce qui demeure dans le temps, ce qui se meut dans l'espace ; c'est par la comparaison de ce qui est en repos et de ce qui est en mouvement que nous mesurons la matière.

PRÆDICABILIA A PRIORI *(Suite)*

DU TEMPS

16. — Aucun mouvement n'est possible sans le temps.

17. — La vitesse est, à espace égal, en raison inverse du temps.

18. — Le temps, en lui-même, n'est point directement mesurable ; il ne l'est qu'indirectement grâce au mouvement, lequel est à la fois dans l'espace et dans le temps : c'est ainsi que le mouvement du soleil et celui de l'horloge mesurent le temps.

19. — Le temps est présent en tout lieu ; chaque partie du temps est partout, c'est-à-dire simultanément dans la totalité de l'espace.

20. — S'il n'y avait que le temps, les choses ne pourraient exister que successivement.

21. — C'est le temps qui rend possible le changement des accidents.

22. — Chaque partie du temps contient toutes les parties de la matière.

23. — Le temps est le principe d'individuation.

24. — Le présent est sans durée.

25. — Le temps en soi est vide et indéterminé.

26. — Tout instant est conditionné par celui qui précède, et il n'existe que dans la mesure où celui-ci a cessé d'être dans le temps. (Voir mon traité sur *le Principe de raison*).

27. — Le temps rend l'arithmétique possible.

28. — La notion simple *(Das Einfache)* de l'arithmétique est l'*unité.*

DE L'ESPACE

16. — Aucun mouvement n'est possible sans l'espace.

17. — La vitesse est, à temps égal, en raison directe de l'espace.

18. — L'espace est en soi directement mesurable ; mais on peut le mesurer indirectement par le mouvement, lequel est à la fois dans le temps et dans l'espace : Ex. l'expression *une heure de chemin* ; la distance des étoiles fixes exprimée par le nombre d'années que met leur lumière pour venir jusqu'à nous.

19. — L'espace est éternel ; chacune de ses parties existe en tout temps.

20. — S'il n'y avait que l'espace, les choses ne pourraient exister que simultanément.

21. — C'est l'espace qui rend possible la permanence de la substance.

22. — Aucune partie de l'espace ne contient, en même temps qu'une autre, une même partie de matière.

23. — L'espace est le principe d'individuation.

24. — L'atome est sans étendue.

25. — L'espace en soi est vide et indéterminé.

26. — Si, dans l'espace, on pose une limite par rapport à une autre quelconque, la situation de cette nouvelle limite à l'égard de toute autre limite possible se trouve par là même rigoureusement déterminée. (Principe de raison d'être dans l'espace.)

27. — L'espace rend la géométrie possible.

28. — La notion simple de la géométrie est le point.

DE LA MATIÈRE

16. — Aucun mouvement n'est possible sans la matière.

17. — La quantité du mouvement est, à vitesse égale, en raison géométrique directe de la matière, c'est-à-dire de la masse.

18. — Pour mesurer la matière considérée comme telle, c'est-à-dire la masse, autrement dit pour en déterminer la quantité, on ne peut procéder qu'indirectement, c'est-à-dire en évaluant la quantité de mouvement qu'elle reçoit et celle qu'elle donne, lorsqu'elle choque un corps ou lorsqu'elle l'attire.

19. — La matière est absolue, autrement dit elle ne peut ni naître ni périr ; sa quantité ne peut être ni augmentée ni diminuée.

20, 21. — La matière unit la fuite inconstante du temps et la rigoureuse immobilité de l'espace ; par suite elle est la substance qui demeure sous les accidents qui passent. Pour chaque lieu et en chaque temps le changement des accidents est déterminé par la causalité, laquelle par le fait unit le temps et l'espace et constitue toute l'essence de la matière.

22. — En effet la matière est aussi permanente qu'impénétrable.

23. — Les individus sont matériels.

24. — L'*atome* est sans réalité.

25. — La matière en soi est sans forme et sans qualité, de plus elle est inerte, c'est-à-dire, indifférente au repos ou au mouvement ; en résumé elle est indéterminée.

26. — Aucun changement ne peut être introduit dans la matière, si ce n'est en vertu d'un autre changement ; et par suite un *premier* changement, et par suite un *premier* état de la matière, est chose aussi inconcevable qu'un commencement du temps ou qu'une limite de l'espace. (Principe du devenir)

27. — La matière, considérée comme mobile dans l'espace, rend la phoronomie possible.

28. — La notion simple de la phoronomie est l'atome.

l'hydrogène dans l'eau. Ce qui prouve que l'impénétrabilité et la pesanteur sont étroitement unies, c'est qu'il est impossible de les séparer empiriquement, bien qu'on le puisse par la pensée ; car jamais l'une ne se présente sans l'autre.

Je dois dire cependant que cette doctrine de Kant, qui se retrouve dans l'idée fondamentale de la seconde division de ses *Eléments métaphysiques de la science de la nature*, c'est-à-dire dans sa dynamique, avait déjà été nettement exposée et en détail, avant Kant, par Priestley, dans son excellent ouvrage *Disquisitions on matter and spirit* (sect. 1. et 2). Ce livre parut en 1777, et il eut une seconde édition en 1782, tandis que les *Eléments métaphysiques* sont de 1786. On peut supposer des réminiscences inconscientes, quand il s'agit d'idées secondaires, ou simplement d'allusions spirituelles, de comparaisons, etc., mais non pas, quand il s'agit d'une pensée capitale, fondamentale. Faut-il croire que Kant se soit approprié, sans le dire, une idée étrangère aussi importante ? L'a-t-il prise dans un livre, qui était alors encore tout nouveau ? Ou bien supposerons-nous que ce livre lui était inconnu, et qu'une même idée a jailli presque simultanément dans deux têtes différentes ? On peut trouver aussi dans la *Théorie de la génération* de Gaspar Frédéric Wolff (Berlin, 1764, p. 132) l'explication que donne Kant de la différence propre de la fixité et de la mobilité dans les *Eléments métaphysiques de la science de la nature* (première édition, p. 88, édit. de Rosenkranz). Mais qu'allons-nous dire, en trouvant la théorie kantienne, si capitale et si brillante, de l'idéalité de l'espace, et de l'existence purement phénoménale du monde des corps, exprimée déjà trente ans auparavant par Maupertuis ? (Voir Lettres de Frauenstædt sur ma philosophie, Lettre XIV). Maupertuis exposa cette théorie paradoxale, d'une façon si catégorique, sans toutefois y adjoindre de preuve, qu'on peut le soupçonner de l'avoir prise ailleurs. Il serait à désirer qu'on éclaircît davantage ce mystère, et comme la question exige de longues et pénibles recherches, une de nos académies allemandes devrait bien la mettre au concours. Laplace est à Kant ce que celui-ci est à Priestley, peut-être à Gaspar Wolff et à Maupertuis, ou à son prédécesseur : sa théorie si juste et si admirable sur l'origine du système planétaire, développée dans l'*Exposition du système du monde* (Liv. V, c. II), se trouve déjà, pour l'essentiel, dans l'*Histoire de la nature* et la *Théorie du ciel*, de Kant, qui parut environ cinquante ans auparavant, en 1755. En 1763, dans sa *Seule preuve possible de l'existence de Dieu*, ch. VII, il en a donné une exposition plus parfaite. Et comme il nous laisse entendre, dans ce dernier écrit, que Lambert, dans ses *Lettres cosmologiques* (1761), lui a emprunté sans gêne cette théorie ; et que d'autre part ces lettres parurent en français vers le même temps *(Lettres cosmolo-*

giques sur l'univers), nous devons supposer que Laplace a connu la théorie de Kant. Sans doute, avec sa science profonde de l'astronomie, il expose la théorie d'une façon plus profonde, plus frappante, et plus complète que Kant; mais au fond, elle est déjà nettement traitée chez ce dernier, et par sa haute importance, elle suffirait seule à immortaliser son nom. Voilà une chose bien faite pour nous troubler! Des esprits supérieurs capables d'être soupçonnés d'une indélicatesse, qui, même pour des esprits inférieurs, serait une chose honteuse! car nous sentons bien que le vol est moins pardonnable encore chez un riche que chez un pauvre. Mais nous ne devons pas nous en taire; nous sommes ici la postérité, et nous devons être justes comme nous espérons bien que nos descendants le seront pour nous. Aussi je veux ajouter à tous ces cas un troisième exemple, c'est que l'idée fondamentale de la *Métamorphose des Plantes* de Goëthe, est déjà dans la *Théorie de la génération*, de Gaspard Frédéric Wolff, qui date de 1764. Que dis-je? N'en est-il pas de même du système de la gravitation ? Et cependant toute l'Europe continentale en attribue la découverte à Newton, tandis qu'en Angleterre les savants du moins savent parfaitement qu'elle appartient à Robert Hooke, qui l'exposa dès 1666, dans une communication à la Société Royale, à titre de simple hypothèse, et sans preuves, mais d'une façon très explicite. La partie essentielle en est reproduite dans Dugald Stewart (*Philosophy of human mind*, vol. II, p. 434); c'est vraisemblablement un emprunt fait aux *Œuvres posthumes* de R. Hooke. Sur l'origine de la question, sur la manière dont la difficulté se présente à Newton, on trouve aussi des renseignements dans la *Biographie universelle*, article Newton. Dans une courte histoire de l'astronomie, publiée par la *Quarterly Review*, août 1828, le droit de priorité de Hooke est considéré comme un fait incontestable. Pour plus de renseignements sur cette matière, je renvoie à mes *Parerga*, vol. II, § 86 ; 2° édit. § 88. Quant à l'histoire de la chute de la pomme, c'est un conte fort populaire, mais dénué de fondement et d'autorité.

Sur le § 18 de la Matière. — La quantité de mouvement (déjà chez Descartes, *quantitas motus)* est le produit de la masse par la vitesse.

Sur cette loi ne se fonde point seulement en mécanique la théorie du choc, mais aussi en statique la théorie de l'équilibre. D'après la force du choc produit par deux corps à vitesse égale, on peut déterminer le rapport de leurs masses ; ainsi, étant donnés deux marteaux qui frappent également vite, celui qui a la plus grande masse enfonce le clou plus avant dans la muraille ou fait entrer le piquet plus profondément en terre. Par exemple un marteau dont le poids est de six livres, doit avec une vitesse $= 6$, faire autant de travail qu'un marteau de trois livres avec une vitesse $= 12$; en effet dans l'un et l'autre cas la quantité du mouvement $= 36$. Etant données deux billes qui roulent avec une égale vitesse, celle qui a la plus grande masse devra par son choc pousser plus loin une troisième bille en état de repos ; celle au contraire qui a la plus petite masse devra la pousser moins loin ; c'est qu'en effet la masse de la première, multipliée par la vitesse commune aux deux billes, donne une quantité de mouvement plus grande. Le canon porte plus loin que le fusil, parce qu'à vitesse égale il opère sur une masse beaucoup plus considérable, il donne une quantité de mouvement beaucoup plus grande, laquelle résiste beaucoup plus longtemps à l'action opposée de la pesanteur. C'est pour la même raison que le même bras jettera plus loin une bille de plomb qu'une bille de bois de même grosseur, et une grosse pierre plus loin qu'une petite. Toujours pour la même raison, la portée de la mitraille n'est pas aussi longue que celle du boulet.

C'est la même loi qui sert de fondement à la théorie du levier et de la balance ; car là aussi la plus petite masse, située sur le plus long bras du levier ou du fléau, animée d'une vitesse plus grande et qui la multiplie, peut produire une quantité de mouvement égale ou supérieure à celle que produit la plus grande masse. Toutefois dans l'état de repos occasionné par l'équilibre, cette vitesse est purement intentionnelle ou virtuelle ; elle est donnée en puissance et non point en acte ; malgré tout elle agit, étant en puissance, comme si elle était en acte, et c'est ce qui est fort remarquable.

Une fois ces vérités rappelées à l'esprit du lecteur, l'explication suivante sera plus facilement comprise. La quantité d'une matière donnée ne peut jamais être évaluée que par sa force, et celle-ci ne peut être connue que par son effet. Si l'on ne considère la matière qu'au point de vue de sa quantité et non au point de sa qualité, cet effet peut être purement mécanique, c'est-à-dire ne consister que dans le mouvement communiqué au reste de la matière. En effet, c'est en premier lieu dans le mouvement que la force de la matière devient pour ainsi dire vivante ; c'est de là que vient le nom de force vive pour les effets dynamiques de la matière en mouvement. Aussi pour évaluer la quantité de matière donnée, l'unique mesure, c'est la grandeur de son mouvement. Toutefois la grandeur du mouvement, lorsqu'elle est donnée, ne nous donne point directement la quantité de matière ; cetle-ci se trouve encore combinée avec la vitesse, qui est l'autre facteur de la quantité de mouvement : or ce dernier facteur doit être éliminé, si l'on veut connaître la quantité de matière, la masse. Du reste, la vitesse nous est directement connue, car elle est égale à $\frac{s}{t}$. Seul l'autre facteur, celui qui reste après élimination de la vitesse, la masse, n'est jamais connue que d'une manière relative, c'est-à-dire par comparaison avec les autres masses, lesquelles à leur tour ne sont connaissables que par la quantité de leur mouvement, c'est-à-dire dans leur combinaison avec la vitesse. Ainsi l'on est obligé d'abord de comparer une quantité de mouvement avec une autre, puis d'après ces deux données de calculer la vitesse, si l'on veut savoir de combien chacun des deux corps est redevable à sa masse. Cela se fait en comparant le poids des masses, c'est-à-dire en comparant cette grandeur du mouvement qui, dans les deux masses, crée une force d'attraction vers la terre laquelle agit sur les deux en raison seulement de leur quantité. Aussi y a-t-il deux manières de peser : en effet, ou bien on accorde aux deux masses à comparer une vitesse égale, pour voir laquelle des deux communique actuellement du mouvement à l'autre et par conséquent en possède une quantité plus grande qu'il faudra nécessairement attribuer, la vitesse étant égale de part et d'autre, à l'autre facteur de la grandeur du mouvement, c'est-à-dire à la masse (balance à fléaux égaux); ou bien on recherche, pour établir le poids, combien une masse devra recevoir de vitesse en plus de celle qu'a une autre pour en égaler la grandeur du mouvement, et en conséquence pour ne plus en recevoir une communication de mouvement. En effet, l'accroissement qu'il faut donner à sa vitesse indique dans quelle mesure sa masse, c'est-à-dire sa quantité de matière, est moindre (balance romaine). Cette estimation des masses par le poids repose sur cette circonstance heureuse que la force motrice elle-même agit d'une manière absolument identique sur les deux, et que chacune des deux est en état de communiquer immédiatement à l'autre l'excès de sa grandeur de mouvement, excès qui s'accuse par cette communication même.

La substance de ces théories a été exprimée depuis longtemps par Newton et Kant ; mais grâce à l'ordre et à la clarté de cette exposition, je crois leur avoir conféré un plus grand caractère de netteté, et avoir rendu ainsi accessible à tout le monde l'intelligence de principes que j'ai estimés nécessaires à la justification de la proposition 18.

SECONDE PARTIE

LA DOCTRINE DE LA REPRÉSENTATION ABSTRAITE OU DE LA PENSÉE

(§§ 8 et 9 du premier volume)

CHAPITRE V

DE L'INTELLECT IRRATIONNEL

Nous devrions avoir une connaissance complète de la conscience des animaux, autant du moins qu'il nous est possible de la construire, à l'aide de certaines propriétés empruntées à notre propre conscience. Cependant, il faut y faire une grande place à l'instinct, qui est beaucoup plus développé chez les animaux que chez l'homme, et qui même, chez quelques-uns, est une faculté artiste.

Les animaux ont un entendement, mais pas de raison ; par conséquent leur connaissance est tout intuitive et non abstraite. Ils ont l'appréhension juste et la perception de tout rapport causal immédiat ; les animaux supérieurs peuvent même remonter plus haut ; mais ils ne pensent proprement pas. Car ils ne connaissent point les concepts, c'est-à-dire les représentations abstraites. D'où cette première conséquence, qu'ils sont incapables de mémoire proprement dite, même les plus intelligents d'entre eux. Voilà la différence essentielle qu'il y a entre la conscience animale et la conscience humaine. L'intelligence parfaite repose, en effet, sur une claire conscience du passé et de l'avenir comme tels, dans leur rapport avec le présent. Par conséquent, la mémoire proprement dite, nécessaire à cette opération, est une réminiscence intelligente, ordonnée, harmonieuse ; or, une telle réminiscence n'est possible qu'au moyen de concepts généraux, sans lesquels les faits

particuliers ne sauraient être localisés. Car la foule infinie d'objets
et d'événements semblables ou analogues qui remplissent le cours
de notre existence ne saurait reparaître immédiatement pour nous,
dans une intuition particulière ; notre mémoire, ni notre temps ne
pourrait y suffire : aussi ne pouvons-nous conserver toute cette
expérience qu'en la subsumant sous des concepts généraux, c'est-
à-dire en la ramenant à un nombre relativement restreint d'idées
qui la résument, et grâce auxquelles Il nous est loisible d'embrasser, dans un cadre ordonné et suffisamment large, toute l'étendue
de notre passé : nous ne pouvons en évoquer intuitivement que
quelques scènes ; encore n'avons-nous qu'une conscience tout
abstraite des années qui se sont écoulées depuis et du contenu de
ces années, — au moyen de concepts de choses et d'objets, qui
représentent, avec leur contenu, les années et les jours. Au contraire, la mémoire des animaux et tout leur intellect est limité à
l'intuition, et consiste uniquement en ce fait, qu'une impression
renaissante s'annonce comme s'étant déjà produite, l'intuition présente ne faisant que rafraîchir les traces d'une intuition antérieure.
Le souvenir, chez eux, n'est donc possible que grâce à une intuition actuellement présente. Mais celle-ci réveille la sensation précise que le phénomène antérieur avait produite. Aussi le chien
reconnaît-il les personnes qu'il a déjà rencontrées ; il distingue un
ami d'un ennemi, reconnaît le chemin qu'il a une fois parcouru,
les maisons qu'il a visitées, et la vue d'une écuelle ou d'un bâton
le met aussitôt dans l'état d'esprit correspondant. C'est en utili-
sant cette mémoire intuitive et la grande force de l'habitude chez
les animaux, qu'on arrive à les dresser. Mais cette éducation est
aussi différente de celle de l'homme, que l'intuition de la
pensée. Il y a aussi pour nous des cas où la mémoire nous refuse
son service, et où nous en sommes réduits à cette réminiscence
purement intuitive. Il nous est alors loisible d'apprécier la différence de l'une et de l'autre par notre propre expérience. Par
exemple, quand nous rencontrons une personne, que nous reconnaissons, sans pouvoir nous rappeler où et quand nous l'avons
vue ; ou bien quand nous visitons un endroit, où nous nous sommes
trouvé étant enfant, c'est-à-dire à un âge où la raison est encore
inculte ; nous l'avons totalement oublié ; mais l'impression que
nous en avons est présente à nous comme quelque chose de déjà
perçu. Tous les souvenirs des animaux sont de cette espèce. Il faut
ajouter cependant que, chez les plus intelligents, cette mémoire
purement intuitive ne va pas sans un certain degré d'imagination,
qui la corrige et la complète à plus d'un égard. C'est grâce à elle
que le chien est hanté de l'image de son maître absent, qu'il le
désire, et qu'il se met à le chercher partout, si son absence se pro-

longe. Tous ses rêves viennent de cette imagination. La conscience
des animaux n'est donc qu'une succession de *présents*, dont aucun,
avant de se produire, ne s'annonce comme *avenir*, ou n'apparaît
comme *passé* après sa disparition. Or c'est là le trait caractéristique et distinctif de la conscience de l'homme. De là vient que les
animaux ont beaucoup moins à souffrir que nous, car ils ne connaissent d'autres douleurs que celles qu'ils éprouvent sur le
moment. Mais le présent est inétendu ; tandis que le passé et l'avenir, sources de presque tous nos maux, s'étendent très loin, et à
leur contenu réel s'ajoute encore tout le champ du possible ; aussi
le domaine du désir et de la crainte est-il illimité. Débarrassés de
ces soucis, les animaux au contraire jouissent tranquillement et
heureusement de la sensation présente, quelque insignifiante qu'elle
soit. Il en est ainsi, ou à peu près, des hommes très bornés. Ajoutons que les souffrances qui n'appartiennent qu'au présent, ne
peuvent être que physiques. De la sorte, les animaux ne s'aper-
çoivent proprement pas de leur mort ; ils ne pourraient apprendre
à la connaître qu'une fois qu'elle s'est présentée ; mais alors ils
ont cessé de vivre. La vie des animaux n'est donc qu'un perpétuel
présent. Ils vivent sans pensée, toujours limités à la sensation du
moment, absolument comme la majeure partie des hommes. Une
autre conséquence de la nature de l'intelligence animale, telle que
nous l'avons conçue, c'est l'étroit rapport qu'il y a entre leur conscience et ce qui les entoure. Entre les animaux et le monde extérieur, il n'y a rien ; mais entre nous et le monde, il y a toujours
l'idée que nous en avons, et cette idée peut rendre la nature
inaccessible à l'homme et l'homme étranger à la nature. C'est
seulement chez les enfants et chez les hommes très incultes que
cette barrière est parfois assez faible, pour qu'un simple coup
d'œil jeté sur ce qui les entoure suffise à nous renseigner sur ce
qui se passe en eux (1). Aussi les animaux ne peuvent-ils ni combiner, ni dissimuler. Ils n'ont pas d'arrière-pensée. A ce point de vue,
il y a le même rapport entre l'homme et le chien, qu'entre une
coupe de métal et une coupe de verre, et c'est ce qui contribue
surtout à nous le rendre si précieux. Il nous procure, en effet, le
plaisir de voir réfléter en lui, dans toute leur pureté, nos penchants
et nos affections, que nous cachons si souvent. En général, les
animaux jouent constamment à cartes abattues ; aussi c'est un
plaisir pour nous que de découvrir leur caractère en même temps
que nous voyons leurs actes, — et cela, soit qu'ils appartiennent à
une même espèce ou à des espèces différentes. Ce qui caractérise

---

(1) Cette influence du monde extérieur sur les natures incultes a été fort bien saisie
par Dickens, dans son personnage de Kitty l'Ébaubie. Cf. *Contes de Noël* (Note du
trad.).

leurs actes, c'est une certaine innocence, au rebours de l'activité humaine, où l'intelligence et la réflexion tuent l'innocence de la nature. Aussi la marque de la conscience humaine, c'est la faculté de combiner ; l'absence de cette faculté et partant la grande place laissée à l'impulsion du moment, telle est au contraire la caractéristique de l'activité animale. Aucun animal, en effet, n'est capable d'une combinaison proprement dite. Combiner et exécuter ses combinaisons, c'est là le principe exclusif de l'homme, et un privilège d'une haute importance. Sans doute un instinct, comme celui des oiseaux de passage ou des abeilles, et même un désir persistant, une aspiration qui dure, comme celle du chien qui cherche son maître absent, tout cela peut donner l'illusion de la faculté de préméditation; mais on ne doit pas confondre l'un avec l'autre. En dernière analyse, tous ces faits se ramènent au rapport qu'il y a entre l'intelligence humaine et l'intelligence animale, — rapport qui peut ainsi s'énoncer : Les animaux n'ont que la connaissance immédiate, tandis que nous autres, nous avons en outre la connaissance médiate ; et ici se retrouve l'avantage que le *médiat* a sur l'*immédiat*, en une foule de choses, comme par exemple la trigonométrie, la géométrie analytique, la mécanique remplaçant le travail manuel, etc. Aussi pouvons-nous dire encore : Les animaux n'ont qu'une intelligence simple, tandis que la nôtre est double : outre l'intuition, nous avons la pensée, opérations qui sont souvent indépendantes l'une de l'autre : nous voyons une chose, et nous en pensons une autre; et qui souvent aussi se confondent. Là-dessus on comprendra mieux ce que j'ai voulu dire par la franchise et par la naïveté originelles des animaux, que j'ai opposées à l'hypocrisie des hommes.

Cependant le principe *natura non facit saltus* n'est point tout à fait contredit par notre théorie de l'intelligence animale, quoique l'écart entre l'intelligence de l'homme et celle des animaux soit le plus considérable qu'ait commis ia nature dans la production des divers êtres. Tous les jours, nous apercevons avec étonnement des traces de réflexion, de raison, d'intelligence des mots, de pensée, de combinaison, de délibération, chez les plus parfaits d'entre eux. L'éléphant surtout en a donné des preuves frappantes, cet animal dont l'intelligence très développée peut s'augmenter et se développer encore par l'expérience d'une vie qui atteint quelquefois deux cents ans. Cette préméditation, qui nous surprend toujours au plus haut point chez les animaux, l'éléphant en a donné des signes non équivoques, qui ont été conservés dans des anecdotes bien connues. Il y a surtout celle du tailleur, qui fut puni par un de ces animaux, pour l'avoir piqué d'une aiguille. Je veux encore citer comme pendant à cette anecdote un fait qui ne doit pas tomber dans l'oubli, parce qu'il a l'avantage d'avoir été confirmé par une enquête judiciaire. A Morpeth, en Angleterre, il y eut, le 27 août 1853, une *Coroners inquest* sur le cas d'un gardien, nommé Baptiste Bernhard, qui avait été tué par son éléphant. Après audition de témoins, il fut établi que deux ans auparavant l'animal avait été brutalement blessé par cet homme, et que celui-ci, sans motif apparent, mais saisissant une occasion favorable, l'avait brusquement saisi et écrasé. (Voir le *Spectator*, et les autres journaux anglais du jour.) Pour ce qui concerne l'étude de l'intelligence animale, je recommande l'excellent livre de Leroy, sur l'*Intelligence des animaux*, nouv. éd., 1802.

CHAPITRE VI

L'impression des objets extérieurs sur les sens, et la sensation particulière qu'elle excite en nous, tout cela disparaît en même temps que la présence de l'objet. Ainsi, ces deux éléments ne suffisent pas à élaborer l'expérience proprement dite, qui doit être pour nous un enseignement et une règle de conduite pour l'avenir. L'image de cette impression, conservée par l'imagination, n'en est que l'écho affaibli; tous les jours elle se dégrade et finit par disparaître avec le temps. Il n'y a qu'une chose, qui ne disparaisse pas instantanément comme l'impression, et qui ne s'efface pas petit à petit, comme son image : c'est le concept. C'est en lui par conséquent, que doit se trouver déposé tout le savoir de l'expérience, et c'est lui seul qui est capable de nous diriger dans la vie. Aussi Sénèque dit-il fort justement : *Si vis tibi omnia subjicere, te subjice rationi* (ép. 37). J'ajoute que, pour s'imposer (1) aux autres, dans la vie réelle, il faut être soi-même posé (2), réfléchi, guidé uniquement par des concepts : c'est la condition essentielle. Un instrument de l'intelligence aussi considérable que le concept ne peut évidemment être identique au mot, à ce simple son qui, en tant qu'impression sensible, disparaît avec la présence de l'objet qui l'a causé, ou qui en tant qu'image auditive, finit par s'effacer avec le temps. Pourtant le concept est une représentation, dont la claire conscience et dont la conservation est attachée au mot. Aussi les Grecs désignaient-ils par le même mot la parole, le concept, le rapport, la pensée et la raison : ὁ λόγος. Toutefois, le concept est aussi différent du mot auquel il est attaché, que de l'intuition d'où il est sorti. Il est d'une tout autre nature que ces impressions des sens. Ce qui ne l'empêche pas de concentrer en lui tous les résultats de l'intuition, pour les restituer longtemps après, dans toute leur intégrité : c'est là le commencement de l'expérience. Seulement, ce n'est pas l'intuition ou la sensation telles quelles, que conserve le concept, c'en est le général, l'essentiel, et cela sous une forme très différente, sans qu'il cesse pourtant d'en être

---

(1 et 2). Il y a là un jeu de mots presque intraduisible : *überlegen,* supérieur à, et *uberlegt,* réfléchi, posé, etc. (Not. du trad.)

toujours le fidèle représentant. Ainsi, nous ne conservons pas les fleurs, mais uniquement leur essence, avec tout son parfum et toute sa force. L'activité qui se guide sur des concepts rigoureux arrive, en somme, à *réaliser* la fin qu'elle s'était proposée. — Pour juger du prix inestimable des concepts et partant de la raison, il suffit de jeter un coup d'œil sur la foule immense d'objets divers et d'événements, qui se suivent et s'enchevêtrent autour de nous, et de songer que la langue et l'écriture (les signes des concepts) peuvent nous faire connaître exactement chaque chose et chaque rapport, quels que soient le temps et le lieu où ils ont existé. Car un nombre relativement restreint de concepts embrasse et représente l'infinité des choses et des événements. — Dans la réflexion proprement dite, on ne fait que jeter par-dessus bord tout le bagage inutile : c'est ce qu'on appelle abstraire. On se rend ainsi plus facile le maniement des notions à comparer, c'est-à-dire à tourner et à retourner en tous sens. On laisse tomber tout le particulier, tout le changeant des objets réels, et l'on ne garde qu'un petit nombre de déterminations abstraites, mais générales. Mais comme les concepts généraux ne s'obtiennent qu'en éliminant certaines déterminations, et qu'ils sont en conséquence d'autant plus généraux qu'ils sont plus vides, l'emploi de ce procédé est limité à l'élaboration de notions déjà acquises, opération à laquelle se rattache le syllogisme, qui consiste à tirer des conclusions de prémisses contenues dans des concepts généraux. Si au contraire l'on veut apprendre quelque chose de nouveau, c'est à l'intuition qu'il faut recourir, comme à la source vraiment riche et féconde de nos connaissances. — Comme d'autre part l'extension et la compréhension des idées générales sont en rapport inverse, et que plus on pense sous un concept, moins il contient, il y a une hiérarchie des concepts qui va des plus particuliers jusqu'aux plus généraux. Suivant qu'on envisage l'extrémité supérieure ou inférieure de la chaîne, le réalisme scholastique et le nominalisme ne sont pas loin d'avoir tous deux raison. Car le concept le plus particulier et presque déjà l'*Individu*, est quasi réel ; et le concept le plus général, par exemple l'être (l'infinitif de la copule), n'est presque plus qu'un mot. Aussi les systèmes philosophiques qui s'en tiennent aux concepts généraux, sans revenir au réel, ne sont presque que des jeux de mots. Si en effet l'abstraction consiste simplement à éliminer, plus on la poursuit, moins on garde de réalité. Aussi quand il me tombe sous les yeux de ces philosophèmes à la mode, qui se déroulent en abstractions sans fin, il m'est presque impossible, malgré l'attention que j'y apporte, de penser quoi que ce soit là-dessous ; je n'y trouve plus la substance de la pensée, mais je ne sais quelle forme creuse. C'est comme lorsqu'on

essaie de lancer des corps très légers : il y a bien une certaine
force et un certain effort dépensé ; mais cet effort manque d'objet
où se prendre, et la réaction n'a pas lieu. A ceux qui seraient
curieux de faire cette expérience, je recommande les productions
des disciples de Schelling, ou mieux, les livres des Hégéliens, —
Une idée simple devrait être une idée inanalysable, par conséquent
ne pouvoir être le sujet d'un jugement analytique ; ce que je considère comme impossible, car lorsqu'on pense un concept, on doit
aussi pouvoir dire ce qu'il y a dedans. Ce que l'on donne comme
des exemples d'idées simples, n'est déjà plus idée, mais pure sensation, comme par exemple, celle d'une couleur déterminée, ou bien
forme *a priori* de l'intuition, c'est-à-dire éléments derniers de la
connaissance intuitive, ce qui est, pour le système de notre pensée,
ce qu'est le granit en géologie, — la dernière couche solide, qui
supporte tout le reste : on ne peut pas aller plus loin. Pour qu'un
concept signifie quelque chose, il faut, non seulement qu'on puisse
en distinguer les attributs, mais qu'on puisse analyser ces attributs
eux-mêmes, au cas où ils seraient également abstraits, jusqu'à
ce qu'on arrive, de proche en proche, à la connaissance intuitive,
c'est-à-dire aux choses concrètes sur lesquelles s'appuient les dernières couches de l'abstraction, et grâce auxquelles une réalité
quelconque est assurée à ces dernières abstractions, comme à
toutes celles qui s'élèvent au-dessus. Aussi l'explication habituelle,
qui consiste à donner pour clair un concept, dès qu'on peut en
déterminer les attributs, n'est-elle pas suffisante : car en analysant
ces attributs, nous pouvons nous trouver ramenés à de simples
concepts, sans qu'il y ait une intuition sous ces concepts ; or nous
savons que l'intuition en fait toute la réalité. Prenons, par exemple,
le concept « Esprit ». et réduisons-le à ses attributs : « un être doué
de pensée, de volonté, immatériel, simple, inétendu, indestructible » ; il n'y a rien de clair dans tout cela ; car les éléments de ces
concepts ne s'appuient pas sur des intuitions. Un être pensant, sans
cerveau, c'est un être qui digère sans estomac. Seules les intuitions
sont *claires* et non pas les concepts. Ceux-ci peuvent tout au plus
être *intelligibles.* Aussi lorsqu'on a donné la connaissance intuitive
comme étant obscure, on a fait synonymes le jour et la nuit, si
absurde que cela semble ; car on a eu l'air de considérer la connaissance abstraite comme la seule qui fût claire. C'est ce qu'a fait
d'abord Duns Scot ; c'est aussi, en dernière analyse, l'opinion
de Leibnitz ; son « Identité des indiscernables » repose là-desus. Il
faut lire à ce sujet la réfutation de Kant (p. 275 de la première édition de la *Critique de la Raison pure*).

Tout à l'heure nous avons parlé brièvement du lien qui rattache
le concept au mot, c'est-à-dire le langage à la Raison. Cette union

repose sur le principe suivant: Toute notre conscience, avec sa perception interne et externe, a pour forme le temps. Les concepts au contraire, en tant que représentations générales obtenues par abstraction et différentes de tous les objets particuliers, ont, à ce titre, une certaine existence objective, qui ne rentre pas pourtant dans une série temporelle. Aussi, pour se présenter immédiatement à la conscience individuelle, c'est-à-dire pour pouvoir être intercalés dans une série temporelle, et d'une certaine façon, pour revenir à l'état d'objets particuliers, doivent-ils être individualisés et à cet effet rattachés à une représentation sensible : cette représentation, c'est le mot. Le mot est donc le signe sensible du concept, et comme tel, le moyen nécessaire pour le fixer, c'est-à-dire pour le rendre présent à la conscience, qui est attachée à la forme du temps. Ainsi s'établit un lien entre la Raison, dont les objets purement généraux sont des universaux qui ne connaissent ni temps ni lieu, et la conscience sensible attachée au temps, et à ce titre purement animale. C'est seulement grâce à ce moyen, que nous pouvons reproduire à volonté, évoquer et conserver nos concepts, et effectuer les opérations correspondantes, comme de juger, conclure, comparer, déterminer. Sans doute, il arrive quelquefois que les concepts occupent la conscience indépendamment de leurs signes, car parfois nous parcourons si vite la chaîne de nos idées, que nous n'aurions pas le temps d'y placer les mots. Mais ce sont là des exceptions, qui supposent un long exercice de l'intelligence, lequel n'était possible que par le langage. Il nous est facile, par l'exemple des sourds-muets, de voir combien l'emploi de la Raison est subordonné au langage ; quand on ne leur a appris aucune espèce de langage, ils montrent à peine plus d'intelligence que les orangs-outangs ou les éléphants ; car ils n'ont guère la Raison qu'*en puissance* ; ils ne l'ont pas *en acte*.

Parole et langage, voilà donc les instruments indispensables de toute pensée claire. Mais comme tout moyen, comme toute machine, ces instruments sont en même temps une gêne et une entrave. Le langage en est une, parce qu'il contraint à entrer dans certaines formes fixes, les nuances infinies de la pensée toujours instable, toujours en mouvement: et en les fixant, il leur ôte la vie. On peut tourner en partie cet inconvénient, en apprenant plusieurs langues. En effet, en passant d'une forme dans une autre, la pensée se modifie, et se débarrasse de plus en plus de son enveloppe: et ainsi son essence intime se manifeste plus clairement, et elle recouvre sa mobilité originelle. Mais les langues anciennes sont bien plus capables que les modernes de nous rendre ce service. La grande différence qu'il y a entre celles-là et celles-ci fait que la pensée exprimée en une langue ancienne doit revêtir dans une langue moderne une expression tout autre, et prendre une forme très différente. Ajoutons que la grammaire plus parfaite des langues anciennes permet une disposition plus artistique et plus achevée des idées et de leurs rapports. Aussi un Grec et un Romain pouvaient-ils toujours se contenter de leur langue maternelle. Mais quiconque ne comprend qu'un de nos patois modernes ne tardera pas à s'apercevoir de son indigence, soit qu'il écrive ou qu'il parle : sa pensée est attachée à de pauvres formes stéréotypées ; elle tombe raide et monotone. Le génie seul peut surmonter cet obstacle comme il surmonte tout. Shakspeare en est un exemple.

J'ai dit, dans le chapitre ix de mon premier volume, que les mots d'un discours sont parfaitement compris, sans être accompagnés dans notre tête de représentations intuitives ou images : c'est ce que Burke a fort bien montré, et déduit tout au long dans son livre *Inquiry in to the Sublime and Beautiful* (p. 5, sect. 4 et 5). Seulement il en tire la conclusion fausse, que nous entendons les mots, que nous les percevons et les employons, sans y attacher la moindre représentation *(idea)*; alors qu'il aurait dû conclure, que toutes les réprésentations *(ideas)* ne sont pas des images intuitives (images), mais que celles qui doivent être désignées par des mots sont de purs concepts *(abstract notions)*, et que ceux-ci, par leur nature même, ne sont pas intuitifs. Les mots ne suggérant que des concepts généraux qui diffèrent profondément des représentations intuitives, les auditeurs d'un même récit perçoivent des concepts identiques ; mais lorsqu'on veut ensuite se représenter l'événement, l'imagination de chacun y glisse une image, qui diffère sensiblement de la vraie, laquelle n'existe que pour le témoin oculaire. C'est pour cela surtout (quoiqu'il y ait encore d'autres raisons) qu'un fait est toujours dénaturé en passant de bouche en bouche ; le second narrateur introduit dans le récit des concepts nouveaux que lui fournit son effort pour se représenter intuitivement ce qu'il a lui-même entendu ; le troisième s'en fait une représentation moins exacte encore qui se traduit à son tour en concepts, et ainsi de suite. Une imagination, assez sèche pour s'en tenir aux concepts qu'on lui aurait suggérés, et n'aller pas plus loin, serait un rapporteur des plus fidèles.

La meilleure et la plus raisonnable déduction sur l'essence et la nature des concepts, que j'aie rencontrée, se trouve dans Thomas Reid, *Essays on the Power of human mind* (Vol. 2, essay 5, ch. 6). Elle a été critiquée et désapprouvée depuis par Dugald Stewart, dans sa *Philosophy of the human mind*. Comme je ne veux pas dépenser inutilement du papier pour lui, je me borne à dire qu'il est un de ces nombreux individus, dont le renom immérité s'explique par la faveur de l'amitié ; je ne puis que conseiller à mes lecteurs de ne pas perdre leur temps aux écrivasseries d'un aussi pauvre cerveau.

D'ailleurs, la différence qu'il y a entre la raison et l'entendement, —l'une, faculté des représentations abstraites, l'autre, faculté des représentations intuitives, — a été déjà aperçue par Pic de la Mirandole, ce scholastique grand seigneur; dans son livre *De imaginatione*, l. II, il distingue soigneusement la raison de l'entendement, et considère la première comme la faculté discursive, particulière à l'homme, et la seconde comme la faculte intuitive, qui est le mode de connaissance des anges, presque celui de Dieu. De même Spinoza définit très justement la raison, la faculté de former des concepts généraux (Eth. II, prop. 40, schol. 2). Je n'aurais pas eu besoin de m'étendre sur ce sujet, sans les bouffonneries que tous nos philosophastres allemands ont accumulées depuis cinquante ans sur le concept de raison; sous ce nom, ils ont introduit impudemment je ne sais quelle faculté mensongère, une connaissance métaphysique immédiate, dite *suprasensible*, tandis qu'ils faisaient de la véritable raison l'entendement, et passaient celui-ci sous silence, comme une faculté qui leur était étrangère, et dont ils attribuaient les fonctions intuitives à la sensibilité.

Comme toute chose en ce monde, un avantage ne va pas sans entraîner avec lui mille inconvénients. C'est ce qui arrive pour la raison, ce privilège exclusif de l'homme; elle comporte des inconvénients à elle propres, et devient souvent pour l'homme une source d'erreurs, auxquelles les animaux ne sont point exposés. Grâce à elle, une nouvelle espèce de motifs, inconnus des animaux, exerce son influence sur sa volonté; ce sont les *motifs abstraits*, c'est la pensée pure et simple, qui ne dérive pas toujours pour nous de l'expérience proprement dite, mais qui peut nous venir souvent ne fût-ce que par les discours ou les exemples d'autrui, par la tradition ou les livres. Par la pensée, l'intelligence humaine est ouverte à l'erreur. Seulement chaque erreur entraîne tôt ou tard toute une série de maux, plus ou moins grands, suivant que l'erreur était plus ou moins forte. Toute erreur individuelle est expiée, et se paie cher; il en est de même des erreurs générales, de celles que commettent les peuples. Aussi ne saurait-on assez répéter que toute erreur, où qu'on la trouve, doit être poursuivie et extirpée comme nuisible à l'humanité, et qu'il ne peut y avoir d'erreurs privilégiées, ou même sanctionnées par les lois. Le penseur doit les arracher, quoique les hommes, semblables en cela au malade dont le médecin touche les plaies, en jettent de hauts cris. L'animal ne peut jamais s'écarter beaucoup du chemin de la nature ; car ses motifs appartiennent tous au monde intuitif, qui est le domaine unique du possible, ou plutôt du réel ; dans nos concepts abstraits, au contraire,

dans nos pensées et nos mots peut entrer tout ce qu'il est possible
d'imaginer, c'est-à-dire le faux, l'impossible, l'absurde et l'insensé.
Comme la raison appartient à tous et le bon jugement à quelques-uns,
il en résulte que l'homme est livré à toutes les illusions. On lui fait
accepter les chimères les plus invraisemblables qui, agissant sur sa
volonté, le poussent à des travers et à des folies de toute sorte,
aux extravagances les plus inouïes et aux actes les plus contradictoires avec sa nature animale. La culture proprement dite, à laquelle
concourent la connaissance et le jugement, ne peut être donnée
qu'à quelques-uns, et ne peut être reçue que d'un plus petit nombre
encore. Elle est remplacée, pour le plus grand nombre, par une
sorte de dressage ; ce dressage se fait par l'exemple, la coutume, et
surtout par l'habitude qu'on a d'imprimer de très bonne heure et
très fortement dans les cerveaux humains, certaines notions qui
précèdent l'expérience, l'entendement et le jugement, en un mot
tout ce qui pourrait détruire cette œuvre d'éducation. Ainsi se
greffent certaines notions, qui, par la suite, sont aussi solides, aussi
rebelles à tout essai de rectification, que des *idées innées ;* si bien
que certains philosophes s'y sont trompés. Sur ce terrain, il est
aussi facile d'inculquer aux hommes le raisonnable que l'absurde,
par exemple de les habituer à n'approcher telle ou telle idole, que
pénétrés d'une horreur sacrée, et, à son seul nom, à se prosterner
dans la poussière non seulement en chair, mais encore en esprit ; à
sacrifier leurs biens et leur vie à un mot, à un nom, à la défense
des plus aventureuses chimères ; à respecter infiniment ceci ou à
mépriser profondément cela ; à se priver de toute nourriture animale, comme dans l'Hindoustan, ou à dévorer les membres encore
chauds et palpitants d'un animal vivant, comme en Abyssinie ; à
manger des hommes, comme en Océanie ; à sacrifier des enfants à
Moloch ; à se mutiler soi-même, à se jeter volontairement dans le
bûcher d'un mort ; en un mot, on peut inculquer ainsi tout ce qu'on
veut. De là les croisades, les sectes fanatiques, les flagellants, les
millénaires, les persécutions, les auto-da-fés, et tout ce qui contribue à grossir les annales des folies humaines. Et que l'on ne
croie pas qu'il faille aller chercher de tels exemples dans les siècles
les plus barbares ; je vais en citer de tout récents. En 1818,
7,000 millénaires partirent du Wurtemberg pour les environs du
mont Ararat, parce que c'était là que devait commencer le nouveau
royaume de Dieu, dont le principal apôtre était Jung Stilling (1). Gall
raconte que, de son temps, une femme tua et fit rôtir son enfant,
pour guérir avec sa graisse les rhumatismes de son mari (2). Le côté

______

(1) *Journal d'Illgens pour la théologie historique*, 1839, 1ᵉʳ fasc., p. 182.
(2) Gall et Spurzheim, *Des dispositions innées*, 1811, p. 253.

tragique de l'erreur et du faux jugement apparaît surtout dans la pratique ; la théorie seule est risible : que l'on convainque un jour trois individus que le soleil n'est pas la cause de la lumière, il est permis de croire que ce sera bientôt la conviction de tout le monde. Un charlatan répugnant et sans esprit, un barbouilleur d'insanités, comme il y en a peu, Hégel, a été regardé en Allemagne comme le plus grand philosophe de tous les temps, et des milliers de gens l'ont cru fermement, durant vingt années. A l'étranger, l'Académie de Danemark a défendu sa gloire contre moi, et a voulu le faire passer pour un très grand philosophe, *summus philosophus* (Cf. là-dessus la préface de mes *Problèmes fondamentaux de l'Ethique*). Tels sont les inconvénients attachés à la raison, quand elle est dépourvue de jugement. Il faut y comprendre la possibilité de la folie. Les animaux ne deviennent pas fous, quoique les carnassiers soient exposés à la rage, et les herbivores à une sorte de fureur.

CHAPITRE VII

DES RAPPORTS DE LA CONNAISSANCE INTUITIVE ET DE LA CONNAISSANCE ABSTRAITE

Comme la matière des concepts, — ainsi que nous l'avons montré, — n'est autre que la connaissance intuitive, et que par conséquent tout l'édifice de notre monde intellectuel repose sur le monde de l'intuition, nous devons pouvoir revenir, comme par degrés, de concepts en concepts aux intuitions d'où ces concepts ont été immédiatement tirés; c'est-à-dire que nous devons pouvoir appuyer tout concept sur des intuitions qui, par rapport aux abstractions, jouent le rôle d'un modèle. Ces intuitions représentent donc le contenu réel de notre pensée; partout où elles manquent, il n'y a plus de concepts, mais des mots. Sous ce rapport, notre intelligence ressemble à un billet de banque, qui, pour avoir une valeur réelle, suppose du numéraire en caisse, destiné à solder, le cas échéant, tous les billets émis. Les intuitions sont le numéraire, et les concepts sont les billets. En ce sens, on pourrait appeler fort justement représentations *primaires* les intuitions, et représentations *secondaires* les concepts. Les noms donnés par les Scholastiques, d'après Aristote, aux objets réels et aux concepts *(substantiæ primæ, substantiæ secundæ)*, n'étaient pas tout à fait aussi justes *(Métaphys.*, VI, ii; XI, i). Les livres ne suggèrent que des représentations secondaires. Le simple concept d'une chose, sans l'intuition, n'en donne qu'une notion toute générale. On n'a une complète intelligence des choses et de leurs rapports, qu'autant qu'on est capable de se les représenter dans des intuitions claires et distinctes, sans le secours des mots. Expliquer un mot par un autre, comparer entre eux les concepts, c'est en quoi consistent à peu près toutes les discussions philosophiques ; et ce n'est au fond que s'amuser à faire rentrer les unes dans les autres toutes les sphères de concepts, afin de voir celles qui sont capables de s'y prêter et celles qui ne le sont pas. Dans le cas le plus heureux, on arrive ainsi à des conclusions; mais les conclusions non plus n'apportent aucune connaissance nouvelle, et ne font que révéler tout ce qui se trouvait déjà dans une connaissance préalable, et ce qu'on en doit prendre pour les divers cas qui se présentent. Au contraire voir, laisser les choses elles-mêmes nous parler, embrasser entre elles de nouveaux rapports , puis déposer le tout dans des concepts, pour le posséder plus sûrement, voilà qui est augmenter sa science. Seulement, tandis que tout le monde peut comparer entre eux des concepts, il n'est donné qu'à quelques-uns de confronter ces concepts avec l'intuition. Cette dernière opération exige, suivant qu'elle est plus ou moins parfaite, de l'esprit, du jugement, de la pénétration, du génie. Quant à la première, il n'est. jamais besoin, pour s'en acquitter, que de raisonner juste. La substance même de toute vraie connaissance est une intuition ; aussi c'est d'une intuition que procède toute vérité nouvelle. Toute pensée, à l'origine, est une image ; c'est pourquoi l'imagination est un outil si nécessaire de la pensée ; les têtes qui en sont dépourvues ne font jamais rien de grand, sinon en mathématiques. Au contraire, des pensées purement abstraites, qui n'ont pas un noyau intuitif, ressemblent aux jeux des nuages : cela n'a pas de réalité. Un écrit ou un discours, que ce soit une dissertation ou un poème, a pour premier but d'amener le lecteur à l'intuition même d'où l'auteur est parti. Si ce but est manqué, l'ouvrage ne vaut rien. C'est précisément pourquoi l'observation de la réalité, dès qu'elle apporte quelque chose de neuf à l'observateur, est plus instructive que tout ce qu'on peut lire ou entendre. Car, si nous y réfléchissons, nous verrons que toute vérité et toute sagesse est contenue dans le réel, que dis-je ? nous verrons qu'il renferme le dernier secret des choses. Ce secret ne se trouve que dans le concret, comme l'or dans le minerai. Il ne reste plus qu'à l'en tirer. Avec un livre au contraire, on n'a jamais qu'une vérité de seconde main, à condition encore que l'on tombe bien ; et cela n'arrive pas toujours.

Dans la plupart des ouvrages, dont le contenu empirique est absolument nul (je ne parle pas de ceux qui sont franchement mauvais), il y a sans doute de la réflexion, mais il n'y a rien de vu. L'auteur est parti du raisonnement, non de l'intuition, pour écrire ; et c'est pour cela qu'il est médiocre et ennuyeux. Car tous ses raisonnements, le lecteur avec un peu de peine aurait pu tout au moins les faire à sa place ; ce ne sont que des idées sensées, ou la déduction immédiate de principes contenus implicitement dans le thème adopté. Avec cette méthode, on n'apporte au monde aucune idée vraiment nouvelle ; car il y faudrait l'éclair de l'intuition, l'aperception immédiate d'un nouveau côté des choses. Mais lorsque, au contraire, la pensée d'un auteur repose immédiatement sur l'intuition, c'est comme s'il révélait un pays où le lecteur n'a jamais pénétré ; c'est la nouveauté dans toute sa fraîcheur ; c'est quelque chose qui sort directement de la source même de toute connaissance. Voici un exemple bien facile et bien simple de la différence que je veux marquer ici. Un écrivain ordinaire croira exprimer l'étonnement

profond, la stupéfaction qui pétrifie, en disant : « Il était comme
une statue » ; Cervantès, lui, dira : « Comme une statue habillée,
car le vent faisait flotter ses vêtements » (*Don Quichotte*, V, VI,
cap. 19). C'est ainsi que tous les grands esprits n'ont jamais pensé
qu'en présence de l'intuition, et qu'à chacune de leurs pensées, ils
y tiennent leurs yeux fermement attachés. On reconnaît ce fait, entre
autres caractères, à ce que les plus différents d'entre eux se rencontrent si souvent dans le détail ; c'est qu'ils parlent tous de la
même chose, qu'ils ont tous sous les yeux : le monde, la réalité
intuitive. Et même, d'une certaine façon, ils disent tous la même
chose, et le commun des hommes ne les croit jamais. On s'en aperçoit à ce qu'il y a de frappant, d'original, d'exactement conforme
aux choses elles-mêmes, dans l'expression qu'ils en donnent, et
tout cela vient de l'intuition ; on s'en aperçoit encore à la naïveté
du style, à la nouveauté des images, à la justesse frappante des
comparaisons ; ce sont là, sans exception, les caractères de toutes
les grandes œuvres ; et c'est là aussi ce qui manque à tous les
ouvrages médiocres. Aussi les écrivains ordinaires n'ont-ils à leur
disposition que des tournures banales et de pauvres images ; jamais
ils ne se permettent d'être naïfs, sous peine de révéler au grand
jour leur platitude, dans ce qu'elle a de plus lamentable. Ils aiment
mieux être précieux. Buffon a bien raison de dire : « Le style est
l'homme même ». Lorsque des esprits ordinaires se mêlent de poésie,
ils n'ont à nous donner que des idées conventionnelles, imposées
par la tradition, c'est-à-dire prises *in abstracto* ; leurs passions et
leurs nobles sentiments sont aussi de cette espèce. Ils les prêtent
aux héros de leurs poèmes, qui ne sont de la sorte que de simples
personnifications de leurs idées, c'est-à-dire en une certaine façon
des abstractions ; ils sont fades et ennuyeux. Quand ces gens-là se
mêlent de philosopher, ils prennent quelques concepts bien abstraits, qu'ils tiraillent en tous sens, comme s'il s'agissait d'équations algébriques, dans l'espoir qu'il en sortira quelque chose. Tout
au plus s'aperçoit-on qu'ils ont tous lu la même chose. Malheureusement, on a beau jongler ainsi avec des idées abstraites, les traiter
comme des équations algébriques (c'est ce qu'on appelle aujour-
d'hui de la dialectique), on n'arrive pas aux résultats positifs de la
véritable algèbre ; car ici le concept représenté par le mot n'est
pas une grandeur fixe et déterminée, comme celles que désignent
les caractères algébriques. C'est quelque chose de flottant, qui est
susceptible de recevoir une foule de sens, d'être étendu ou restreint. A le prendre exactement, toute pensée, c'est-à-dire toute
combinaison de concepts abstraits, n'a tout au plus pour matière
que des souvenirs d'anciennes intuitions. Ou même ce lien de l'intuition et de la pensée peut n'être qu'indirect, en tant que l'intuition

est le point d'appui de tous les concepts. Il n'y a en revanche de connaissance réelle, c'est-à-dire immédiate, que la seule intuition, la perception de quelque chose de nouveau. Mais maintenant les concepts, que forme la raison, et que conserve la mémoire, ne peuvent jamais être tous présents à la fois dans la conscience; il n'y en a qu'un très petit nombre seulement. Au contraire, l'énergie avec laquelle nous synthétisons tout le présent de l'intuition, ce présent dans lequel est contenu virtuellement et se représente toujours l'essence même de toutes choses, — cette énergie, dis-je, s'empare de la conscience en un instant, et la remplit de toute sa puissance. Voilà pourquoi l'homme de génie l'emporte infiniment sur l'érudit. Il y a le même rapport entre l'un et l'autre qu'entre le texte d'un ancien classique et son commentaire. En dernière analyse, toute vérité et toute sagesse résident réellement dans l'intuition. Mais cette intuition, il est très difficile de la saisir et de la communiquer aux autres. Les conditions objectives requises à cet effet apparaissent claires et pures de tout mélange, aux yeux de chacun, dans les arts plastiques et plus immédiatement dans la poésie; mais il y a aussi des conditions subjectives, qu'il n'est pas toujours donné à tous de réaliser, et même qui, portées au plus haut degré de la perfection, sont le privilège de quelques-uns. Seule la connaissance bâtarde, la connaissance abstraite, celle des concepts, peut se communiquer immédiatement, sans condition. Elle n'est que l'ombre de la véritable connaissance. Si l'intuition pouvait se communiquer, la communication en vaudrait la peine ; mais en définitive, nous ne pouvons sortir de notre peau; il faut que nous restions enfermés chacun dans notre crâne, sans pouvoir nous venir en aide les uns aux autres. Enrichir le concept par l'intuition, c'est le but constant de la philosophie et de la poésie. Cependant l'homme en général n'a que la pratique en vue ; pour cela, il suffit que les choses, une fois saisies dans l'intuition, laissent des traces en lui; qu'un cas semblable se représente, il le reconnaît grâce à ces traces; il devient prudent. Aussi l'homme du monde ne peut-il enseigner sa science, qui est toute d'expérience. Il l'exerce, voilà tout. Il a une vue juste des choses, et sa conduite s'y adapte. Ni les livres ne sauraient remplacer l'expérience, ni la science, le génie ; et cela pour la même raison : c'est à savoir que l'abstraction ne peut remplacer l'intuition. Les livres ne remplacent pas l'expérience, parce que les concepts restent toujours généraux, et partant ne descendent pas au particulier, qui est l'essence même de la vie. Ajoutons que tous les concepts viennent de ce qu'il y a de particulier et d'intuitif, dans l'expérience, et que par conséquent il faut avoir appris à la connaître d'abord, pour comprendre seulement les idées générales, que suggèrent les livres. L'érudition ne remplace pas le génie, parce qu'elle ne livre que de simples concepts, et que la connaissance géniale consiste à saisir les Idées des choses (au sens platonicien). Elle est donc essentiellement intuitive. Dans le premier phénomène, la lecture, ce sont les conditions objectives qui manquent, pour amener la connaissance intuitive; dans le second, la science, ce sont les conditions subjectives. On peut acquérir les premières; les secondes ne s'acquièrent pas.

La sagesse et le génie, ces deux branches suprêmes de la connaissance humaine, n'ont pas leurs racines dans la faculté d'abstraction, la faculté discursive, mais bien dans la faculté d'intuition. La sagesse proprement dite est quelque chose d'intuitif et non d'abstrait. Ce n'est pas un ensemble de propositions ou d'idées, résultat des recherches d'autrui ou de réflexions personnelles, qu'on porterait toutes faites dans sa tête : c'est tout simplement la façon dont le monde se représente dans un cerveau. Et cette représentation varie à ce point, que le sage vit dans un monde tout autre que celui de l'insensé, et que l'homme de génie ne voit pas le même univers que l'imbécile. Si les œuvres du génie surpassent de si haut les œuvres ordinaires, c'est que le monde tel qu'il le voit et auquel il emprunte ses créations, est plus clair et d'un relief plus saisissant que le monde tel qu'il existe dans les autres têtes, bien que ces deux mondes renferment identiquement les mêmes objets; il y a entre le premier et le second le même rapport qu'entre un tableau à l'huile fini et une peinture chinoise sans ombre, ni perspective. La matière est la même dans toutes les têtes ; mais c'est le degré de perfection qu'elle revêt en chacune d'elles, qui permet de déterminer des degrés dans les intelligences. Ainsi il y a une différence dès le principe, dès la synthèse intuitive, bien avant le travail d'abstraction. C'est pourquoi la supériorité intellectuelle se manifeste si facilement en toute occasion; elle est sentie immédiatement par le vulgaire, et détestée dès qu'elle est sentie.

Dans la pratique, la connaissance intuitive de l'entendement peut servir de règle immédiate à notre conduite, tandis que la connaissance abstraite de la raison a besoin, pour cela, de l'intermédiaire de la mémoire. De là l'avantage de la connaissance intuitive, dans tous les cas où la réflexion n'a pas le temps de se faire, par exemple dans nos rapports journaliers: les femmes y excellent pour ce motif. C'est seulement celui qui a vu le fond même de l'homme, tel qu'il est en général, et qui a saisi de même ce qu'il y a de particulier dans tel individu donné, qui peut être correct et sûr de lui dans ses rapports avec ses semblables. Tout autre aura beau apprendre les trois cents règles de civilité de Gracian; cela ne l'empêchera pas de commettre des balourdises et

des bévues, si cette connaissance intuitive lui manque. Toute connaissance abstraite en effet ne donne que des principes généraux
et des règles; le cas particulier n'est presque jamais exactement
défini par la règle; de plus, il faut que la mémoire intervienne à
temps, et elle le fait rarement; puis, la règle une fois retrouvée, on
forme la mineure avec le cas particulier donné, et on tire enfin la
conclusion. Avant que tout ce beau raisonnement soit fini, l'occasion a eu le temps de devenir chauve, et nos excellents principes
ne servent plus qu'à nous faire mesurer l'énormité de notre faute.
Cependant avec du temps, de l'expérience et de la pratique, ces
tâtonnements nous procurent petit à petit la science du monde;
c'est pourquoi les règles abstraites, pourvu qu'on ne les sépare
point de l'expérience, peuvent donner de bons résultats. Au
contraire, la connaissance intuitive, qui ne saisit jamais que le
particulier, est en rapport immédiat avec le cas présent. La règle,
le cas donné, l'application, c'est tout un pour elle, et le cas une
fois posé, l'acte suit immédiatement. De là vient que, dans la vie,
le savant, qui l'emporte par la richesse des connaissances abstraites,
est si souvent inférieur à l'homme du monde, dont la supériorité
consiste dans une parfaite connaissance intuitive, qu'ont élaborée
en lui des dispositions naturelles et une riche expérience. Il y a
toujours entre les deux modes de connaissance le même rapport
qu'entre l'argent et le papier-monnaie; mais, de même qu'il y a
certains cas où le papier est préférable à l'argent, il y a aussi des
choses et des cas pour lesquels il vaut mieux employer la connaissance abstraite que la connaissance intuitive. Si, par exemple, une
idée a réglé notre conduite dans une circonstance donnée, elle a
le privilège, une fois saisie, d'être immuable; guidés par elle, nous
nous mettons à l'œuvre en toute sûreté! Seulement cette sûreté du
concept, du côté subjectif, est compensée par son incertitude du
côté objectif. Le concept en effet peut être absolument faux et
dépourvu de fondement; ou bien l'objet proposé ne rentre pas sous
sa catégorie; il appartient à une tout autre espèce, ou n'appartient
pas tout à fait à la même. Si nous nous apercevons brusquement de
cette discordance, et cela aussi dans un cas donné, nous voilà dé-
concertés; si nous ne nous en apercevons pas, ce sont les conséquences qui nous en instruisent. C'est pourquoi Vauvenargues a
dit : « Personne n'est sujet à plus de fautes, que ceux qui n'agissent
que par réflexion ». — Est-ce au contraire l'intuition des objets
proposés et de leurs rapports, qui dirige immédiatement notre
conduite? alors nous chancelons facilement à chaque pas; car l'intuition est éminemment sujette à se modifier, elle est ambiguë, elle
renferme en elle une infinie complexité, et montre plusieurs faces
les unes après les autres; aussi n'agissons-nous pas avec une

entière confiance. Seulement l'incertitude subjective est compensée
par la sûreté objective ; car ici il n'y a aucun concept entre l'objet
et nous ; nous ne le perdons pas des yeux ; si donc nous voyons
bien ce qui est devant nous et ce que nous faisons, il est imman-
quable que nous marchions droit. — Notre conduite n'est donc
parfaitement sûre que lorsqu'elle est guidée par un concept, dont
le fondement et la solidité nous sont connues, et qui est applicable
au cas donné. Cette conduite peut dégénérer en pédanterie ; celle
au contraire qui s'en rapporte à l'impression intuitive peut devenir de la légèreté ou de la folie.

L'intuition n'est pas seulement la source de toute connaissance,
elle est la connaissance même (κατ' ἐξοχήν) ; c'est la seule qui soit
inconditionnellement vraie, la seule pure, la seule qui mérite vraiment le nom de connaissance, car c'est la seule qui nous fasse voir
à proprement parler, la seule que l'homme s'assimile réellement,
qui le pénètre tout entier, et qu'il puisse appeler vraiment *sienne :*
Les concepts au contraire se développent artificiellement ; ce sont des
pièces de rapport. Dans mon quatrième livre, on peut voir la vertu
sortir proprement de la connaissance intuitive ; il n'y a en effet,
pour révéler notre véritable caractère dans ce qu'il a de profondément immuable, que les actes qui découlent immédiatement de la
connaissance intuitive, et qui par conséquent sont l'œuvre originale
de notre propre nature. Il n'en est pas de même des actes qui procèdent de la réflexion et de ses maximes ; ils sont souvent opposés
à notre caractère, et partant n'ont pas de fondement solide en nous.
Mais aussi la sagesse, la vue nette des choses, le coup d'œil juste,
la rectitude du jugement, toutes ces qualités dépendent de la façon
dont l'homme perçoit le monde intuitif, et non pas seulement de
son savoir, c'est-à-dire de ses concepts abstraits. De même que
le fonds réel, l'essence proprement dite de toute science ne consiste
point dans les preuves ni dans ce qui se prouve, mais uniquement
dans ce qui est indémontrable, dans cela même sur quoi les preuves
s'appuient, et qui n'est saisi que par l'intuition ; de même aussi le
fonds de la vraie sagesse, la vraie science de chacun n'est point
enfermée dans des concepts, dans un savoir abstrait, elle est tout
entière dans l'intuition et dans le degré de pénétration, de justesse
et de profondeur avec lequel il a saisi cette intuition. Quiconque
y excelle connaît l'Idée du monde et de la vie (au sens platonicien) ;
chaque cas qu'il a perçu lui en représente une foule d'autres ; tous
les jours il connaît mieux les êtres dans leur vraie nature, et sa
conduite, comme son jugement, correspond à la vue qu'il en a.
Petit à petit son visage devient plus intelligent, il annonce le coup
d'œil juste, la vraie raison, et, au plus haut degré, la sagesse. Car
c'est seulement la supériorité dans la connaissance intuitive qui

imprime un caractère particulier aux traits du visage. Il n'en est pas de même de la connaissance abstraite. En conséquence, on peut trouver des hommes d'une réelle supériorité intellectuelle dans toutes les classes de la société, bien que souvent ils soient totalement dépourvus de science. Car l'entendement naturel peut suppléer à la culture, presque à tous ses degrés, mais aucune espèce d'éducation ne remplace l'entendement naturel. Le savant, lui, a sur les autres l'avantage de posséder tout un trésor d'exemples et de faits (connaissances historiques), et de déterminations causales (sciences naturelles); les divers éléments de la science s'enchaînent en lui et s'ordonnent admirablement; mais avec cela il n'a pas une vue suffisamment juste et profonde de ce qui est l'essence même de ces exemples, de ces faits et de ces rapports de causalité. L'ignorant qui a le coup d'œil vif et pénétrant sait se passer de toutes ces richesses : avec beaucoup d'argent on mène grand train, avec peu on se suffit. Un seul cas tiré de sa propre expérience, l'instruit plus que mille cas ne peuvent faire le savant : celui-ci les *connaît* bien, mais il ne les *comprend* pas véritablement : car la science de cet ignorant, si mince qu'elle soit, est vivante, en ce sens que tout ce qu'il connaît s'appuie sur une intuition juste et compréhensible, si bien qu'un fait connu lui en représente mille semblables. Au contraire le savoir considérable du savant ordinaire est mort; car il consiste, sinon en une science toute verbale, — et c'est souvent le cas, — du moins en connaissances purement abstraites ; or ces connaissances tirent toute leur valeur de la connaissance intuitive du particulier ; c'est là-dessus qu'elles s'appuient, et c'est cette connaissance intuitive qui donne leur réalité aux concepts. Mais l'intuition manque au savant; aussi sa tête ressemble-t-elle à une banque dont les assignations dépassent plusieurs fois le véritable fonds. Elle fait banqueroute. — Aussi, tandis qu'une vue adéquate du monde intuitif imprime parfois le sceau de la sagesse au front d'un ignorant, il arrive par contre que les longues études du savant ne laissent d'autres traces sur son visage que celles de l'épuisement et de la fatigue. La faute en est à la tension excessive de sa mémoire, à ses efforts contre nature pour amasser une science morte, à l'aide de vains concepts; il en arrive ainsi à voir les choses d'une façon si étroite, si bornée, si sotte, qu'il faut en conclure ceci : c'est que cet effort de l'intelligence appliqué à la connaissance médiate des concepts a pour effet direct d'affaiblir la connaissance intuitive immédiate ; et que la justesse naturelle du coup d'œil est offusquée et comme éblouie peu à peu par la lumière des livres. D'ailleurs ce torrent perpétuel des pensées d'autrui doit arrêter le cours de nos pensées à nous;

il finit par le suspendre. Il y a plus : l'intelligence, à la longue, en est paralysée, à moins qu'elle ne soit suffisamment élastique pour résister à un tel afflux. De là vient qu'on se gâte le cerveau à lire et à étudier constamment ; ajoutons que le système de nos propres pensées et de nos connaissances n'a plus ni continuité ni harmonie, puisque nous le brisons nous-mêmes à tout instant pour faire place à un tout autre courant d'idées. Quand j'écarte mes propres idées pour faire place à celles d'un livre, il m'arrive ce que Shakespeare reprochait aux touristes de son temps, de vendre leurs propres terres pour aller voir celles des autres. Cependant cette manie de lecture, chez la plupart des savants, est une façon de fuir leur propre vide *(fuga vacui)* ; c'est l'absence d'idées dans leurs propres têtes, qui y attire si puissamment celles des autres. Ils lisent pour en avoir, semblables aux corps inertes, qui reçoivent du dehors leur mouvement, tandis que les penseurs originaux sont comme les corps vivants qui se meuvent eux-mêmes. Aussi est-il dangereux de lire un ouvrage sur un objet, avant d'y avoir soi-même réfléchi. Car avec ce nouvel objet se glisse dans l'esprit le point de vue particulier de l'auteur, et la façon dont il l'a envisagé ; d'autant plus que la paresse et l'apathie nous conseillent de nous épargner la peine de penser, pour prendre des idées toutes faites, et nous en servir. Cela devient une habitude, et notre pensée, comme un ruisseau qu'on dérive dans une fosse, et qui tourne sur lui-même, s'accoutume à suivre toujours le même chemin ; alors il est doublement difficile de lui en faire suivre un autre, qui nous appartienne en propre. C'est ce qui contribue surtout au manque d'originalité des savants. Ajoutons qu'ils croient devoir partager leur temps, comme les autres, entre le plaisir et le travail. Ils considèrent la lecture comme leur labeur, comme leur métier à eux, et ils s'y consument jusqu'à l'épuisement. Ainsi la lecture ne leur sert pas de stimulant à la réflexion ; elle leur en tient lieu : car ils ne pensent aux choses que pendant le temps qu'ils consacrent à la lecture, c'est-à-dire qu'ils y pensent avec l'esprit d'autrui, et non avec le leur propre. Mais dès qu'ils ont fermé leur livre, ils s'intéressent bien plus vivement à d'autres objets ; ce sont leurs affaires personnelles qui les occupent, ou bien le spectacle, les cartes, le jeu de quilles, la chronique du jour, les cancans. L'homme pense, précisément dans la mesure où il ne s'occupe pas de ces bagatelles, mais uniquement des problèmes qui le passionnent ; ces problèmes, le penseur s'y attache partout, de lui-même, sans recourir à un livre : essayer de s'y intéresser artificiellement est impossible. Le tout est d'éprouver naturellement cet intérêt. Et voilà aussi pourquoi l'érudit ordinaire ne parle jamais que de ce qu'il a lu, et le penseur uniquement de ce qu'il pense. On peut appliquer au premier le vers de Pope.:

For ever reading, never to be read (1).

L'esprit de sa nature est libre et non serf. Cela seul réussit, qu'il fait de lui-même et de bon gré. Au contraire se forcer à une étude, pour laquelle on n'est pas fait, ou lorsqu'on a la tête fatiguée, y persévérer trop longtemps et malgré Minerve, tout cela nous hébète le cerveau, comme une lecture au clair de lune abîme la vue. C'est ce qui arrive surtout, quand un cerveau trop jeune, celui d'un enfant, s'applique à l'étude. Ainsi, je crois que la grammaire latine et la grammaire grecque, apprises de la sixième à la douzième année, ne contribuent pas médiocrement à la stupidité, qu'on remarque plus tard en une foule de savants. Assurément l'esprit a besoin de chercher sa nourriture et sa matière au dehors. Mais de même que tous nos aliments ne sont pas incorporés, et qu'ils ne sont incorporés qu'autant qu'ils ont été digérés (d'où il résulte qu'une petite partie est assimilée, et que le reste est perdu, et que dépasser la quantité de nourriture assimilable est non seulement inutile, mais dangereux ; de même tout ce que nous lisons ne saurait profiter à l'esprit qu'autant qu'il l'excite à penser, et développe en nous une nouvelle manière de voir, une science personnelle. C'est pourquoi Héraclite disait déjà : πολυμαθία νοῦν οὐ διδάσκει (Le savoir n'éduque pas l'esprit). Pour moi, je compare l'érudition à une pesante armure, qui rend invulnérable un homme robuste, mais qui devient un lourd fardeau pour un homme faible, et sous laquelle il finit par suc- comber.

L'exposition que j'ai faite dans mon quatrième livre de la théorie de la connaissance des Idées (platoniciennes), connaissance que j'ai donnée comme la plus haute à laquelle l'homme puisse atteindre, et qui est entièrement intuitive., vient confirmer cette pensée, que ce n'est pas dans un savoir abstrait, mais dans une vue juste et profonde des choses, qu'est la source de la vraie sagesse. C'est pourquoi il peut y avoir des sages à toutes les époques ; ainsi ceux du passé méritent encore ce nom chez les races à venir; tandis que le savoir est tout relatif : les anciens savants ne sont presque tous que des enfants à côté de nous, et nous les regardons avec une certaine pitié.

Mais celui qui étudie, uniquement pour arriver à un point de vue personnel, considère les livres et les études., comme les degrés d'une échelle, qui doit le porter jusqu'au sommet de la connaissance. Dès qu'un échelon est dépassé, il ne s'en préoccupe plus. Ceux, au contraire, qui étudient uniquement pour remplir leur mémoire, ne se servent pas des degrés de l'échelle

(1) « Il lit toujours, et ne mérite jamais d'être lu. »

pour s'élever plus haut, mais ils les recueillent avec soin et s'imposent la tâche de les emporter, ravis de sentir s'accroître la pesanteur de leur fardeau ; c'est pourquoi ils restent toujours à terre. Ils portent sur eux ce qui aurait dû les porter eux-mêmes.

C'est sur la vérité que nous avons déduite ici, — à savoir que l'intuition est le noyau de toute connaissance, — que repose cette remarque si juste et si profonde d'Helvétius : Les manières de voir vraiment personnelles et originales, dont un individu bien doué est capable, et dont l'élaboration, le développement, l'application multiple, constituent son œuvre propre, tout cela est accompli chez lui — bien que l'œuvre elle-même ne soit achevée que plus tard — dès l'âge de trente-cinq ans, plus rarement à quarante. Ce n'est que le résultat de combinaisons faites dans sa première jeunesse. Car ce ne sont pas là de simples enchaînements de concepts abstraits, mais seulement des intuitions personnelles du monde objectif et de l'essence des choses.

Si l'intuition a terminé sa tâche, vers l'âge qu'indique Helvétius, cela vient en partie de ce que les types de toutes les idées (platoniciennes) se sont déjà représentés en lui, et que par conséquent ils ne peuvent se produire plus tard avec l'intensité de la première impression ; cela vient aussi de ce que cette quintessence de toute connaissance, ces épreuves « avant la lettre » de la synthèse ultérieure, exigent le maximum d'énergie de l'activité cérébrale, laquelle dépend de la fraîcheur et de l'élasticité des fibres, et de la force avec laquelle le sang artériel afflue au cerveau. Cette force n'est à son plus haut degré, qu'autant que le système artériel l'emporte sur le système veineux ; jusqu'à trente ans il a l'avantage, mais à partir de quarante-deux ans, c'est le système veineux, ainsi que Cabanis l'a démontré de la façon la plus probante. C'est pourquoi les trente premières années sont pour l'intelligence, ce qu'est le mois de mai pour les arbres. Il n'y a alors que des fleurs, mais c'est de ces fleurs que sortiront tous les fruits. Le monde intuitif a marqué son empreinte, et par là, préparé la base de toutes les pensées futures de l'individu. Celui-ci peut éclairer ses intuitions par la réflexion, il peut acquérir encore de nombreuses connaissances, pour en nourrir le fruit déjà venu, il peut étendre ses horizons, rectifier ses concepts et ses jugements, devenir vrai-ment le maître de la matière déjà acquise, grâce à des combinaisons infinies ; il ne produira le plus souvent le meilleur de son œuvre, que beaucoup plus tard, de même que les grosses chaleurs ne commencent qu'au moment où les jours diminuent. Mais quant à puiser de nouvelles connaissances à la source de l'intuition, la seule vraiment jaillissante, c'est un espoir auquel

il doit renoncer. Ce sentiment éclate dans ces belles plaintes de
Byron :

> Jamais plus, — jamais plus, — oh ! jamais plus sur moi
> Ne tombera, semblable à la rosée, cette fraîcheur du cœur,
> Qui de toutes les gracieuses choses que nous voyons,
>   Sait tirer de belles et neuves émotions.
> Le cœur les contient-il comme la ruche, le miel?
> — Crois-tu que ce miel soit l'œuvre des choses?
> — Oh ! non, ce n'est pas en elles, c'est en nous qu'est le pouvoir
>   De doubler la suavité des fleurs.

J'espère, par tout ce qui précède, avoir mis en lumière cette
vérité importante, que toute connaissance abstraite, de même
qu'elle sort de la connaissance intuitive, n'a aussi de valeur que
par son rapport avec cette connaissance ; c'est-à-dire que les
concepts de la connaissance abstraite ou leurs représentations
partielles doivent se réaliser dans l'intuition, y chercher leur confirmation ; semblablement enfin, c'est à la qualité de cette intuition
que tout se ramène en dernière analyse. Les concepts et abstractions qui ne finissent point par mener à des intuitions, ressemblent
à ces chemins qui se perdent dans les forêts sans aboutir nulle part.
En quoi, en effet, consiste la grande utilité des concepts? En ce que
grâce à eux on peut manier, examiner et ordonner plus aisément
la matière première de la connaissance : pourtant, quelle que
soit la complication des opérations logiques et dialectiques accomplies avec les concepts, jamais ceux-ci ne pourront donner naissance à une connaissance tout à fait originale et neuve, c'est-à-dire
à une connaissance dont la matière ne soit point déjà donnée dans
l'intuition ou bien puisée dans la conscience. Tel est le vrai sens
de la doctrine attribuée à Aristote : *Nihil est in intellectu nisi
quod antea fuerit in sensu;* tel est précisément aussi le sens de la
philosophie de Locke, laquelle fera éternellement époque dans la
philosophie; car elle a enfin mis sérieusement à l'ordre du jour la
question de l'origine de nos connaissances.

C'est également, en somme, ce qu'enseigne la *Critique de la Raison pure*. Elle aussi, en effet, veut que l'on ne s'en tienne point aux
concepts, et que l'on remonte à leur origine, c'est-à-dire à l'intuition ; mais elle ajoute une juste et importante remarque, à savoir,
que ce qui est vrai de l'intuition elle-même s'étend également aux
conditions subjectives de l'intuition, c'est-à-dire aux formes qui
sont préalablement constituées à titre de fonctions naturelles dans
un cerveau percevant et pensant; mais il n'en reste pas moins vrai
que celles-ci sont antérieures, tout au moins virtuellement, à l'in

tuition sensible réelle, c'est-à-dire qu'elles sont *a priori*, qu'elles
ne dépendent point de l'intuition sensible, mais qu'au contraire
l'intuition sensible dépend d'elles : en effet, les formes n'ont d'autre but ni d'autre utilité que de faire naître l'intuition sensible à la
suite des excitations produites dans les nerfs sensoriels ; d'ailleurs
l'intuition sensible doit elle-même à son tour devenir matière, et
il est d'autres formes qui sont destinées à tirer de cette nouvelle
matière les pensées abstraites. Aussi la *Critique de la Raison pure*
se rattache à la philosophie de Locke comme l'analyse infinitési-
male à la géométrie élémentaire ; toujours est-il qu'il faut la considérer comme la vraie continuation de la philosophie de Locke. Par
suite la matière donnée de toute philosophie n'est autre que la
conscience empirique, laquelle se réduit à la conscience de notre
propre moi *(Selbstbewusstsein)* et à la conscience des autres
choses. Telle est, en effet, la seule donnée immédiate, la seule
donnée qui soit réellement une donnée. Au lieu de partir de là, il
est des philosophies qui prennent pour point de départ des concepts
abstraits arbitrairement choisis, tels que l'Absolu, la Substance
absolue, Dieu, l'Infini, le Fini, l'Identité absolue, l'Etre, l'Essence et
d'autres encore ; toute philosophie de ce genre flotte entre ciel et
terre, sans point d'appui, et par suite elle ne peut conduire à aucun
résultat réel. Pourtant les philosophes de tous les temps ont fondé
leurs essais sur des concepts de ce genre ; Kant lui-même de temps
en temps, plutôt par habitude acquise et par routine que par méthode, définit encore la philosophie une science tirée des simples
concepts. Or, quelle serait à proprement parler la prétention d'une
telle science ? sinon d'obtenir avec des représentations mutilées —
les abstractions ne sont point autre chose — ce qu'il est impossible
de trouver dans les intuitions, c'est-à-dire dans les représentations
complètes dont on tire les concepts par voie d'élimination. Ce qui
peut faire naître cette illusion, c'est qu'avec les concepts on peut
toujours faire des raisonnements, et que dans le raisonnement
on obtient un nouveau résultat en combinant des jugements ;
toutefois ce résultat est beaucoup plus apparent que réel ; car
le raisonnement se borne à mettre en lumière ce qui était déjà
implicitement contenu dans les jugements donnés, et il est impossible que la conclusion contienne plus que les prémisses. Les
concepts sont à coup sûr les matériaux de la philosophie, mais
ils ne sont que cela, comme les blocs de marbre sont les
matériaux de l'architecte : la philosophie doit travailler non d'après
eux, mais sur eux, c'est-à-dire qu'elle doit déposer en eux ses
résultats, mais non point partir d'eux comme d'une donnée.
Veut-on avoir un exemple éclatant de la marche à rebours accomplie par ceux qui partent des simples concepts ? Que l'on considère

l'*Institution théologique* de Proclos : on y verra la nullité de toute cette méthode. L'auteur y entasse les abstractions telles que l'un, le multiple, le bien, le créant et le créé, l'indépendant, la cause, le meilleur, le mobile, l'immobile, le mû, etc... (1) ; mais pour les intuitions, auxquelles ces abstractions sont redevables de leur origine et de tout leur contenu, l'auteur les ignore et les dédaigne injustement ; puis au moyen de ces concepts il construit une théologie ; le but de cette construction, le Θέος est tenu caché, et l'auteur a l'air de procéder sans malice, comme si, dès la première page, le lecteur ne savait pas aussi bien que lui où tout cela veut aboutir. J'ai déjà cité plus haut un fragment de cet ouvrage. En vérité l'œuvre de Proclos est particulièrement propre à démontrer combien inutiles et illusoires sont les combinaisons de concepts abstraits ; chacun en effet en peut tirer ce qu'il veut, particulièrement s'il exploite en vue de ses fins la variété de sens que présente plus d'un mot, tel que par exemple κρεῖττον. Si l'on se trouvait en tête-à-tête avec un tel constructeur de concepts, on ne pourrait s'empêcher de lui demander naïvement où sont les choses sur lesquelles il a tant de renseignements à nous donner, d'où viennent les lois d'où il tire ses conclusions au sujet de ces mêmes choses. Alors il serait bientôt forcé de recourir à l'intuition empirique, laquelle est la seule représentation du monde réel, la seule source de tous ces concepts. Puis on n'aurait plus qu'une seule question à lui poser : « Pourquoi donc n'êtes-vous pas parti honnêtement et de bonne foi de l'intuition donnée de ce monde ? Vous auriez pu à chaque pas confirmer vos affirmations au moyen de cette intuition, au lieu d'opérer avec des concepts qui n'en sont jamais que des extraits et qui par suite ne peuvent avoir aucune valeur au delà de l'intuition d'où ils émanent. » Mais c'est là précisément que gît toute la finesse : les philosophes de cette sorte prennent des concepts, dans lesquels, grâce à l'abstraction, on conçoit comme séparé ce qui est inséparable et comme uni ce qui est inconciliable ; grâce à ces concepts, ils s'en vont par delà l'intuition d'où émanent les concepts et conséquemment par delà les limites d'application de ces concepts eux-mêmes ; ils passent dans un monde tout différent de celui qui leur a fourni leurs matériaux, dans un monde d'inventions cérébrales fantastiques. J'ai cité ici Proclos parce que chez lui le procédé est particulièrement visible en raison de la naïve impudeur avec laquelle il l'emploie ; mais on trouve aussi chez Platon quelques exemples de la même méthode, quoique moins frappants ; d'ailleurs, d'une manière géné-

____

(1) Ἕν, πλῆθος, ἀγαθὸν, παράγον καὶ παραγόμενον, αὐταρκὲς, αἴτιον, κρεῖττον, κινητὸν, ἀκινητὸν, κινούμενον, etc.

rale, la littérature philosophique de tous les temps offre une foule
d'exemples analogues. Celle de notre temps est riche à ce point de
vue : que l'on considère par exemple les écrits de l'école de Schel
ling et que l'on examine les constructions édifiées sur des abstractions, telles que Fini et Infini, — Etre, Non-être et Etre différent
(Andersseyn), — Activité, compression *(Hemmung)*, Produit, —
Action de déterminer et d'être déterminé, Détermination, — Limite,
Action de limiter, Limitation *(Begränztseyn)*,—Unité, Pluralité, Multiplicité,— Identité, Diversité, Indifférence, — Penser, Etre, Essence,
etc. Non seulement ces constructions, édifiées avec de tels matériaux, sont exposées à toutes les critiques que nous venons de faire ;
mais elles ont encore un autre inconvénient : de telles abstractions,
si vastes, en raison même de leur extension infiniment grande, ne
peuvent avoir qu'une compréhension extrêmement restreinte ; ce
sont des enveloppes vides. Voilà donc pourquoi la matière de
toutes les philosophies est étonnamment bornée et pauvre ; de là
cet ennui indicible et cruel qui est propre à tous les écrits de ce
genre. Si je voulais rappeler les abus que Hegel et consorts ont fait
de ces abstractions si étendues et si vides, je devrais craindre qu'il
ne nous en arrivât mal au lecteur et à moi ; car l'ennui le plus
nauséabond plane sur le creux bavardage de ce philosophe
rebutant.

Dans la philosophie pratique, il n'y a point de sagesse à tirer des
simples concepts abstraits ; telle est assurément l'unique vérité que
l'on puisse apprendre à la lecture des traités moraux du théologien
Schleiermacher ; ces traités étaient originairement des leçons, au
moyen desquelles ledit Schleiermacher a ennuyé l'Académie de
Berlin pendant de longues années ; le recueil en est publié
depuis peu. Dans ces traités, l'auteur ne prend pour point de départ
que des concepts abstraits, tels que le devoir, la vertu, le souverain bien, la loi morale et autres ; il ne se donne guère la peine de
nous indiquer le fondement de ces idées : il lui suffit de les avoir
rencontrées dans la plupart des systèmes de morale, et il les traite
comme des réalités données. Les concepts eux-mêmes ont chez lui
l'honneur d'une discussion fort subtile ; mais quant à l'origine de
ces concepts, c'est-à-dire quant à ce qui est son sujet, jamais il ne
se risque à en parler ; jamais non plus il n'est question chez lui de
la vie humaine ; et pourtant c'est exclusivement à la vie humaine
que se rapportent tous ces concepts, c'est en elle qu'ils doivent être
puisés, c'est à elle en réalité que la morale a affaire. Voilà justement
pourquoi ces diatribes sont aussi stériles et vaines qu'elles sont
ennuyeuses, ce qui est beaucoup dire. En tous temps on rencontre
des gens semblables à ce théologien trop épris de la philosophie ;
ils sont fameux durant leur vie, puis ils sont vite oubliés. Je préfère

conseiller de lire ceux auxquels la postérité est revenue après coup ; car le temps est court et précieux.

Sans doute, et d'après tout ce que nous venons de dire, les concepts larges, abstraits, et surtout les concepts incapables d'être réalisés dans aucune intuition, ne peuvent jamais être la source de connaissance, le point de départ ou la véritable matière de la philosophie ; parfois cependant certains de ses résultats peuvent se présenter de telle façon, qu'on puisse les penser d'une manière purement abstraite, sans toutefois être capable de les vérifier par une intuition quelconque. Des connaissances de cette sorte ne sont assurément que des demi-connaissances ; elles n'indiquent en quelque sorte que l'endroit où se trouve l'objet à connaître, l'objet lui-même restant caché. Par suite, on ne doit se contenter de ce genre de concepts que dans les cas extrêmes, là où l'on touche aux limites de la connaissance accessible à nos moyens. Prenons si l'on veut pour type du genre le concept d'un être en dehors du temps ; rangeons encore dans la même classe la proposition suivante : « l'impuissance de la mort à détruire notre être véritable ne nous en garantit point la subsistance ultérieure ». Avec de pareils concepts, on sent en quelque sorte chanceler le ferme terrain qui supporte toute notre connaissance : l'intuition. Voilà pourquoi, si la philosophie peut de temps en temps et en cas de nécessité recourir à de telles conceptions, jamais cependant elle ne doit s'en servir pour débuter.

Ainsi que nous le lui avons reproché, la philosophie dogmatique a toujours opéré sur des concepts étendus, négligeant complètement la connaissance intuitive, laquelle est pourtant la source des concepts, leur contrôle permanent et naturel ; telle fut en tous temps la cause principale des erreurs qu'elle a commises. Une science tirée de la simple comparaison des concepts, c'est-à-dire édifiée avec des propositions générales, ne peut être certaine, à moins que toutes ses propositions ne soient synthétiques à priori, comme c'est le cas dans les mathématiques, car il n'y a que les propositions synthétiques a priori qui ne souffrent aucune exception. Si au contraire les propositions ont quelque contenu empirique, on ne doit jamais perdre de vue ce contenu, afin de contrôler les propositions générales. En effet quelle que soit la vérité que l'on tire de l'expérience, cette vérité n'est jamais certaine ; par suite sa valeur générale n'est qu'approximative ; car, dans l'expérience, il n'y a point de règle sans exception. Je suppose que j'enchaîne les unes aux autres des propositions de cette sorte, sous prétexte que les sphères de leurs concepts peuvent rentrer les unes dans les autres ; il peut aisément se faire que le point de contact d'un concept avec un autre coïncide précisément avec ce qui constitue l'exception : et il suffit que cela se produise une seule fois dans le cours d'une longue chaîne de raisonnements, pour que la construction soit arrachée de ses fondements, et flotte dans le vague. Je dis par exemple : « Les ruminants n'ont point d'incisives antérieures »; puis j'applique cette proposition avec ses conséquences au chameau ; tout alors devient faux, car la proposition n'est vraie que des ruminants à cornes. A cette classe appartient justement ce que Kant appelle ergotage (1) et qu'il blâme si souvent : cet ergotage qui en effet consiste à subsumer un concept sous un autre concept, sans remonter à leur origine, sans examiner la légitimité ou l'illégitimité d'une telle subsomption ; grâce à ce moyen l'on arrive presque toujours, après des détours plus ou moins longs, au résultat arbitraire que l'on s'était proposé comme but. Entre cet ergotage et la sophistique proprement dite, il n'y a qu'une différence de degré. Or la sophistique est dans la spéculation ce qu'est la chicane dans la vie pratique. Cependant Platon lui-même s'est très souvent permis ce genre d'ergotage. Proclos, ainsi que je l'ai dit, a beaucoup exagéré le défaut de son modèle, à la façon de tous les imitateurs. Denys l'aréopagite (2) aussi est gravement atteint de cette maladie. On trouve des exemples incontestables d'ergotage jusque dans les fragments de l'Eléate Melissos (3). Les concepts avec lesquels il procède ne sont jamais en contact avec la réalité dont ils tirent leur contenu, ils la dépassent au contraire et ils flottent dans l'atmosphère de la généralité abstraite ; ce sont comme des coups que l'on donnerait, mais qui ne porteraient point. Un bon modèle d'ergotage, c'est encore l'opuscule du philosophe Salluste *De Diis et mundo*. Mais voici un morceau d'ergotage philosophique qui est une véritable perle du genre ; il s'élève jusqu'à la complète sophistique (4); c'est le raisonnement suivant du platonicien Maxime de Tyr ; comme il est court je le reproduis ici : « Toute injustice consiste à ôter à autrui un bien : or il n'y a pas d'autre bien que la vertu ; mais la vertu ne peut nous être enlevée : donc il est impossible que l'homme vertueux souffre aucune injustice de la part du méchant. Maintenant de deux choses l'une, ou bien aucune injustice ne peut être soufferte, ou bien elle l'est uniquement par le méchant de la part du méchant. Mais le méchant ne possède aucun bien, puisque la vertu seule est un bien ; donc aucun bien ne peut lui être enlevé. Donc le méchant ne peut, lui non plus, souffrir aucune injustice. Donc l'injustice est chose impossible. » Voici l'original : il est moins concis à cause des répétitions : Ἀδικιά ἐστι

---

(1) *Vernünfteln.*
(2) *De divinis nominibus.*
(3) Principalement. §§ 2, 5, ap. Brandis. *Comment. Eleat.*
(4) §§ 7, 12, 17.

ἀφαίρεσις ἀγαθοῦ · τὸ δὲ ἄγαθον τί ἂν εἴη ἄλλο ἢ ἀρέτη ; — ἡ δὲ ἀρέτη ἀναφαιρέτον. Οὐκ ἀδικήσεται τοίνυν ὁ τὴν ἀρέτην ἔχων, ἢ οὐκ ἐστιν ἀδικία ἀφαίρεσις ἀγαθοῦ · οὐδὲν γὰρ ἀγαθὸν ἀφαιρέτον, οὐδ' ἀποβλήτον, οὐδ' ἐλέτον, οὔδε ληΐστον. Εἶεν οὖν, οὔδ' ἀδικεῖται ὁ χρῆστος, οὔδ' ὑπὸ τοῦ μοχθήρου · ἀναφαιρέτος γάρ. Λείπεται τοίνυν ἡ μήδενα ἀδικεῖσθαι κάθαπαξ, ἢ τὸν μόχθηρον ὑπὸ τοῦ ὁμοίου · ἀλλὰ τῷ μοχθήρῳ οὔδενος μέτεστιν ἀγαθοῦ · ἡ δὲ ἀδικία ἦν ἀγαθοῦ ἀφαίρεσις· ὁ δὲ μὴ ἔχων ὅ, τι ἀφαιρέσθη, οὔδε εἷς ὅ τι ἀδικήσθη, ἔχει (1). Je veux encore donner ici un exemple moderne de ces démonstrations tirées de concepts abstraits et qui servent à ériger en vérité une proposition évidemment absurde ; je prends cet exemple dans les œuvres d'un grand homme, Giordano Bruno. Dans son livre *Del Infinito, universo e mondi* (2), il est un endroit où il fait démontrer à un aristotélicien qu'au delà du monde il ne peut pas y avoir d'espace. L'aristotélicien use et abuse d'un passage du *De Cœlo* d'Aristote (3) : « Le monde, dit-il, est enfermé dans les huit sphères d'Aristote, au-delà desquelles il ne peut plus y avoir d'espace. En effet, si au delà de ces sphères il y avait encore un corps, ce corps ne serait ni un corps simple ni un corps composé. » Ici, à l'aide de principes qu'il se contente de postuler, il démontre sophistiquement qu'aucun corps simple ne peut être au delà des huit sphères ; il s'ensuit d'ailleurs qu'aucun corps composé ne pourrait y être non plus, puisqu'il devrait être composé de corps simples. Ainsi d'une manière générale il n'y a en cet endroit aucun corps : mais alors il n'y a pas non plus d'espace. L'espace en effet est défini « ce dans quoi les corps peuvent exister » ; or on vient justement de démontrer qu'au delà des huit sphères, il n'y a point de corps. Par suite il n'y a point non plus d'espace au delà du monde. C'est vraiment là le chef-d'œuvre de la démonstration tirée des concepts abstraits.

Au fond l'argumentation repose sur ceci : le principe suivant « où il n'y a point d'espace, il ne peut pas y avoir de corps » est pris comme ayant une valeur négative universelle, et par suite on lui fait subir la conversion pure et simple ; « où il ne peut y avoir de corps, il n'y a pas non plus d'espace. » En réalité, si l'on y regarde de près, le principe est universellement affirmatif ; il revient à dire : « tout ce qui est sans espace est sans corps » ; par suite, il ne peut subir la conversion pure et simple.

Cependant parmi les preuves qui sont tirées de concepts abstraits et qui aboutissent à un résultat manifestement contraire à l'intuition, comme celui-ci, il en est qui ne se réduisent point, comme dans le cas présent, à une faute de logique. En effet, le sophisme ne réside

---

(1) Sermo II.
(2) Page 87, de l'ép. de A. Wagner.
(3) *De Cœlo*, I, 5.

point toujours dans la forme, mais souvent aussi dans la matière, dans les prémisses, dans l'indétermination des concepts et de leur extension. Nous en avons de nombreux exemples chez Spinoza dont la méthode est aussi de démontrer par concepts; voyez par exemple les sophismes misérables qu'il commet dans la 29°, la 30° et la 31° proposition de la iv° partie de son *Ethique*, en exploitant les sens variés et les contours flottants des concepts *convenire* et *commune habere*. Mais tout cela n'empêche point les spinozistes de nos jours de prendre tout ce que le maître a dit comme parole d'Evangile. Bien amusants surtout sont certains d'entre eux, les hégéliens, dont il reste encore, il faut le dire, quelques survivants; ils ont une vénération traditionnelle pour le principe de Spinoza : « Toute détermination est une négation »; fidèles à l'esprit charlatanesque de leur école, ils ont l'air de considérer ce principe comme s'il était capable de faire sortir le monde de ses gonds; en réalité il n'y a pas seulement là de quoi faire partir un chien du coin de la cheminée. Fût-on en effet le plus borné des hommes, l'on comprend aisément que si je limite une chose en la déterminant, j'exclus par le fait et je nie tout ce qui ne rentre point dans cette limite.

Dans tous les ergotages de ce genre, on voit excellemment à quelles erreurs est condamnée cette algèbre des simples concepts qu'aucune intuition ne vérifie; l'on voit par suite que l'intuition est pour notre intellect ce qu'est pour notre corps le sol sur lequel il repose. Si nous la quittons tout n'est plus que terre chancelante, *instabilis terra, innabilis unda*. J'espère que l'on saura gré à celui qui donne ces explications et ces exemples, de l'avoir fait largement et par le menu. Par ce moyen j'ai voulu illustrer et confirmer une vérité importante, jusqu'ici trop peu étudiée, je veux dire la différence et même le contraste qu'il y a entre la connaissance intuitive et la connaissance abstraite ou réfléchie; le trait principal de ma philosophie, c'est d'avoir fortement établi ce contraste, sans lequel bon nombre de phénomènes seraient inexplicable dans notre vie spirituelle. Le terme intermédiaire qui relie entre elles ces deux sortes de connaissance, si différentes l'une de l'autre, constitue, ainsi que je l'ai démontré dans mon premier volume (1), *la faculté de juger (Urtheilskraft)*. Sans doute cette *faculté de juger* peut aussi s'exercer dans le domaine de la connaissance purement abstraite, à savoir dans le cas où elle ne compare que des concepts avec des concepts : de cette façon chaque jugement, au sens logique du mot, est en réalité l'œuvre de la *faculté de juger*, puisqu'on n'y fait que subsumer un concept plus étroit sous un concept plus large. Cependant l'activité de cette *faculté de juger*, lorsqu'elle ne fait que comparer

(1) § XIV.

ensemble des concepts, est relativement restreinte et aisée ; il en
est autrement lorsqu'elle opère le passage de ce qui est particulier
par excellence, je veux dire l'intuitif, à ce qui est essentiellement
général, je veux dire le concept. Dans la première opération, il doit
toujours être possible, grâce à la décomposition des concepts en
leurs prédicats essentiels, de se prononcer par un procédé purement logique sur leur compatibilité ou leur incompatibilité respectives ; pour cela il suffit de la simple raison départie à chacun ;
dans ce cas par conséquent la *faculté de juger* n'a d'autre fonction
que d'abréger le procédé logique : celui qui en est doué aperçoit
rapidement ce que les autres ne peuvent découvrir à moins d'une
série de réflexions. L'activité de la *faculté de juger* — dans le sens
précis du mot activité — se montre en réalité pour la première fois
lorsque les choses connues intuitivement, c'est-à-dire le réel,
l'expérience, ont à être transportées dans le domaine de la connaissance précise et abstraite, subsumées sous des concepts qui leur correspondent exactement, et, par la même, transformées en savoir réfléchi. Aussi est-ce à cette faculté qu'il appartient de poser les fermes
fondements de toutes les sciences ; car ces fondements portent
toujours sur des données immédiatement connues dont il est interdit de sortir. En matière de sciences le difficile, ce sont les jugements fondamentaux, ce ne sont point les raisonnements qui
découlent de ces jugements. Raisonner est facile, formuler un jugement est difficile. Les faux raisonnements sont une rareté, les faux
jugements sont toujours à l'ordre du jour. Malgré tout, dans la pratique, dans toutes les grandes résolutions, dans toutes les décisions
importantes, la *faculté de juger* doit apporter l'appoint ; la sentence
judiciaire elle aussi est, en somme, également son œuvre. Semblable à la lentille qui concentre les rayons solaires dans un étroit
foyer, l'intellect, lorsqu'il exerce cette faculté, doit réunir toutes les
données qu'il possède sur une chose ; il doit les concentrer d'une
manière assez puissante pour les saisir d'un seul coup d'œil ; puis il
fixe d'une manière exacte le résultat ainsi obtenu, et il y introduit la clarté par le moyen de la réflexion. En outre, dans la plupart
des cas, la difficulté de porter un jugement tient à cette circonstance que nous devons aller de la conséquence au principe ;
or c'est une voie qui est toujours incertaine : j'ai même indiqué
que c'est là la source de toute erreur. Pourtant dans toutes les
sciences empiriques, comme dans les conjonctures de la vie
réelle, ce chemin est le plus souvent le seul qui s'offre à nous. L'ex-
périmentation est déjà un essai pour changer de direction et refaire
le même chemin, mais en sens inverse : aussi est-elle décisive, ou
tout au moins révélatrice de l'erreur ; d'ailleurs il va sans dire
qu'elle doit être bien choisie, consciencieusement faite et ne point

ressembler aux expériences de Newton sur la théorie des couleurs. De plus l'expérience, elle aussi, doit encore être l'objet d'un nouveau jugement. La certitude parfaite des sciences à priori — logique et mathématiques — repose principalement sur ce fait que leur méthode nous permet d'aller du principe à la conséquence ; or cette voie est toujours une voie sûre. C'est ce qui leur donne le caractère de sciences purement objectives ; tous ceux qui les entendent ne peuvent que porter un jugement unanime sur les vérités dont elles se composent : fait d'autant plus frappant qu'elles reposent sur les formes subjectives de l'intellect, au lieu que les sciences empiriques n'ont affaire qu'à des données objectives.

La *faculté de juger* se manifeste par le bon sens et par la profondeur ; dans le premier cas, son activité se borne à réfléchir ; dans le second, elle consiste à subsumer. Chez la plupart des hommes la *faculté de juger* n'existe qu'à titre purement nominal ; c'est une véritable ironie de la compter parmi les facultés ordinaires et normales de l'esprit ; on doit considérer ceux qui en sont doués comme d'heureuses exceptions *(monstra per excessum)*. Les esprits ordinaires, fût-ce dans les plus petites circonstances, nous laissent bien voir à quel point ils se défient de leur propre jugement ; c'est que justement ils en connaissent, par expérience, l'inefficacité. A cette faculté se substitue chez eux le préjugé, l'opinion toute faite ; de cette façon ils demeurent indéfiniment en tutelle, et il n'en est pas un sur plusieurs centaines à qui il soit donné de s'en affranchir. D'ailleurs, ils ne se l'avouent point ; fût-ce même dans leur for intérieur, ils se donnent l'apparence de porter des jugements ; mais en cela ils ne font jamais que singer l'opinion des autres, dont ils reçoivent toujours l'influence secrète. Le premier venu aurait honte de se promener avec un habit, un chapeau ou un manteau d'emprunt ; malgré tout on se contente en général d'avoir des opinions d'emprunt ; on les ramasse avidement là où l'on peut les attraper, puis on les donne fièrement pour des idées personnelles. D'autres les empruntent à leur tour et recommencent indéfiniment ce manège. Cela explique les vastes et rapides conquêtes de l'erreur, la renommée des mauvaises œuvres ; car ceux qui font profession de prêter des pensées, les journalistes et autres, ne donnent en général que de la fausse marchandise. Ils sont comme les marchands à la toilette, qui pour le carnaval ne louent que de faux bijoux.

CHAPITRE VIII

A PROPOS DE LA THÉORIE DU RIDICULE (1)

C'est sur le contraste que j'ai expressément signalé et mis en
lumière dans les chapitres précédents, entre les représentations
intuitives et les représentations abstraites, que repose également
ma théorie du ridicule ; aussi les quelques remarques explicatives
que j'ai cru devoir ajouter à cette théorie trouvent-elles leur place
à cet endroit, bien que l'ordre même du texte les renvoyât plus
loin.

Cicéron déjà avait reconnu la nécessité d'une explication universellement valable de l'origine du rire, et conséquemment de sa
signification propre ; mais ce problème lui paraissait insoluble
(*De orat.*, II, 58). L'essai le plus ancien, à ma connaissance, de fournir une explication psychologique du rire, se trouve dans le livre de
Hutcheson, *Introduction intomoral philosophy* (livre I, ch. i, § 14.)
Un écrit postérieur, paru sans nom d'auteur, le *Traité des causes
physiques et morales du rire*, 1768, a le mérite de poser nettement
la question. Platner a rassemblé dans son *Anthropologie*, § 894, les
opinions des philosophes qui, de Hume à Kant, ont tenté d'expliquer ce phénomène propre à la nature humaine. On connaît les
théories du ridicule dans Kant et Jean Paul. Je tiens pour inutile
d'en montrer le caractère erroné ; il suffit, en effet, de chercher à y
ramener quelques cas donnés de choses ridicules, pour se convaincre qu'elles sont insuffisantes à en expliquer la plupart.

Conformément à l'explication que j'en ai fournie dans mon premier volume, l'origine du ridicule est toujours dans la subsomption
paradoxale et conséquemment inattendue d'un objet sous un concept
hétérogène, et le phénomène du rire révèle toujours la perception subite d'un désaccord entre un tel concept et l'objet réel
qu'il sert à représenter, c'est-à-dire entre l'abstrait et l'intuitif.
Plus ce désaccord paraîtra frappant à la personne qui rit, plus vif
sera son rire. Donc tout ce qui excite le rire renferme deux
éléments, un concept et quelque chose de particulier, objet ou
événement ; cet objet particulier peut sans doute être subsumé
sous ce concept, et pensé par son entremise ; mais à un autre

<hr>

(1) Ce chap. se rapporte au § 13 du Ier tome.

point de vue, essentiel celui-là, il n'en relève aucunement, et au
contraire est radicalement distinct des objets que ce concept
représente à l'ordinaire. Si, comme cela est souvent le cas pour
les traits d'esprit, au lieu d'un objet réel et intuitif, nous avons
affaire à un concept spécifique subordonné à un concept géné-
rique, ce concept n'excitera le rire que lorsque l'imagination
l'aura réalisé, c'est-à-dire remplacé par un substitut intuitif, et que,
de la sorte, aura lieu le conflit entre la représentation concep-
tuelle et la représentation intuitive.

Bien plus, si l'on veut avoir une explication complète, on peut
ramener tout cas de rire à un syllogisme de la première figure, où
la majeure est incontestable, où la mineure a un caractère inat-
tendu et n'est parvenue à se glisser que par une sorte de chicane ;
et c'est en raison de la relation établie entre ces deux propositions
que la conclusion est affectée d'un caractère ridicule.

Je n'ai pas jugé à propos, dans le premier tome, d'éclaircir cette
théorie par des exemples. Chacun, pour peu qu'il réfléchisse aux
cas où il se souvient d'avoir ri, peut faire ce travail. Toutefois, je
vais m'en charger moi-même, pour venir en aide à la paresse d'esprit de ceux de mes lecteurs qui tiennent à demeurer passifs. Je
multiplierai même et j'accumulerai les exemples dans cette troisième édition, afin de démontrer d'une manière incontestable
qu'enfin, après tant de tentatives stériles, la vraie théorie du ridicule est établie et que le problème posé par Cicéron, et abandonné
par lui, est définitivement résolu.

Nous savons que, pour former un angle, il faut deux lignes qui se
rencontrent : ces deux lignes prolongées se coupent. La tangente,
elle, ne touche la circonférence qu'en un seul point, auquel point
elle lui est en réalité parallèle, de sorte que nous avons la conviction abstraite de l'impossibilité d'un angle entre la circonférence
et la tangente.

Il est évident que, voyant un tel angle exister sur le papier, nous
ne pourrons pas nous empêcher de sourire. Sans doute le ridicule,
dans ce cas est très faible ; en revanche on voit, à n'en pouvoir
douter, qu'il naît précisément du contraste entre la représentation
abstraite et l'intuition. Suivant que nous passerons du réel, c'est-à-
dire de l'intuitif, au concept, ou inversement du concept au réel, et
que ces deux éléments ne s'accorderont pas, il naîtra soit un calembour, soit une absurdité, soit même, et surtout dans la vie pratique, une insanité. Considérons d'abord des exemples de ce qu'on
appelle « l'esprit ». Tout le monde connaît l'anecdote de ce Gascon
qui, par un froid rigoureux, se présenta devant son roi dans une
tenue d'été fort légère. Le roi se mit à rire. « Eh ! lui dit notre
Gascon, si Votre Majesté avait mis ce que j'ai mis, elle se croirait

fort chaudement vêtue. — Qu'avez-vous donc mis ? — Toute ma garde-robe. » En effet, ce dernier concept s'applique tout aussi bien à la garde-robe considérable d'un roi, qu'au vêtement d'été unique d'un pauvre diable ; mais la vue de ce vêtement sur un corps grelottant ne s'accorde guère avec le concept. Le public d'un théâtre de Paris réclama un jour la *Marseillaise*, et comme on la lui refusait, se mit à faire du tapage ; enfin, un commissaire de police en écharpe monte sur la scène et déclare qu'«il ne doit pas paraître sur le théâtre autre chose que ce qu'il y a sur l'affiche ». Alors une voix : « Et vous, Monsieur, êtes-vous aussi sur l'affiche?» réplique qui souleva un éclat de rire unanime. L'assimilation de ces deux idées hétérogènes était, en effet, facile à saisir et n'avait rien de forcé. Dans l'épigramme suivante :

> « Bavus est le pasteur fidèle dont parle l'Ecriture :
> Quand son troupeau dort, lui seul reste éveillé. »

on assimile à un berger veillant près de ses brebis endormies le prédicateur ennuyeux qui a plongé toute sa communauté dans un doux sommeil et seul, sans auditeurs, continue à sermonner. Un exemple analogue est fourni par cette épitaphe d'un médecin : « Il repose ici, semblable à un héros, entouré de cadavres ». La représentation enfermée dans cette épithète est honorable pour le héros, et on l'applique au médecin, qui a pour devoir de conserver la vie. Très souvent le mot d'esprit consiste en un seul terme, expression d'une idée qui s'applique fort bien au cas en question, mais qui est absolument détournée de son sens ordinaire. C'est ce que nous voyons dans *Roméo*, lorsque Mercutio, blessé à mort, dit aux amis qui promettent de venir le voir le lendemain : « Oui, venez, vous trouverez un homme *silencieux* ». Cette épithète signifie ici un homme mort. Le texte anglais contient encore une autre équivoque : « *A grave man* », signifie, en effet, l'homme grave et l'homme que la tombe attend. L'anecdote connue de l'acteur Unzelmann est du même genre. Au théâtre de Berlin on avait sévèrement interdit toute improvisation. Unzelmann devait paraître à cheval sur la scène. A son arrivée sur le proscénium, le cheval laissa tomber une crotte. Cet incident égaya fort le public, mais l'hilarité fut à son comble, quand Unzelmann dit au cheval : « Que fais-tu donc ? Ne sais-tu pas qu'il est interdit d'improviser ?» Ici l'application d'un concept général à un cas particulier hétérogène se fait sans difficulté, mais le mot d'esprit est fort piquant et provoque naturellement une grande gaieté. Ajoutons encore cette information, contenue dans le numéro de mars 1831 d'un journal de Halle: « La bande de filous juifs, dont nous avons parlé, a été ramenée dans notre ville, avec accompagnement obligé(1)».Rendre l'idée d'une escorte de police par un terme musical est d'un effet très heureux, bien que le mot d'esprit en question se rapproche du vulgaire calembour. Au contraire, quand Saphir, dans une polémique contre l'acteur Angéli, dit de lui « qu'il est également grand par l'esprit et le corps », c'est là du véritable esprit, tel que nous venons de le définir jusqu'ici. L'acteur, en effet, était d'une taille de nain, de sorte que Saphir appliquait le concept « grand » à un objet extraordinairement petit. De même Saphir appelle les airs d'un opéra nouveau, « de bonnes vieilles connaissances », expression qui généralement désigne quelque chose de recommandable, mais qui dans ce cas particulier renferme une critique et un blâme. C'est encore un mot d'esprit, de dire d'une dame, dont il est facile d'obtenir les faveurs par des cadeaux, qu'elle sait joindre « *utile dulci* ». Le concept contenu dans la règle prônée par Horace au point de vue esthétique est appliqué ici à ce qui, au point de vue moral, est commun et vulgaire. De même, quand on désigne une maison publique par cette périphrase : « Le séjour modeste de joies paisibles ».— Dans la bonne société, où l'on tient à être absolument fade, et où l'on évite toutes les assertions tranchées, toutes les expressions un peu fortes, lorsqu'on veut parler de choses scabreuses, on se tire d'affaire en les exprimant, sous une forme adoucie, par des idées générales. Dès lors ces idées servent à traduire ce qui s'écarte plus ou moins de leur sens véritable, et ainsi naît le rire. Dans cette catégorie il faut faire rentrer le « *utile dulci* » dont nous avons parlé plus haut. On dit encore : « Il a eu des désagréments au bal », pour donner à entendre qu'il a été rossé et jeté à la porte. De même : « Cet homme a poussé trop loin une occupation agréable », c'est-à-dire il est ivre. « Cette femme doit avoir ses moments de faiblesse », bien entendu, quand elle plante des cornes à son mari, etc. On peut encore rapporter à ce genre de mots les équivoques, c'est-à-dire des concepts qui en eux-mêmes n'ont rien que de décent, mais qui, appliqués à un cas spécial, conduisent facilement à des représentations indécentes. Ces équivoques se produisent très fréquemment en société. Mais le modèle parfait de l'équivoque, dans toute sa beauté, nous est fourni par l'épitaphe incomparable du *Justice of peace* de Shenstone. Elle semble, avec son style lapidaire et pompeux, parler d'objets nobles et élevés, et en réalité chacune des idées qu'elle renferme contient des allusions, dont le sens véritable n'est révélé que par le dernier mot, clé inattendue de tout le morceau, et le lecteur s'aperçoit finalement, en éclatant de rire, qu'il n'a lu qu'une équivoque assez obscène. Il est impossible, à notre époque prude et réservée, de

---

(1) C'est-à-dire avec une escorte de gendarmes. (Note du trad.)

citer ici ce morceau, plus impossible encore de le traduire. On le trouvera, sous le titre d'*Inscription* dans *Shentone's Poetical works*. Les équivoques dégénèrent parfois en simples calembours. Nous avons déjà parlé de ces derniers.

Cette subsomption d'une idée sous une autre qui lui convient à certains égards et qui à d'autres égards en diffère, subsomption qui est le fond même du rire, n'est pas toujours intentionnelle ; ainsi un de ces nègres libres de l'Amérique du Nord, qui s'efforcent d'imiter les blancs, gravait récemment sur la tombe de son enfant une épitaphe débutant par ces mots : « Lys aimable, trop tôt brisé. » Si, au contraire, quelque chose de réel, d'intuitif, est rangé à dessein sous le concept de ce qui en est le contraire, l'ironie alors n'est plus que commune et plate : ainsi, quand par une forte pluie nous disons : « Voici un temps agréable » ; — quand à la vue d'une fiancée laide nous nous écrions : « La belle compagne qu'il s'est choisie là » ; — quand nous disons d'un filou : « Cet homme d'honneur, etc. » De telles plaisanteries ne feront rire que les enfants et les personnes dépourvues de toute culture ; car ici le désaccord entre le concept et la réalité est absolu. Toutefois, et justement à cause de leur caractère lourd et exagéré, elles ont l'avantage de faire ressortir clairement cet élément fondamental de tout rire, la divergence entre l'idée et l'intuition.

La parodie, parente de cette catégorie du rire, est, elle aussi, outrée et nettement intentionnelle. Elle s'empare des paroles d'un poème ou d'un drame sérieux, pour les attribuer à des personnages insignifiants et bas, et les emploie à caractériser des motifs frivoles et des actions mesquines. Elle range donc les réalités triviales qu'elle représente sous les concepts élevés donnés dans l'œuvre originale ; il faut que celles-là conviennent dans une certaine mesure à ceux-ci, quelle que soit d'ailleurs la différence qui les sépare, et c'est justement ce mélange de convenance et de disconvenance qui met fortement en relief le contraste entre le concept et l'intuition. Les exemples fameux ne manquent pas ; aussi me bornerai-je à en citer un seul que j'emprunte à la *Zobéide* de Carlo Gozzi, acte IV, sc. 3, où l'auteur met la stance fameuse de l'Arioste (*Orl. fur.*, I, 22) : « Oh ! gran bontà de cavalieri antichi… » dans la bouche de deux polichinelles, qui après s'être roués de coups se sont paisiblement couchés l'un à côté de l'autre. — Dans cette catégorie rentre également l'application, fréquente en Allemagne, de vers de Schiller à des événements mesquins, c'est une subsomption manifeste de l'hétérogène sous l'idée générale exprimée par le vers. « Je reconnais bien là mes soldats du régiment de Pappenheim », dira-t-on, si quelqu'un a fait un mauvais coup. Mais celui-là fut vraiment original et spirituel qui adressa à un jeune couple, dont la partie féminine

lui plaisait, ces paroles finales de la ballade «la Caution » (j'ignore
s'il avait élevé la voix) : « Permettez-moi d'être le troisième dans
votre alliance ». Cette plaisanterie porte infailliblement à rire, parce
qu'elle subsume avec une parfaite exactitude des relations interdites
et immorales sous des vers servant à exprimer une alliance généreuse et morale. Dans tous les exemples de mots d'esprit que j'ai
cités, l'on voit qu'un objet réel est subsumé, soit immédiatement, soit
par l'entremise d'un concept plus étroit, à un concept ou, d'une manière générale, à une pensée abstraite; à la rigueur cet objet peut se
ranger sous ce concept, mais au fond un abîme le sépare du sens
primitif de la pensée, de l'intention qui y a présidé. Par conséquent,
l'esprit consiste uniquement dans la facilité à trouver pour tout objet un concept où il puisse entrer, mais qui en réalité désigne des
objets absolument différents.

Une seconde catégorie du rire suit, comme nous l'avons dit, une
marche inverse : on y va du concept abstrait à la réalité intuitive
dont il éveille la pensée ; mais dans ce processus se révèle quelque
disconvenance de la réalité et du concept dont on ne s'était pas douté ;
de là une absurdité, et si cette absurdité est réalisée, un acte insensé.
Comme le théâtre veut de l'action, cette catégorie du rire est essentielle à la comédie. D'où cette observation de Voltaire : « J'ai cru remarquer aux spectacles, qu'il ne s'élève presque jamais de ces éclats
de rire universels, qu'à l'occasion d'une méprise ». (Préface de l'*Enfant prodigue*.) Voici quelques exemples de ce genre de rire.
Quelqu'un venait de dire qu'il aimait à se promener seul ; un Autrichien lui répondit: «Vous aimez vous promener seul, eh bien ! moi
aussi ; nous pouvons donc nous promener ensemble ». L'Autrichien
part du concept suivant : « si deux personnes ont du goût pour un
même plaisir, elles peuvent en jouir ensemble », et il range sous ce
concept un cas qui exclut précisément la jouissance en commun. —
Second exemple. Un domestique enduit d'une certaine huile la peau
de phoque usée qui recouvrait la malle de son maître, pour en faire
repousser les poils. Ce valet partait de cette idée que l'huile en question fait repousser les cheveux (1). Des soldats qui se trouvent dans
la salle de garde permettent à un camarade condamné aux arrêts et
qu'on vient de leur amener de prendre part à leur partie de cartes :
mais comme il fait des chicanes, et qu'il se produit ainsi une dis-
pute, ils le mettent à la porte : ils se laissent guider par ce concept
général : « on se débarrasse des compagnons rébarbatifs », mais oublient qu'ils ont affaire à un soldat mis aux arrêts, et qu'ils doivent
retenir. — Deux jeunes paysans avaient chargé leur fusil de grosse

---

(1) L'idée est plus comique en allemand, parce que « cheveu et poil » y sont désignés
par le même mot *haar*. (N. du traducteur.)

grenaille; ils veulent l'en retirer et y substituer de la grenaille fine, sans cependant perdre la poudre. Alors l'un deux met l'embouchure du canon dans son chapeau et dit à l'autre : « Toi, maintenant, presse doucement, doucement la détente, et la grenaille viendra d'abord ». Il partait de cette idée : « Le ralentissement dans la production de la cause engendre le ralentissement dans la production de l'effet ». — On peut encore faire rentrer dans cette même catégorie la plupart des actes de Don Quichotte. Ce chevalier subsume sous les concepts qu'il a puisés dans les romans de chevalerie les réalités très hétérogènes qui se présentent à lui : par exemple pour aider les opprimés, il s'avise de délivrer des galériens. Nous mettrons dans la même catégorie encore les tours et les aventures invraisemblables dont se vante Münchhausen : seulement tours et aventures ne sont pas réels; en réalité ils sont impossibles et on essaie seulement de les imposer à la crédulité du lecteur; chaque cas est toujours présenté de manière à paraître possible et plausible, quand on ne le pense qu'*in abstracto*, c'est-à-dire relativement *a priori*; mais quand on descend à l'intuition individuelle, quand on juge *a posteriori*, l'impossibilité, l'absurdité de la chose éclatent et produisent le rire par le contraste évident de l'intuition et du concept. Voici quelques échantillons de ces mensonges comiques : Les mélodies glacées dans le cor du postillon fondent et en sortent dans une chambre bien chauffée. — Münchhausen, assis sur un arbre par un froid rigoureux, remonte son couteau qu'il a laissé tomber, en lui faisant suivre le rayon glacé de son urine. — Analogue est l'histoire des deux lions, brisant la nuit leur mur de séparation et se dévorant dans leur fureur réciproque; le matin on ne trouve plus que les deux queues.

Il y a aussi des cas de rire où le concept sous lequel on range l'intuitif n'a besoin ni d'être énoncé ni même d'être indiqué : c'est spontanément, en vertu de l'association des idées, qu'il se présente à la conscience. Un jour Garrick, au milieu d'une déclaration tragique, partit d'un grand éclat de rire : un boucher qui se tenait sur le devant du parterre pour éponger sa sueur avait mis sa perruque sur la tête de son chien, qui, les pattes de devant posées sur la barrière du parterre, regardait dans la direction de la scène. Garrick avait instinctivement ajouté à cette intuition le concept d'un spectateur humain. C'est pour cette même raison d'ailleurs que plusieurs animaux, tels que les singes, les kanguroos et les gerboises, nous paraissent parfois ridicules : une certaine similitude qu'ils présentent avec l'homme nous les fait subsumer sous le concept de la forme humaine, puis partant de ce concept nous remarquons toute l'opposition qu'il présente avec eux.

Les concepts, dont le contraste avec l'intuition nous excite à rire, ou bien sont les concepts d'un autre, ou bien ils sont à nous. Dans le premier cas nous rions de l'autre : dans le second, nous éprouvons une surprise souvent agréable, toujours plaisante. Les enfants et les gens sans culture rient des moindres événements, des accidents mêmes, s'ils sont inattendus, si par conséquent ils démentent leur concept préconçu. — En général, le rire est un état plaisant : l'aperception de l'incompatibilité de l'intuition et de la pensée nous fait plaisir et nous nous abandonnons volontiers à la secousse nerveuse que produit cette aperception. Voici la raison de ce plaisir. De ce conflit qui surgit soudain entre l'intuitif et ce qui est pensé, l'intuition sort toujours victorieuse ; car elle n'est pas soumise à l'erreur, n'a pas besoin d'une confirmation extérieure à elle-même, mais est sa garantie propre. Ce conflit a en dernier ressort pour cause, que la pensée avec ses concepts abstraits ne saurait descendre à la diversité infinie et à la variété de nuances de l'intuition. C'est ce triomphe de l'intuition sur la pensée qui nous réjouit. Car l'intuition est la connaissance primitive, inséparable de la nature animale ; en elle se représente tout ce qui donne à la volonté satisfaction immédiate ; elle est le centre du présent, de la jouissance et de la joie, et jamais elle ne comporte d'effort pénible. Le contraire est vrai de la pensée : c'est la deuxième puissance du connaître ; l'exercice en demande toujours quelque application, souvent un effort considérable ; ce sont ses concepts qui s'opposent fréquemment à la satisfaction de nos vœux, car résumant le passé, anticipant l'avenir, pleins d'enseignements sérieux, ils mettent en mouvement nos craintes, nos remords et nos soucis. Aussi devons-nous être tout heureux de voir prendre en défaut cette raison, gouvernante sévère et infatigable jusqu'à en devenir importune. Et il est naturel que la physionomie du visage, produite par le rire, soit sensiblement la même que celle qui accompagne la joie.

Le manque de raison et de concepts généraux rend l'animal incapable non moins de rire que de parler. Le rire est un privilège et un signe caractérisuque de l'homme. Remarquons pourtant en passant que son ami unique, le chien, a sur les autres animaux une supériorité propre et caractéristique, je veux parler de son frétillement si expressif, si bienveillant, si foncièrement honnête. Comme ce salut, que lui inspire la nature, forme un heureux contraste avec les révérences et les grimaces polies des hommes ! Comme il est mille fois plus sincère, du moins pour le présent, que leurs assurances d'amitié et de dévouement !

Le contraire du rire et de l'enjouement est le *sérieux*. Le sérieux consiste donc dans la conscience de l'harmonie complète du concept, ou pensée, avec l'intuition ou réalité. L'homme sérieux est convaincu qu'il pense les choses comme elles sont, et qu'elles sont

comme il les pense. C'est même pour cela que le passage du sérieux
au rire est si facile et peut être produit par un rien ; car plus cet
accord, reconnu quand nous sommes sérieux, aura paru complet,
et plus facilement il sera détruit même par une divergence peu
importante, qui nous apparaît d'une manière inattendue. Aussi plus
un homme est capable d'une entière gravité, et plus cordial sera
son rire. Les hommes dont le rire est toujours forcé et affecté ont
un fond moral et intellectuel très médiocre. D'une manière générale, la façon de rire, et d'autre part la cause qui nous y incite, sont
caractéristiques de notre personne. Les rapports sexuels ne fourni-
raient pas une matière si facile à plaisanteries et si fréquemment
exploitée même par les gens peu spirituels, ils ne seraient pas le
prétexte d'une multitude d'ordures, s'ils n'avaient pas pour base la
chose la plus sérieuse du monde.

Quand un autre rit de ce que nous faisons ou disons sérieusement, nous en sommes vivement blessés, parce que ce rire implique
qu'entre nos concepts et la réalité objective il y a un désaccord
formidable. C'est pour la même raison que l'attribut « ridicule » est
blessant. — Ce qu'on appelle les éclats de rire moqueurs semble
crier triomphalement à l'adversaire vaincu, combien les concepts
qu'il avait caressés sont en contradiction avec la réalité qui se révèle
maintenant à lui. Le rire amer qui nous échappe à nous-mêmes
quand nous est dévoilée une vérité terrible qui met à néant nos
espérances les mieux fondées, est la vive expression du désaccord
que nous reconnaissons à ce moment entre les pensées que nous
avait inspirées une sotte confiance aux hommes ou à la fortune, et
la réalité qui est là devant nous.

La plaisanterie est ce qui fait rire à dessein, et s'efforce d'établir
un désaccord entre les concepts d'un autre et la réalité, en modifiant
légèrement la nature d'un de ces deux éléments ; le *sérieux*, au
contraire, consiste au moins à rechercher l'harmonie complète de
la réalité et du concept. Si la plaisanterie se dissimule derrière le
sérieux, nous avons l'*ironie*, ainsi, par exemple, quand nous sem-
blons sérieusement entrer dans des idées contraires aux nôtres et
les partager avec notre adversaire, jusqu'à ce que le résultat final
le désabuse sur nos intentions et sur la valeur de ses propres pensées. Tel était le procédé de Socrate vis-à-vis d'Hippias, de Prota-
goras, Gorgias et autres sophistes, et généralement vis-à-vis d'un
grand nombre de ses interlocuteurs. — Le contraire de l'ironie
serait donc le sérieux caché derrière la plaisanterie. C'est ce qu'on
appelle l'*humour*. On pourrait le définir : le double contrepoint de
l'ironie. — Des explications comme celle-ci, que « l'humour est la pénétration réciproque du fini et de l'infini », n'expriment guère que
l'incapacité complète de penser des gens que peuvent satisfaire des

formules aussi creuses. L'ironie est objective, combinée en vue d'autrui ; l'humour est subjectif, visant avant tout notre propre moi. Aussi les chefs-d'œuvre d'ironie se trouvent-ils chez les anciens, les chefs-d'œuvre d'humour chez les modernes. Car, à le considérer de plus près, l'humour repose sur une disposition subjective, mais sérieuse et élevée, qui entre en conflit avec un monde vulgaire, très différent de sa propre nature. Ce monde, elle ne peut l'éviter, pas plus qu'elle ne peut se sacrifier elle-même ; aussi pour concilier tout, cherche-t-elle à penser par les mêmes concepts et son propre sentiment et le monde extérieur. Ces concepts seront donc en désaccord tantôt avec la réalité extérieure, tantôt avec la réalité intime, et nous donnerons ainsi l'impression du rire intentionnel, c'est-à-dire de la plaisanterie : mais derrière cette plaisanterie se cache la gravité la plus profonde, qui perce au travers du rire. L'ironie commence par une physionomie grave et finit par un sourire ; l'humour suit une marche opposée. L'expression de Mercutio citée plus haut peut être considérée comme un exemple de ce dernier. Autre exemple, tiré de Hamlet : « Polonius : Très gracieux seigneur, je viens respectueusement prendre congé de vous. — Hamlet : Vous ne sauriez rien prendre de moi, que je fusse plus disposé à donner — si ce n'est ma vie, ma vie, ma vie. » — Avant la représentation du spectacle à la cour, Hamlet dit à Ophélie : « Que doit donc faire un homme, sinon être gai ? Car voyez comme ma mère a l'air réjoui, et pourtant mon père n'est mort qu'il y a deux heures. — Ophélie : Il y a deux mois, seigneur. — Hamlet : Il y a si longtemps déjà ? Hé alors ! que le diable se mette en noir, pour moi je vais me commander un habit qui soit gai. » — De même dans le *Titan* de Jean Paul, quand Schappe, devenu mélancolique et ruminant en lui-même, se prend plusieurs fois à considérer ses mains et se dit : « En vérité il y a ici un monsieur en chair et en os, et je suis en lui. Mais qui est ce monsieur ? » — Henri Heine s'est montré vraiment humoriste dans le *Romancero*. Derrière toutes ses plaisanteries et ses farces, nous remarquons un sérieux profond qui rougit de se montrer sans voile. — L'humour repose donc sur une disposition particulière de l'*humeur* (1) ; aussi, sous toutes ses formes, y remarquons-nous une forte prédominance du subjectif sur l'objectif, dans la manière de saisir les objets extérieurs.

Est également un produit de l'humour et par conséquent humoristique, toute représentation par la poésie ou par l'art d'une scène comique et même burlesque, quand une pensée sérieuse se dissimule derrière le rire et apparaît au travers. Tel est le caractère,

_____

(1) Schopenhauer emploie le mot allemand *Laune* auquel il assigne comme étymologie probable le latin *luna*.

d'un dessin colorié de Tischbein : il représente une chambre tout à fait vide, qui reçoit tout son jour d'un feu pétillant dans la cheminée. Devant celle-ci est un homme en manches de chemise, de sorte que l'ombre de sa personne, projetée par ses pieds, s'étend à toute la chambre. « En voilà un », ajouta Tischbein en matière de commentaire, « auquel rien n'a réussi dans ce monde et qui n'est arrivé à rien ; il est heureux maintenant de pouvoir projeter une aussi grande ombre ».Mais pour exprimer la pensée sérieuse qui se cache derrière cette plaisanterie, je ne puis mieux faire que de citer ces vers empruntés à une poésie persane, l'*Anwari Soheili* :

> Si la possession d'un monde est perdue pour toi,
> Ne t'en afflige point : ce n'est rien.
> Et si tu as obtenu la possession d'un monde,
> Ne t'en réjouis pas : ce n'est rien.
> Les douleurs et les joies passent ;
> Passe devant le monde, ce n'est rien.

Si aujourd'hui, dans la littérature allemande, le mot « humoristique » est couramment employé avec le sens de « comique », c'est un effet de cette manie piteuse de donner aux choses un nom plus noble que celui qui leur convient, à savoir celui d'une classe d'objets supérieure : c'est ainsi que toute auberge s'appelle hôtel, tout changeur banquier, tout petit manège cirque, tout concert académie musicale, tout potier artiste en argile — et tout pantin humoristique. Le mot humour a été emprunté aux Anglais, pour caractériser et isoler une catégorie du rire, qu'on a d'abord remarquée chez eux, qui leur est propre et qui est parente du sublime ; mais non pas pour en affubler toute farce et toute arlequinade, comme le font maintenant, sans opposition, les savants et les littérateurs allemands. Le véritable concept de cette variété particulière, de cette direction d'esprit, de ce produit du rire et du sublime est, en effet, trop subtil et trop élevé pour le public, mais pour lui complaire ils s'efforcent de tout rapetisser, de tout populariser. « Des mots nobles, un sens vil », tel est la devise de l'admirable époque où nous vivons : celui qu'on nomme aujourd'hui est humoriste, autrefois on l'eût appelé polichinelle.

CHAPITRE IX

La logique, la dialectique et la rhétorique se tiennent entre elles ;
car ensemble elles forment une technique de la raison. C'est sous
ce titre qu'on devrait les étudier simultanément, la logique en tan
que technique du penser proprement dit, la dialectique en tant que
technique de la discussion avec autrui, et la rhétorique en tant que
technique de la parole adressée à plusieurs (concionatio); ces trois
sciences correspondent au singulier, au duel et au pluriel, de
même que le monologue, le dialogue et le panégyrique.

Par dialectique j'entends, d'accord avec Aristote (*Métaph.* III, 2,
et *Analyt. post.*, I, 11), l'art du dialogue, et principalement du dialogue philosophique, tendant à la recherche en commun de la
vérité. Mais un dialogue de la sorte revêt plus ou moins le caractère
de la controverse ; c'est pourquoi la dialectique peut être définie
aussi l'art de discuter. Les dialogues de Platon nous fournissent des
exemples et des modèles de dialectique; mais jusqu'ici on ne s'est
guère occupé d'établir la théorie de la dialectique, c'est-à-dire la
technique de la discussion, ou l'éristique. Pour moi, j'ai fait un travail sur ce sujet que j'ai publié dans mes *Parerga* ; aussi me dispen-
serai-je de donner ici un exposé détaillé de cette science.

En rhétorique, les figures rhétoriques sont à peu près ce que
sont en logique les figures syllogistiques : en tout cas elles valent
la peine qu'on les étudie. A l'époque d'Aristote, il ne semble pas
qu'elles aient été l'objet de recherches théoriques, car il n'en parle
dans aucune de ses rhétoriques ; il faut nous en référer à cet égard
à Rutilius Lupus, lequel a fait un résumé des œuvres d'un Gorgias
plus récent.

Ces trois sciences ont cela de commun qu'on en suit les règles sans
les avoir préalablement apprises ; les règles ne sont là que l'expression abstraite du procédé que suit la nature. — Aussi, à côté du
haut intérêt théorique qu'elles présentent, ces sciences n'offrent-
elles que peu d'utilité pratique ; d'abord parce qu'elles donnent
bien la règle générale, mais non le cas auquel il faut l'appliquer ;
ensuite parce que les exigences de la pratique ne nous laissent pas

(1) Ce chapitre, ainsi que le suivant, correspond au § 9 du Ier volume.

le temps de nous rappeler les règles. En un mot, elles n'enseignent
que ce que chacun sait et met en pratique par lui-même. La connaissance abstraite n'en laisse pourtant pas d'être utile et importante.
La *logique* n'aura guère d'utilité pratique, du moins pour le penser
proprement dit. Car les défauts de notre raisonnement ne consistent presque jamais ni dans les conclusions, ni dans un autre
vice de forme quelconque, mais bien plutôt dans les jugements,
c'est-à-dire dans la matière du penser. Toutefois elle a son utilité
au point de vue de la controverse : si nous nous trouvons en face
d'un adversaire qui nous présente soit à dessein, soit inconsciemment, une argumentation fallacieuse, sous le manteau d'un discours
orné et continu, nous pouvons la réduire à la forme rigoureuse de
raisonnements soumis aux règles, et y découvrir de la sorte des
fautes contre les prescriptions de la logique, telles que simple
conversion de jugements affirmatifs universels, syllogismes à quatre
termes, syllogismes allant de la conséquence au principe, syllogismes de la deuxième figure uniquement composés de prémisses
affirmatives, etc.

Il me semble qu'on pourrait simplifier la théorie des lois de la
pensée, en les ramenant à deux, celle du *tiers exclu*, et celle de la
raison suffisante. La première se formulerait ainsi : « Un attribut
quelconque doit être ou attribué ou refusé à un sujet quelconque ».
De ce dilemme il résulte que les deux alternatives ne sont pas possibles à la fois, et c'est justement ce qu'affirment les lois de l'identité et de la contradiction : ces deux lois seraient donc les corol-
laires du principe susdit, suivant lequel deux sphères de concepts
doivent être conçues ou comme réunies, ou comme séparées, mais
non comme faisant la paire : principe suivant lequel par conséquent, chaque fois qu'un assemblage de mots implique à la fois le
pour et le contre, la pensée qui y est contenue est inconcevable :
voir qu'elle est inconcevable, c'est là précisément avoir le sentiment
du contradictoire. — La deuxième loi de la pensée, le principe de
la raison suffisante, énoncerait que cette attribution ou cette négation dont nous avons parlé doit être déterminée par quelque chose
de différent du jugement lui-même, c'est-à-dire par une intuition
— empirique ou pure — ou simplement par un jugement différent :
cette chose autre et distincte est justement la raison du jugement.
En tant qu'un jugement satisfait à la première loi de la pensée, il
est *concevable;* en tant qu'il satisfait à la seconde, il est *vrai*, vrai
au moins au point de vue logique et formel, si la raison du jugement
n'est elle aussi qu'un jugement. Mais en dernier ressort la vérité
matérielle ou absolue n'est que le rapport entre un jugement et une
intuition, c'est-à-dire entre la représentation abstraite et la repré
sentation intuitive. Ou ce rapport est immédiat, ou il est obtenu

par l'entremise d'autres jugements, c'est-à-dire d'autres représentations abstraites. D'où il est facile de conclure qu'une vérité n'en peut jamais détruire une autre, mais que toutes doivent aboutir finalement à l'harmonie, car dans la réalité intuitive, leur base commune, aucune contradiction n'est possible. Aussi une vérité n'a-t-elle rien à craindre d'une autre vérité. C'est la tromperie et l'erreur qui ont à redouter toutes les vérités ; car grâce à l'enchaînement logique qui est entre elles, la plus éloignée exerce sur l'erreur un effet de répulsion. En conséquence, cette seconde loi de la pensée est le point par où la logique se rattache à ce qui n'est plus d'ordre logique, à ce qui est l'étoffe même de la pensée. Et cette harmonie des concepts, c'est-à-dire de la représentation abstraite, avec ce qui est donné dans la représentation intuitive, produit au point de vue de l'*objet* la *vérité*, au point de vue du *sujet* le *savoir*.

La copule « est », ou « n'est pas », a précisément pour fonction d'exprimer la réunion ou la séparation de deux sphères de concepts. Grâce à ces copules tout verbe peut être exprimé par le moyen de son participe. C'est pourquoi tout jugement consiste dans l'emploi d'un verbe et *vice versa*. La copule signifie donc uniquement que le prédicat doit être pensé dans le sujet. On voit aisément de là quelle est la vraie valeur de l'infinitif de la copule, du verbe « être ». Néanmoins ce mot « être » est devenu le thème favori de la philosophie de nos professeurs contemporains. Mais avec eux il ne faut pas y regarder de près : car la plupart n'entendent désigner par ce terme que les objets matériels, le monde des corps, monde auquel ces innocents réalistes accordent au fond du cœur la plus grande somme de réalité. Seulement il leur semble bien trop vulgaire de parler de corps ; aussi disent-ils « l'Être, » ce qui sonne bien plus noblement — et par ce mot « être » ils pensent les tables et les chaises qui se trouvent devant eux.

« Car, parce que, c'est pourquoi, donc, comme, quoique, sans doute, pourtant, mais, si, ou... ou », et autres termes de ce genre, sont proprement des *particules logiques;* car leur seule fonction est d'exprimer le côté formel des processus de la pensée. Ces particules sont donc une partie précieuse du langage ; toutes les langues n'en possèdent pas un égal nombre. Le mot *zwar* (sans doute) principalement paraît être la propriété exclusive de la langue allemande : il se rapporte toujours à un « mais » qui suit d'une manière expresse ou sous-entendue, de même que *wenn* (si) se rapporte toujours à un *so* (1) qui suit.

---

(1) En allemand une proposition conditionnelle, commençant par *wenn*, est suivie d'une proposition conséquente commençant par *so ;* ce *so* de la seconde proposition ne se rend pas en français. *(Note du trad.)*

La règle de logique, suivant laquelle les jugements singuliers en quantité, qui ont une *notio singularis* pour sujet, se comportent comme les jugements généraux, repose sur ce fait, que ce sont là en réalité des jugements universels avec ce caractère d'avoir pour sujet un concept qui ne peut être rempli que par un seul objet réel. Il en est ainsi par exemple, quand le concept est désigné par un nom propre. Mais, à proprement parler, cette particularité n'entre en compte que si de la représentation abstraite on passe à la représentation intuitive, et qu'on veuille réaliser les concepts. Dans la pensée elle-même, lorsqu'on opère sur des jugements, cette particularité ne constitue pas une différence, précisément parce qu'il n'y a pas de différence logique entre des concepts singuliers et des concepts universels. « Emmanuel Kant » signifie au point de vue logique « tous les Emmanuel Kant ». Aussi la quantité des jugements est-elle de deux sortes seulement : universelle ou particulière. Une *représentation singulière* ne peut pas être le sujet d'un jugement, parce qu'elle n'est pas quelque chose d'abstrait, de pensé, mais quelque chose d'intuitif : tout concept au contraire est essentiellement général, et tout jugement doit avoir pour sujet un concept.

La différence entre les jugements particuliers *(propositiones particulares)* et les jugements universels vient souvent de cette circonstance extérieure et accidentelle, qu'il n'y a point de mot dans la langue pour exprimer en elle-même la partie détachée d'un concept universel, laquelle est le sujet d'un tel jugement : si la langue possédait toujours le terme qu'il faut, maint jugement particulier deviendrait général. Ainsi le jugement particulier, « quelques arbres portent des noix de galle », devient général, parce qu'il y a un terme propre désignant cette partie du concept « arbre » : « tous les chênes portent des noix de galles ». Tel est encore le rapport de ce jugement : « quelques hommes sont noirs », au suivant : « tous les nègres sont noirs ». Ou bien encore la différence dont nous parlons vient de ce que la personne qui juge n'a pas nettement détaché le sujet du jugement particulier du concept général : elle le désigne comme une partie de ce dernier, au lieu qu'elle pourrait l'envisager en lui-même et énoncer par là un jugement universel. Ainsi, au lieu de ce jugement : « quelques ruminants ont des dents antéro-supérieures », on peut énoncer le suivant : « tous les ruminants sans cornes ont des dents antéro-supérieures ».

Le jugement *hypothétique* et le jugement *disjonctif* énoncent le rapport de deux jugements catégoriques entre eux (le *jugement disjonctif* l'énonce aussi de plusieurs). — Le jugement hypothétique affirme que de la vérité du premier des jugements catégoriques reliés entre eux dépend celle du second, que de la non-vérité du second dépend celle du premier, c'est-à-dire que ces deux propositions se trouvent, en ce qui regarde leur vérité ou leur fausseté, en liaison directe. — Le jugement disjonctif, au contraire, énonce que de la vérité d'un des jugements catégoriques mis en relation dépend la non-vérité des autres, et inversement ; c'est-à-dire que ces propositions sont contradictoirement placées à l'égard de la vérité et de la non-vérité. — La *question* est un jugement dont une des trois parties demeure ouverte : ou c'est la copule : « Caïus *est-il* un Romain — ou ne *l'est-il pas ?* » ou c'est l'attribut · « Caïus est-il un *Romain* — ou quelque chose d'autre ? » ou c'est le sujet : « Est-ce *Caïus* qui est Romain — ou est-ce *un autre* que lui ? » — La place du concept qui demeure ainsi ouvert peut aussi rester tout à fait vide. Par exemple : « Qu'est-ce que Caïus ? — qui est Romain ? »

L'ἐπαγώγη, *inductio,* est chez Aristote le contraire de l'ἀπαγώγη. Celle-ci démontre la fausseté d'une proposition, en montrant qu'elle aboutit à des conséquences fausses, c'est-à-dire en procédant par l'*instantia in contrarium.* L'ἐπαγώγη, au contraire, prouve la vérité d'une proposition, en établissant qu'elle aboutit à des conséquences vraies. Par des exemples elle nous amène à admettre une certaine chose, tandis que l'ἀπαγώγη nous amène à ne pas l'admettre. Par conséquent, l'ἐπαγώγη est un raisonnement allant des conséquences au principe, et cela *modo ponente* : car à l'aide de beaucoup de cas, elle établit la règle, dont ces cas deviennent ensuite des conséquences. C'est justement pourquoi elle n'arrive jamais à une entière certitude ; elle ne saurait atteindre qu'une haute probabilité. Cependant cette incertitude *formelle* peut, grâce au nombre des conséquences énumérées, faire place à une certitude *matérielle*, de même qu'en mathématique les rapports irrationnels peuvent, au moyen des fractions décimales, être infiniment rapprochés de la rationalité. L'ἀπαγώγη, par contre, commence par marcher du principe aux conséquences, puis elle procède *modo tollente,* en établissant la non-existence d'une conséquence nécessaire et en détruisant ainsi la vérité du principe admis. C'est pourquoi elle est toujours d'une entière certitude et prouve plus par un seul exemple bien établi *in contrarium,* que l'induction ne saurait le faire par des exemples innombrables en faveur de la proposition admise. Tant il est **plus** facile de réfuter que de prouver, de détruire que d'établir.

CHAPITRE X

Il est fort difficile sans doute, sur un sujet rebattu depuis deux mille ans et qui d'ailleurs ne s'accroît point par l'expérience, d'établir une théorie nouvelle et juste ; pourtant je ne puis m'empêcher de soumettre à l'examen du penseur l'essai, qui va suivre, d'une telle théorie.

Le syllogisme est une opération de la raison qui, de deux jugements, par leur simple comparaison et sans le secours d'aucune autre connaissance, en tire un troisième, avec cette condition que les deux jugements en question doivent avoir un concept qui leur soit commun, sans quoi ils seraient étrangers l'un à l'autre et sans point de contact. Mais cette condition étant réalisée, ils deviennent le père et la mère d'un enfant qui tient de tous les deux. L'opération syllogistique n'est pas un acte arbitraire, mais un acte de la raison qui, adonnée à la considération de tels jugements, l'accomplit d'elle-même, d'après ses propres lois : en ce sens cet acte est objectif, non subjectif, et soumis à des règles rigoureuses.

On peut se demander si celui qui fait un syllogisme apprend quelque chose de vraiment nouveau, qui lui ait été inconnu auparavant, par la proposition nouvelle qui naît ainsi ? Il ne l'apprend pas absolument, mais bien dans une certaine mesure. Ce qu'il apprend sans doute était déjà contenu dans ce qu'il savait : sachant ceci il savait donc cela. Mais il ne savait pas qu'il le sût, et celui qui ne sait pas qu'il sait est comme celui qui a quelque chose et ne sait pas qu'il l'a : autant vaut n'avoir rien. En un mot, avant la conclusion on avait une connaissance implicite ; cette connaissance devient explicite par la conclusion : mais la différence entre ces deux manières de connaître peut être tellement grande que la conclusion apparaisse comme une vérité nouvelle. Par exemple dans ce syllogisme :

> Tous les diamants sont des pierres ;
> Tous les diamants sont combustibles ;
> Donc quelques pierres sont combustibles.

L'essence du syllogisme est donc de nous faire savoir d'une façon claire et distincte que la pensée, énoncée par la conclusion, était déjà enfermée dans les prémisses : c'est un moyen d'avoir une conscience plus relevée et plus nette de notre propre connaissance. La connaissance que fournit la conclusion était *latente*, par conséquent agissait aussi peu que la chaleur latente sur le thermomètre. Qui a du sel, a aussi du chlore ; mais c'est comme s'il ne l'avait pas : ce n'est qu'une fois détaché par les procédés chimiques, que le chlore peut agir, c'est donc alors seulement qu'on le possède en réalité. Il en est de même de l'acquisition que nous procure une conclusion tirée de prémisses déjà connues : elle met en lumière une connaissance auparavant latente, elle isole ce qui était mélangé à autre chose. Ces comparaisons, pour exagérées qu'elles puissent paraître, ne le sont pourtant pas. Comme il nous arrive souvent de tirer très vite et sans formalité les conclusions possibles de nos connaissances — ce qui fait qu'il n'en reste pas un souvenir net, — nous pourrions croire que nous ne restons jamais longtemps sans utiliser pour des conclusions les prémisses que nous possédons, et que ces conclusions sont toutes prêtes pour les prémisses faisant partie de notre savoir. Mais les choses ne se passent pas toujours de la sorte : au contraire, deux prémisses peuvent longtemps vivre d'une existence séparée dans le même cerveau, jusqu'à ce qu'enfin une impulsion quelconque les réunisse et fasse ainsi jaillir la conclusion. Ce n'est qu'à l'instant où l'acier et la pierre s'entrechoquent, que naît l'étincelle. De nombreuses prémisses, résultat de l'expérience, et qui pourraient soit mener à des vues théoriques, soit fournir des motifs de résolutions, sont d'abord élaborées par une pensée qui manque de netteté et de précision et qui souvent même ne se fixe point par des termes ; cette pensée les mêle sans choix au reste de nos connaissances, les y confond sans ordre ni liaison ; mais enfin la majeure convenable tombe sur la mineure convenable, elles s'établissent dans l'ordre qu'il faut et la conclusion naît soudain, sans notre concours, semblable à une inspiration, et alors nous ne comprenons pas que nous et les autres l'ayons ignorée si longtemps. Sans doute dans une tête bien organisée cette évolution se fera plus vite et plus facilement que dans un cerveau ordinaire : et c'est justement parce que cette évolution se fait d'une façon spontanée, sans même qu'on s'en rende nettement compte, qu'elle ne peut pas être enseignée. Aussi Gœthe dit-il avec raison : « Celui qui a découvert une chose, qui y a atteint, sait combien elle est facile ». On peut comparer le processus intellectuel que nous venons de décrire à un cadenas composé d'anneaux de lettres ; suspendu à la malle d'un véhicule, il est secoué jusqu'à ce que les lettres d'un mot déterminé se succèdent dans l'ordre voulu ; à ce moment la serrure s'ouvre Mais n'oublions pas, en fai sant ce rapprochement, que le syllogisme consiste dans la succession des idées mêmes et que les termes et les propositions par lesquels on l'exprime ne sont que la trace laissée par ces idées : termes et propositions sont à l'idée ce que les figures dessinées par le sable en vibration sont aux sons dont elles représentent les vibrations. Quand nous voulons par la réflexion arriver à un certain résultat, nous concentrons nos données que nous rapprochons rapidement les unes des autres pour les comparer : cette comparaison des données a pour effet immédiat de nous faire ariver aux conclusions qu'il nous est possible d'en tirer par l'emploi de trois figures syllogistiques. Mais ces opérations se succèdent avec une telle rapidité qu'on n'emploie que peu de mots; souvent même on n'en emploie pas du tout, et la conclusion seule est énoncée formellement. C'est pourquoi aussi il arrive parfois qu'étant parvenus, soit par ce procédé, soit simplement par l'intuition, par un « aperçu heureux », à prendre conscience d'une vérité nouvelle, nous cherchons les prémisses de cette conclusion, nous aspirons à en donner une démonstration : car, en thèse générale, les connaissances se présentent à nous avant leurs preuves. Alors nous fouillons dans la provision de nos connaissances, pour voir s'il ne s'y trouve pas quelque vérité dans laquelle la dernière soit déjà implicitement contenue, ou s'il ne s'y rencontre pas deux propositions dont la coordination produise cette vérité nouvelle. Le syllogisme le plus frappant et le plus formel de la première figure est fourni par le premier procès criminel venu. La transgression civile ou criminelle qui donne lieu à la plainte est la mineure : celle-ci est posée par le plaignant. La loi qui s'applique à un tel cas constitue la majeure. L'arrêt est la conclusion nécessaire; aussi le juge se contente-t-il de le « prononcer ».

Maintenant je vais essayer de donner une idée aussi simple et aussi exacte que possible du mécanisme même du raisonnement déductif.

Le *jugement*, cette fonction élémentaire et si importante de la pensée, consiste dans la comparaison de deux *concepts*; le *syllogisme* dans la comparaison de deux *jugements*. Cependant, dans les manuels, on considère également le syllogisme comme une comparaison de *concepts*, de trois concepts il est vrai : le rapport que deux de ces concepts soutiennent avec le troisième permet de reconnaître celui qu'ils ont entre eux. On ne saurait évidemment contester la vérité de cette théorie ; moi-même j'en fais l'éloge au corps de ce chapitre, car elle a l'avantage de nous faciliter l'intelligence du mécanisme déductif, en nous rendant sensibles les rapports syllogistiques au moyen de sphères représentant les concepts. Mais ici, comme en bien d'autres cas, on n'obtient une représentation facilement saisissable qu'au détriment de l'exactitude et de la profondeur. Cette théorie ne donne pas une idée nette de la fonction intellectuelle propre au raisonnement déductif, et dont dépendent les trois figures syllogistiques et leur nécessité. Car dans le raisonnement déductif nous n'opérons pas sur de simples *concepts,* mais avec des *jugements* qui possèdent par essence une *qualité,* laquelle se trouve uniquement dans la copule, non dans les concepts, une quantité, et par surcroît une modalité. La théorie qui fait du syllogisme un rapport entre trois concepts a ce défaut de commencer par résoudre les jugements en leurs derniers éléments, les concepts; elle ne s'attache pas au moyen de combiner ces concepts, et nous fait ainsi perdre de vue ce qui est propre aux *jugements* en tant que tels, dans leur intégrité, et dont dépend justement la nécessité de la conclusion qui découle de ces jugements. C'est un défaut analogue à celui où tomberait la chimie organique, si dans l'analyse des plantes elle commençait par les résoudre en leurs derniers éléments constitutifs : elle trouverait ainsi dans toutes les plantes du carbone, de l'hydrogène et de l'oxygène, mais elle en laisserait échapper toutes les différences spécifiques; car pour obtenir celles-ci il faut s'arrêter aux éléments plus proches, aux alcaloïdes, et se garder de les décomposer aussitôt. De trois *concepts* donnés, sans rien de plus, il est impossible de tirer un syllogisme. Sans doute on ajoute ce correctif, que le rapport de deux concepts au troisième doit être donné. Mais les *jugements* qui réunissent ces concepts sont précisément l'expression de ce rapport; ce sont donc des *jugements,* et non des *concepts,* qui forment la matière du syllogisme. Déduire c'est essentiellement faire une comparaison entre deux *jugements;* c'est sur des jugements et les idées qu'ils expriment, et non sur de simples concepts, qu'opère le mode de penser syllogistique, même lorsqu'il est imparfait, ou quand il n'est aucunement exprimé par des termes; il faut voir dans ce mode de penser une coordination de jugements pris dans leur intégrité, si l'on veut bien comprendre les procédés techniques du raisonnement déductif et se rendre compte de la nécessité vraiment rationnelle de trois figures syllogistiques.

Quand on s'explique le syllogisme par des sphères de concepts, on se représente ces dernières sous forme de cercles ; quand on se l'explique par une combinaison de jugements, on devra se les figurer sous forme de bâtonnets qui se rejoignent tantôt par un bout, tantôt par l'autre; les différentes manières dont ils se relieront les uns aux autres donneront les trois figures. Chaque prémisse renfermant son sujet et son attribut, ces deux concepts devront être représentés comme se trouvant aux deux bouts du bâtonnet.

Les deux jugements seront comparés au point de vue des deux
concepts différents qu'ils renferment; car le troisième concept doit,
comme nous l'avons dit, être identique dans les deux jugements;
aussi ne sera-t-il l'objet d'aucune comparaison, étant lui-même le
terme par rapport auquel les deux autres concepts seront comparés : ce sera le *moyen terme*. Ce dernier n'est donc jamais qu'un
intermédiaire et non pas le terme principal. Les deux concepts différents deviennent au contraire l'objet de la réflexion, et c'est le but
du syllogisme d'en déterminer le rapport réciproque par le moyen
des jugements dans lesquels ils sont contenus; aussi dans la conclusion s'agit-il d'eux et non plus du moyen terme; une fois que la
comparaison à laquelle il a servi est arrivée à un résultat, on le
laisse tomber. Si ce *concept identique* des deux jugements, je veux
dire le moyen terme, est le sujet d'une prémisse, le concept à comparer en devra être l'attribut, et *vice versa*. *A priori* se produit
ici la possibilité de trois cas : ou c'est le sujet d'*une* prémisse qui
est comparée avec l'attribut de l'*autre*; ou c'est le sujet de l'une
avec le sujet de l'autre; ou enfin l'attribut de l'une avec l'attribut de
l'autre. De ces comparaisons différentes naissent les trois figures
syllogistiques d'Aristote; la quatrième, ajoutée par un effort de subtilité, n'est pas authentique; on l'a attribuée à Galien, mais sur la
foi seulement d'autorités arabes. Chacune des trois figures représente un processus distinct, exact et naturel, de la pensée dans
l'opération de la déduction.

En effet, si dans les deux jugements à comparer, c'est le rapport
entre l'*attribut de l'une* et *le sujet* de *l'autre* qui est l'objet de la
comparaison, nous avons la *première figure*. Elle seule a cet avantage, que les concepts qui, dans la conclusion, sont sujet et attribut, apparaissent déjà en cette qualité dans les prémisses; tandis
que dans les autres figures, un des concepts change toujours de
rôle dans la conclusion. Par cela même aussi le résultat dans la
première figure a toujours quelque chose de moins nouveau et de
moins surprenant que dans les deux autres. Cet avantage de la
première figure tient à ce que l'on y compare l'attribut de la majeure
avec le sujet de la mineure, sans que l'inverse ait lieu; d'où il suit
que le moyen terme occupe les deux places de nom différent, c'est-
a-dire qu'il est le sujet de la majeure et l'attribut de la mineure :
encore une preuve de son rôle subordonné, car il ne figure que
comme ces poids qu'on jette à volonté tantôt dans l'un, tantôt
dans l'autre plateau de la balance. Voici quelle est la suite des idées
dans cette figure : l'attribut de la majeure convient au sujet de la
mineure; en cas de syllogisme négatif, c'est le contraire qui se
produit, mais pour la même raison. On attribue donc aux objets
pensés par le moyen d'un concept une certaine qualité, parce que

cette qualité se trouve attachée à une autre que nous leur connaissons déjà, ou inversement. Aussi le principe directeur est-il ici : *nota notæ est nota rei ipsius, et repugnans notæ repugnat rei ipsi.*

Si, au contraire, nous comparons deux jugements dans l'intention de déterminer le rapport réciproque de *leurs sujets*, il nous faut prendre comme terme commun de comparaison l'attribut de ces jugements : cet attribut sera donc le moyen terme, et devra par conséquent être identique dans les deux. C'est cette sorte de comparaison qui donne naissance à la *deuxième figure*. Ici le rapport des deux sujets entre eux est déterminé au moyen de leur rapport à un seul et même attribut. Mais cette dernière relation ne peut avoir quelque importance, que si le même attribut est accordé à un sujet et refusé à l'autre ; c'est de la sorte qu'elle devient une raison essentielle de différenciation entre les deux. Supposons, en effet, que cet attribut soit accordé aux deux sujets : dans ce cas le rapport des deux sujets à cet attribut ne pourrait pas décider de leurs rapports entre eux, car presque chaque attribut convient à une infinité de sujets. Ce rapport serait encore moins décisif, si l'attribut était refusé aux deux sujets. De là résulte le caractère fondamental de la deuxième figure, à savoir que les deux prémisses doivent être de *qualité contraire :* l'une doit affirmer, l'autre nier. La règle principale est ici : *sit altera negans,* dont le corollaire est : *e meris affirmativis nil sequitur.* On pèche souvent contre cette règle dans les argumentations incohérentes, dont le vide cherche à se dissimuler au moyen de nombreuses propositions intermédiaires. De ce que nous venons de dire résulte clairement le processus intellectuel dans cette figure : c'est l'examen de deux sortes d'objets, dans l'intention de les distinguer, c'est-à-dire d'établir qu'ils ne sont pas de même espèce ; la distinction est déterminée par ce fait qu'un attribut qui est essentiel à l'une des deux sortes fait défaut à l'autre. Un exemple montrera que ce processus revêt tout naturellement la deuxième figure, et ne s'exprime dans toute sa netteté que par elle :

Tous les poissons ont le sang froid ;
Aucune baleine n'a le sang froid :
Donc aucune baleine n'est un poisson.

Dans la première figure au contraire la même pensée s'exprimera sous une forme affaiblie, forcée, et en dernier lieu par une sorte de raccroc :

Rien de ce qui a le sang froid n'est une baleine ;
Tous les poissons ont le sang froid :
Donc aucun poisson n'est une baleine,
Et conséquemment aucune baleine n'est un poisson.

Donnons aussi un exemple de syllogisme de la deuxième figure avec mineure affirmative :

> Aucun Mahométan n'est Juif ;
> Quelques Turcs sont Juifs
> Donc quelques Turcs ne sont pas Mahométans.

Le principe directeur de cette figure me semble donc être, pour les modes à mineure négative : *cui repugnat nota, etiam repugnat notatum;* et pour les modes à mineure affirmative : *notato repugnat id cui nota repugnat.* En français nous dirons : deux sujets, qui se trouvent en rapport opposés à un attribut, ont entre eux un rapport négatif.

Un troisième cas se présente, où les jugements sont coordonnés en vue de déterminer le rapport de leurs attributs ; c'est la *troisième figure*, où le moyen terme est sujet des deux prémisses. Ici encore il est le *tertium comparationis*, l'unité de mesure des deux concepts à examiner, ou, si l'on veut, le réactif chimique par lequel on les éprouve, pour déterminer, par le moyen du rapport qu'ils ont avec lui, la relation qui existe entre eux-mêmes : la conclusion, par conséquent, se prononce sur cette question : s'il y a entre eux un rapport de sujet à attribut, et jusqu'où il s'étend. C'est dire que dans cette figure la réflexion s'exerce sur deux *qualités* qu'on est tenté de tenir ou pour *incompatibles*, ou pour *inséparables* : afin de croire ce qui en est, on essaie d'en faire, dans deux jugements, les attributs d'un seul et même sujet. Il se présente alors cette double alternative : ou que les deux qualités conviennent au même objet, qu'elles sont par conséquent compatibles; ou qu'un objet, tout en possédant l'une, ne possède pas l'autre, c'est-à-dire que les deux qualités sont séparables. La première alternative sera exprimée Par les syllogismes de la troisième figure à deux prémisses affirmatives, la seconde par les syllogismes à une prémisse négative. Voici quelques exemples :

> Quelques animaux peuvent parler ;
> Tous les animaux sont des êtres sans raison ;
> Donc quelques êtres sans raison peuvent parler.

D'après Kant (*la Fausse subtilité,* 84) ce syllogisme n'aboutit véritablement à une conclusion, que si nous ajoutons par la pensée : « donc quelques êtres sans raison sont des animaux ». Cette addition me paraît tout à fait superflue, et elle ne répond pas à l'ordre naturel de notre pensée. — Pour réaliser directement le même processus de pensées par la première figure: je serais obligé de dire :

> Quelques animaux sont des êtres sans raison ;
> Quelques êtres doués de paroles sont des animaux.

Ce qui manifestement n'est pas l'ordre naturel de notre pensée : bien plus, la conclusion que nous obtiendrions de la sorte : « donc quelques êtres doués de paroles sont des êtres sans raison », devrait être convertie pour donner la proposition finale, à laquelle la troisième figure aboutit tout naturellement et que poursuit l'ordre entier de notre pensée. — Prenons encore un exemple :

> Tous les métaux alcaloïdes nagent sur l'eau ;
> Tous les métaux alcaloïdes sont des métaux :
> Donc quelques métaux nagent sur l'eau.

Si nous transposions dans la première figure, la mineure serait ainsi renversée : « quelques métaux sont des métaux alcaloïdes », elle affirmerait donc purement et simplement, que quelques métaux sont situés dans la sphère des métaux alcaloïdes, comme l'indique la figure suivante :

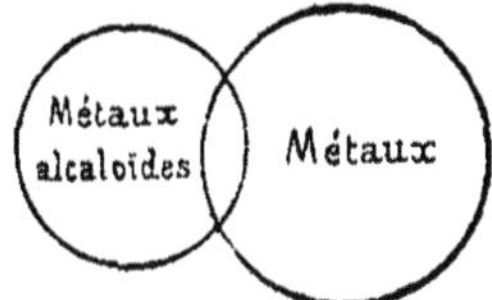

tandis que nous savons d'un savoir réel que *tous* les métaux alcaloïdes, se trouvent dans la sphère des métaux, ce que nous exprimerons par la figure suivante :

Par conséquent, si l'on veut que la première figure soit la seule normale, nous devrons pour penser naturellement, penser moins que nous ne savons sur une question déterminée. Personne ne voudra aller jusque-là : nous pouvons donc nier que dans les syllogismes de la seconde et de la troisième figure, nous renversions tacitement une proposition. La troisième ainsi que la seconde figure expriment un processus d'idées aussi rationnel que la première. Considérons maintenant un exemple de la seconde espèce de la troisième figure, où s'affirme dans la conclusion la séparabilité des deux attributs, où par conséquent une des prémisses sera négative :

> Aucun bouddhiste ne croit en Dieu ;
> Quelques bouddhistes sont sages :
> Donc quelques sages ne croient pas en Dieu.

Dans les exemples cités plus haut, la réflexion se posait comme problème la compatibilité de deux qualités ; ici c'est leur séparabilité qu'elle envisage, et elle tranche la question en les comparant à un seul et même sujet, et en montrant que ce sujet possède l'une des deux qualités sans admettre l'autre : en procédant de la sorte on arrive immédiatement au but, tandis que par la première figure l'on ne pourrait y arriver que médiatement. En effet, si nous voulions ramener notre raisonnement à la première figure, il nous faudrait renverser la mineure, et dire : « Quelques sages sont bouddhistes » ce qui donnerait une expression gauche de notre pensée, laquelle est la suivante ; « Quelques bouddhistes sont malgré tout des gens sages ».

Le principe directeur de cette figure me semble être, pour les modes affirmatifs ; *ejusdem rei notæ, modo sit altera universalis, sibi invicem sunt notæ particulares*, et pour les modes négatifs : *nota rei competens, notæ eidem repugnanti, particulariter repugnat, modo sit altera universalis*. En français : Si deux attributs sont affirmés d'un sujet, et l'un des deux au moins d'une manière universelle, ils sont affirmés particulièrement l'un de l'autre ; ils sont au contraire particulièrement niés l'un de l'autre, si l'un des deux répugne au sujet dont l'autre est affirmé ; étant toutefois entendu que l'affirmation et la négation seront universelles.

Certains prétendent poser une quatrième figure, dans laquelle le sujet de la majeure doit être comparé à l'attribut de la mineure : mais dans la conclusion ces deux termes changent de valeur et de place, de telle sorte que le sujet de la majeure devient ici attribut, et que l'attribut de la mineure devient sujet. D'où il appert que cette figure n'est que le renversement arbitraire de la première, et qu'elle n'exprime pas un processus réel de la pensée, qui soit naturel à la raison.

Les trois premières figures au contraire sont l'empreinte même de trois opérations réelles et distinctes de la pensée. Elles ont ceci de commun, qu'elles consistent dans la comparaison de deux jugements ; mais cette comparaison ne devient féconde que si ces jugements ont un concept commun. Si nous nous représentons les prémisses sous la forme de deux bâtonnets, le concept sera le crochet qui les unit : on pourrait fort bien se servir de ces bâtonnets, dans une exposition orale de la théorie déductive. Ce qui distingue entre elles ces trois figures, c'est que les jugements y sont comparés tantôt au point de vue de leurs deux sujets, tantôt au point de vue de leurs deux attributs, tantôt enfin au point de vue du sujet de l'un et de l'attribut de l'autre. Comme un concept n'a la faculté d'être sujet ou attribut, qu'autant qu'il fait partie d'un jugement, mon opinion en est confirmée, à savoir que dans le syllogisme ce que l'on compare avant tout ce sont des jugements, et que les concepts ne sont comparés qu'à titre de parties de jugements. Or, lorsqu'on compare deux jugements, ce qui importe essentiellement c'est *ce par rapport à quoi* on les compare, et non *ce par quoi* on les compare : en d'autres termes, l'important c'est le majeur et le mineur, le moyen n'est que secondaire. Le point de vue est donc faux, où se sont cantonnés Lambert, et même déjà Aristote et presque tous les logiciens modernes, quand dans l'analyse des raisonnements déductifs ils partent du moyen terme, quand ils le considèrent comme l'élément principal et font de la place qu'il occupe le caractère essentiel de de chaque figure du syllogisme. Son rôle n'est en réalité que secondaire, la place qu'il occupe est un effet de la valeur logique des concepts à comparer. Ces derniers peuvent être assimilés à deux substances, qu'on aurait à éprouver chimiquement ; le moyen terme serait le réactif qui servirait à les éprouver. Il est donc naturel qu'il prenne chaque fois la place laissée vacante par les deux concepts à comparer et qu'il ne se présente plus dans la conclusion. Il est choisi selon que son rapport aux deux concepts est connu et qu'il est apte à occuper la place qu'il s'agit de remplir : aussi, dans beaucoup de cas, peut-on l'échanger à volonté contre un autre terme, sans que le syllogisme en soit affecté. Ainsi, dans le raisonnement suivant :

> Tous les hommes sont mortels ;
> Caïus est un homme :

je puis échanger le moyen terme « homme » contre celui d' « être animé ». Dans le raisonnement,

> Tous les diamants sont des pierres ;
> Tous les diamants sont combustibles ;

je puis échanger le moyen terme « diamant » contre le mot « anthracite ». Comme caractère extérieur pouvant faire reconnaître à première vue la figure du syllogisme, le moyen terme est sans doute d'un usage commode. Mais lorsqu'il s'agit d'expliquer une chose, il faut en chercher le caractère fondamental dans ce qui lui est essentiel : or, ce qui est essentiel au syllogisme, c'est de savoir si l'on coordonne des jugements pour comparer ou leurs attributs, ou leurs sujets, ou l'attribut de l'un et le sujet de l'autre.

Pour que deux jugements, posés en prémisses, produisent une conclusion, il faut donc qu'ils aient un concept commun ; de plus, ils ne devront pas être tous deux négatifs ou particuliers ; enfin, dans le cas où les deux concepts à comparer sont leurs sujets, ils ne devront pas être affirmatifs tous les deux.

On peut considérer la pile de Volta comme un symbole du syllogisme. Le point d'indifférence au milieu de la pile représente le moyen terme, qui relie les deux prémisses et leur permet d'aboutir à une conclusion ; les deux concepts disparates, au contraire, qui sont proprement l'objet de la comparaison, sont représentés par les deux pôles hétérogènes : c'est seulement lorsque ceux-ci sont mis en rapport au moyen de leur fil conducteur respectif (ces fils symboliseront à leur tour les copules des deux jugements), que jaillit l'étincelle, je veux dire la lumière nouvelle de la conclusion.

CHAPITRE XI

L'éloquence est la faculté de faire partager aux autres nos opinions et nos projets, de leur communiquer nos propres sentiments, pour tout dire, de les faire sympathiser avec nous. Et nous devons arriver à ce résultat, en faisant pénétrer au moyen des mots nos pensées dans leur cerveau, avec une force telle que leurs propres pensées dévient de leur direction primitive pour suivre les nôtres, qui les entraîneront dans leur cours. Et le chef-d'œuvre sera d'autant plus parfait, que la direction naturelle de leurs idées différait davantage de celle des nôtres. C'est ce qui nous explique pourquoi la force de conviction et la passion rendent éloquent, comment en général l'éloquence est plutôt un don de la nature qu'un produit de l'art : pourtant l'art peut prêter ici à la nature un concours précieux.

Pour convaincre un homme d'une vérité et le ramener d'une erreur contraire dans laquelle il s'obstine, la première règle à suivre est facile et tout naturellement indiquée : *c'est de mettre en avant d'abord les prémisses, pour les faire suivre après de la conclusion.* Et toutefois cette règle est rarement observée, et l'on procède d'une manière toute contraire : un zèle impatient et le besoin d'avoir raison nous poussent à crier bien haut la conclusion à celui que possède l'erreur opposée. Ce procédé rend notre adversaire rétif, et dès lors sa volonté se montre rebelle aux raisons et prémisses dont il connaît d'avance le but. Aussi devra-t-on plutôt dissimuler la conclusion et ne donner que les prémisses, nettement, complètement, sous tous leurs aspects. Si possible, qu'on n'énonce même pas la conclusion : elle se présentera nécessairement, en vertu de lois fatales, à la raison des auditeurs, et la conviction qui naît ainsi chez eux y gagnera en sincérité ; de plus, loin de les remplir de confusion, elle s'accompagnera d'un sentiment de mérite personnel. Dans des cas difficiles on peut même faire semblant de vouloir arriver à une conclusion tout opposée à celle que l'on a réellement en vue : le fameux discours d'Antoine dans le *Jules César* de Shakespeare en est un exemple.

Beaucoup d'orateurs gâtent leurs plaidoyers, en produisant pêle-

---

(1) Ce chapitre correspond à la fin du § 9 du 1er volume

mêle tout ce qu'il est possible d'alléguer en faveur de leur cause, le
vrai à côté de ce qui ne l'est qu'à demi ou de ce qui est simplement
spécieux. Mais le public a bien vite fait de distinguer ou du moins
de sentir ce qui est faux, et dès lors il suspecte même les raisons
justes et bonnes : ne donnons donc que le vrai et le juste, produi-
sons-le sans mélange, et gardons-nous de soutenir une vérité au
moyen de raisons insuffisantes qui, par cela même qu'on les donne
comme valables, en deviennent sophistiques. L'adversaire les réfu-
tera et se donnera ainsi l'apparence d'avoir renversé également la
vérité qui s'y appuie, c'est-à-dire qu'il donnera à des arguments
ad hominem la valeur d'arguments *ad rem*. Les Chinois,
eux, vont peut-être trop loin dans le sens opposé, quand ils énoncent cette maxime : « Celui qui est éloquent et qui a la langue
aiguisée, ne devra jamais énoncer que la moitié d'une proposition ;
et celui qui a le droit de son côté peut résolument sacrifier trois
dixièmes de son affirmation »

CHAPITRE XII

THÉORIE DE LA SCIENCE (1)

De l'analyse, donnée dans les chapitres précédents, des diverses fonctions de notre intellect, il résulte que pour en faire, soit à un point de vue théorique, soit à un point de vue pratique, un usage conforme aux règles, il faut satisfaire aux conditions suivantes : 1° aperception nette et intuitive des objets réels pris en considération, de leurs qualités essentielles et de leurs rapports, en un mot des *données* ; 2° formation par le moyen de ces données de *concepts exacts*, c'est-à-dire *subsomption* de ces qualités sous des idées abstraites qui leur conviennent, et qui deviendront la matière du travail de pensée ultérieur; 3° comparaison de ces concepts tant avec l'intuition, qu'entre eux-mêmes, ainsi qu'avec le reste de nos concepts, de sorte qu'on puisse en tirer des *jugements* exacts, se rapportant à la question, qui l'embrassent entièrement et l'épuisent : en un mot *appréciation* exacte de la question ; 4° coordination de ces jugements, qui les combine en prémisses de *raisonnements*; cette combinaison peut différer selon le choix et la disposition des jugements, et pourtant c'est d'elle que dépend avant tout le véritable résultat de l'opération tout entière.

Ce qui importe en l'espèce, c'est que, parmi tant de combinaisons possibles des jugements ayant rapport à l'objet en question, la libre réflexion trouve à propos la combinaison efficace et décisive. — Si dans la première de ces opérations, c'est-à-dire dans l'intuition des objets et des rapports, quelque point a échappé à notre attention, toutes les opérations consécutives de l'esprit, si régulières et si justes qu'elles puissent être, n'empêcheront pas le résultat d'être faux : c'est dans l'intuition, en effet, que sont déposées les données, c'est-à-dire la matière de tout le travail intellectuel. Faute d'être certain d'avoir réuni toutes les données et de les avoir exactement établies, il faut s'abstenir, dans toute question importante, d'un jugement définitif.

Un concept est *juste*; un jugement *vrai*; un corps *réel*; un rapport *évident*. — Une proposition d'une certitude immédiate est un *axiome*. Seuls les principes de la logique, ainsi que les principes

_____

(1) Ce chapitre correspond au § 14 du Ier volume.

intuitivement obtenus de la mathématique et la loi de causalité, possèdent une certitude immédiate. — Une proposition d'une certitude médiate est un théorème ; la démonstration est ce par quoi s'établit la certitude médiate. — Si on accorde la certitude immédiate à une proposition qui en réalité ne l'a pas, on commet une *pétition de principe*. — Une proposition, qui s'appuie immédiatement sur l'intuition empirique, est une *assertion* : pour confronter l'assertion avec la réalité, il faut du *jugement*. — L'intuition empirique ne peut fonder que des vérités *particulières*, non des vérités générales : il est vrai que par la fréquence de la répétition, les vérités empiriques acquièrent une certaine généralité, mais une généralité relative seulement et précaire, puisqu'elle est toujours sujette à caution. — Si, au contraire, une proposition a une valeur générale absolue, l'intuition sur laquelle elle s'appuie n'est plus empirique, mais *a priori*. Par conséquent, la logique et les mathématiques sont les seules sciences qui possèdent une certitude parfaite ; aussi bien ne nous enseignent-elles que ce que nous savions déjà antérieurement, car elles ne font que préciser et développer ce que nous connaissons *a priori*, je veux dire les formes de notre propre connaissance, la forme pensante et la forme intuitive. Ces sciences sont entièrement tirées de nous-mêmes. Tout autre savoir est empirique.

Une *démonstration* en démontre *trop*, lorsqu'elle s'étend à des objets ou des cas, auxquels la chose à démontrer n'est manifestement pas applicable ; alors elle est réfutée par eux apagogiquement. — La *deductio ad absurdum* consiste à prendre comme majeure l'assertion fausse énoncée, à y adjoindre une mineure exacte pour aboutir à une conclusion qui contredise des faits d'expérience ou des vérités évidentes. Une telle réfutation détournée doit être possible pour toute théorie fausse, si toutefois ceux qui en sont partisans reconnaissent et accordent au moins une vérité : car, en ce cas, les conséquences tirées de l'assertion fausse et, d'autre part, les conséquences de la vérité en question, pourront être poussées assez loin pour qu'il se produise deux propositions diamétralement contradictoires. Platon offre de brillants échantillons de ce procédé de véritable dialectique.

Une hypothèse juste n'est autre chose que l'expression vraie et complète du fait qui est devant nous, et que l'auteur de l'hypothèse a saisi intuitivement dans son être propre et sa connexion intime. Elle ne nous dit que ce qui se passe réellement.

L'opposition de la *méthode analytique* et de la *méthode synthétique* est déjà indiquée chez Aristote, elle n'est expressément développée pour la première fois que par Proclus, qui dit fort justement ·

Μέθοδοι δὲ παπαδίδονται· καλλίστη μὲν ἡ διά τῆς ἀναλύσεως ἐπ' ἀρχην ὁμολογουμένην ἀναγούσα τὸ ζητούμενον · ἦν καὶ Πλάτων, ὥς φασι, Λαοδάμαντι παρέδωκεν.κ. τ. λ. [*Methodi traduntur sequentes : pulcherrima quidem ea, quæ per analysin quæsitum refert ad principium, de quo jam convenit; quam etiam Plato Laodamanti tradidisse dicitur*]. (*In primum Euclidis librum*, l. III). La méthode analytique consiste à ramener ce qui est à démontrer à un principe accordé, la méthode synthétique à déduire d'un tel principe ce qui est à démontrer. Ces deux procédés ont donc quelque analogie avec l'ἐπαγώγη et l'ἀπαγώγη dont nous avons parlé au ch. IX, sauf que cette dernière ne vise jamais à établir, mais bien à réfuter des propositions. La méthode analytique va des faits, du particulier, aux principes, au général; l'autre procède d'une manière inverse. Aussi serait-il plus juste de les désigner sous le nom de méthodes *inductive* et *déductive*, car les qualifications usitées sont impropres et expriment mal la chose.

Si un philosophe voulait commencer par élaborer la méthode suivant laquelle il philosophera, il aurait l'air d'un poète qui composerait tout d'abord une esthétique pour y conformer ensuite son inspiration ; tous deux ressembleraient à un homme qui commencerait par se fredonner à lui-même un air et qui danserait ensuite. L'esprit pensant doit trouver sa voie par une|impulsion naturelle : la règle et l'application, la méthode et la doctrine doivent se présenter ensemble, inséparablement unies comme la matière et la forme. Mais une fois que l'on sera arrivé, il sera bon de jeter un regard en arrière sur le chemin parcouru. L'esthétique et la méthodologie sont, en vertu même de leur nature, postérieures à la poésie et à la philosophie, de même que la grammaire est née après le langage, la basse continue après la musique et la logique après la pensée.

Qu'on me permette de faire ici une remarque qui arrêtera peut-être à temps les progrès d'un mal dont nous sommes envahis.—Le latin a cessé d'être la langue de toutes les recherches scientifiques, et cela est regrettable, car l'Europe ne possède maintenant que des littératures scientifiques nationales et non plus une littérature scientifique commune, et de la sorte chaque savant ne s'adresse plus qu'à un public restreint, soumis à toutes les petitesses et à tous les préjugés nationaux. De plus, le savant devra étudier maintenant à côté du latin et du grec les quatre langues principales de l'Europe. Cette étude sera considérablement facilitée par ce fait, que les termes techniques des diverses sciences, à l'exception de la minéralogie, sont des mots grecs et latins que nos aïeux nous ont transmis. Aussi toutes les nations les conservent-elles prudemment. Seuls, les Allemands ont eu la malheureuse idée de germaniser ces termes techniques. Ce qui présente deux grands inconvénients. Tout d'abord, le savant étranger et aussi le savant allemand sont obligés d'apprendre deux fois les termes techniques de leur science, travail fort long et pénible, surtout quand ces termes sont aussi nombreux qu'en anatomie, par exemple. Si les autres nations n'étaient pas plus sages à cet égard que les Allemands, il nous faudrait apprendre cinq fois chaque terme technique. Si les Allemands continuent à germaniser de cette façon, les savants étrangers finiront par ne plus lire leurs ouvrages, d'autant que nos savants écrivent dans un style négligé, prolixe, souvent même affecté et sans goût, et n'ont nul égard au lecteur et à ses commodités.—En second lieu, ces traductions allemandes des termes techniques sont presque toujours des mots longs, rapiécés, maladroitement choisis, traînants et sonnant mal ; ne tranchant pas fortement sur le reste de la langue, ils ne se gravent pas facilement dans la mémoire, tandis que les expressions latines et grecques, choisies par les immortels créateurs des diverses sciences, ont toutes les qualités opposées, et grâce à leur son harmonieux s'impriment facilement dans la mémoire. *Stickstoff* au lieu d'azote, n'est-ce pas là un mot hideux et cacophonique ? Les mots de « verbe, substantif, adjectif » se retiennent et se distinguent plus facilement que les termes allemands correspondants *Zeitwort, Nennwort, Beiwort.* J'en dirai autant du mot *Umstandswort* qui sert à désigner l'adverbe. Cette manie est tout à fait insupportable en anatomie, sans compter qu'elle est commune et triviale. Déjà *Pulsader* et *Blutader* sont plus faciles à confondre au premier coup d'œil que les mots artère et veine ; mais ce qui est la confusion même, ce sont des expressions comme *Fruchtälter, Fruchtgang, Fruchleiter,* au lieu de *uterus, vagina, tuba Faloppii,* que chaque médecin doit connaître, qui sont communes à toutes les langues européennes ; de même *Speiche* et *Ellenbogenröhre,* au lieu de *radius* et *ulna* que toute l'Europe connaît depuis des siècles ; pourquoi alors ces germanismes maladroits, confus, traînants et insipides ? Non moins répugnante est la traduction des termes techniques en logique, où nos sublimes professeurs de philosophie ont créé une terminologie nouvelle, chacun ayant la sienne propre. Chez G.-E. Schulze, par exemple, le sujet s'appelle *Grundbegriff* (concept fondamental), l'attribut *Beilegungsbegriff* (concept d'attribution); nous trouvons chez lui des *Beilegungsschlüsse* (raisonnements d'attribution), des *Voraussetzungsschlüsse* (raisonnements de supposition) et des *Entgegensetzungsschlüsse* (raisonnements de contradiction); les jugements, au lieu d'avoir une quantité, une qualité, une relation et une modalité, ont *Grösse, Beschaffenheit, Verhältniss, Zuverlässigkeit.* Cette teutomanie produit dans toutes les sciences la même impression répugnante. En outre, les expres-

sions latines et grecques ont l'avantage de marquer le concept
scientifique d'une empreinte propre, de le mettre ainsi en dehors
des mots d'usage commun et des associations d'idées qui s'attachent
à ces derniers. Au contraire, quand on dit « *Speisebrei* » (bouillie
d'aliments) au lieu de chyme, on a l'air de parler de la nourriture
des petits enfants ; et *Lungensack* (sac des poumons) au lieu de
pleura, *Herzbeutel* (bourse du cœur) au lieu de *pericar-*
dium sembleraient plutôt appartenir à la langue des bouchers
qu'à celle des anatomistes. Enfin, l'usage des anciens termes techniques entraînait nécessairement l'étude des langues anciennes,
étude que l'emploi des langues vivantes dans les recherches scientifiques tend de plus en plus à supprimer. Mais si on en arrive là, si
l'esprit des anciens, qui est intimement lié à leur langue, disparaît
de l'enseignement, une platitude vulgaire et brutale s'emparera de
toute la littérature. Car les œuvres des anciens sont l'étoile polaire
qui doit nous guider dans nos aspirations artistiques et littéraires ;
qu'elle disparaisse de l'horizon, et nous sommes perdus. Déjà,
aujourd'hui, on reconnaît au style piteux et inepte de la plupart des
écrivassiers qu'ils n'ont jamais écrit en latin (1). C'est à bon droit
qu'on a appelé du nom d'« humanités » le commerce avec les
auteurs de l'antiquité, car c'est grâce à eux que l'écolier devient
homme, en entrant dans un monde pur encore de toutes les contor-
sions et de toutes les grimaces du moyen âge et du romantisme ;
ces perversions se sont tellement emparées du monde européen,
qu'aujourd'hui encore nous les apportons avec nous en naissant,
et qu'il faut nous en débarrasser avant tout pour redevenir purement et simplement des hommes. Ne croyez pas que votre sagesse
moderne puisse remplacer l'antiquité à cet égard et nous donner
le sceau de l'humanité ; vous n'êtes pas, comme les Grecs et les
Romains, des êtres libres de naissance, des enfants de la nature
que n'a point souillés le préjugé. Vous êtes les fils et les héritiers
du moyen âge barbare et de son esprit inepte, des inventions hon-
teuses des prêtres, de la vanité brutale de la chevalerie. Sans doute,
l'esprit clérical et l'esprit chevaleresque touchent à leur fin, mais
il vous est encore impossible de vous développer à l'aide de vos
seules forces. Votre littérature, si elle n'est formée à l'école des
anciens, dégénèrera en un bavardage vulgaire et prud'hommesque.

(1) Le plus important service que nous rende l'étude des anciens, c'est de nous pré-
server de la prolixité ; les anciens s'efforcent toujours d'être concis et exacts, tandis que
la prolixité est le défaut de presque tous les écrivains modernes, défaut que quelques-
uns d'entre eux cherchent à atténuer en supprimant des syllabes et des lettres. Aussi
faut-il poursuivre toute la vie durant l'étude des anciens, en n'y consacrant, bien
entendu, qu'un temps limité. Les anciens savaient qu'on ne doit pas écrire comme on
parle ; nos contemporains, au contraire, poussent l'impudence jusqu'à faire imprimer
des conférences dont la forme est improvisée. (*N. de l'auteur.*)

— Pour toutes ces raisons, je donne à nos savants ce conseil d'ami, de mettre fin le plus tôt possible à leur teutomanie.

Puisque l'occasion s'en présente, qu'il me soit permis de critiquer les abus inouïs dont l'orthographe allemande est victime depuis quelque temps. Les écrivains de toute catégorie ont entendu parler de brièveté de l'expression, mais sans savoir que cette brièveté consiste à omettre soigneusement tout ce qui est superflu, leurs propres écrits par exemple ; ils croient atteindre à cette qualité, en rognant les mots, comme les filous rognent les monnaies, et en escamotant sans plus toute syllabe qui leur paraît superflue, parce qu'ils n'en comprennent pas la valeur. Ainsi nos prédécesseurs ont dit, avec un fin discernement des nuances, *Beweis* et *Verweis* (preuve, réprimande), tandis qu'eux disent *Nachweisung* (1) (renvoi) : la différence, fort délicate, analogue à celle qui existe entre *Versuch* et *Versuchung* (essai, tentation), entre *Betracht* et *Betrachtung* (rapport, considération), n'a pu entrer dans ces oreilles barbares, dans ces crânes obtus, et alors ils ont inventé le mot *Nachweis* (même sens que *Nachweisung*) qui est aussitôt devenu d'un usage général ; car pour qu'une idée nouvelle devienne populaire, il suffit qu'elle soit lourde, pour qu'un solécisme entre dans le domaine commun, il suffit qu'il soit grossier. Beaucoup de mots ont été victimes d'une amputation analogue : au lieu de « *Untersuchung* (recherche), on écrit *Untersuch* ; au lieu de *allmälig* (peu à peu), *mälig* ; au lieu de *beinahe* (presque), *nahe* », etc. Si un Français se hasardait à écrire *près* pour *presque,* un Anglais *most* pour *almost,* on rirait de lui comme d'un fou : en Allemagne, au contraire, une folie de ce genre vous vaut la réputation d'un esprit original. Plusieurs chimistes emploient déjà *löslich* et *unlöslich* (soluble, insoluble) au lieu de *unauflöslich* ; et si les grammairiens ne leur donnent pas sur les doigts, ils priveront ainsi la langue d'un mot précieux. Ce qui est *löslich* (qui peut être défait), c'est un nœud, un cordon de souliers, ce qui est *auflöslich* (soluble), c'est tout ce qui disparaît entièrement dans un liquide, comme le sel dans l'eau. *Auflösen* est le *terminus ad hoc,* qui exprime ce rapport et rien autre, isolant ainsi un concept déterminé : c'est ce concept que nos subtils transformateurs de la langue veulent faire entrer dans le moule *lösen* ; pour être conséquents, ils devraient dès lors, au lieu de *ablösen, auslösen, einlösen* (relever une sentinelle, racheter, acquitter), dire toujours et partout *lösen* », et ôter ainsi à la langue toutes ses expressions précises. Or, appauvrir la langue d'un mot, c'est appau-

---

(1) Les deux premiers mots sont simplement formés du radical d'un verbe, tandis que le troisième est constitué par l'adjonction du suffixe *ung* au radical verbal. *(N. du trad.)*

vrir la pensée de la nation d'un concept. Et voilà pourtant où tendent les efforts combinés de presque tous nos écrivains depuis quelque vingt ans : car les exemples que j'ai donnés ici pourraient se multiplier par centaines, et ce misérable abatage de syllabes sévit comme un fléau. Ces gens supputent les syllabes et ne se font aucun scrupule d'estropier un mot, ou d'en employer un dans une acception fausse, pourvu qu'ils puissent faire une économie de deux lettres seulement. Quand on n'est pas capable d'avoir des pensées neuves, on veut du moins mettre en circulation des mots nouveaux, et chaque barbouilleur d'encre se croit appelé à perfectionner la langue. Les plus impudents de tous sont les journalistes, et comme leurs feuilles, grâce à la trivialité de leur contenu, ont le public le plus nombreux et un public qui ne lit guère que le journal, la langue est ainsi menacée d'un grand danger; aussi émettrai-je très sérieusement l'idée de les soumettre à une censure orthographique, ou de leur faire payer une amende pour tout mot mutilé ou qui ne sera pas usuel : car y a-t-il quelque chose de plus indigne, que de voir des changements dans la langue émaner de la forme la plus basse de la littérature? La langue, surtout quand elle est presque primitive comme la langue allemande, est l'héritage le plus précieux de la nation; elle est en outre une œuvre d'art d'une complexité extrême qu'il est facile de gâter, qu'il est impossible de refaire, aussi *noli me tangere*. D'autres peuples l'ont compris : ils ont montré un grand respect, une sorte de piété, à l'égard de leur langue, bien qu'elle fût relativement plus imparfaite; aussi la langue de Pétrarque et de Dante ne diffère-t-elle pas sensiblement de la langue italienne contemporaine; aussi Montaigne est-il facile à lire ainsi que Shakespeare dans ses plus anciennes éditions. — Il est même bon pour l'Allemand d'avoir des mots longs; comme il pense lentement, ils lui laissent du temps pour réfléchir. — Cette économie dans le langage, qui est en vogue aujourd'hui, se manifeste encore dans plusieurs phénomènes caractéristiques : ainsi nos modernes emploient, en dépit de la logique et de la grammaire, l'imparfait au lieu du parfait et du plus-que-parfait; ils mettent souvent le verbe auxiliaire dans leur poche; ils emploient l'ablatif au lieu du génitif; pour économiser quelques particules logiques, ils font des périodes si entortillées qu'il faut s'y prendre à quatre fois pour en saisir le sens : car ils économisent uniquement le papier et non le temps du lecteur; pour les noms propres ils procèdent comme les Hottentots et n'indiquent le cas ni par la flexion, ni par l'article : que le lecteur devine. Ils aiment surtout à escamoter les voyelles doubles et l'h d'allongement, ces lettres sacrées à la prosodie; procéder ainsi, c'est comme si on voulait bannir du grec l'η et l'ω et les remplacer par l'ε et l'o. Ceux

qui écrivent *Scham*, *Märchen*, *Mass*, *Spass* (1), devraient écrire
aussi *Lon*, *San*, *Stat*. *Sat*, *Jar*, *Al*, etc. (2). Mais nos descendants
croiront, puisque l'écriture est l'image de la prononciation, qu'on
doit prononcer aussi comme on écrit, et il ne restera de la langue
allemande qu'un bruit sourd et rude de consonnes; toute prosodie
sera perdue. L'orthographe *Literatur* au lieu de *Litteratur*,
est très employée aussi, toujours par raison d'économie. Pour
défendre cette suppression, on donne comme étymologie de ce mot
le participe du verbe *linere*. Or *linere* signifie enduire, barbouiller : aussi l'orthographe usitée aujourd'hui me paraît-elle convenir admirablement à la plus grande partie des livres allemands
contemporains, de telle sorte qu'on peut en effet distinguer une
très grande *Literatur* (barbouillage) et une *Litteratur* (littérature) très restreinte. — Si l'on veut arriver à la brièveté du style, .
qu'on l'anoblisse et qu'on évite de bavarder et de ressasser inutilement : on n'aura pas besoin alors, pour cause de cherté du papier,
d'escamoter lettres et syllabes. Mais écrire tant de pages et de
livres inutiles, pour rattraper cette dépense exagérée de temps et
de papier sur des syllabes et des lettres qui n'en peuvent mais,
en vérité c'est le comble de ce qu'en anglais on appelle être *pen-
nywise and poundfoolish* (3). — Il est regrettable qu'il n'y ait pas
d'Académie allemande pour défendre la langue contre ces sans-
culottes littéraires, surtout en un temps où ceux qui ignorent les
langues anciennes occupent la presse de leur nom. Dans mes
Parerga, t. II, §, 23, j'ai parlé plus longuement de ces scandales
impardonnables contre la langue.

Je donnerai ici un court échantillon, sujet d'ailleurs à être rema-
nié et complété, de la *classification dernière des sciences*, d'après
la forme du principe de raison qui y domine, classification que j'ai
proposée dans ma dissertation sur le *Principe de raison*, § 51,
et que j'ai effleurée en passant dans le premier tome de cet
ouvrage, § 7 et 15.

I. *Sciences pures a priori :*

1. Doctrine de la raison de l'être; *a*. dans l'espace : géométrie;
b. dans le temps : arithmétique, algèbre.
2. Doctrine de la raison de la connaissance : logique.

---

(1) Ces mots s'écrivaient du temps de Schopenhauer, le premier, le troisième et le
quatrième par deux *a*, le second avec une *h* après l'a. Aujourd'hui l'orthographe qu'il
combat est généralement adoptée. *(N. du trad.)*
(2) Ces mots, par une inconséquence de l'orthographe, s'écrivent aujourd'hui encore
« Lohn, Sohn, Staat, Saat, Jahr, Aal ». *(N. du trad.)*
(3) « Liardeur de sous, prodigue de livres sterling. »

II. *Sciences empiriques ou a posteriori*.

Toutes fondées sur la raison du devenir, c'est-à-dire sur les trois modes de la loi de causalité.

1. Doctrine des causes; *a* causes générales : mécanique, hydrodynamique, physique, chimie ; *b* causes particulières : astronomie, minéralogie, géologie, technologie, pharmacie.

2. Doctrines des excitations ; *a* générales : physiologie des plantes et des animaux, ainsi que l'anatomie, science auxiliaire de la précédente ; *b* particulières : botanique, zoologie, zootomie, physiologie comparée, pathologie, thérapeutique.

3. Doctrine des motifs; *a* généraux : morale, psychologie ; *b* particuliers : droit, histoire.

La philosophie ou métaphysique, comme théorie de la conscience et de son contenu ou du tout de l'expérience en tant que telle, ne se place pas sur le même rang que les sciences précédentes, parce qu'elle ne se livre pas immédiatement à l'étude sous la direction du principe de raison, mais fait d'abord de ce principe même l'objet de ses recherches. Elle doit être considérée comme la base fondamentale de toutes les sciences, mais est d'essence supérieure à celles-ci et parente autant de l'art que de la science. — De même qu'en musique chaque période particulière doit répondre au ton où la base fondamentale est arrivée, ainsi tout écrivain, en proportion bien entendu de la nature de ses occupations, portera la marque de la philosophie de son temps. — De plus, chaque science a sa philosophie spéciale : aussi parle-t-on d'une philosophie de la botanique, de la zoologie, de l'histoire, etc. Par ces expressions il ne faut entendre raisonnablement rien d'autre que les résultats principaux de chaque science, considérés du point de vue le plus haut, c'est-à-dire le plus général qui soit possible dans les limites de cette science même. Ces résultats généraux se rattachent immédiatement à la philosophie générale, car ils lui fournissent des données importantes et la dispensent de les rechercher dans les matériaux des sciences spéciales que la réflexion philosophique n'a pas élaborés. Les philosophies spéciales sont donc en quelque sorte des intermédiaires entre leurs sciences spéciales respectives et la philosophie proprement dite. Car comme celle-ci doit aboutir aux vues les plus générales sur l'ensemble des choses, de telles vues doivent pouvoir être appliquées aussi au détail de chacun des modes de cet ensemble. Cependant la philosophie de chaque science particulière naît indépendamment de la philosophie générale, à savoir des données propres de cette science ; aussi n'a-

t-elle pas besoin d'attendre que la philosophie générale ait été
enfin trouvée : même élaborée d'avance, elle s'accordera certainement avec la vraie philosophie générale. Celle-ci au contraire a
besoin d'être confirmée et éclaircie par les philosophies des
sciences particulières : car la vérité la plus générale doit toujours
pouvoir se justifier par des vérités plus spéciales. Un bel exemple
de philosophie de la zoologie a été fourni par Gœthe dans ses
réflexions sur les squelettes des rongeurs de Dalton et Pander
(*Hefte zur Morphologie*, 1824). Kiëlmayer, Lamarck, Geoffroy-Saint-
Hilaire, Cuvier et autres ont bien mérité de cette même philosophie
spéciale, en ce sens que tous ont mis en relief l'analogie constante,
la parenté intime, le type permanent et les rapports naturels des
formes animales. — Les sciences empiriques, cultivées pour elles-
mêmes sans tendance philosophique, ressemblent à un visage sans
yeux. Toujours est-il qu'elles sont une occupation excellente pour
des gens de talent, mais auxquels manquent les facultés les plus
hautes, facultés qui seraient d'ailleurs génantes pour les recherches minutieuses de cette sorte. De telles gens concentrent toute
leur force et tout leur savoir sur un domaine unique délimité, ils y
peuvent atteindre à une connaissance à peu près complète, à condition d'ignorer entièrement les autres champs du savoir humain : le
philosophe, au contraire, doit parcourir tous ces champs, connaître
familièrement tous ces domaines ; aussi manquera-t-il nécessairement de cette perfection qui n'est possible que dans l'étude du détail. Les savants spéciaux peuvent être comparés à ces ouvriers de
Genève, dont l'un fait exclusivement des rouages, l'autre des dents,
le troisième des chaînettes ; le philosophe au contraire ressemble à
l'horloger qui de tous ces matériaux forme un tout qui se meut,
qui a un sens. Je rapprocherai volontiers encore les savants des
musiciens d'un orchestre : chacun d'eux est maître de son instrument ; le philosophe sera le chef d'orchestre, qui doit connaître la
nature et le maniement de chaque instrument, sans savoir jouer de
tous ni même jouer à la perfection d'un quelconque. Scot Erigène
comprend toutes les sciences sous le nom de « Scientia », en opposition avec la philosophie qu'il appelle « Sapientia ». Les Pythagoriciens avaient déjà fait la même distinction, comme on peut le
voir dans Stobée (*Florilegium*, vol. I, p. 20), où elle est formulée
avec beaucoup de clarté et d'élégance. Mais il est une comparaison
fort heureuse et piquante, pour caractériser le rapport de ces deux
tendances d'esprit, que les anciens ont répétée si souvent qu'on ne
sait plus de qui elle émane. Diogène Laërce (II, 79) l'attribue à
Aristippe, Stobée (*Floril.*, *tit.* IV, 110) à Ariston de Chios, le scholiaste d'Aristote l'attribue à ce dernier (p. 8, de l'éd. de Berlin), et
Plutarque (*De puer. educ.*, c. 10) à Bion : « qui agebat, sicut Pe-

nelopes proci, quum non possent cum Penelope concumbere, rem cum ejus ancillis habuissent; ita qui philosophiam nequeunt apprehendere, eos in aliis nullius pretii disciplinis sese conterere ». A notre époque si foncièrement historique et empirique, il n'est pas mauvais de rappeler ces paroles.

CHAPITRE XIII

La méthode de démonstration d'Euclide a produit sa propre
parodie, la caricature la meilleure qu'on en puisse faire, dans la
célèbre discussion sur la théorie des parallèles et dans les vains
essais, renouvelés chaque année, de démontrer le onzième axiome.
Cet axiome énonce, en effet, et rend visible à l'aide d'une troisième droite sécante, que deux droites qui tendent l'une vers l'autre
(car c'est cette position qu'exprime la formule « être plus petit que
deux droits »), si elles sont suffisamment prolongées, finiront par
se rencontrer : cette vérité paraît trop compliquée aux mathématiciens pour qu'ils l'acceptent comme évidente par elle-même, et
c'est pourquoi ils en cherchent une démonstration ; mais cette
démonstration ils ne réussissent jamais à la trouver, précisément
parce que la vérité en question est d'une certitude *on ne peut plus
immédiate*. Ce scrupule de conscience me remet en mémoire la
question de droit si plaisamment formulée par Schiller.

> « Depuis des années déjà je me sers de mon nez pour flairer ;
> Mais puis-je établir que j'ai sur lui un droit réel ? »

Il me semble même que, dans ces tentatives de démonstration,
la méthode logique atteint le comble de la niaiserie. Mais au moins
ces discussions et les vains essais qu'on fait pour représenter ce
qui est certain *immédiatement* comme l'étant seulement *médiatement*, ont l'avantage de marquer entre l'indépendance et la clarté
de l'évidence intuitive d'une part, et d'autre part l'inutilité et la difficulté de la démonstration logique, un contraste aussi instructif
qu'amusant. Car si, dans la question qui nous occupe, les mathématiciens ne se contentent pas de la certitude immédiate, c'est parce
qu'elle n'est pas purement logique, qu'elle ne découle pas du
concept, c'est-à-dire ne repose pas uniquement sur le rapport de
l'attribut au sujet, en vertu du principe de contradiction. Or cet
axiome est un jugement synthétique a priori, et comme tel porte en
lui la garantie de l'intuition pure, non empirique, laquelle est aussi
immédiate et aussi certaine que le principe de contradiction lui-

(1) Ce chapitre correspond au § 15 du premier volume.

même, dont toute démonstration emprunte sa certitude. Ce que nous venons de dire est vrai au fond de tout théorème géométrique, et il est fort délicat en cette matière de marquer la limite qui sépare ce qui est immédiatement certain de ce qui a besoin d'être démontré. — Je m'étonne plutôt qu'on n'attaque pas le huitième axiome : « Deux figures qui coïncident sont égales. » Car, ou la coïncidence n'est qu'une simple tautologie, ou elle est quelque chose de complètement empirique, qui ne relève pas de l'intuition pure, mais de l'expérience sensible. La coïncidence suppose en effet la mobilité des figures : mais il n'y a que la matière qui soit mobile dans l'espace. Par conséquent, s'appuyer sur la coïncidence, c'est quitter le domaine de l'espace pur, seul élément **de la géomé**trie, pour passer au matériel et à l'empirique.

Les mathématiciens sont très fiers de l'inscription que Platon passe pour avoir placée à l'entrée de son école Ἀγεωμέτρητος μηδείς εἰσίτω : il est probable que si Platon exigeait de ses disciples la connaissance des figures géométriques, c'est uniquement parce qu'il les considérait comme des essences intermédiaires entre les idées éternelles et les objets particuliers, ainsi qu'Aristote le fait remarquer à plusieurs reprises dans sa *Métaphysique* (principalement I, ch. vi, pp. 887, 998 et *Scholia*, p. 827, éd. de Berlin). De plus, ces figures présentaient à ses yeux l'avantage de rendre plus facilement sensible le contraste entre les formes éternelles, ou Idées, existant en soi, et les objets particuliers éphémères, et de pouvoir devenir ainsi la base de la doctrine des Idées, centre de la philosophie de Platon, bien plus, seul dogme théorique sérieux qu'il ait énoncé : aussi dans son exposition de cette doctrine partait-il de la géométrie. C'est dans le même sens qu'il faut entendre ces paroles du scholiaste d'Aristote (pp. 12, 15), suivant lesquelles Platon considérait la géométrie comme un exercice préparatoire, habituant les élèves à s'occuper d'objets immatériels, alors que dans la vie pratique ils n'avaient eu affaire jusque-là qu'à des choses corporelles. Voilà donc comment Platon entendait recommander la géométrie aux philosophes : on n'est pas autorisé à donner à cette recommandation une importance plus considérable. Je conseillerai même à ceux qui veulent se renseigner au sujet de l'influence des mathématiques sur nos facultés intellectuelles et de leur utilité pour la culture scientifique générale, de lire une dissertation très approfondie et très érudite parue sous la forme d'un compte rendu d'un livre de Whewell, dans la *Edinburgh Review* de janvier 1836 : l'orateur, W. Hamilton, professeur de logique et de métaphysique en Ecosse, l'a publiée plus tard sous son nom avec quelques autres dissertations. Cette étude a d'ailleurs trouvé un traducteur allemand et a été éditée à part sous le titre : *Uber den Werth und*

Unwerth der Mathematik, 1836 (De la valeur et de la non-valeur des mathématiques). Elle aboutit à cette conclusion que la valeur des mathématiques n'est que médiate, c'est-à-dire qu'on peut utilement les appliquer à des fins qu'il n'est possible d'atteindre que par elles, mais qu'en elles-mêmes les mathématiques laissent l'esprit où elles l'ont trouvé, et en entravent plutôt qu'elles n'en favorisent le développement et la culture générale. Cette conclusion est fortement motivée non seulement par un examen critique approfondi de l'activité d'esprit en mathématiques, mais encore par une foule d'exemples et d'autorités bien choisies. La seule utilité immédiate que l'auteur reconnaisse aux mathématiques, c'est de fixer l'attention d'esprits frivoles et inconstants. — Descartes même, qui fut célèbre comme mathématicien, a porté sur les mathématiques le même jugement. Dans la *Vie de Descartes*, par Baillet, il est dit, au l. II, ch. vi, p. 54 : « Sa propre expérience l'avait convaincu du peu d'utilité des mathématiques, surtout lorsqu'on ne les cultive que pour elles-mêmes... Il ne voyait rien de moins solide, que de s'occuper de nombres tout simples et de figures imaginaires, etc. »

CHAPITRE XIV

La présence des représentations et des pensées dans notre conscience est aussi sévèrement soumise aux différentes formes du
principe de raison que le mouvement des corps l'est à la loi de
causalité. Pas plus qu'un corps ne peut entrer en mouvement
sans cause, une pensée ne saurait entrer dans la conscience
sans une occasion qui l'amène. Cette occasion est ou *extérieure*
(impression exercée sur les sens), ou *intérieure* (pensée qui en
amène une autre en vertu de l'*association*). Celle-ci, à son tour, repose ou sur un rapport de principe à conséquence entre les deux
pensées, ou sur un rapport de similitude, voire de simple analogie,
ou enfin sur leur contiguïté primitive dans la conscience, qui peut
avoir elle-même sa raison dans la contiguïté locale des objets correspondants. Ce sont ces deux derniers cas que désigne le mot « à
propos ». La prédominance chez un individu d'une de ces trois
causes de l'association est caractéristique de sa valeur intellectuelle :
la première prédominera chez les esprits profonds, chez les penseurs ; la seconde chez les individus de tempérament spirituel ou
poétique ; la troisième chez les esprits bornés. Ce qui n'est pas
moins caractéristique, c'est le degré de facilité avec laquelle une
pensée en provoque une autre qui présente quelques rapports avec
elle : c'est cette facilité qui constitue la vivacité de l'esprit. Quant à
l'impossibilité pour toute pensée d'entrer dans la conscience, même
en vertu de notre volonté la plus forte, si c'est sans y être amenée
suffisamment, elle est attestée par tous les cas où nous nous efforçons vainement de nous rappeler quelque chose : nous fouillons
alors dans toute la provision de nos pensées, pour en trouver une
qui soit associée à celle que nous cherchons : si cette dernière est
trouvée, l'autre se présente immédiatement. En général, quiconque
veut provoquer un souvenir, s'enquiert tout d'abord d'un fil auquel
ce souvenir soit suspendu par l'association des idées. C'est là-dessus
que repose la mnémotechnie : elle veut nous munir des moyens
propres à rappeler facilement les concepts, les pensées ou les mots
que nous avons intérêt à conserver. Le malheur, c'est ce que ces
moyens ont besoin d'être retrouvés à leur tour et qu'il faut pour
cela d'autres moyens. Un exemple accentuera encore ce rôle de la

cause occasionnelle dans le souvenir : une personne qui vient de lire dans un recueil d'anas cinquante anecdotes, referme le livre ; quelquefois il lui est impossible, même immédiatement après sa lecture, de s'en rappeler une seule ; qu'une cause occasionnelle se présente, ou qu'il lui vienne une idée ayant quelque rapport avec l'une des anecdotes, aussitôt la mémoire de celle-ci lui revient, et à l'occasion de celle-ci les quarante-neuf autres. Et cela est vrai de tout autre genre de lecture. Au fond notre mémoire immédiate des mots, celle qui n'est pas produite par des artifices mnémotechniques, et par conséquent notre faculté de paroles tout entière, reposent immédiatement sur l'association des idées. Car apprendre une langue, c'est lier si intimement un mot à un concept, que le concept entraîne toujours le mot et le mot le concept. Ce même procédé apparaît manifestement dans le détail, chaque fois que nous apprenons un nom propre nouveau. Seulement quelquefois nous n'osons pas lier l'idée d'une personne, d'une ville, d'un fleuve, d'une montagne, d'une plante, d'un animal au nom qui les représente, avec une force telle qu'il les rappelle de lui-même : en ce cas nous recourons à un artifice de mnémotechnie et lions l'image de la personne ou de la chose à quelque qualité intuitive dont le nom est contenu dans le leur. Mais ce n'est là qu'un échafaudage provisoire, servant à étayer nos pensées : nous le laissons tomber plus tard, quand l'association des idées devient immédiate.

Cette recherche d'un fil conducteur du souvenir prend un caractère particulièrement accentué, quand c'est un rêve que nous avons oublié à notre réveil, et que nous cherchons vainement ce qui quelques minutes auparavant nous était si présent et si clair, et maintenant a complètement disparu : alors nous sommes à l'affût de quelque impression qui soit demeurée, fil conducteur capable de ramener le rêve entier dans la conscience. D'après Kiefer (*Tellurismus*, t. II, § 271), un signe sensible trouvé au réveil permet de se souvenir même du sommeil correspondant au somnambulisme magnétique. C'est cette même impossibilité pour toute pensée d'entrer dans la conscience sans y être amenée qui fait, que quand nous nous proposons d'accomplir un acte à un moment déterminé, nous devons ou bien y penser sans cesse, ou bien compter sur une cause occasionelle quelconque, survenant au moment voulu pour éveiller notre attention, ou sur une impression sensible en rapport avec notre intention, ou sur une idée, amenée également elle-même par voie d'association. Ces deux sortes de causes occasionelles rentrent dans la catégorie des motifs. — Chaque matin, au réveil, la conscience est une table rase, mais qui a vite fait de se remplir. C'est avant tout le cadre où nous nous trouvions la veille qui nous rappelle ce que nous avons pensé dans ce cadre ; les évé-

nements de la journée précédente viennent s'y ajouter, et ainsi une
pensée en amène une autre, jusqu'à ce que nous ayons de nouveau
présent à l'esprit tout ce qui nous occupait hier. La santé de l'esprit
dépend du bon ordre et de la suite rationnelle de ces associations ;
la folie, au contraire, comme nous le montrerons dans le troisième
livre, se produit quand la mémoire de l'enchaînement de notre vie
passée présente de grandes lacunes. Le sommeil, lui, interrompt
complètement le fil du souvenir, qui a besoin d'être repris chaque
matin : c'est ce que nous montrent les imperfections mêmes de
cette reprise : ainsi une mélodie qui le soir nous trottait dans la
tête jusqu'à nous obséder, ne peut quelquefois pas être retrouvée
le lendemain.

Une exception apparente à cette loi se présente : c'est lorsqu'une
pensée ou une image naît en nous, sans que nous ayons conscience
de ce qui les a amenées. Mais c'est généralement là une illusion qui
vient de ce que la cause occasionnelle était très faible, la pensée au
contraire si lumineuse et si intéressante qu'elle a sur le champ
écarté la première du domaine de la conscience ; quelquefois aussi
ces apparitions subites et imprévues peuvent avoir pour cause des
impressions physiques, ou d'une partie du cerveau sur une autre,
ou du système nerveux organique sur le cerveau.

Dans la réalité, d'ailleurs, le processus de nos pensées intimes
n'est pas aussi simple qu'il le semble dans la théorie ; chez celle-ci,
en effet, beaucoup d'éléments réellement distincts se trouvent
mêlés et étudiés ensemble. Pour nous rendre la chose sensible,
comparons notre conscience à une eau de quelque profondeur ; les
pensées nettement conscientes n'en sont que la surface ; la masse,
au contraire, ce sont les pensées confuses, les sentiments vagues,
l'écho des intuitions et de notre expérience en général, tout cela
joint à la disposition propre de notre volonté qui est le noyau même
de notre être. Or, la masse de notre conscience est dans un mouvement perpétuel, en proportion, bien entendu, de notre vivacité intellectuelle, et grâce à cette agitation continue montent à la surface
les images précises, les pensées claires et distinctes exprimées par
des mots et les résolutions déterminées de la volonté. Rarement, le
processus de notre penser et de notre vouloir se trouve tout entier
à la surface, c'est-à-dire consiste dans une suite de jugements nettement aperçus. Sans doute, nous nous efforçons d'arriver à une
conscience distincte de notre vie psychologique tout entière, pour
pouvoir en rendre compte aux autres ; mais l'élaboration des matériaux venus du dehors et qui doivent devenir des pensées se fait
d'ordinaire dans les profondeurs les plus obscures de notre être,
nous n'en avons pas plus conscience que de la transformation des
aliments en sucs et en substances vivifiantes. C'est pourquoi nous

ne pouvons souvent pas rendre compte de la naissance de nos pensées les plus profondes ; elles procèdent de la partie la plus mystérieuse de notre être intime. Des jugements, des pensées, des résolutions émergent inopinément de ces profondeurs et nous sont à nous-mêmes un objet d'étonnement. Une lettre nous apporte des nouvelles imprévues et importantes qui jettent le trouble dans nos pensées et nos motifs ; sur le moment, nous nous débarrassons de cet élément nouveau et n'y pensons plus, mais quelques jours après, le lendemain quelquefois, la situation créée par le nouvel ordre de choses et les résolutions qu'elle comporte, se présente clairement à notre esprit. La conscience n'est que la surface de notre esprit ; de même que pour la terre, nous ne connaissons de ce dernier que l'écorce, non l'intérieur.

Nous venons d'exposer les lois de l'association des idées. Ce qui la met en mouvement elle-même, c'est, en dernière instance et dans le secret de notre être, la Volonté qui pousse l'intellect, son serviteur. à coordonner les pensées, dans la mesure de ses forces, à rappeler le semblable, le contemporain, à reconnaître les principes et les conséquences ; car il est de l'intérêt de la Volonté que la pensée s'exerce le plus possible, afin de nous orienter d'avance pour tous les cas qui pourront se présenter. Aussi la forme du principe de raison qui régit l'association est-elle, en dernier ressort, la loi de motivation, car c'est la Volonté du sujet pensant qui gouverne le sensorium et le détermine à suivre, dans telle ou telle direction, l'analogie ou quelque autre raison de l'association. Et de même qu'ici les lois de la connexion des idées ont pour base la Volonté, de même la connexion causale des corps dans le monde réel a en réalité pour fondement la Volonté qui se manifeste dans leurs phénomènes. Aussi l'explication par les causes n'est-elle jamais absolue, elle nous renvoie toujours à des forces naturelles, condition des rapports de causalité, et dont l'essence est justement la Volonté comme chose en soi. Mais j'anticipe sur le livre suivant.

Comme les causes occasionnelles extérieures (sensibles) de la présence de nos représentations dans la conscience, ainsi que les causes intérieures (association des idées) agissent continuellement et cela indépendamment les unes des autres, sur notre conscience, le cours de nos pensées en est fréquemment interrompu et ainsi se produit un certain morcellement et une confusion de la pensée. C'est d'ailleurs là une des imperfections essentielles à l'intellect, dont nous allons parler dans un chapitre spécial.

CHAPITRE XV

DES IMPERFECTIONS ESSENTIELLES DE NOTRE INTELLECT

La forme de notre conscience de nous-mêmes est le temps, non l'espace. Aussi notre pensée ne revêt-elle pas comme notre intuition trois dimensions, mais une seule ; elle évolue selon une seule ligne sans largeur ni profondeur. C'est là précisément la source de la plus grande entre les imperfections essentielles à notre intellect. En effet, nous ne pouvons connaître les choses que *successivement* et dans un même moment nous n'avons conscience que d'une seule chose ; encore est-ce à la condition d'oublier pendant ce temps tout le reste, de n'en plus avoir conscience, ce qui revient à dire que ce reste cesse provisoirement d'exister pour nous. A cet égard, notre intellect peut être comparé à un télescope dont le champ de vision serait très restreint, car notre conscience n'est pas à l'état stable, mais dans un flux perpétuel. L'intellect n'appréhende que successivement ; pour saisir ceci, il faut qu'il laisse échapper cela, n'en retenant que des traces, qui vont s'affaiblissant sans cesse. La pensée qui m'occupe vivement en ce moment m'aura bientôt fui tout à fait ; une nuit d'un bon sommeil, et il est possible que je ne la retrouve jamais, à moins qu'elle ne soit liée à mon intérêt personnel, c'est-à-dire à ma volonté qui demeure toujours présente et maîtresse.

C'est dans cette imperfection de l'intellect qu'il faut chercher la cause du caractère rhapsodique et souvent *fragmentaire* du *cours de nos pensées* (j'ai déjà effleuré ce point à la fin du chapitre précédent) et ce caractère, à son tour, engendre la *dispersion* inévitable de notre pensée. Ce sont les impressions des sens qui, en l'envahissant, la troublent et l'interrompent, lui imposant à tout moment les choses les plus étranges ; c'est l'association, grâce à laquelle une pensée en amène une autre qui la chasse ; enfin, l'intellect lui-même n'est guère capable de se fixer longtemps et d'une manière soutenue sur une même pensée : l'œil, quand il demeure longtemps attaché sur un même objet, finit par ne plus le voir ; les contours se brouillent les uns avec les autres, se confondent et tout rentre dans l'obscurité ; de même, une méditation continue sur un même objet rend peu à peu la pensée confuse, l'émousse et la réduit à la torpeur. C'est pourquoi toute méditation ou délibération, qui a eu

la fortune de ne pas être entravée, sans que cependant elle soit
arrivée à son terme, même quand elle concerne la chose la plus
importante pour nous, doit au bout d'un certain temps, dont la
mesure est tout individuelle, être provisoirement congédiée de la
conscience ; si fortement que nous en puissions être préoccupés,
elle doit céder la place à des occupations insignifiantes et indifférentes. Pendant ce temps, cet objet important n'existe pas pour
nous ; comme la chaleur dans l'eau froide, il est *latent.* Quand nous
le reprenons plus tard, nous y arrivons comme à une chose nouvelle ; c'est à nouveau que nous nous y orientons, bien que plus
rapidement ; c'est à nouveau aussi qu'il exerce sur la volonté une
impression agréable ou pénible. Entre temps, nous-mêmes ne
restons pas sans changer. De même que le mélange physique des
sucs et la tension des nerfs se modifient sans cesse, de même se
modifient notre humeur et nos vues, sans compter que les représentations étrangères à notre occupation principale et qui dans
l'intervalle ont occupé la conscience y laissent un écho d'elles-
mêmes, qui déterminera, dans une certaine mesure, la nature des
représentations à venir. Aussi, le même objet nous apparaîtra-t-il
sous des aspects très différents, selon que nous le voyons le matin,
le soir, l'après-midi ou le lendemain. Ces vues contraires s'imposant à nous, notre doute en est augmenté. C'est pourquoi l'on parle
parfois de laisser dormir une affaire, et l'on demande, pour une résolution de quelque importance, un temps de réflexion assez long.
Si cette constitution particulière de notre intellect procède de sa
faiblesse même et offre de grands inconvénients, elle ne laisse pas
d'avoir son côté avantageux ; en effet, de cette dispersion de la
pensée et de cette transformation physique, nous sortons relativement autres, devenus en quelque sorte étrangers à notre affaire ;
nous y retournons tout frais, et ainsi il nous est possible de la voir
plusieurs fois sous des aspects sensiblement différents. — Il ressort
de tout ceci que la conscience et la pensée humaines sont fragmens
taires en vertu même de leur nature ; aussi les résultats théorique-
ou pratiques obtenus par le rapprochement de tels fragments sont-ils
presque toujours défectueux. Notre conscience pensante ressemble
à une lanterne magique, dans le foyer de laquelle ne peut appa-
raître qu'une image à la fois ; chaque image, alors même qu'elle
représente ce qu'il y a de plus noble, est obligée de disparaître
bientôt et de faire place aux apparitions les plus hétérogènes, les
plus vulgaires mêmes. S'agit-il des affaires de la vie pratique, on
arrête dans leurs traits généraux les plans et les projets les plus
importants ; à ces premiers, d'autres viennent se subordonner,
comme moyens par rapport à une fin, à ceux-ci d'autres encore et
ainsi de suite en descendant jusqu'aux détails de l'exécution

concrète. Mais l'ordre de dignité de ces plans divers n'est point respecté dans l'exécution, et tandis que notre esprit est absorbé par les plans grandioses et généraux, il nous faut lutter contre des détails mesquins et les soucis du moment. Cette interversion accentue encore le caractère discontinu de notre conscience. D'ailleurs, l'activité théorique de l'esprit nous rend impropres aux choses de la vie pratique et *vice versa.*

Puisque toute notre pensée est ainsi dispersée et fragmentaire, puisque les représentations les plus hétérogènes se choquent et s'entre-croisent dans le cerveau même le mieux organisé, il s'ensuit que nous n'avons en réalité qu'une demi-conscience et que nous avançons à tâtons dans le labyrinthe de notre vie et les ténèbres de nos recherches : des moments de clarté, semblables à des éclairs, illuminent parfois notre route. Mais que peut-on attendre d'esprits, dont le plus sage même est chaque nuit le théâtre des rêves les plus bizarres et les plus insensés, et doit, au sortir de cette confusion, reprendre ses méditations antérieures? Evidemment une conscience soumise à de telles limites n'est guère appelée à approfondir l'énigme de l'univers, et les. êtres d'essence plus haute, dont l'intellect ne serait pas régi par la forme du temps, mais dont la pensée serait vraiment une et complète, certes prendraient en pitié notre prétention de sonder l'infini. Je suis même étonné de voir que nous arrivons à nous reconnaître dans ce chassez-croisez de pensées fragmentaires et de représentations de toute sorte; qu'au lieu d'aboutir à une confusion complète des idées, nous parvenons à les ordonner harmonieusement. Certes il doit y avoir un fil unique, le long duquel tout s'aligne : mais qu'est-ce que ce fil? La mémoire toute seule ne suffit pas à expliquer cette cohésion, car elle a des bornes essentielles, dont je parlerai bientôt, sans compter qu'elle est imparfaite et infidèle. Le . « moi logique » ou l' « unité synthétique transcendentale de l'aperception » — sont des expressions et des explications qui ne serviront pas facilement à rendre la chose sensible ; ce moi et cette unité rappelleront plutôt à maint d'entre nous ce vers inintelligible :

Je vois bien que votre barbe est crépue, mais vous ne soulevez pas les
[verroux.

La proposition de Kant : « Le *je pense* doit accompagner toutes nos représentations », est insuffisante : car le moi est une grandeur inconnue, c'est-à-dire un mystère à lui-même. — Ce qui donne à notre conscience de l'unité et de la cohésion, ce qui en traverse toutes les représentations, ce qui en est la base et le support permanent, ne saurait être déterminé lui-même par la conscience, et par conséquent ne peut pas être une représentation: non, c'est quelque chose d'antérieur à la conscience, c'est la racine de l'arbre dont celle-ci est le fruit. Cette base, dis-je, est la Volonté : elle seule est immuable et absolument identique et a engendré la conscience conformément à ses propres fins. Aussi est-ce la Volonté qui donne à la conscience l'unité, qui en relie toutes les représentations et les pensées ; c'est en quelque sorte la note fondamentale qui les accompagne toutes. Sans la Volonté l'intellect n'aurait pas plus d'unité de conscience qu'un miroir, dans lequel se réfléchit tantôt ceci tantôt cela ; tout au plus en aurait-il autant qu'un miroir convexe, dont les rayons se concentrent en un point imaginaire, situé derrière sa surface. La Volonté seule est l'élément permanent et immuable de la conscience. C'est elle qui établit un lien entre toutes les pensées, qui en fait des moyens pour ses fins personnelles, qui les teint de la couleur de son caractère, de sa disposition et de son intérêt, qui régit l'attention et tient en main le fil des motifs, ressorts suprêmes de la mémoire et de l'association des idées : c'est de la volonté au fond qu'on parle, chaque fois que le « moi » se présente dans un jugement. Elle est donc la vraie, la suprême unité de la conscience, le lien de ses fonctions et de ses actes ; sans relever elle-même de l'intellect, elle en est la source, le principe et la loi.

La forme du temps, la disposition unilinéaire de nos représentations, en vertu de laquelle l'intellect ne peut saisir une chose qu'en se dessaisissant d'une autre, engendre, en même temps que la dispersion de la pensée, notre *faculté d'oublier*. La plupart des choses que nous avons laissé tomber, nous ne les ressaisissons plus jamais, d'autant moins que pour les ressaisir il faut recourir au principe de raison, c'est-à-dire utiliser une cause occasionelle, que l'association des idées et la motivation doivent d'abord fournir (d'autre part il est vrai que cette cause occasionelle peut être très éloignée même et très faible, pourvu que l'intérêt du sujet nous y rende fortement sensibles). La mémoire, comme je l'ai montré déjà dans mon Essai sur le *Principe de raison*, n'est pas un réservoir, mais une simple disposition à rappeler telle ou telle representation : il faut donc que par la répétition nous tenions constamment ces représentations en mouvement, sans quoi elles se perdraient. Aussi la science du plus érudit même n'existe-t-elle que virtuellement, comme disposition acquise à provoquer certaines représentations ; actuellement il est borné à une représentation unique, de laquelle seule il a une conscience distincte. D'où un contraste étrange entre ce qu'il sait en puissance et ce qu'il sait en acte, c'est-à-dire entre sa science et sa pensée de chaque moment : a première est une masse abondante et quelque peu chaotique, l'autre une seule représentation distincte. Le rapport est le même qu'entre les étoiles innombrables du ciel et ιe champ de vision étroit du télescope. Ce contraste apparaît en un jour éclatant, quand l'érudit cherche à prendre une conscience distincte de quelque particularité de son savoir : il lui faut, pour la tirer de ce chaos, du temps et des efforts. La rapidité de ce rappel est un don particulier, mais varie selon le jour et l'heure. C'est pourquoi souvent la mémoire nous fait défaut sur des points où d'ordinaire elle nous sert prompttement. Cette considération doit nous décider à exercer notre coup d'œil, à fortifier notre jugement plutôt qu'à augmenter la somme de notre science ; n'oublions pas que la *qualité* du savoir est plus précieuse que la *quantité*. Celle-ci ne donne aux livres qu'un format épais, l'autre leur confère la solidité et le style ; la qualité est une grandeur *intensive*, la quantité est extensive seulement. La qualité consiste dans la précision et l'intégrité des concepts, dans la pureté et l'exactitude des connaissances intuitives qui leur servent de fondement ; aussi tout le savoir, dans toutes ses parties, en est-il pénétré et vaut-il en proportion. Une petite quantité de science, dont la qualité est bonne, sert plus qu'une grande quantité, mais de qualité mauvaise.

La connaissance la plus parfaite et la plus suffisante est la connaissance intuitive ; mais elle est bornée au particulier, à l'individuel. La réunion du multiple et du divers dans une même représentation n'est possible que par le *concept*, c'est-à-dire par la suppression des différences ; c'est donc là une représentation d'un genre très imparfait. Il est vrai que le particulier, lui aussi, peut être saisi immédiatement comme quelque chose de général, et cela sous la forme de l'Idée platonicienne : mais en suivant ce procédé, que j'ai analysé dans le troisième livre, l'intellect franchit les bornes de l'individualité et du temps, et d'ailleurs ce procédé n'est qu'une exception.

Ces imperfections essentielles inhérentes à notre intellect sont encore aggravées par une influence perturbatrice qui lui est en quelque sorte extérieure, mais qui se produit fatalement, je veux parler de l'influence que la Volonté exerce sur toutes les opérations de l'intellect, dès qu'elle se trouve intéressée à leur résultat. Chaque passion, chaque inclination même et chaque antipathie teignent de leur couleur les objets de la connaissance. L'expérience de tous les jours nous fait voir combien le désir et l'espérance faussent la pensée ; grâce à eux, ce qui est presque impossible nous paraît vraisemblable et comme sûr, et nous devenons en quelque sorte incapables d'apprécier les raisons adverses. La peur agit d'une manière analogue, et de même toute opinion préconçue, tout parti-pris, tout intérêt, tout penchant, toute tendance de la Volonté. Enfin, en outre de toutes ces imperfections, l'intellect vieillit avec le cerveau, je veux dire que, comme les fonctions physiologiques, il perd son énergie une fois la maturité passée, et alors ses imperfections s'accentuent encore.

Toutefois nous ne nous étonnerons pas de cette constitution défectueuse de l'intellect, si nous en considérons l'origine et la destination, telles que je les ai exposées au second livre. La nature a mis l'intellect au service d'une volonté individuelle ; aussi a-t-il pour fonction unique de connaître les objets, en tant qu'ils sont susceptibles de devenir les motifs d'une telle volonté, mais non pas de les approfondir, d'en saisir l'essence en soi. L'intellect humain n'est qu'un degré supérieur de l'intellect animal ; et si celui-ci est entièrement borné au présent, le nôtre aussi conserve de fortes traces de cette limitation. C'est pourquoi notre mémoire, notre faculté de réminiscence est quelque chose de très imparfait : quelle faible part nous nous rappelons, de ce que nous avons fait, subi, appris et lu ! C'est pour la même raison encore qu'il nous est si difficile de nous dégager de l'impression du présent. — L'inconscience est l'état primitif et naturel de toute chose, conséquemment aussi le fonds d'où émerge, chez certaines espèces, la conscience, efflorescence suprême de l'inconscience ; voilà pourquoi celle-ci prédomine toujours dans notre être intellectuel. La plupart des êtres sont donc privés de conscience ; ils agissent pourtant d'après les lois de leur nature, c'est-à-dire de leur volonté. Les plantes ont tout au plus un sentiment très faible approchant de la conscience, chez les animaux tout à fait inférieurs celle-ci ne luit que comme un crépuscule. Mais même après avoir traversé toute la série animale et s'être élevée dans l'homme jusqu'à la raison, l'inconscience végétative, qui a subi cette transformation, n'en demeure pas moins la base de ces formes supérieures, qui sont ses formes ; son influence se fait sentir par la nécessité du sommeil et par les imperfections ci-dessus étudiées de tout intellect né de fonctions physiologiques : or nous n'en connaissons pas qui soit d'autre sorte.

Ces imperfections essentielles, dont nous venons de parler, sont toujours augmentées dans les cas particuliers par des imperfections non-essentielles. L'intellect n'est jamais, à *tous* les égards, ce qu'il pourrait être ; les perfections dont il est susceptible sont tellement divergentes, qu'elles s'excluent. Aussi personne ne peut-il être *à la fois* Platon et Aristote, Shakespeare et Newton, Kant et Gœthe. Les imperfections de l'intellect au contraire font très bon ménage ensemble, et c'est pourquoi il demeure dans la réalité bien au-dessous de ce qu'il pourrait être. Ses fonctions dépendent de tant de conditions — conditions que dans le *phénomène*, qui seul nous les donne, nous saisissons uniquement sous la forme anatomique et physiologique — qu'un intellect, excellent même sur un

point unique, est une merveille des plus rares de la nature. Aussi
les productions d'un tel individu sont-elles conservées pendant des
milliers d'années, que dis-je? chacune de ses reliques acquiert la
valeur du joyau le plus précieux. D'un tel intellect jusqu'à l'imbé-
cillité, les dégradations sont innombrables. Conséquemment l'*horizon intellectuel* des hommes est très variable. L'horizon le plus
étroit est celui qui n'embrasse que le présent immédiat : c'est celui
de l'animal; d'autres plus vastes embrassent, par ordre d'étendue
croissante, l'heure prochaine, la journée entière, le lendemain, la
semaine, l'année, la vie, les siècles, les milliers d'années, enfin
l'horizon de la conscience humaine s'étend jusqu'à l'infini, bien
qu'elle ne l'entrevoie que vaguement et comme dans un crépuscule; mais cette vision, si obscure qu'elle soit, confère à nos pensées un caractère élevé. — En outre, la différence des intellects se
montre dans la rapidité de la pensée, qualité très importante et qui
comporte autant de dégradations que la vitesse des divers points
du rayon d'une roue qui tourne. Suivant le degré de rapidité de
notre pensée, nous pourrons reculer plus ou moins les limites de
nos connaissances, et pousser plus ou moins loin l'enchaînement
des principes et des conséquences : en effet, la tension maxima de
la faculté de penser ne peut persister que pendant un temps très
court, et c'est pourtant dans ce court intervalle qu'il nous faut saisir une pensée dans toute son intégrité : aussi ce qui importe, c'est
la rapidité de l'intellect à poursuivre l'idée, et la distance qu'il
peut parcourir pendant ce temps. D'autre part la rapidité de la
conception peut être compensée par la persistance de l'effort d'attention. Il est probable que la lenteur soutenue de la pensée fait le
mathématicien, tandis que la rapidité de la conception constitue le
génie; ici c'est un vol hardi, là une marche sûre, pas à pas, sur un
terrain solide. Pourtant cette dernière manière de procéder est
insuffisante dans les sciences mêmes, quand il s'agit de comprendre non plus de simples grandeurs, mais l'essence des phénomènes : c'est ce que prouve la théorie des couleurs de Newton,
et le radotage de Biot sur les anneaux colorés, théorie qui est d'ailleurs en rapport avec toute l'optique atomistique des Français,
avec leurs molécules de lumière et d'une manière générale avec leur
idée fixe de vouloir tout ramener dans la nature à de simples effets
mécaniques. — Enfin cette différence individuelle des intelligences
se manifeste surtout dans le *degré de clarté de la compréhension,*
et conséquemment dans la *précision de la pensée entière.* L'un
a déjà compris où l'autre ne commence qu'à remarquer : celui-ci
est déjà arrivé au but, quand l'autre est encore au début; l'un
tient la solution qui pour l'autre est encore un problème. Cette
différence repose sur *la qualité* de la pensée et du savoir dont

on vient de parler. De même que dans les appartements, il y a dans le cerveau plus ou moins de jour. On sent cette qualité de toute la pensée, sitôt qu'on a lu quelques pages seulement d'un écrivain. Car, pour comprendre, il a fallu en quelque sorte se servir de la manière de voir et de sentir de l'auteur; aussi, avant même de savoir tout ce·qu'il a pensé, on voit déjà comment il pense; on connaît la constitution *formelle*, la structure de sa pensée, structure qui demeure la même, quel que soit l'objet qui occupe l'esprit, et qui détermine l'ordre des idées et le style. C'est le style qui nous révèle l'allure d'un écrivain, sa légèreté, sa souplesse, le vol d'un esprit ailé, ou la lourdeur d'une pensée gauche, pénible et terre-à-terre. De même que la langue est le reflet de l'esprit d'un peuple, de même le style est le reflet immédiat et la physionomie propre de l'esprit d'un auteur. Si un livre nous engage dans un ordre d'idées plus obscures que ne l'est notre propre pensée, jetons le de côté, à moins que nous n'y cherchions pas des idées, mais simplement des faits. On ne tirera vraiment profit que de l'écrivain dont l'intelligence est plus pénétrante et plus précise que la nôtre même, qui active notre pensée et ne l'entrave pas, comme le fait le cerveau obtus qui voudrait nous forcer à régler notre pas sur sa marche de tortue; penser avec la tête du premier, c'est pour nous un soulagement sensible et un progrès, car nous nous sentons portés par lui là où nous n'aurions pu arriver par nos seules forces. Gœthe me disait un jour que, chaque fois qu'il lisait une page de Kant, il croyait entrer dans une chambre bien claire. Un esprit mal fait n'est pas seulement tel, parce qu'étant oblique il juge faux, mais avant tout parce que sa pensée, dans son ensemble, manque de précision. Ainsi, lorsqu'on regarde par un mauvais télescope, tous les contours apparaissent indistincts et comme effacés, et les divers objets se brouillent et se confondent. De tels esprits n'essaient même pas d'introduire quelque précision dans leurs concepts : leur faiblesse intellectuelle recule devant cette tâche. Ils se complaisent dans un clair-obscur, et pour y vivre la conscience tranquille, ils vont attrapant des mots, ceux de préférence qui désignent des concepts indéterminés, très abstraits, inaccoutumés et difficiles à expliquer, par exemple : l'infini et le fini, le sensible et le supra-sensible, l'idée de l'être, les idées de la raison, l'absolu, l'idée du bien, le divin, la liberté morale, la puissance de se produire soi-même, l'idée absolue, le sujet-objet, etc. Contents d'eux-mêmes, ils vont semant ces mots tout à l'entour; ils croient vraiment que ces sons expriment des idées, et prétendent que tout le monde s'en déclare satisfait; car pour eux, le sommet le plus élevé de la sagesse, c'est justement d'avoir en réserve des mots tout faits pour toute nouvelle question qui se présente. C'est précisément la caractéristique des esprits mal faits, de ne rien chercher au-delà des mots, de s'y tenir avec une facilité inouïe: la cause en est leur incapacité de former des concepts précis, sitôt qu'ils dépassent le cercle ordinaire et quotidien de nos représentations; c'est la faiblesse et l'inertie de **leur** intellect.

Il semble même qu'ils aient de cette faiblesse une conscience secrète, conscience qui chez le savant s'allie à la dure nécessité, reconnue de bonne heure, de passer pour un être pensant; c'est même pour faire face à cette exigence, qu'il tient toujours en réserve une telle provision de mots tout faits. Ce doit vraiment être un spectacle réjouissant, de voir un professeur de cet acabit débiter du haut de la chaire et de très bonne foi un tel amas de mots vides de pensée; il parle dans la sincérité de son âme, s'imaginant énoncer des idées; et devant lui sont les étudiants qui, de bonne foi également et pleins de la même illusion, écoutent et prennent des notes avec recueillement. Au fond ni l'un, ni les autres ne vont au-delà des mots, et il n'y a de réel dans la salle de cours que ces mots mêmes et le grincement des plumes. C'est cette disposition étrange à se contenter des mots qui contribue plus que toute autre chose à perpétuer les erreurs. Fort des mots et des phrases légués par les générations précédentes, chacun passe de gaîté de cœur à côté d'obscurités et de problèmes multiples; nul ne songe à s'en occuper, et ainsi des erreurs se transmettent à travers les siècles, de livre en livre, de telle sorte qu'un esprit vraiment pensant, surtout quand il est encore jeune, se prend à douter et se demande si lui seul est incapable de comprendre tout cela, ou si en réalité ce qu'il a devant lui est incompréhensible; si le problème qu'ils évitent tous avec une gravité comique, en prenant le même chemin de traverse, n'en est pas un, ou bien si c'est eux qui ne veulent pas le voir. Beaucoup de vérités ne sont pas mises au jour uniquement parce que personne n'a le courage d'envisager franchement le problème et de l'aborder face à face. — Au contraire, la précision de pensée propre aux esprits éminents, et la clarté de leurs concepts, font que des vérités déjà connues, quand elles sont exposées par eux, apparaissent sous un jour et avec un charme nouveau. Quand on les écoute ou qu'on les lit, c'est comme si on échangeait un mauvais télescope contre un bon. Qu'on lise seulement, pour s'en convaincre, dans les *Lettres* d'Euler *à une princesse*, son exposé des vérités fondamentales de la mécanique et de l'optique. Diderot émet la même pensée que moi, quand il dit dans son *Neveu de Rameau*, que seuls les maîtres achevés sont capables de bien exposer les éléments d'une science, précisément parce qu'eux seuls comprennent réellement les choses et que chez eux les mots ne prennent jamais la place des pensées.

Mais il faut qu'on le sache, les esprits mal faits sont la règle, les bons l'exception ; les esprits éminents sont fort rares, et le génie est un monstre. Sans cela, comment l'espèce humaine, qui se compose de huit cent millions d'individus, aurait-elle pu laisser, après soixante siècles, tant de choses à découvrir, à inventer, à penser et à exprimer ! L'intellect a pour fonction naturelle le seul soin de la conservation de l'individu, et généralement c'est à peine s'il suffit même à cette besogne. — La nature a d'ailleurs sagement fait de ne pas accorder au commun un degré d'intelligence supérieur ; car un esprit borné aura plus de facilité à embrasser les quelques objets simples qui constituent l'étroite sphère de son action et à en manier les leviers, que n'en saurait avoir un esprit éminent, dont le regard embrasse une sphère bien plus étendue et plus remplie, et qui emploie des leviers puissants. Ainsi l'insecte voit avec une précision minutieuse, et bien mieux que nous, tout ce qui se trouve sur les tiges et les feuilles où il vit, mais n'aperçoit pas l'homme qui se trouve à trois pas de là. C'est en ce sens qu'on parle de l'astuce des sots et qu'il faut entendre le paradoxe : « Il y a un mystère dans l'esprit des gens qui n'en ont pas ». Le génie dans la vie pratique est aussi utile qu'un télescope au théâtre. — Par conséquent, en ce qui concerne l'intellect, la nature est très aristocratique. Les différences qu'elle a établies ici sont plus considérables que celles que fondent dans une société la naissance, le rang, la richesse ou la distinction des castes; mais de même que dans les autres aristocraties, il y a ici mille plébéiens pour un noble, des millions pour un prince, et la grande masse n'est que de la populace « *mob*, *rabble*, la canaille ». N'oublions cependant pas qu'entre la hiérarchie établie par la nature et celle que la convention consacre, il y a un contraste criant ; il faudrait attendre la venue d'un âge d'or, pour voir chacun remis à sa vraie place. En attendant, ceux qui sont haut placés dans l'une ou l'autre hiérarchie ont ceci de commun, qu'ils vivent les uns et les autres dans un isolement dédaigneux, auquel Byron fait allusion quand il dit :

> To feel me in the solitude of kings,
> Without the power that makes them bear a crown (1).

Car l'intellect est un principe de différenciation, conséquemment de séparation. Ses variétés diverses, plus encore que les différences de simple éducation, donnent à chacun d'autres concepts, grâce à

_____

(1) Souffrir l'isolement des rois, mais être privé du pouvoir qui leur vaut de porter la couronne.

quoi chacun vit en quelque sorte dans un monde, où il ne se rencontre qu'avec ses égaux ; pour les autres il ne peut que les appeler de loin et essayer de se faire comprendre d'eux.

De grandes différences dans le degré d'intelligence et dans le développement intellectuel creusent entre les hommes un large abîme : la bonté du cœur peut seule le faire franchir, c'est elle qui est le principe unifiant qui identifie les autres avec notre propre moi. Mais en tout cas l'union n'est que morale, elle ne sera jamais intellectuelle. La conversation d'un grand esprit avec un esprit ordinaire, quand même leur éducation a été sensiblement la même, ressemble à un voyage que feraient ensemble un homme monté sur un cheval ardent et un piéton. A vrai dire, le cavalier peut pour un temps descendre de cheval, afin de marcher à côté de l'autre, quoique en ce cas l'impatience de sa monture lui donne beaucoup d'embarras.

Mais rien n'exercerait une plus heureuse influence sur l'esprit du public que la reconnaissance de cette *aristocratie intellectuelle de la nature*. Il comprendrait alors que là où il s'agit simplement de faits, pour mettre seulement à profit des expériences, des récits de voyages, des formulaires, des livres d'histoire et des chroniques, un cerveau normal peut suffire ; mais que, quand des pensées sont uniquement en jeu, surtout de celles dont la matière, les données se trouvent sous les yeux de chacun et qu'il n'importe, par conséquent, que de penser *avant* les autres, il comprendrait, dis-je, que pour ce travail, il faut une supériorité marquée et innée que la nature confère seule et cela très rarement ; et que personne ne mérite d'être écouté, quand il n'en donne pas aussitôt des preuves. Si le public pouvait se convaincre de cette vérité et se l'assimiler, il ne perdrait plus un temps précieux pour son éducation, et qui lui est si parcimonieusement mesuré, à lire les productions d'esprits vulgaires, les élucubrations philosophiques et poétiques que chaque jour voit éclore ; il ne se jetterait pas avidement sur les livres les plus récents, grand enfant qui s'imagine que les écrits sont comme les œufs, qu'il faut avaler frais ; mais il s'en tiendrait aux œuvres des quelques esprits d'élite de tous les temps et de toutes les nations, il chercherait à les connaître et à les comprendre, et ainsi s'élèverait peu à peu à la culture véritable. Alors aussi nous seraient épargnés ces milliers de productions qui, comme la mauvaise herbe, gênent la venue du bon grain.

CHAPITRE XVI (1)

SUR L'USAGE PRATIQUE DE LA RAISON ET SUR LE STOÏCISME

Dans mon septième chapitre, j'ai démontré qu'en théorie, la déduction des concepts aboutit à de médiocres résultats, et que pour arriver à quelque chose de mieux, il faut s'adresser à l'intuition elle-même, comme à la source de toute connaissance. Dans la pratique, c'est tout le contraire : ici il n'y a que les animaux qui soient déterminés par l'intuition ; il n'en saurait être de même de l'homme qui a des concepts pour régler sa conduite, et qui par là échappe à la puissance de l'intuition présente, à laquelle l'animal est absolument livré. C'est dans la mesure où l'homme tire parti de ce privilège que sa conduite peut être appelée *raisonnable*, et c'est uniquement dans ce sens qu'il peut être question de *raison pratique*, non dans le sens kantien, lequel est inadmissible, comme je l'ai fait voir tout au long dans mon mémoire sur le *Fondement de la morale*.

Mais il n'est pas facile de se déterminer uniquement par des concepts ; le caractère le mieux trempé n'est pas sans ressentir l'action puissante du monde extérieur, qui l'entoure avec toute sa réalité intuitive. Seulement, c'est précisément en tenant cette influence en échec, en comptant pour rien la fantasmagorie du monde, que l'esprit humain fait éclater sa grandeur et sa dignité. Ainsi, lorsque l'attrait du plaisir et de la jouissance le laisse indifférent, lorsqu'il n'est ébranlé ni par les menaces ni par la rage d'ennemis en fureur, que les supplications d'amis abusés ne l'ébranlent point dans sa résolution, que tous les fantômes trompeurs, dont l'entoure l'intrigue la mieux concertée, ne sauraient l'émouvoir, que les insultes des sots et de la foule ne le font point sortir de son calme et ne lui donnent point le change sur sa propre valeur ; — alors il semble être sous l'influence d'un monde idéal, visible pour lui seul (c'est le monde des concepts), devant lequel toute cette réalité qu'il voit et qu'il touche s'évanouit comme un rêve. Ce qui donne au monde extérieur et à la réalité sensible une si grande force sur l'âme, c'est qu'ils en sont très rapprochés et qu'ils agissent immédiatement sur elle. Il se passe ici la même chose que

---

(1) Ce chapitre correspond au § 16 du Ier volume.

pour l'aiguille aimantée, qui est maintenue dans sa direction par l'action combinée de forces naturelles éloignées et embrassant toute la terre ; il suffit d'en approcher un petit morceau de fer pour déranger sa position et la faire osciller fortement. De même, il suffit quelquefois de circonstances ou d'individus insignifiants, pourvu qu'ils agissent de près, pour troubler et déranger de son assiette l'esprit le plus solide ; alors la résolution la plus sage peut mollir et dégénérer en indécision, sous l'influence de motifs, faibles sans doute, mais dont l'action est immédiate. Car l'influence relative des mobiles est gouvernée par une loi qui est le contraire de celle qui régit l'action des poids sur les plateaux de la balance ; là, une action insignifiante, pourvu qu'elle soit rapprochée, peut en contrebalancer une autre beaucoup plus forte, mais lointaine. Mais cette disposition de l'âme qui fait que nous nous laissons déterminer par cette loi, sans essayer de nous y soustraire par un effort de la Raison vraiment pratique, c'est ce que les anciens désignaient par le mot de *animi impotentia,* c'est-à-dire *ratio regendæ voluntatis impotens.* Toute affection *(animi perturbatio)* vient d'une représentation qui agit sur notre volonté et qui nous est si immédiatement présente qu'elle nous cache tout le reste, au point de ne plus nous laisser voir qu'elle. Pour un moment du moins, nous sommes incapables d'envisager toute autre face de l'objet. Il y aurait un excellent remède, ce serait de s'habituer à considérer le présent comme déjà passé ; en un mot, d'introduire dans le domaine de la perception le style épistolaire des Romains. Le contraire nous est cependant très facile ; nous pouvons revoir un passé déjà vieux aussi nettement que nous voyons le présent et réveiller ainsi, avec toute leur intensité, d'anciennes sensations depuis longtemps assoupies. De même, personne ne se dérouterait ni ne sortirait de son calme pour un accident ou une contrariété, si la Raison nous représentait constamment ce qu'est l'homme au fond : un être besogneux, perpétuellement exposé à de grandes comme à de petites misères (τὸ δειλότατον ζῶον), qui vit, par conséquent, dans une crainte constante et dans un perpétuel tremblement, πᾶς ἐστιν ἄνθρωπος συμφόρα *(homo totus est calamitas),* disait déjà Hérodote.

L'emploi de la raison dans la pratique nous amène à considérer sous toutes ses faces, et comme ne formant qu'un tout, ce qui, dans la connaissance intuitive, nous apparaît fragmenté et d'un point de vue partiel. Elle rapproche tous les contrastes de la réalité, qui se corrigent l'un par l'autre, et nous conduit à une vue juste des choses. Ainsi, lorsque nous nous bornons à percevoir avec nos yeux *la mauvaise action* de quelqu'un, nous le condamnons sur-le-champ ; mais si, au lieu de cela, nous envisageons seulement *la nécessité* qui l'y a poussé, nous lui devenons compatissants. La raison, avec ses concepts, examine l'une et l'autre et nous conduit à cette conclusion : C'est que le coupable doit être puni d'un châtiment proportionné, qu'il faut l'empêcher de nuire et le redresser.

Je rappelle encore une fois cette maxime de Sénèque : *Si vis tibi omnia subjicere, te subjice rationi.* Si, comme je l'ai dit, dans mon quatrième livre, la souffrance est positive, tandis que le plaisir est négatif, celui qui, dans tous ses actes, prend la connaissance abstraite ou rationnelle comme fil conducteur et, par conséquent, a toujours présentes à l'esprit les suites de sa conduite à venir, celui-là a de fréquentes occasions d'appliquer le *sustine et abstine* ; car, pour arriver à bannir autant que possible la douleur de son existence, il doit sacrifier toutes les fortes émotions de plaisir ou de jouissance et se souvenir du précepte d'Aristote « ὁ φρόνιμος τὸ ἄλυπον διωκεῖ, οὐ τὸ ἡδύ ». Aussi, chez celui-là, l'avenir emprunte toujours au présent, tandis que chez les hommes de peu de sens, le présent emprunte à l'avenir qui, appauvri de la sorte, finit par faire banqueroute. Pour l'homme avisé, la raison ne doit être qu'un mentor morose, qui prêche perpétuellement le renoncement sans pouvoir promettre en échange autre chose qu'une vie exempte de douleurs. Cela vient de ce que la Raison, grâce à ses concepts, embrasse d'un coup d'œil tout le champ de la vie, dont le résultat, si heureux qu'on le suppose, ne peut être différent de ce que nous avons dit.

Cet effort pour arriver à une existence exempte de douleurs, — autant du moins qu'il est possible d'y atteindre par l'exercice de la raison, et par la connaissance de la vie dans son essence même, — cet effort, dis-je, lorsqu'il est conséquent avec lui-même et va jusqu'aux extrêmes, produit le cynisme dont le stoïcisme est ensuite sorti : C'est ce que je vais démontrer brièvement, pour servir de confirmation aux conclusions de mon premier livre.

Tous les systèmes de morale de l'antiquité, excepté celui de Platon, n'étaient que des méthodes pour vivre heureux : aussi le but de vertu, chez eux, ne se trouve pas au-delà de la mort, mais en ce monde même. Elle est en effet pour eux le seul chemin qui conduise au vrai bonheur ; c'est pourquoi le sage se déclare son adepte. De là, ces débats sans fin, ces discussions subtiles, sans cesse renaissantes, que nous a surtout conservés Cicéron, et dont l'objet est de savoir si la vertu toute seule et cultivée pour elle-même suffit à nous assurer le bonheur, ou s'il y faut ajouter quelque secours étranger ; si l'homme vertueux et sage, même sur l'échafaud, sur la roue, ou dans le taureau de Phalaris, peut encore être heureux ; ou si le bonheur est impossible à l'homme vertueux jeté en de telles épreuves. Car la pierre de touche d'une semblable morale, ce serait nécessairement le bonheur obtenu en appliquant ses préceptes, et cela immédiatement et sans condition. Si elle ne peut le donner, elle ne

tient pas ses promesses, et se détruit elle-même. Les éclaircissements, par lesquels saint Augustin ouvre son exposé de la morale
antique, sont donc aussi justes que conformes à l'esprit chrétien
(*De civit. Dei*, XIX, c. 1) : « Exponenda sunt nobis argumenta morta-
lium, quibus sibi ipsi beatitudinem facere in hujus vitæ infelicitate
moliti sunt ; ut ab eorum rebus vanis spes nostra quid differat cla-
rescat. De finibus bonorum et malorum multa inter se philosophi
disputarunt ; quam quæstionem maximâ intentione versantes, inve-
nire conati sunt, quid efficiat hominem beatum : Illud enim est finis
bonorum. » Je veux faire ressortir le but eudémonique de la morale
antique par quelques passages significatifs empruntés aux anciens
eux-mêmes. Aristote dit (*Ethic. magn.* 1, 4) : ἡ εὐδαιμονία ἐν τῷ εὖ ζῆν
ἐστι, τὸ δὲ εὖ ζῆν ἐν τῷ κατὰ τὰς ἀρετὰς ζῆν. Cf. *Eth. à Nicomaque*, I, 5.
Cicéron, *Tuscul.*, V : « Nam quum ea causa impulerit eos, qui primi
se ad philosophiæ studia contulerunt, ut, omnibus rebus posttha-
bitis, totos se in optimo vitæ statu exquirendo collocarent, profecto
spe beate vivendi tantam in eo studio curam operamque posuerunt. »
— D'après Plutarque (*De repugn. stoïc.*, c. 18), Chrysippe a dit : τὸ
κατὰ κακίαν ζῆν τῷ κακοδαιμόνως ζῆν ταὐτόν ἐστι, « Vitiose vivere idem est
quod vivere infeliciter. » *Ibid.*, c. 26 : Ἡ φρόνησις οὐχ ἕτερόν ἐστι τῆς εὐδαι-
μονίας καθ' ἑαυτο, ἀλλ' εὐδαιμονία « Prudentia nihil differt a felicitate est
que ipsa adeo felicitas. » Stobée (*Eclog.* lib. II, c. 7) : Τέλος δέ φασιν
εἶναι τὸ εὐδαιμονεῖν, οὗ ἕνεκα παντὰ πράττεται, « Finem esse dicunt felicitatem cujus causa fiunt omnia. » Εὐδαιμονίαν συνωνυμεῖν τῷ τέλει λέγουσιν
« Finem bonorum et felicitatem synonyma esse dicunt. » — Arrien
(*Dissert. Epict.* I, 4) : Ἡ ἀρετὴ ταύτην ἔχει τὴν ἐπαγγελίαν, εὐδαιμονίαν ποιῆ-
σαι, « Virtus profitetur, se felicem præstare. » Sénèque (*Epist.* 90) :
« Ceterum (sapientia) ad beatum statum tendit, illo ducit, illo vias
aperit ». — Le même (*Epist.* 108) : « Illud admoneo, auditionem phi-
losophorum, lectionemque, ad propositum beatæ vitœ trahendum ».

Vivre heureux, tel est le but que se proposait également la morale des cyniques. L'empereur Julien le dit en propres termes
(Orat. VI) : τῆς κυνικῆς φιλοσοφίας σκόπος μέν ἐστι καὶ τέλος, ὥσπερ δὲ καὶ πασῆς
φιλοσοφίας, τὸ εὐδαιμονεῖν· τὸ δὲ εὐδαιμονεῖν ἐν τῷ ζῆν κατὰ φύσιν, ἀλλὰ μὴ πρός
τὰς τῶν πολλῶν δοξάς. « Cynicæ philosophiæ, ut etiam omnis philoso-
phiœ, scopus et finis est, feliciter vivere : felicitas vitæ autem in eo
posita est, ut secundum naturam vivatur, nec verò secundum opi-
niones multitudinis. » Seulement les cyniques, pour arriver à ce
but, prenaient un chemin très particulier, un chemin aussi éloigné
que possible de celui du vulgaire. Ils pratiquaient le détachement
le plus austère. Ils partaient de ce principe : que les troubles causés
dans notre volonté par les objets qui l'attirent et l'excitent, les
efforts pénibles, souvent inutiles, que nous faisons pour les atteindre ; puis, quand nous les avons atteints. la crainte que nous

nvons de les perdre; et enfin, leur perte, entraînent de plus grandes
souffrances que l'effort nécessaire pour y renoncer. Aussi choisis-
saient-ils, — pour arriver à une vie exempte de douleurs, — la voie
du renoncement le plus absolu. Ils fuyaient tous les plaisirs comme
des pièges, qui nous exposent ensuite à la souffrance. Cela fait,
ils pouvaient faire bonne contenance devant la fortune et tous ses
caprices. Tel est l'esprit même du cynisme : Sénèque l'a clairement
exprimé dans son huitième chapitre du *De tranquillitate animi* :
« Cogitandum est quanto levior dolor sit, non habere, quam perdere :
et intelligemus paupertati eo minorem tormentorum, quo minorem
damnorum esse materiam ». De même : « Tolerabilius est facili-
usque non acquirere, quam amittere..... Diogenes effecit, ne quid
sibi eripi posset..... qui se fortuitis omnibus exuit..... videtur mihi
dixisse : age tuum negotium, Fortuna ; nihil apud Diogenem jam
tuum est. » Comme pendant à cette proposition, voici une citation
de Stobée (Ecl. II, 7) : Διογένης ἔφη νομίζειν ὁρᾷν τὴν τύχην ἐνορῶσαν αὐτόν καὶ
λέγουσαν · τοῦτον δὲ οὐ δύναμαι βαλέειν κῦνα λυσσήτηρα. « Diogenes credere
se dixit videre Fortunam ipsum intuentem ac dicentem : « Ast hunc
non potui tetigisse canem rabiosum ». C'est ce même esprit du cynisme, qui perce dans l'épitaphe de Diogène (dans Suidas au mot
Φίλισκος et dans Diogène Laërce, VI, 2) :

Γήρασκει μὲν χάλκος ὑπὸ χρόνου · ἀλλά σὸν οὔτι
    κῦδος ὁ πᾶς αἰών, Διογένης, καθελεῖ ·
Μοῦνος ἐπεὶ βιότης αὐτάρκεα δόξαν ἔδειξας
    Θνήτοις, καὶ ζώης οἶμον ἐλαφροτάτην.

Æra quidem absumit tempus, sed tempore nunqnam
    Interitura tua est gloria, Diogenes.
Quandoquidem ad vitam miseris mortalibus æquam
    Monstrata est facilis, te duce, et ampla via.

L'idée fondamentale du cynisme, c'est donc que la vie, plus on
l'envisage sous sa forme la plus simple et la plus nue, avec les
misères que la nature y a attachées, plus elle est supportable, et
que, par conséquent, c'est celle-là qu'il faut choisir ; car toutes les
commodités et tous les plaisirs, par où l'on essaie de la rendre plus
douce, ne font qu'y ajouter de nouvelles calamités, plus lourdes que
celles qui y sont naturellement jointes. Aussi, peut-on considérer
cette proposition comme le résumé de toute la doctrine cynique :
Διογένης ἐβόα πολλακίς λέγων, τὸν τῶν ἀνθρώπων βίον ῥᾴδιον ὑπό τῶν θεῶν δέδοσθαι,
ἀποκεκρῦφθαι δὲ αὐτὸν ζητούντων μελιπηκτά καὶ τὰ παραπλήσια. « Diogenes cla-
mabat sæpius hominum vitam facilem a diis dari, verum occultari
illam quærentibus mellita cibaria, unguenta et his similia. » — Diog.

Laert. VI, 2). Et plus loin : « Δέον, ἀντὶ τῶν ἀχρήστων πόνων, τούς κατὰ φύσιν ἑλομένους, ζῆν εὐδαιμόνως παρὰ τήν ἀνοίαν κακοδαιμονοῦσι..... Τὸν αὐτὸν χαρακτῆρα τοῦ βίου λέγων διεξάγειν, οὕπερ καί Ηρακλῆς μηδὲν ἐλευθερίας προκρίνων, « Quum igitur, repudiatis inutilibus laboribus, naturales insequi ac vivere beate debeamus, per summam dementiam infelices sumus,... eamdem vitæ formam quam Hercules se vivere affirmans, nihil libertati præferens. » (Ibid.)

Aussi les premiers cyniques, les purs, comme Antisthènes, Diogène, Cratès et leurs disciples, avaient-ils renoncé une fois pour toutes, à posséder quoique ce fût, à se donner aucune des commodités ni aucun des plaisirs de la vie, afin d'échapper pour toujours aux soucis, à l'esclavage et aux douleurs, qui y sont attachés, et que tous les biens du monde ne sauraient compenser. En satisfaisant seulement les besoins les plus indispensables, en renonçant à tout superflu, ils pensaient être quittes à bon compte. Ils se contentaient des choses les plus simples, que les pauvres se procuraient gratuitement à Corinthe comme à Athènes, de lupins, d'eau pure, d'un mauvais manteau, d'une besace et d'un bâton. Ils mendiaient à l'occasion, autant que cela était nécessaire pour mener cette vie ; mais ils ne travaillaient pas. Jamais ils ne prenaient rien de plus que le nécessaire pour suffire aux besoins que nous venons de dire. L'indépendance, dans le sens le plus large du mot, tel était leur but. Ils passaient leur temps à dormir, à vaguer çà et là, à causer avec les uns et les autres, à plaisanter, à se moquer et à rire : leur caractère n'était qu'insouciance et gaîté. Vivant ainsi, ne poursuivant aucun but particulier, ils dominaient les soucis humains, jouissaient de complets loisirs, et se rendaient très propres, à titre d'hommes d'une force d'âme éprouvée, à devenir les conseillers et les directeurs de leurs semblables. Aussi Apulée dit-il (*Floride* IV) : « Crates, utlar familiaris, apud homines suæ ætatis cultus est. Nulla domus ei unquam clausa erat ; nec erat patrisfamilias tam absconditum secretum, quin eo tempestive Crates interveniret, litium omnium et jurgiorum inter propinquos disceptator et arbiter. » Ils présentent par là, comme sur bien d'autres points, une grande analogie avec les moines mendiants des temps modernes, bien entendu avec les meilleurs et les plus purs d'entre ceux-ci, dont on peut trouver l'idéal dans le capucin Christophe, du célèbre roman de Manzoni. Cependant cette analogie n'est que dans les actes, et non dans les motifs. Ils se rencontrent pour le résultat ; mais l'idée fondamentale du cynisme et celle du monarchisme sont bien différentes. Pour les moines, comme pour les Sanyasis qui leur ressemblent, le but est au delà de cette vie ; quant aux cyniques, ils sont convaincus qu'il est plus facile de s'en tenir au *minimum* des désirs et des besoins, que d'arriver au *maximum* de leur satisfaction, ce qui est d'ailleurs impossible, attendu que les désirs et les besoins croissent à l'infini, à mesure qu'on les satisfait. Aussi, pour atteindre au but de toute la morale antique, au bonheur le plus complet en cette vie, prenaient-ils le chemin du renoncement comme le plus court, et le plus facile : ὅθεν καὶ τὸν κυνισμὸν, εἰρήκασιν συντόμον ἐπ᾽ἀρετὴν ὁδον. « Unde cynismum dixere compendiosam ad virtutem viam. » (Diog. Laert., VI, 9.) La différence essentielle, entre l'esprit des cyniques et celui des ascètes, se manifeste de la façon la plus frappante par l'humilité, qui est l'âme même de l'ascétisme, et qui est si étrangère au cynisme, lequel affiche plutôt l'orgueil et le mépris d'autrui :

> Sapiens uno minor est Jove, dives,
> Liber, honoratus, pulcher, rex denique regum.
>
> HORACE.

Au contraire, la conception de la vie des cyniques, correspond pour l'esprit, à celle de J.-J. Rousseau, dans son *Discours sur l'origine de l'inégalité*. Lui aussi voudrait nous ramener à l'état de nature et réduire nos besoins à leur minimum, convaincu que c'est la route la plus sûre pour arriver au bonheur. D'ailleurs les cyniques étaient exclusivement des philosophes pratiques ; je ne connais rien qui nous renseigne sur leur philosophie théorique.

Le stoïcisme est sorti du cynisme, en ce sens qu'il en a converti la pratique en théorie. Selon les stoïciens, il n'est pas nécessaire de se retrancher tout ce qu'il serait possible de faire ; il suffit de regarder toujours les biens et les voluptés comme superflus et dépendant de la fortune : et ainsi la privation véritable, si d'aventure elle s'imposait, ne paraîtrait plus pénible. On peut posséder des biens immenses et jouir de toutes choses ; il ne faut qu'être convaincu de la vanité du tout et de la facilité avec laquelle on peut y renoncer, et d'autre part avoir toujours présent à l'esprit que ces biens sont incertains et dépendent du hasard, c'est-à-dire les regarder comme rien et être toujours prêt à s'en séparer. Il y a plus : celui qui aurait besoin de renoncer réellement à tous ces biens pour n'en être pas touché, montrerait par la même, qu'il les tient, dans son cœur, pour de vrais biens : ce serait pour n'être pas tenté par eux, qu'il les éloignerait de sa vue. Que le sage au contraire apprenne à n'y voir que de faux biens, qu'il les considère comme des choses indifférentes (ἀδιάφορα), ou en tout cas accessoires (προηγμένα). Lorsqu'ils se présentent, il ne les repousse pas, mais il est toujours prêt à les laisser partir avec la même égalité d'âme, lorsque le hasard dont ils dépendent vient à l'exiger. Ils sont en effet du nombre « τῶν οὐκ ἐφ᾽ ἡμῖν ». Dans ce sens, Epictète disait (Chap. 7) : « Que le sage ressemble au passager d'un navire qui serait descendu à terre ; là il fait la connaissance d'une femme ou d'un petit garçon, mais il est prêt aussitôt que le capitaine le rappelle, à les renvoyer et à partir. » Les stoïciens perfectionnèrent ainsi la théorie de l'indépendance du sage, aux dépens de la pratique, en ramenant tout à un état d'âme purement subjectif, et en s'octroyant à l'aide d'arguments sophistiques, toutes les commodités de la vie, comme on peut le voir dans le premier chapitre d'Epictète. Ils n'avaient pas pris garde que toute habitude devient un besoin, et qu'on ne peut y renoncer sans douleur ; qu'on ne joue pas impunément avec la volonté, et qu'on ne peut jouir, sans prendre goût à la jouissance ; qu'un chien ne reste pas indifférent quand on fait passer un morceau de rôti sous son museau, et qu'il n'en saurait être autrement du sage, s'il est affamé ; en un mot, qu'il n'y a pas de milieu entre jouir et renoncer. Ils croyaient être en règle avec leurs principes, lorsque, s'asseyant à la table somptueuse de quelque riche romain, et ne laissant passer aucun plat, ils assuraient que tout cela est un accessoire, προηγμένα, mais non un vrai bien, ἀγαθά ; ou, pour le dire en bon français ils buvaient, mangeaient, se donnaient du bon temps, mais n'en savaient aucun gré à la Providence ; que dis-je ? ils fronçaient le sourcil d'un air morose et affirmaient toujours bravement, qu'ils donnaient au diable toute la mangeaille. Telle était l'échappatoire des stoïciens : ces héros ne l'étaient qu'en paroles, et il y avait entre eux et les cyniques à peu près le même rapport qu'entre des bénédictins ou des augustins gros et gras et de pauvres capucins. Plus ils négligaient la pratique, plus ils raffinaient dans leur théorie. A la fin de mon premier volume, j'en ai donné une analyse ; je vais y ajouter ici quelques documents à l'appui, — et la compléter.

Si nous prenons les ouvrages que les stoïciens nous ont laissés, et qui sont tous composés sous une forme peu systématique ; si d'autre part, nous nous demandons quel était, en fin de compte, le principe de cette indifférence inébranlable, qu'on nous prêche sans cesse, nous n'en trouvons pas d'autre que la notion de l'indépendance des lois de l'univers par rapport à notre volonté, et par conséquent de la fatalité des maux qui nous frappent. Quand nous avons pris une connaissance exacte de cette loi des choses, et réglé en conséquence nos prétentions, ce serait folie de nous désoler, de gémir, craindre ou espérer, et nous ne nous y laissons plus aller. Entre temps se glisse dans leur doctrine (voir surtout Arrien, *Comment. Epict.*) cette idée, que tout ce qui est οὐκ ἐφ'ἡμῖν, c'est-à-dire qui ne dépend pas de nous, est aussi οὐ πρὸς ἡμᾶς, c'est-à-dire ne nous intéresse point. D'autre part cependant tous les biens de la vie sont à la merci du hasard, et dès l'instant où il nous les ravit, nous sommes malheureux, si nous avons mis en eux notre félicité. Pour échapper à ces misères indignes de nous, il suffit de recourir à la saine raison ; grâce à elle nous ne considérons plus ces biens comme nôtres ; nous nous persuadons que nous n'en avons que l'usage pour un temps déterminé, ce qui est le vrai moyen de ne pas les perdre. Aussi Sénèque dit-il : « Si quid humananarum rerum varietas possit, cogitaverit, antequam senserit » (*Epist.* 68). Et Diogène Laërce (VII, I, 87) : Ἴσον δέ ἐστι τὸ κατ' ἀρετὴν ζῆν τῷ κατ' ἐμπειρίαν τῶν φύσει συμβαινόντων. « Secundum virtutem vivere idem est, quod secundum experientiam eorum, quæ secundum naturam accidunt, vivere. » On peut rapprocher de cette citation un passage d'Arrien (*Comment. Epict.* Livre III, ch. XXIV, 84-89), — et spécialement, — comme preuve à l'appui de ce que j'ai avancé là-dessus dans mon premier volume, — cet autre passage : Τοῦτο γάρ ἐστι τὸ αἴτιον τοῖς ἀνθρώποις πάντων τῶν κακῶν, τὸ τὰς προλήψεις τὰς κοινὰς μὴ δύνασθαι ἐφαρμόζειν τοῖς ἐπί μέρους (Ibid. IV, 1, 42) (« Hæc enim causa est hominibus, omnium malorum, quod anticipationes generalis rebus singularibus accommodare non possunt.») Même pensée dans ce passage de Marc-Aurèle (IV, 29) : Εἰ ξένος κοσμοῦ ὁ μή γνωρίζων τὰ ἐν αὐτῷ ὄντα, οὐχ ἧττον ξένος καί ὁ μή γνωρίζων τὰ γιγνόμενα (Si l'on est étranger dans le monde, quand on ne connaît pas ce qui s'y trouve, on ne l'est pas moins quand on ne sait pas ce qui y arrive.) « Le onzième chapitre du *De Tranquillitate animi* de Sénèque est encore une excellente confirmation de cette manière de voir. En résumé la pensée du Stoïcisme, c'est que, pour peu qu'il perce à jour cette jonglerie qu'on appelle le bonheur, et qu'ensuite il prenne pour guide sa raison, l'homme, en ce jeu de hasard, apprendra que les coups heureux sont inconstants, et que l'argent qu'on y gagne est dépouvu de valeur ; et de la sorte il y demeurera indifférent. D'une façon générale le point de vue stoïcien peut s'exprimer ainsi : Nos souffrances viennent toujours d'un désaccord entre nos désirs et les lois du monde. Aussi faut-il changer l'un de ses termes, pour le mettre en harmonie avec l'autre. Comme le train de l'univers n'est pas en notre pouvoir (οὐκ ἐφ' ἡμῖν), il faut que nous y conformions notre volonté et nos désirs : car la volonté seule est nôtre (ἐφ' ἡμῖν). Cette accommodation de la volonté au train du monde, c'est-à-dire à la nature des choses, est souvent comprise dans l'aphorisme d'un sens élastique, κατὰ φύσιν ζῆν. Que l'on consulte plutôt Arrien (*Dépert.* II, 19, 21, 22). Senèque met ce point de vue plus en évidence (*Epist.* 119), lorsqu'il dit : « Nihil interest utrum non desideres, an habeas. Summa rei in utroque est eadem: non torqueberis. » De même Cicéron (*Tuscul* IV, 26) : « Solum habere velle, summa dementia est. » Voir encore Arrien (IV, 1, 175) : οὐ γὰρ ἐκπληρώσει τῶν ἐπιθυμουμένων ἐλευθερία παρασκευάζεται, ἀλλὰ ἀνασκευῇ τῆς ἐπιθυμίας. « Non enim explendis desideriis libertas comparatur, sed tollendâ cupiditate. »

On peut considérer comme preuve à l'appui de ce que j'ai dit sur le ὁμολογουμένως ζῆν des stoïciens, les considérations de Ritter et Preller à ce sujet, dans leur *Histoire de la philosophie gréco-romaine*. De même, cet aphorisme de Sénèque (*Epist.* 31 et Ep. 74) « Perfecta virtus est œqualitas et tenor vitæ per omnia consonans sibi ». Mais l'esprit du Portique respire surtout dans ce passage du même Sénèque (*Epist,* 92) : « Quid est beata vita ? Securitas et perpetua tranquillitas. Hanc dabit animi magnitudo, dabit constantia bene judicati tenax. » On se convaincra par une étude d'ensemble du stoïcisme, que le but de sa morale, et aussi de la morale cynique d'où elle est sortie, est tout simplement de nous faire vivre d'une vie aussi exempte de maux que possible, c'est-à-dire d'une vie aussi heureuse que possible. C'est pourquoi la morale stoïcienne est une espèce particulière de l'eudémonisme. Elle n'a pas, comme la morale hindoue, la morale chrétienne, ou même platonicienne, de tendance métaphysique; elle n'a pas de but transcendant, mais seulement un but immanent, qu'on peut atteindre dès cette vie : l'ataraxie, la félicité sans mélange du sage, que rien ne peut ébranler. Cependant il faut convenir que les derniers stoïciens, notamment Arrien, oubliaient quelquefois ce but et tendaient à l'ascétisme, ce qui s'explique par les progrès du christianisme et la diffusion de l'esprit oriental. — Si maintenant nous considérons d'un peu près ce but du stoïcisme, cette *ataraxie*, nous n'y trouvons qu'endurcissement et insensibilité aux coups du sort; les stoïciens y arrivaient en se représentant sans cesse la brièveté de la vie, la vanité des jouissances, l'inconstance du bonheur, et après s'être rendu compte que la différence de la félicité à l'infortune est beaucoup plus petite qu'on ne l'imaginait par anticipation. Ce n'est cependant pas encore l'état de béatitude, ce n'est pas la résignation à la souffrance, envisagée comme inévitable. La hauteur d'esprit et la dignité de l'individu consiste précisément à se taire et à supporter la fatalité, dans un repos mélancolique, sans sortir de son calme, tandis que les autres hommes ne font que passer de la joie exultante au désespoir, et du désespoir à la joie. On peut donc considérer encore le stoïcisme comme une diœtétique spirituelle : de même qu'on [endurcit son corps aux intempéries, qu'on l'habitue à pâtir et à se fatiguer, de même aussi on s'endurcit le cœur contre l'infortune, le danger, la misère, l'injustice, la tromperie, la trahison, l'orgueil et la stupidité des hommes.

Je remarque encore que les καθήκοντα des stoïciens, que Cicéron traduit par le mot *officia*, signifient à peu près ce qui nous est approprié *(Obliegenheiten)*, ce qu'il convient de faire : en anglais *incumbencies*, en italien, *quel che tocca a me di fare, o di lasciare,* c'est-à-dire en général ce qu'il appartient à un homme raisonnable de faire. Voir Diogène Laërce, VII, I, 109. — Enfin le panthéisme des stoïciens, — lequel répugne si fort à toutes les capucinades d'Arrien, — est exprimé de la façon la plus claire par Sénèque : « Quid est Deus ? Mens universi. Quid est Deus ? quod vides totum, et quod non vides totum. Sic demum magnitudo sua illi reddatur, qua nihil majus excogitari potest : Si solus est, omnia, opus suum et extra et intra tenet. » (*Quæst. natur*, 1, *præfatio*, 12.)

CHAPITRE XVII

Excepté l'homme, aucun être ne s'étonne de sa propre existence ; c'est pour tous une chose si naturelle, qu'ils ne la remarquent même pas. La sagesse de la nature parle encore par le calme regard de l'animal; car, chez lui, l'intellect et la volonté ne divergent pas encore assez, pour qu'à leur rencontre, ils soient l'un à l'autre un sujet d'étonnement. Ici, le phénomène tout entier, est encore étroitement uni, comme la branche au tronc, à la Nature, d'où il sort; il participe, sans le savoir plus qu'elle même, à l'omniscience de la Mère Universelle. — C'est seulement après que l'essence intime de la nature (le vouloir vivre dans son objectivation) c'est développée, avec toute sa force et toute sa joie, à travers les deux règnes de l'existence inconsciente, puis à tavers la série si longue et si étendue des animaux; c'est alors enfin, avec l'apparition de la raison, c'est-à-dire chez l'homme, qu'elle s'éveille pour la première fois à la réflexion ; elle s'étonne de ses propres œuvres et se demande à elle-même ce qu'elle est. Son étonnement est d'autant plus sérieux que, pour la première fois, elle s'approche de la mort avec une pleine conscience, et qu'avec la limitation de toute existence, l'inutilité de tout effort devient pour elle plus ou moins évidente. De cette réflexion et de cet étonnement naît le besoin métaphysique qui est propre à l'homme seul. L'homme est un animal métaphysique. Sans doute, quand sa conscience ne fait encore que s'éveiller, il se figure être intelligible sans effort ; mais cela ne dure pas longtemps : avec la première réflexion, se produit déjà cet étonnement, qui fut pour ainsi le père de la métaphysique. — C'est en ce sens qu'Aristote a dit, aussi au début de sa *Métaphysique* : Διὰ γὰρ τὸ θαυμάζειν οἱ ἄνθρωποι καὶ νῦν καὶ τὸ πρῶτον ἤρξαντο φιλοσοφεῖν. (Propter admirationem enim et nunc et primo inceperunt homines philosophari). De même, avoir l'esprit philosophique, c'est être capable de s'étonner des événements habituels et des choses de tous les jours, de se poser comme sujet d'étude ce qu'il y a de plus général et de plus ordinaire; tandis que l'étonnement du savant ne se produit qu'à propos de phénomènes rares et choisis, et que tout son problème se réduit à ramener ce phénomène à un autre plus connu. Plus un homme est inférieur par l'intelligence,

moins l'existence a pour lui de mystère. Toute chose lui paraît porter en elle-même l'explication de son comment et de son pourquoi.
Cela vient de ce que son intellect est encore resté fidèle à sa destination originelle, et qu'il est simplement le réservoir des motifs à
la disposition de la volonté ; aussi, étroitement uni au monde et à la
nature, comme partie intégrante d'eux-mêmes, est-il loin de s'abstraire pour ainsi dire de l'ensemble des choses, pour se poser
ensuite en face du monde et l'envisager objectivement, comme si
lui-même, pour un moment du moins, existait en soi et pour soi.
Au contraire, l'étonnement philosophique, qui résulte du sentiment
de cette dualité, suppose dans l'individu un degré supérieur d'intelligence, quoique pourtant ce n'en soit pas là l'unique condition :
car, sans aucun doute, c'est la connaissance des choses de la mort
et la considération de la douleur et de la misère de la vie, qui
donnent la plus forte impulsion à la pensée philosophique et à l'explication métaphysique du monde. Si notre vie était infinie et sans
douleur, il n'arriverait à personne de se demander pourquoi le
monde existe, et pourquoi il a précisément telle nature particulière ; mais toutes choses se comprendraient d'elles-mêmes. Aussi
voyons-nous que l'intérêt irrésistible des systèmes philosophiques
ou religieux réside tout entier dans le dogme d'une existence quelconque, qui se continue après la mort. Certes, les religions ont l'air
de considérer l'existence de leurs dieux comme la chose capitale,
et elles la défendent avec beaucoup de zèle ; mais au fond, c'est
parce qu'elles ont rattaché à cette existence leur dogme de l'immortalité, et qu'elles regardent celle-ci comme inséparable de celle-là :
c'est l'immortalité qui est proprement leur grande affaire. Qu'on
la leur assure en effet, par un autre moyen, aussitôt ce beau zèle
pour leurs dieux se refroidira ; il finirait par faire place à une
entière indifférence, si on leur démontrait l'impossibilité absolue
de l'immortalité. Comment s'intéresser en effet à l'existence des
dieux, quand on a perdu l'espérance de les connaître de plus près?
On irait jusqu'au bout, jusqu'à la négation de tout ce qui se rattache
à leur influence possible sur les événements de la vie présente. Et
si d'aventure l'on pouvait démontrer que l'immortalité est incompatible avec l'existence des dieux, par exemple parce qu'elle
supposerait un commencement de l'être, les religions s'em-
presseraient de sacrifier les dieux à l'immortalité et se montre-
raient pleines de zèle pour l'athéisme. Et voilà pourquoi les systèmes proprement matérialistes, de même que le scepticisme absolu,
n'ont jamais pu exercer une bien profonde ni une bien durable
influence.

Les temples et les églises, les pagodes et les mosquées, dans
tous les pays, à toutes les époques, dans leur magnificence et leur

grandeur, témoignent de ce besoin métaphysique de l'homme, qui, tout puissant et indélébile, vient aussitôt après le besoin physique. Sans doute, un satirique en belle humeur pourrait ajouter que ce besoin-là est bien modeste, et qu'il se contente à peu de frais. La plupart du temps, il se laisse amuser par des fables ridicules et des contes de mauvais goût ; pour peu qu'on les ait inculqués de bonne heure à l'homme, ce lui sont des explications suffisantes de son existence, et des soutiens pour sa moralité. Que l'on considère, par exemple, le Coran : ce méchant livre a suffi pour fonder une grande religion, satisfaire, pendant douze cents ans, le besoin métaphysique de plusieurs millions d'hommes ; il a donné un fondement à leur morale, leur a inspiré un singulier mépris de la mort et un enthousiasme capable d'affronter des guerres sanglantes, et d'entreprendre les plus vastes conquêtes. Or nous y trouvons la plus triste et la plus pauvre forme du théisme. Peut-être le sens nous en échappe-t-il en grande partie dans les traductions. Cependant je n'ai pu y découvrir une seule idée un peu profonde. Cela prouve que le besoin métaphysique ne va pas de pair avec la capacité métaphysique. Il paraît pourtant que pendant les premiers âges de notre globe, il n'en était pas ainsi. Les premiers hommes, qui étaient beaucoup plus près que nous des origines de l'espèce humaine et des commencements de la nature organique, avaient aussi, soit une puissance intuitive beaucoup plus énergique, soit une disposition d'esprit plus juste, qui les rendait plus capables de saisir immédiatement l'essence de la nature, et qui par conséquent leur permettait de satisfaire en eux le besoin métaphysique d'une façon plus complète : ainsi naquirent chez les ancêtres des Brahmanes les Richis, et ces conceptions presque surhumaines, qui furent déposées plus tard dans les Oupanishads des Védas.

En revanche, on n'a jamais manqué de gens qui se sont efforcés de tirer leur subsistance de ce besoin métaphysique, et qui l'ont exploité autant qu'ils ont pu : chez tous les peuples, il s'est rencontré des personnages pour s'en faire un monopole, et pour l'affermer : ce sont les prêtres. Mais afin d'assurer complètement leur trafic, il leur fallait obtenir le droit d'inculquer de bonne heure aux hommes leurs dogmes métaphysiques, avant que la réflexion ne fût encore sortie de ses ténèbres, c'est-à-dire dans la première enfance ; car alors, tout dogme, une fois qu'il est bien enraciné, reste pour toujours, quelle qu'en soit l'insanité ; si les prêtres devaient attendre pour faire leur œuvre que le jugement fût déjà mûr, ils verraient s'écrouler tous leurs privilèges.

Une seconde, quoique moins nombreuse, catégorie d'individus qui tirent leur subsistance de ce besoin métaphysique de l'humanité, ce sont ceux qui vivent de la philosophie. Chez les Grecs, on les appelait sophistes, et chez les modernes, professeurs de philosophie. Aristote (*Métaph.*, II, 2) range résolument Aristippe parmi les sophistes, et Diogène Laërce (II, 95) nous en fournit l'explication : c'est qu'il fut le premier de l'école socratique, qui se fit payer ses leçons. Lui-même voulut payer Socrate, qui dut lui renvoyer son cadeau. Chez les modernes — en général du moins et sauf de rares exceptions — ceux qui vivent de la philosophie ne sont pas seulement très différents de ceux qui vivent pour elle ; ils sont souvent ses adversaires, ses ennemis irréconciliables ; car toute étude purement et profondément philosophique jetterait trop d'ombre sur leurs travaux, et de plus ne se plierait pas aux vues et aux réglementations de la confrérie ; aussi, en tout temps, s'est-elle efforcée d'étouffer ces études, et suivant les époques et les circonstances, elle a employé habituellement contre elles, tantôt le silence, tantôt la négation, le dénigrement, les invectives, les calomnies, les dénonciations et les poursuites. C'est ainsi qu'on a vu maint grand génie se traîner péniblement à travers la vie, méconnu et sans gloire, jusqu'à ce qu'enfin, après sa mort, le monde fût désabusé et sur lui, et sur ses ennemis. Ceux-ci cependant ont atteint leur but, en l'empêchant de se produire, et ils ont vécu de la philosophie avec leurs femmes et leurs enfants, tandis que le grand homme méconnu vivait pour elle. Aussitôt qu'il est mort, revirement complet : la nouvelle génération des professeurs de philosophie se fait l'héritière de ses travaux, s'y taille une doctrine à sa mesure, et se met à vivre de lui. Si Kant a pu vivre tout à la fois pour et de la philosophie, et il le doit à une circonstance bien rare, qui ne s'est reproduite qu'une fois depuis les Antonins et les Julien : il y avait alors un philosophe sur le trône. C'est uniquement sous de tels auspices, que la *Critique de la Raison pure* pouvait voir le jour.

Mais à peine le roi est-il mort, qu'aussitôt nous voyons Kant saisi de peur, car il appartenait à la confrérie. Il modifie son chef-d'œuvre, dans la 2ᵉ édition, il le mutile, il le gâte, et en fin de compte, il est en danger de perdre sa place ; à tel point que Campe l'invita à venir chez lui, à Brunswick, pour y vivre comme le chef de sa famille (Ring, *Ansichten aus Kants Leben*, page 68). En général, la philosophie des universités, c'est de l'escrime en face d'un miroir ; au fond son véritable but est de donner aux étudiants des opinions selon le cœur du Ministre qui distribue les chaires. Rien de mieux, au point de vue de l'homme d'Etat ; mais la conséquence c'est qu'une telle philosophie est, pour ainsi dire, *nervis alienis mobile lignum* ; on ne saurait la considérer comme sérieuse ; c'est une philosophie pour rire. Aussi est-il équitable que cette surveillance ou cette direction se borne à la philosophie d'école, et ne s'étende pas jusqu'à la vraie, jusqu'à la philosophie sérieuse. Car s'il y a quelque chose de souhaitable au monde, — et de si souhaitable que la foule grossière et stupide elle-même, dans ses moments lucides, l'estimerait plus que l'or et l'argent, — c'est de voir un rayon de lumière tomber sur l'obscurité de notre existence; c'est de trouver quelque solution à la mystérieuse énigme de notre vie, dont nous n'apercevons que la misère et la vanité. Et pourtant ce bienfait serait rendu impossible si quelqu'un, en admettant que la chose fût possible, imposait certaines solutions du problème.

Voyons maintenant d'un coup d'œil général les différentes façons de satisfaire ce besoin métaphysique si impérieux.

Par métaphysique, j'entends tout ce qui a la prétention d'être une connaissance dépassant l'expérience, c'est-à-dire les phénomènes donnés, et qui tend à expliquer par quoi la nature est conditionnée dans un sens ou dans l'autre, ou, pour parler vulgairement, à montrer ce qu'il y a derrière la nature et qui la rend possible. Mais maintenant la grande diversité originelle des intelligences, à laquelle s'ajoute encore la différence des éducations, qui exigent tant de loisirs, tout cela distingue si profondément les hommes, qu'aussitôt qu'un peuple est sorti de l'ignorance grossière, une même métaphysique ne saurait suffire pour tous. Aussi, chez les peuples civilisés, trouvons-nous en gros deux espèces de métaphysiques, qui se distinguent l'une de l'autre, en ce que l'une porte en elle-même sa confirmation, et que l'autre la cherche en dehors d'elle. La réflexion, la culture, les loisirs et le jugement, telles sont les conditions qu'exigent les systèmes métaphysiques, de la première espèce, pour contrôler la confirmation qu'ils se donnent à eux-mêmes; aussi ne sont-ils accessibles qu'à un très petit nombre d'hommes, et ne peuvent-ils se produire et se conserver que dans les civilisations avancées. C'est pour la multitude au contraire, pour des gens incapables de penser, que sont faits exclusivement les systèmes de la seconde espèce. La foule ne peut que croire et s'incliner devant une autorité, le raisonnement n'ayant pas de prise sur elle. Nous appellerons ces systèmes des métaphysiques populaires, par analogie avec la poésie et la sagesse populaire (sous ce dernier nom on entend les proverbes). Cependant ils sont appelés communément Religion et se trouvent chez tous les peuples, excepté les plus anciens. Comme nous l'avons dit, ils cherchent au dehors leur confirmation; la vérité leur est extérieurement révélée, et se manifeste par des prodiges et des miracles. Leurs arguments consistent surtout en menaces de peines éternelles ou temporelles, dirigées contre les incrédules, et même contre les simples sceptiques: chez certains peuples, on trouve le bûcher ou tout autre supplice analogue, comme *ultima ratio theologorum.* Si les religions cherchent d'autres preuves et emploient d'autres arguments, elles passent dans le domaine des systèmes de la première espèce, et peuvent dégénérer en une sorte de compromis entre les deux ; mais il y a là pour elles plus de danger que de profit. Car le privilège inestimable qu'elles ont d'être inculquées à l'homme dès l'enfance leur assure la possession durable des intelligences ; par leurs dogmes, elles développent en lui comme un second intellect, ainsi qu'une greffe se développe sur un arbre ; tandis qu'au contraire les systèmes de la première espèce s'adressent toujours à des adultes, chez qui ils rencontrent déjà, à l'état de conviction, un système de la seconde espèce. — Ces deux sortes de métaphysiques, dont les différences se résument en deux appellations : Doctrines de Foi et Doctrines de Raison, ont cela de commun, que de part et d'autre les systèmes particuliers de chaque espèce sont en guerre ensemble. Entre ceux de la première, la lutte se réduit à la discussien ou au pamphlet ; mais entre ceux de la seconde, c'est avec le feu et le glaive que l'on se combat ; plusieurs d'entre eux ne se sont guère répandus que grâce à ce dernier genre de polémique, et se sont petit à petit partagé la terre, mais d'une façon si tranchée et si souveraine, que les peuples se distinguent bien plus par là que par leur nationalité ou leur gouvernement. Seulement les religions sont maîtresses absolues, chacune dans son domaine, tandis que les philosophies sont tout au plus tolérées, et encore parce qu'on ne les juge pas dignes, vu le petit nombre de leurs représentants, de les combattre par le fer et le feu. Cependant, quand on l'a cru nécessaire, on a employé ces moyens contre elles, et non sans succès. D'ailleurs on ne les trouve guère qu'à l'état sporadique. La plupart du temps, on s'est borné à les tenir en bride, en leur prescrivant de conformer leur doctrine à celle de la religion dominante, dans le pays où elles enseignent. Quelquefois la religion ne s'est pas contentée de les soumettre ; elle s'en est servie, elle en a fait en quelque sorte le premier stade de la foi ; mais c'est une dangereuse expérience : car les philosophies ne se sentant pas en force, recourent à la ruse, dans l'espoir d'y trouver un secours, et ne se défont jamais d'une certaine perfidie cachée qui se manifeste de temps en temps à l'improviste et dont les déplorables effets sont difficiles à réparer. Cela est d'autant plus dangereux, que les sciences positives, dans leur ensemble, sont les alliées secrètes des philosophies contre les religions, et que, sans être en guerre ouverte avec celle-ci, elles font souvent, alors qu'on s'y attend le moins, de grands ravages dans leur domaine. Ajoutons que réduire la philosophie à ce rôle de servante, dont nous venons de parler, c'est discréditer un système qui a déjà en dehors de lui-même sa confirmation, en voulant lui en donner une tirée du dedans : car, s'il était capable d'une telle confirmation, il n'aurait pas besoin d'en chercher une extérieure. Il est toujours hasardeux de vouloir donner un fondement nouveau à un bâtiment solide. D'ailleurs, est-ce qu'une religion a besoin des suffrages de la philosophie ? Elle a tout pour elle : révélation, écritures, miracles, prophéties, appui des gouvernements, le premier rang partout comme il convient à la vérité, l'adhésion et le respect de tout le monde, des milliers de temples où elle est prêchée et où l'on célèbre ses cérémonies, des corps sacerdotaux assermentés, et, ce qui vaut mieux que tout cela, le privilège inappréciable de pouvoir inculquer ses doctrines aux enfants dès l'âge le plus tendre, et d'en faire pour ainsi dire, dans leurs cerveaux, des idées innées. Quand on est ainsi armé, on n'a pas besoin de l'adhésion des pauvres philosophes, ou bien l'on est plus exigeant que de raison, ou enfin si l'on craint d'être contredit par eux, on montre une terreur incompatible avec une conscience calme et honnête.

Un symptôme de cette nature *allégorique* des religions, ce sont les *mystères* qu'on rencontre dans presque toutes, j'entends certains dogmes qui, loin de pouvoir prétendre à être pris à la lettre pour des vérités, ne sauraient même être nettement saisis par la pensée. Peut-être même pourrait-on dire que quelques affirmations directement contraires à la raison, que quelques absurdités bien palpables sont un ingrédient essentiel d'une religion bien faite : car elles sont la marque même de sa nature *allégorique* et le seul moyen de *faire sentir* au sens commun, à l'entendement inculte ce qui ne saurait être clairement conçu par lui, à savoir qu'au fond la religion traite d'un ordre de choses *sui generis*, de l'ordre des *choses en soi*, lequel n'est pas soumis aux lois du monde des phénomènes; qu'en conséquence, la religion présentant toujours les faits et les vérités dont elle parle sous une forme phénoménale, non seulement les dogmes absurdes, mais encore les dogmes concevables ne sont que des allégories, de simples adaptations à l'intelligence humaine. C'est dans cet esprit que saint Augustin et Luther même me paraissent avoir maintenu les mystères du christianisme, en opposition à la doctrine terre-à-terre de Pélage qui prétendait tout ramener au niveau de l'intelligibilité. En se plaçant à ce point de vue, on conçoit également que Tertullien ait pu dire en toute sincérité : *Prorsus credibile est, quia ineptum est,.... certum est, quia impossibile (De carne Christi,* c. 5). — Cette nature *allégorique* des religions les dispense également des démonstrations que la philosophie est obligée de fournir, et de la nécessité de l'examen; elles les remplacent par la foi, c'est-à-dire qu'elles exigent une croyance volontaire à leur vérité. Et comme la foi dirige l'action, et qu'au point de vue pratique l'allégorie conduit toujours là où conduirait la vérité *sensu proprio,* c'est à bon droit que la religion promet aux croyants la béatitude éternelle. Le besoin d'une métaphysique s'impose irrésistiblement à tout homme, et, sur les points essentiels, les religions tiennent justement lieu de métaphysique à la grande masse qui est incapable de penser. Elles la remplacent même fort bien : car d'une part elles dirigent l'action, en tenant toujours déployé, suivant la belle expression de Kant, le drapeau de l'honnêteté et de la vertu, et d'autre part elles sont une consolation indispensable au milieu des épreuves douloureuses de la vie ; dans les moments de souffrance, elles jouent absolument le rôle d'une métaphysique objectivement vraie, car elles détachent l'homme, aussi bien que celle-ci pourrait le faire, de lui-même et le transportent par delà l'existence temporelle. C'est ici qu'éclate la valeur profonde des religions, je dirai plus, leur caractère indispensable. Platon déjà disait avec raison (*De Rep.* IV, p. 89, Lip.) : φιλόσοφον πλῆθος ἀδύνατον εἶναι (vulgus philosophum esse impossibile est). Mais voici la pierre d'achoppement : c'est que les religions ne peuvent jamais avouer leur nature allégorique ; elles sont obligées de se présenter comme vraies *sensu proprio.* Par là elles empiètent sur le domaine de la métaphysique proprement dite et provoquent l'antagonisme de celle-ci, antagonisme qui s'est manifesté à toutes les époques où la pensée philosophique n'était pas asservie et mise en tutèle. C'est faute également d'avoir bien compris cette nature allégorique de toute religion, que les partisans du surnaturel et les rationalistes se sont livrés de nos jours une lutte si acharnée. En effet, les uns et les autres prétendent trouver dans le christianisme la vérité *sensu proprio ;* les premiers attribuent ce genre de vérité à toutes les parties de la doctrine chrétienne, et c'est pourquoi ils veulent un christianisme sans restrictions, qui ne soit dépouillé d'aucun de ses éléments, prétention qui leur crée une situation difficile en présence des connaissances et de la culture générale de notre époque. Les autres au contraire cherchent à bannir au moyen de l'exégèse tout élément proprement chrétien ; le résidu de cette opération est quelque chose qui n'est vrai ni *sensu proprio* ni *sensu allegorico :* c'est une religion terre-à-terre ; c'est à peine du Judaïsme, tout au plus la doctrine aride de Pélage, et, ce qu'il y a de plus grave, c'est un optimisme de bas étage entièrement étranger au véritable christianisme. De plus, essayer de fonder une religion en raison, c'est la faire entrer dans la seconde catégorie des théories métaphysiques, celles qui portent leur garantie en *elles-mêmes,* c'est la transporter sur un terrain étranger, celui des systèmes philosophiques ; c'est l'exposer à la lutte que ces systèmes se livrent dans leur propre arène, c'est l'exposer aux coups du scepticisme, aux attaques edoutables de la critique de la raison pure : les affronter, serait pure témérité.

L'une et l'autre de ces catégories de métaphysiques auraient intérêt à demeurer pures de tout mélange avec la classe voisine ; chacune d'elles devrait se tenir strictement sur son domaine propre, pour y développer entièrement son essence. C'est la tendance contraire qui a prévalu à travers toute la période chrétienne ; on s'est efforcé d'opérer une fusion des deux catégories, en transportant les dogmes et les concepts de l'une dans l'autre. On n'est arrivé qu'à les pervertir toutes deux. Cette tendance a eu sa manifestation la plus marquée de nos jours, dans cette tentative bâtarde à laquelle on a donné le nom de philosophie religieuse, sorte de gnose qui s'efforce d'interpréter la religion donnée, et d'expliquer ce qui est vrai *sensu allegorico* au moyen d'une vérité qui le soit *sensu proprio*. Mais, pour cela, il faudrait déjà connaître et posséder la vérité *sensu proprio ;* et dès lors, toute interprétation deviendrait superflue. Sous prétexte que la métaphysique, c'est-à-dire la vérité *sensu proprio,* ne saurait être tirée que de la religion, chercher à l'en extraire au moyen d'une interprétation exégétique serait une entreprise pénible et dangereuse. Pour s'y résoudre, il faudrait qu'il fût établi que, comme le fer et d'autres métaux imparfaits, la vérité ne se rencontre qu'à l'état de minerai, jamais à l'état pur, et que pour l'obtenir il faut la dégager de cet alliage.

Le peuple a besoin d'une religion, elle est pour lui un bienfait inestimable. Mais si les religions prétendent faire obstacle aux progrès de l'esprit humain dans la connaissance de la vérité, on doit les écarter — avec beaucoup de ménagements, bien entendu. Demander qu'un grand esprit même, un Shakespeare ou un Gœthe, se convainque *impliciled, bona fide et sensu proprio* des dogmes d'une religion quelconque, ce serait demander à un géant d'entrer dans la chaussure d'un nain.

Comme les religions visent à se mettre à la portée de la foule, elles ne peuvent renfermer qu'une vérité médiate, non une vérité immédiate : exiger d'elles cette dernière, ce serait vouloir lire les caractères tels qu'ils sont composés sur le marbre d'imprimerie au lieu de leur empreinte sur le papier. Pour juger de la valeur d'une religion, il faut donc voir si, sous le voile de l'allégorie, elle contient une part plus ou moins grande de vérité, et en second lieu si cette vérité apparaît plus ou moins nettement au travers de ce voile : plus l'enveloppe sera transparente, plus élevée sera la religion. Or, il semble presque qu'il en soit des religions comme des langues : les plus vieilles sont les plus parfaites ; si je voulais voir dans les résultats de ma philosophie la mesure de la vérité, je devrais mettre le Bouddhisme au-dessus de toutes les autres religions.

tout cas, je me réjouis de constater un accord si profond entre ma
doctrine et une religion qui, sur terre, a la majorité pour elle, puisqu'elle compte plus d'adeptes qu'aucune autre. Cet accord m'est
d'autant plus agréable que ma pensée philosophique a certainement été libre de toute influence bouddhiste; car jusqu'en 1818,
date de l'apparition de mon ouvrage, nous ne possédions en Europe
que de rares relations, insuffisantes et imparfaites, sur le Bouddhisme; elles se bornaient presque entièrement à quelques dissertations, parues dans les premiers volumes des *Asiatic Researches*,
et concernaient principalement le Bouddhisme des Birmans. C'est
depuis lors seulement qu'il nous a été donné de connaître cette
religion plus à fond, grâce surtout aux études précises et instruc-
tives qu'un membre distingué de l'Académie de Saint-Pétersbourg,
J.-J. Schmidt, a publiées dans les *Mémoires* de cette Académie.
Des savants anglais et français ont complété peu à peu ces renseignements, si bien que, dans mon traité sur *la Volonté dans la
nature*, j'ai pu donner sous la rubrique de *Sinologie* une liste assez
étendue des meilleurs écrits publiés sur cette religion. — Malheureusement Czoma Körösi, ce savant hongrois d'une volonté si per-
sévérante, qui pour étudier la langue et les livres sacrés du Bouddhisme avait passé plusieurs années au Thibet et principalement
dans les couvents bouddhistes, nous a été enlevé par la mort, au
moment même où il allait coordonner à l'usage du public les résultats de ses recherches. Je ne puis toutefois pas dissimuler le plaisir
que j'ai éprouvé en lisant dans ses relations provisoires quelques
passages directement empruntés au *Kahgyur*, entre autres cet
entretien de Bouddha mourant avec un Brahma qui se convertit à sa
doctrine. « There is a description of their conversation on the sub-
ject of creation, — by whom was the world made. Shahya asks
several questions of Brahma, — whether was it he, who made or
produced such and such things, and endowed or blessed them with
such and such virtues or properties, — whether was it he who
caused the several revolutions in the destruction and regeneration
of the world. He denies that he had ever done anything to that
effect. At last he himself asks Shakya how the world was made, —
by whom ? Here are attributed all changes in the world to the
moral works of the animal beings, and it is stated that in the world
all is illusion, there is no reality in the things ; all is empty. Brahma
being instructed in his doctrine, becomes his follower. » (*Asiatic
researches*, vol. 20, p. 434) (1).

<hr>

(1) « On nous décrit leur entretien qui a pour objet la création, — par qui le monde
a-t-il été produit ? Buddha pose plusieurs questions à Brahma : est-ce lui qui a fait ou
produit tel ou tel objet, qui l'a doué de telle ou telle qualité? — Brahma nie qu'il ait
jamais fait quelque chose de pareil. Enfin il demande lui-même à Buddha, comment

Je ne puis établir, comme on le fait généralement, une *différence fondamentale* entre les religions, selon qu'elles sont monothéistes, polythéistes. panthéistes ou athées. Ce qui selon moi les différencie, c'est leur manière de voir optimiste ou pessimiste. Les unes considèrent l'existence de ce monde comme ayant sa raison d'être en elle-même, elles la louent et la célèbrent. Les autres la considèrent comme quelque chose qui ne saurait être conçu qu'à titre de conséquence de nos péchés et qui, par conséquent, ne devrait pas être par soi-même. Elles reconnaissent que la douleur et la mort ne peuvent pas avoir leur raison dans l'ordre éternel, primitif et immuable des choses, dans ce qui doit être, à quelque point de vue qu'on se place. Si le christianisme a eu la force de triompher du judaïsme d'abord, puis du paganisme gréco-romain, il en est redevable uniquement à son pessimisme, à cet aveu, directement contraire à l'optimisme juif et païen, que notre état est fort misérable et en même qu'il est un état de péché. Quand cette vérité profondément et douloureusement sentie de tous se fit jour, elle amena à sa suite le besoin d'une rédemption.

Je passe à l'étude de la seconde catégorie de métaphysique, celle qui porte sa confirmation en elle-même et qu'on appelle *philosophie*. Je rappelle l'origine que je lui ai assignée plus haut : suivant moi, la philosophie naît de notre *étonnement* au sujet du monde et de notre propre existence. qui s'imposent à notre intellect comme une énigme dont la solution ne cesse dès lors de préoccuper l'humanité. Il ne pourrait pas en être ainsi, et j'appelle avant tout l'attention de mes lecteurs sur ce point, si le monde était une « substance absolue » au sens du spinozisme et des formes contemporaines du Panthéisme, c'est-à-dire s'il était une *existence absolument nécessaire*. Cela reviendrait à dire que le monde existe avec une nécessité telle, qu'à côté d'elle toute autre nécessité que l'intellect pourrait concevoir en tant que telle ne serait que hasard et que contingence ; le monde serait quelque chose qui comprendrait non seulement toute l'existence possible, si bien que, comme Spinoza l'affirme d'ailleurs, le possible et le réel ne feraient qu'un ; il nous serait impossible de concevoir que le réel ne fût pas ou qu'il fût autrement, en un mot, la représentation du monde tel qu'il est serait aussi essentielle à notre pensée que la représentation de l'espace et du temps. De plus, puisque nous-mêmes serions des parties, des modes, attributs ou accidents d'une telle substance

le monde a été produit, — et par qui ? Et alors tous les changements dans le monde sont attribués aux *œuvres morales d'êtres animés*, et il est dit que dans le monde tout n'est *qu'illusion*, qu'il n'y a aucune réalité dans les objets, que tout est vide. Le Brahma ainsi instruit de la doctrine de Buddha devient son adepte. »

absolue, la seule qui ait pu jamais exister quelque part et en un
certain sens, l'existence du monde et la nôtre, ainsi que la forme de
cette existence, loin de nous paraître surprenantes et problématiques,
loin de représenter l'énigme insondable et qui nous tourmente sans
relâche, devraient au contraire nous sembler plus évidents encore
que la proposition : deux fois deux font quatre. Nous devrions être
dans l'impossibilité absolue de penser que le monde ne soit pas ou
qu'il soit autrement qu'il n'est ; par conséquent, jamais nous n'aurions conscience de l'existence du monde *en tant que tel,* c'est-à-
dire en tant que problème proposé à la réflexion, pas plus que
nous n'avons conscience du mouvement incroyablement rapide
de notre planète.

Mais il n'en est nullement ainsi. A l'animal sans pensée, le monde
et l'existence peuvent paraître des choses qui se comprennent
d'elles-mêmes ; pour l'homme au contraire, c'est là un problème
que les plus incultes mêmes et les plus bornés se représentent
nettement à leurs heures de lucidité. Ce problème fait d'autant plus
impression sur la conscience, y laisse une marque d'autant plus
durable, que cette conscience est plus éclairée et réfléchie, que
l'éducation a fourni plus d'aliments à notre pensée. Enfin chez les
esprits philosophiques c'est cet *étonnement,* dont Platon dit
θαυμάζειν, μαλὰ φιλοσοφικὸν πάθος, *mirari, valde philosophicus affectus,*
étonnement qui enveloppe dans, toute son étendue le problème
dont se préoccupe et se tourmente sans relâche, à toutes les
époques et dans tous les pays, la partie la plus généreuse de l'humanité. En fait, cette inquiétude que la métaphysique éternellement renouvelée tient sans cesse en éveil, vient de cette claire
représentation, que la non-existence du monde est aussi possible
que son existence. C'est pourquoi la conception spinoziste qui fait
du monde une existence absolument nécessaire, une existence en
soi qui devait être à tous les points de vue, est une façon de voir
fausse. Même le simple théisme, dans sa preuve cosmologique,
infère tacitement de l'existence du monde sa non-existence antérieure ; en lui-même le monde est donc pour lui quelque chose
d'accidentel. Il y a plus, peu à peu nous nous représentons le
monde comme quelque chose, dont la non-existence non seule-
mentest concevable, mais encore serait préférable à son existence.
De l'étonnement nous passons facilement à une sourde méditation
sur la *fatalité* qui, malgré tout, en a pu provoquer l'existence, et
grâce à laquelle la force immense que nécessite la production et
la conservation du monde a pu être exploitée en un sens aussi
défavorable à ses propres intérêts. L'étonnement philosophique
est donc au fond une stupéfaction douloureuse : la philosophie dé-
bute, comme l'ouverture de *Don Juan,* par un accord en mineur.

D'où il suit que la philosophie ne doit être ni spinosiste, ni optimiste. — Cette nature particulière de l'étonnement qui nous pousse
à philosopher dérive manifestement du spectacle de la *douleur*
et du *mal moral* dans le monde. Car la douleur et le mal moral,
quand même leur rapport réciproque serait le plus juste possible,
quand même ils seraient largement compensés par le bien, sont
pourtant quelque chose qui en soi ne devrait absolument pas être.
Or, rien ne venant de rien, la douleur et le mal doivent avoir leur
raison dans l'origine, dans l'essence du monde même. Il nous
semble difficile d'admettre cette conclusion, si nous considérons la
grandeur, l'ordre et la perfection du monde physique ; nous nous
imaginons que la force qui a pu créer celui-ci, aurait pu éviter également la souffrance et le mal moral. Le théisme, comme bien on
pense, a surtout de la peine à reconnaître cette origine, dont Ormuzd
et Ahriman sont l'expression la plus sincère. Il a donc cherché tout
d'abord à se débarrasser du mal moral, et à cet effet il a inventé le
libre arbitre ; mais le libre arbitre n'est qu'une création *ex nihilo*
dissimulée, puisqu'il suppose un « operari » qui ne provient d'aucun
« Esse » (Voir *Les deux problèmes fondam. de l'Éthique*, pp. 58,
sqq.; 2ᵉ éd., pp. 57 sq.). Il essaya ensuite d'en être quitte avec la
souffrance, en la mettant à la charge de la matière ou d'une nécessité inévitable, et en regrettant de ne pouvoir invoquer le diable,
qui est le véritable *expediens ad hoc*. Dans la catégorie de la
souffrance rentre aussi la mort ; quant au mal moral, il consiste
uniquement à nous débarrasser de notre souffrance du moment
pour la passer à un autre. Donc, comme nous l'avons dit, c'est le
mal moral, c'est la souffrance et la mort qui confèrent à l'étonnement philosophique sa qualité et son intensité particulières ; le
punctum pruriens de la métaphysique, le problème qui remplit
l'humanité d'une inquiétude que ne sauraient calmer ni le scepticisme ni le criticisme, consiste à se demander, non-seulement
pourquoi le monde existe, mais aussi pourquoi il est plein de tant
de misères.

La physique (au sens le plus étendu du mot) s'occupe elle aussi
d'expliquer les phénomènes du monde. Mais la nature même de
ses explications est cause de leur insuffisance. La physique ne
saurait vivre d'une vie indépendante ; si dédaigneuse que soit son
allure à l'égard de la métaphysique, elle a besoin de s'y appuyer.
Car elle-même explique les phénomènes par quelque chose de plus
inconnu encore qu'eux-mêmes, par des lois naturelles, qui se
fondent sur des forces naturelles, dont la force vitale est un échantillon entre autres. Sans doute l'état actuel de toutes choses dans
le monde ou dans la nature doit pouvoir s'expliquer par des causes
purement physiques. Mais une telle explication, à supposer qu'on

y arrivât, serait nécessairement aussi entachée de deux
imperfections essentielles, et pour ainsi dire de deux tares, qui
font que tous les phénomènes physiquement expliqués demeure-
raient en réalité inexpliqués. Tel, Achille était vulnérable au talon.
Ainsi encore on représente le diable avec un pied de cheval. Pre-
mièrement, on ne pourrait jamais atteindre le *commencement* de
cette série de causes et d'effets, c'est-à-dire de modifications liées
entre elles : ce commencement se trouverait reculé sans cesse à
l'infini, comme les limites du monde dans l'espace et le temps.
Ensuite l'ensemble des causes effectives par lesquelles on prétend
tout expliquer, repose sur quelque chose d'absolument inexplicable,
je veux dire les *qualités* primordiales des objets et les *forces naturelles* qui s'y manifestent, forces qui permettent aux qualités d'agir
d'une manière déterminée. Telles sont : la pesanteur, la solidité, la
force d'impulsion, l'élasticité, la chaleur, l'électricité, les forces
chimiques,etc. Toute explication physique donne ces forces comme
résidu : telle une équation algébrique, dont tous les autres termes
seraient résolus, mais dans laquelle une quantité demeurerait
inconnue et indéterminable.

D'où il suit qu'il n'est pas si infime tesson d'argile qui ne soit
composé de qualités aussi inexplicables les unes que les autres.
Ces deux imperfections inévitables de toute explication physique,
c'est-à-dire causale, montrent donc qu'une telle explication ne
saurait être que *relative*, et que la méthode des sciences positives
n'est pas la seule, la dernière, la méthode suffisante, celle qui
conduit à une solution satisfaisante du difficile problème des
choses, à la vraie intelligence du monde et de l'existence, mais que
l'explication physique, en tant que telle, a besoin d'une explication
métaphysique qui lui donne la clé de toutes ses suppositions.
Seulement, il résulte de cela même, que la méthode métaphysique
doit différer profondément de la méthode physique. Le premier
pas à faire dans cette voie nouvelle, c'est de se pénétrer nettement et une fois pour toutes de la différence des méthodes et
conséquemment de la différence de la *physique* et la *métaphysique*. Cette différence repose pour l'essentiel sur la distinction
kantienne entre le *phénomène* et la *chose en soi*. Kant déclarait
celle-ci absolument inexplicable, et voilà pourquoi il ne saurait y
avoir selon lui aucune *métaphysique* : il n'y a de possible que la
connaissance immanente, par conséquent que la *physique*, et à
côté de celle-ci la critique de la raison dans ses aspirations métaphysiques. Qu'on me permette ici d'anticiper sur le second livre,
pour bien noter le point de contact de ma philosophie avec la doctrine kantienne, et de remarquer que Kant, dans sa belle explication de la co-existence de la liberté et de la nécessité (*Critique*

de la Raison pure, première éd., pp. 532-554, et *Crit. de la Raison pratique*, pp. 224-231 de l'éd. Rosenkranz) démontre que la même action, qui d'une part est parfaitement explicable comme conséquence nécessaire du caractère de l'homme, des influences qu'il a subies pendant sa vie, et des motifs actuels qui le sollicitent, doit cependant d'autre part être considérée comme l'œuvre de sa volonté libre. Dans le même sens il dit, § 53 des *Prolégomènes :* « Sans doute la nécessité naturelle sera inhérente à toute combinaison de causes et d'effets dans le monde sensible, mais la liberté sera accordée à celle des causes qui n'est pas elle-même un phénomène (bien qu'elle serve de fondement au phénomène). Par conséquent, la nécessité (littéralement la nature) et la liberté peuvent être attribuées sans contradiction au même objet, suivant qu'on le considère sous un aspect différent, soit comme phénomène, soit comme chose en soi. » Ce que Kant enseigne du phénomène de l'homme et de son activité, ma doctrine l'étend à tous les phénomènes de la nature, en leur donnant pour fondement commun la *Volonté* comme chose en soi. Ce qui justifie tout d'abord cette manière de procéder, c'est l'impossibilité d'admettre que l'homme soit distinct spécifiquement, *toto genere* et radicalement de tous les autres êtres et objets de la nature : il ne peut y avoir entre eux qu'une différence de degré. — Je laisse maintenant cette digression pour revenir à mes considérations sur l'impuissance de la physique à fournir l'explication dernière des choses. — Je dis donc : sans doute tout est physique, mais alors rien n'est explicable. De même que le mouvement de la bille qu'on pousse, la fonction pensante du cerveau doit comporter en dernier ressort une explication physique qui la rende aussi intelligible que l'est le mouvement de la bille. Or ce mouvement même, que nous croyons comprendre si pleinement, est au fond aussi obscur que la pensée : car l'essence intime de l'expansion dans l'espace, de l'impénétrabilité, de la faculté d'être mû, de la résistance, de l'élasticité et de la pesanteur, demeure après toutes les explications physiques un mystère au même titre que la pensée. Seulement comme l'impossibilité d'expliquer cette dernière nous frappe du premier coup, on s'est empressé de faire un saut de la physique à la métaphysique et d'hypostasier une substance d'une nature tout autre que celle des choses corporelles. On a transporté dans le cerveau une âme. Si notre intellect n'avait pas été tellement émoussé qu'il fallût pour le frapper un phénomène extraordinairement surprenant, nous aurions dû expliquer la digestion par une âme stomacale, la végétation par une âme végétative, les affinités électives par la présence d'une âme dans les réactions, la chute d'une pierre par la présence d'une âme dans cette pierre. Car les propriétés de tout corps inorganique

sont aussi mystérieuses que la vie dans l'être vivant : aussi partout
l'explication physique vient-elle se heurter à une explication
métaphysique qui la supprime, c'est-à-dire lui enlève son caractère
d'explication. A prendre les choses rigoureusement, on pourrait
prétendre que toutes les sciences de la nature ne font réellement
comme la botanique que rassembler et classer les objets de même
espèce. — Une physique qui soutiendrait que ses explications des
choses, dans le détail par des causes, et d'une manière générale
par des forces, sont véritablement suffisantes et par conséquent
épuisent l'essence du monde, serait le *naturalisme* proprement dit.
De Leucippe, Démocrite et Epicure jusqu'au « système de la
nature », puis à Lamarck, Cabanis et au matérialisme réchauffé
de ces dernières années, nous pouvons suivre l'essai toujours
continué d'établir une physique sans métaphysique, c'est-à-dire
une doctrine qui fasse du phenomène la chose en soi. Mais toutes
les explications de ces physiciens ne sont que des essais pour
dissimuler et aux explicateurs et aux auditeurs qu'elles supposent
tout uniment la chose essentielle. Les naturalistes s'efforcent de
montrer que tous les phénomènes, même les phénomènes spirituels, sont physiques, et en cela ils ont raison; leur tort, c'est de
ne pas voir que toute chose physique est également par un autre
côté une chose métaphysique. Sans doute il est difficile de reconnaître cette vérité, puisqu'elle suppose la distinction du phénomène
et de la chose en soi. Cependant Aristote, malgré sa tendance à
l'empirisme, et si éloigné qu'il fut de l'hyperphysique platonicienne,
a su, même sans le secours de la distinction dont nous parlons,
demeurer en dehors de cette manière de voir étroite : il dit : Εἰ μὲν
οὖν μή ἔστι τις ἑτέρα οὐσία παρὰ τὰς φύσει συνεστηκυίας, ἡ φυσικὴ ἂν εἴη πρώτη
ἐπιστήμη · εἰ δὲ ἔστι τις οὐσία ἀκίνητος, αὕτη προτέρα καὶ φιλοσοφία πρώτη, καὶ
καθόλον οὕτως, ὅτι πρώτη. καὶ περὶ του. ὄντος ἢ ὄν, ταυτης ἂν εἴη θεωρῆσαι. « Si
igitur non est aliqua alia substantia, præter eas, quæ natura consis-
tunt, physica profecto prima scientia esset : quodsi autem est aliqua
substantia immobilis, hæc prior et philosophia prima, et universalis sic. quod prima ; et de ente prout ens est, speculari hujus est. »
(*Métaph.*, V, I.) Une *physique absolue*, telle que nous venons de la
décrire, qui ne laisserait place à aucune *métaphysique*, ferait de la
Natura naturata la *Natura naturans* : elle serait la physique mise
sur le trône de la métaphysique; mais il est probable qu'à cette
place élevée elle se comporterait comme le rétameur de Holberg une
fois nommé bourgmestre. C'est cette idée obscure d'une physique
absolue sans métaphysique, qui inspire au fond le reproche insipide
et le plus souvent malveillant d'athéïsme; c'est elle qui lui donne
son sens intime, de la vérité et par là de la force. Une telle physique
serait certainement destructive de toute éthique, et si l'on a eu

tort de considérer le théïsme comme inséparable de la moralité, celle-ci en tout cas ne peut se concevoir sans une *métaphysique quelconque*, c'est-à-dire sans une doctrine qui reconnaisse que l'ordre de la nature n'est pas le seul ni l'ordre absolu des choses. Aussi le *Credo* obligatoire de tous les justes et de tous les bons peut-il se formuler ainsi : « Je crois à une métaphysique ». En ce sens il est important et nécessaire que l'homme soit persuadé de l'impossibilité de s'en tenir à une *physique absolue,* d'autant plus que celle-ci, le *naturalisme* par excellence, est une manière de voir qui d'elle-même s'imposerait continuellement à l'homme et qui ne peut être anéantie que par une spéculation profonde, spéculation d ont les divers systèmes et les diverses religions tiennent lie selon leur pouvoir respectif et pendant tout le temps qu'on les reconnaît pour vrais. Maintenant ce qui nous explique comment une manière de voir radicalement fausse peut s'imposer d'elle-même à l'homme et doit être écartée artificiellement, c'est que l'intellect n'est pas destiné primitivement à nous instruire de l'essence des choses, mais seulement à nous en montrer les relations avec notre volonté ; l'intellect n'est que le centre des motifs, ainsi que nous le verrons dans le second livre. C'est *accidentellement* que le monde s'y schématise de manière à représenter un ordre de choses tout à fait différent de l'ordre absolument vrai, et on ne saurait en faire un reproche à l'intellect, puisqu'il nous montre seulement l'enveloppe extérieure, non le noyau des choses ; le reproche serait d'autant plus injuste, que l'intellect trouve en lui-même le moyen de rectifier cette erreur, en établissant la dis tinction entre le phénomène et la chose en soi. Cette distinction, à le bien prendre, a été aperçue de tout temps ; mais le plus souvent on n'en a eu qu'une notion imparfaite, et par suite on l'a insuffi samment exprimée, souvent même elle a été présentée sous des déguisements étranges. Déjà les mystiques chrétiens, par exemple refusent à l'intellect, en le désignant sous le nom de *lumière de la nature,* la faculté de saisir l'essence vraie des choses. Il est en quelque sorte une simple force superficielle, comme l'électricité, et ne pénètre pas dans l'intérieur des réalités.

Au point de vue empirique même, l'insuffisance du naturalisme pur éclate tout d'abord, ainsi que nous l'avons montré, dans ce fait que l'explication physique voit la raison du fait particulier dans sa cause, mais que la série de ces causes, comme nous le savons avec une entière certitude *a priori*, se poursuit dans une régression à l'infini, de sorte qu'aucune chose n'a pu être la première d'une manière absolue. Ensuite l'action de cette cause est ramenée à une loi naturelle, et celle-ci à une force naturelle, laquelle demeure absolument sans explication. Mais cet élément inexplicable, auquel

sont réduits tous les phénomènes, depuis le plus élevé jusqu'au plus
infime, de ce monde si clairement donné et si naturellement explicable, n'est-il pas là pour nous révéler que toutes les explications
de ce genre ne sont que conditionnées et en quelque sorte *ex con-
cessis*, qu'elles ne sont pas l'explication vraie et suffisante ? Aussi
ai-je dit que physiquement tout est explicable et rien ne l'est. Cet
élément absolument inexplicable qui traverse tous les phénomènes,
qui apparaît avec tout son éclat dans les phénomènes supérieurs, ceux de la génération par exemple, mais qui se retrouve
aussi dans les plus bas, dans les phénomènes mécaniques entre
autres, est l'indice d'un ordre de choses tout différent de l'ordre
physique et qui sert de fondement à ce dernier. Cet ordre, que Kant
appelait l'ordre des choses en soi, est le terme final de la métaphysique. — En second lieu, l'insuffisance du naturalisme pur tient à
cette vérité philosophique fondamentale, que nous avons étudiée
en détail dans la première moitié de ce livre, et qui forme aussi le
thème de la *Critique de la Raison pure*, à savoir que tout objet est
conditionné par le sujet pensant, et dans son existence objective
en tant que telle, et dans la forme particulière de cette existence,
que l'objet par conséquent est un simple phénomène, non une
chose en soi. Ceci a été largement exposé au § 7 du 1er vol., et l'on
y a montré quelle maladresse commettent ceux qui, à la façon des
matérialistes, prennent d'une façon inconsidérée l'objectif comme
donné absolument, sans avoir égard à l'élément subjectif, par le
moyen duquel seul, je dis plus, dans lequel seul l'objectif existe. Le
matérialisme à la mode aujourd'hui fournit de nombreux échantillons de ce procédé ; aussi bien est-ce une philosophie de garçons
coiffeurs et d'apprentis pharmaciens. Dans son innocence, il voit la
chose en soi dans la matière, qu'il prend étourdiment pour quelque
chose d'absolument réel ; selon lui, la force d'impulsion est la
seule faculté d'une chose en soi, puisque toutes les autres qualités
ne peuvent être que des phénomènes de cette force.

Le naturalisme, ou la physique pure, ne sera donc jamais une
explication suffisante ; on pourrait le comparer à un calcul, dont
on ne trouve jamais le dernier terme. Des séries causales sans fin
ni commencement, des forces insondables, un espace infini, un
temps qui n'a pas commencé, la divisibilité à l'infini de la matière,
toutes ces choses déterminées par un cerveau pensant, dans lequel
seules elles existent au même titre que le rêve, et sans lequel elles
disparaissent : tel est le labyrinthe dans lequel nous promène sans
cesse la conception naturaliste. Les sciences de la nature sont
arrivées de nos jours à un degré de perfection que les siècles antérieurs étaient loin de soupçonner, sorte de sommet auquel l'humanité atteint pour la première fois. Mais si grands que soient les

progrès de la *physique* (entendue au sens large qu'y attachaient les anciens), ils ne contribueront guère à nous faire avancer d'un pas vers la *métaphysique* ; pas plus qu'une surface, si loin qu'on la prolonge, n'acquerra un contenu en volume. Les progrès de la physique ne compléteront que la connaissance du *phénomène*, tandis que la *métaphysique* aspire à dépasser le phénomène, pour étudier la chose qui se présente comme telle. Quand même notre expérience serait absolument achevée, la situation n'en serait guère changée. Et quand même vous auriez parcouru les planètes de toutes les étoiles fixes, vous n'auriez pas encore de ce fait avancé d'un pas dans la métaphysique. Plus les progrès de la *physique* seront grands, plus vivement ils feront sentir le besoin d'une *métaphysique*. En effet, si d'une part, une connaissance plus exacte, plus étendue et plus profonde de la nature mine et finit par renverser les idées métaphysiques en cours jusqu'alors, elle sert d'autre part à mettre plus nettement et plus complètement en relief le problème même de la métaphysique, à le dégager plus sévèrement de tout élément purement physique. Plus notre connaissance de l'essence des objets particuliers sera complète et exacte, plus impérieusement s'imposera à nous la nécessité d'expliquer l'ensemble et le général, et plus la connaissance empirique de cet élément général aura été juste, précise et complète, plus mystérieux et plus énigmatique il nous paraîtra. Il est vrai que le savant ordinaire, celui qui s'est confiné dans une branche spéciale de la physique, n'a pas la moindre idée de ce que nous venons d'exposer ; il dort tout heureux à côté de la servante qu'il s'est choisie dans la maison d'Ulysse, sans une pensée pour Pénélope (cf. ch. xii, *sub fin.*). Aussi de nos jours *l'écorce de la nature* est-elle minutieusement étudiée, on connaît par le menu les intestins des vers intestinaux et la vermine de la vermine. Mais vienne un philosophe comme moi, qui parle du *noyau intime de la nature*, ces gens ne daigneront plus écouter, estimant que cette étude est étrangère à la science, et continueront à éplucher leur écorce. On serait tenté d'appeler tâtillons de la nature ces physiciens microscopiques et micrologiques. Et certes ceux qui pensent que le creuset et la cornue sont la vraie et l'unique source de toute sagesse, n'ont pas l'esprit moins perverti que ne l'avaient autrefois leurs antipodes, les scolastiques. De même que ceux-ci se trouvaient prisonniers dans le réseau de leurs concepts abstraits, en dehors desquels ils ne connaissaient et n'examinaient rien ; de même nos physiciens demeurent entièrement confinés dans leur empirisme, n'admettent pour vrai que ce qu'ils ont vu de leurs yeux, et estiment de la sorte avoir pénétré jusqu'à l'essence dernière des choses. Ils ne soupçonnent pas qu'entre le phénomène et ce qui s'y manifeste, la chose en soi, il y a un abîme profond, une différence radicale ; que pour s'éclairer à ce sujet, il faut connaître et délimiter avec précision l'élément subjectif du phénomène, et être arrivé à comprendre que les renseignements derniers, les plus importants sur l'essence des choses, ne peuvent être puisés que dans la conscience de nous-mêmes ; sans ces opérations préalables il est impossible de faire un pas au delà de ce qui est immédiatement donné aux sens, en d'autres termes de dépasser le problème. Remarquons pourtant, d'autre part, qu'une connaissance aussi complète que possible de la nature est nécessaire pour *poser* avec précision le problème de la métaphysique. Aussi personne ne devra-t-il essayer d'aborder cette science, avant d'avoir acquis une connaissance, au moins générale, mais exacte, claire et coordonnée, des diverses branches de l'étude de la nature. Car le problème précède nécessairement la solution. Mais une fois le problème posé, il faut que le regard du chercheur se porte en dedans ; car les phénomènes intellectuels et moraux sont plus importants que les phénomènes physiques, au même titre que le magnétisme animal, par exemple, est un phénomène incomparablement plus important que le magnétisme minéral. Les mystères derniers et fondamentaux, l'homme les porte dans son être intime, et celui-ci est ce qui lui est le plus immédiatement accessible. Aussi est-ce là seulement qu'il peut espérer trouver la clé de l'énigme du monde, et le fil unique qui lui permette de saisir l'essence des choses. Le domaine propre de la *métaphysique* est donc ce qu'on a appelé la philosophie de l'esprit.

> Tu fais passer sous mes yeux les séries des vivants,
> Et m'apprends à connaître mes frères
> Dans le buisson silencieux, dans l'air et dans l'eau ;
>
> . . . . , ...
>
> Puis tu me ramènes à l'antre sûr, tu me montres
> A moi-même ; et des merveilles mystérieuses
> Surgissent des profondeurs de mon être pour se révéler à moi.

Enfin, en ce qui concerne la *source* ou le *fondement* de la connaissance métaphysique, j'ai déjà combattu plus haut l'assertion maintes fois répétée par Kant, suivant laquelle cette source se trouverait dans de *simples concepts*. Les concepts ne peuvent jamais être l'élément premier d'une connaissance, étant toujours dégagés abstraitement d'une intuition quelconque. Ce qui a produit cette erreur, c'est vraisemblablement l'exemple des mathématiques. Celles-ci, comme en témoignent les procédés de l'algèbre, de la trigonométrie et de l'analytique, laissent tout à fait de côté l'intuition, opèrent avec de simples concepts abstraits, représentés par des signes au lieu de mots, et pourtant arrivent à un résultat d'une certitude parfaite, mais qui en même temps est si éloigné, qu'il eût été impossible de l'atteindre, en demeurant sur le terrain solide de l'intuition. La possibilité d'une telle certitude repose, comme Kant l'a montré à satiété, sur ce fait que les concepts mathématiques sont extraits des rapports quantitatifs, connus à la fois *a priori* et intuitivement, rapports au moyen desquels ils peuvent toujours être réalisés ou contrôlés, soit arithmétiquement, en opérant les calculs que les signes ne font qu'indiquer, soit géométriquement, au moyen de ce que Kant appelle la construction des concepts. Ce privilège fait défaut aux concepts sur lesquels on avait cru pouvoir édifier une métaphysique, d'essence, d'être, de substance, de perfection, de nécessité, de réalité, de fini, d'infini, d'absolu, de principe, etc. Car de tels concepts ne sont nullement primordiaux; ils ne sont pas tombés du ciel et ne sont pas non plus innés: comme tous les concepts, ils sont dégagés d'intuitions, et comme ils ne contiennent pas seulement, à l'exemple de ceux des mathématiques, l'élément tout formel de l'intuition, mais quelque chose de plus, il s'ensuit qu'ils ont pour base des intuitions empiriques. Aussi n'en saurait-on rien tirer que ne contienne déjà l'intuition empirique, rien, par conséquent, qui ne soit objet d'expérience : et comme ces concepts sont très larges, il y aurait tout avantage à s'en référer directement à l'expérience qui nous renseignerait de première main et avec une certitude bien plus grande. On ne peut jamais en effet puiser dans un concept plus que ne contient l'intuition dont il est tiré. Demande-t-on des concepts purs, c'est-à-dire qui n'aient pas une origine empirique, on ne pourra guère produire que ceux qui concernent l'espace et le temps, en d'autres termes, l'élément purement formel de l'intuition, à savoir les concepts mathématiques, peut-être encore à la rigueur le concept de causalité, qui ne dérive sans doute pas de l'expérience, mais qui ne pénètre dans la conscience que par le moyen de celle-ci (en premier lieu, dans l'intuition sensible). Aussi l'expérience n'est-elle possible que par lui ; et lui-même n'est valable que dans le domaine de l'expérience. Kant a fort bien démontré qu'il sert uniquement à mettre de l'unité dans l'expérience, non à la dépasser, qu'il comporte seulement une application physique, non une application métaphysique. Une science ne peut atteindre à la certitude apodictique que si elle a son origine *a priori* : mais cette même origine en prouvant qu'elle est conditionnée par la nature subjective de l'intellect, la limite à l'élément purement formel de l'expérience. Une pareille connaissance donc, loin de nous faire dépasser l'expérience, se borne à reproduire une *partie* de cette expérience, celle qui lui est propre dans toute son étendue ; elle ne fait que nous fournir un élément empirique général, c'est-à-dire une simple forme sans contenu. Et comme la métaphysique ne saurait le moins du monde être limitée à cet élément, elle doit avoir des sources de connaissance *empiriques*. Par conséquent, toute idée préconçue d'une métaphysique pouvant être construite purement *a priori* est nécessairement vaine. Kant a commis une réelle pétition de principe, sophisme auquel il a donné son expression la plus éclatante au § 1 des *Prolégomènes*, lorsqu'il a affirmé que la métaphysique ne peut pas puiser dans l'expérience ses concepts et ses principes fondamentaux En effet, pour arriver à cette conclusion, il admet que cela seul que nous savons *avant* toute expérience peut conduire plus loin que toute expérience possible. Fort de ce postulat, il prétend nous démontrer ensuite que cette connaissance antérieure à toute expérience n'est que la forme où l'intellect reçoit l'expérience, qu'en conséquence elle ne peut nous mener au-delà de celle-ci, et c'est ainsi qu'il établit très logiquement l'impossibilité de toute métaphysique. Mais, lorsqu'il s'agit de déchiffrer l'expérience, c'est-à-dire le monde qui est sous nos yeux, n'est-ce pas renverser la méthode naturelle, que de faire abstraction de cette expérience, d'en ignorer le contenu, pour ne s'attacher qu'à des formes vides qui nous sont connues *à priori*? N'est-il pas naturel au contraire, que la *science de l'expérience en tant que telle* puise aux sources de cette expérience? Le problème de cette science n'est-il pas posé empiriquement? Pourquoi dès lors la solution ne s'aiderait-elle pas de l'expérience? N'est-il pas absurde que celui qui doit parler de la nature des choses, ne considère pas ces choses elle-mêmes, mais s'en tienne à certains concepts abstraits? Sans doute l'objet de la métaphysique n'est pas l'examen de certaines expériences particulières, mais en tout cas elle se propose d'expliquer correctement l'expérience dans son ensemble Le fondement en doit donc être de nature empirique. Bien plus, le *caractère* même *a priori* d'une partie de la connaissance humaine est saisi par la métaphysique comme un *fait* donné, duquel elle conclut à l'origine subjective de cette partie. C'est seulement parce que la conscience de son caractère *à priori* l'accompagne, que cette partie de notre connaissance s'appelle chez Kant *transcendantale*, en opposition à *transcendant*, qui signifie « ce qui dépasse toute possibilité empirique », et qui s'oppose lui-même à *immanent*, lequel signifie ce qui reste dans les limites de cette possibilité. Je rappelle volontiers la signification primitive de ces termes introduits par Kant, avec lesquels, ainsi qu'avec celui de « catégorie » et autres, les singes contemporains de la philosophie font joujou. D'ailleurs la source de la métaphysique n'est pas seulement l'expérience externe, mais également l'*expérience interne* ; le propre même de la métaphysique, ce qui lui permet de faire le pas décisif vers la solution du grand problème, c'est, comme je l'ai longuement et nettement établi dans ma *Volonté dans la Nature* sous la rubrique *Astronomie physique*, c'est, dis-je, qu'au point convenable elle sache combiner l'expérience externe avec l'expérience interne, et qu'elle fasse de celle-ci la clé de celle-là.

Sans doute, en assignant à la métaphysique une telle origine — et, si l'on veut être sincère, il est impossible de la lui refuser — on lui enlève cette sorte de certitude apodictique, qui n'est possible que par la connaissance *a priori* : cette certitude demeure la propriété de la logique et des mathématiques. Mais aussi ces sciences n'enseignent-elles réellement que ce que chacun sait déjà de lui-même, sans précision il est vrai; tout au plus les tout premiers éléments de la science de la nature peuvent-ils se déduire de la connaissance *a priori*. En avouant cette origine empirique, la métaphysique ne fait que renoncer à une vieille prétention qui, comme nous l'avons montré, reposait sur une méprise et contre laquelle ont témoigné de tout temps la grande diversité et la mutabilité des systèmes philosophiques, ainsi que le scepticisme qui les a toujours accompagnés. Mais on ne saurait s'autoriser de cette mutabilité pour nier la possibilité de la métaphysique même; car toutes les branches de la science de la nature, la chimie, la physique, la géologie, etc., ont été sujettes au changement, et l'histoire même a subi cette nécessité. Mais si un jour l'on trouve un système métaphysique exact, autant du moins que le comportent les bornes de l'intellect humain, ce système n'en aura pas moins l'immutabilité d'une science connue *a priori*, et cela parce que le fondement n'en peut être que l'expérience d'une manière générale, et non les expériences particulières et de détail, lesquelles viennent sans cesse modifier les sciences de la nature et amener de nouveaux matériaux à l'histoire. En effet, l'expérience dans son ensemble ne changera jamais de caractère.

En second lieu se pose cette question : Comment une science puisée dans l'expérience peut-elle dépasser celle-ci et mériter ainsi le nom de *métaphysique*? Elle ne le peut certes pas de la même manière dont de trois nombres proportionnels il en naît un quatrième, ni de la façon dont on trouve un triangle, étant donnés deux côtés et leur angle. Tel était pourtant le procédé du dogmatisme antérieur à Kant, dogmatisme qui prétendait conclure, selon certaines lois qui nous sont connues *a priori*, de ce qui est donné à ce qui ne l'est pas, de la conséquence au principe, c'est-à-dire de l'expérience à ce qui ne peut être donné dans aucune expérience. Kant a fort bien mis en lumière l'impossibilité d'une métaphysique ainsi construite, en montrant que ces lois, si elles ne sont pas pui-

sées à la source de l'expérience, n'ont pourtant de valeur que dans
le domaine empirique. Et c'est avec raison qu'il enseigne qu'en suivant cette voie nous ne pourrons jamais dépasser la condition de
possibilité de toute expérience. Mais il est d'autres méthodes pour
arriver à la métaphysique. L'ensemble de l'expérience ressemble à
une écriture chiffrée : la philosophie en sera le déchiffrement; si la
traduction est cohérente dans toutes ses parties, la philosophie sera
exacte. Pourvu seulement que cet ensemble soit compris avec assez
de profondeur et que l'expérience externe soit combinée avec l'expérience interne, il sera possible de l'*interpréter et de l'expliquer*,
en partant de lui-même. Kant a montré irréfutablement que l'expérience en elle-même est constituée par deux éléments, les formes
de la connaissance et l'essence en soi des choses ; qu'il est même
possible d'y délimiter ces deux éléments, l'un étant ce qui nous est
connu *a priori*, l'autre ce qui vient s'y ajouter *a posteriori*. Aussi
peut-on indiquer, d'une manière générale au moins, ce qui dans
l'expérience donnée, laquelle est avant tout un pur *phénomène*,
appartient à la forme du phénomène conditionnée par l'intellect et
ce qui, après soustraction de cette forme, demeure à la *chose en soi*.
Et bien que personne ne puisse connaître la chose en soi à travers
l'enveloppe des formes de l'intuition, d'autre part pourtant chacun
porte cette chose en soi ; bien plus, chacun est cette chose : aussi
doit-elle nous être accessible, bien que d'une manière conditionnée,
dans quelque partie de notre conscience.

Donc le pont qui permet à la métaphysique de dépasser l'expérience n'est autre chose que l'analyse de l'expérience et la distinction entre le phénomène et la chose en soi, distinction où j'ai vu le
plus sérieux mérite de Kant, car elle implique la notion d'un
noyau du phénomène, distinct du phénomène. Ce noyau ne
peut jamais sans doute être complètement détaché du phénomène
et être considéré en lui-même comme un *ens extramundanum;*
il ne sera jamais connu que dans ses rapports au phénomène
lui-même. Mais l'interprétation et l'explication du phénomène
dans ses relations à son noyau intime, peut nous donner sur
celui-ci des renseignements, qui autrement n'auraient jamais pénétré dans la conscience. En ce sens donc, la métaphysique dépasse
la nature pour atteindre à ce qui est caché dans elle ou derrière
elle (τὸ μετὰ τὸ φυσικόν), mais elle ne considère cet élément caché que
comme apparaissant dans la nature et non indépendamment de tout
phénomène : elle demeure donc immanente, non transcendante.
Et en effet elle ne se détache jamais entièrement de l'expérience ;
elle en est la simple explication et interprétation, puisqu'elle ne
parle de la chose en soi que dans ses rapports avec le phénomène.
Du moins est-ce dans cet esprit que j'ai cherché à résoudre le pro-

blème de la métaphysique, en ne perdant jamais de vue les limites
assignées par Kant à la connaissance humaine. C'est pourquoi je
tiens pour vrais ses *Prolégomènes à toute métaphysique,* et les
fais miens. La métaphysique ne dépasse donc réellement pas l'expérience ; elle ne fait que nous ouvrir la véritable intelligence du
monde qui s'y révèle. La métaphysique n'est pas une science établie
à l'aide de purs concepts, définition que Kant lui-même a reproduite
plusieurs fois ; elle n'est pas non plus un système de déductions
opérées sur des principes *a priori,* Kant ayant fort bien montré que
ce principes ne peuvent pas servir à la *fin* que se propose la métaphysique. Elle est un savoir, ayant sa source dans l'intuition du
monde extérieur réel et dans les renseignements que nous révèle à
son sujet le fait le plus intime de notre conscience, savoir qui est
ensuite déposé dans des concepts précis. Elle est par conséquent
une science d'expérience : seulement son objet et sa source ne doivent pas être cherchés dans les expériences particulières, mais dans
l'ensemble de l'expérience considérée en ce qu'elle a de général. Je
laisse ainsi subsister intacte la doctrine de Kant, suivant laquelle
le monde de l'expérience est un pur phénomène, auquel seul sont
applicables les connaissances *a priori ;* mais j'y ajoute ceci, que
précisément comme phénomène, ce monde est la manifestation de
la chose qui y apparaît et que j'appelle avec lui la chose en soi.
Cette chose doit imprimer son essence et son caractère dans le
monde de l'expérience ; en interprétant cette expérience, dans sa
matière bien entendu et non pas seulement dans sa forme, il doit
être possible d'y retrouver l'empreinte de la chose en soi. La philosophie n'est donc que l'intelligence exacte et universelle de l'expérience même, l'explication vraie de son sens et de son contenu. Ce
contenu, c'est la chose métaphysique, dont le phénomène n'est
que le vêtement et l'enveloppe, et cette chose est au phénomène ce
que la pensée est aux mots.

Un tel déchiffrement du monde dans ses rapports à ce qui y apparaît, doit trouver sa confirmation en lui-même, dans l'unité qu'il
établit entre les phénomènes si divers de la nature, unité qu'on
n'apercevrait pas sans lui. Lorsqu'on se trouve en présence d'une
écriture dont l'alphabet est inconnu, on poursuit les essais d'explication jusqu'à ce qu'on soit arrivé à une combinaison donnant des
mots intelligibles et des phrases cohérentes. Alors aucun doute ne
demeure sur l'exactitude du déchiffrement ; car il n'est pas possible d'admettre que l'unité établie ainsi entre tous les signes de
l'écriture soit l'œuvre d'un pur hasard, et qu'elle pût être réalisée
en donnant aux diverses lettres une valeur tout autre. D'une
manière analogue, le déchiffremen tdu monde doit porter sa confirmation en lui-même. Il doit répandre une lumière égale sur tous les

phénomènes du monde et accorder ensemble même les plus hétérogènes, de sorte que toute opposition disparaisse entre les plus divers. Cette confirmation intrinsèque est le criterium de l'interprétation. Car tout déchiffrement faux pourra bien convenir à certains phénomènes, mais il se trouvera en contradiction flagrante avec le reste. C'est ainsi, par exemple, que l'optimisme de Leibniz contredit les misères manifestes de l'existence; la doctrine de Spinoza, suivant laquelle le monde est la seule substance possible et absolument nécessaire, est inconciliable avec notre étonnement au sujet de l'existence de ce monde; la théorie de Wolff, suivant laquelle l'homme tient son existence et son essence d'une volonté étrangère, répugne à ce fait que nous sommes responsables des actions qui, dans le conflit des motifs, émanent rigoureusement de cette existence et de cette essence; la doctrine souvent remise en avant d'un développement successif de l'humanité dans le sens d'une perfection toujours croissante, ou plus généralement la théorie d'un devenir par le moyen d'un processus du monde, contredit une vérité qui se révèle à nous *a priori*, à savoir qu'à une date donnée quelconque une infinité de temps s'est déjà écoulée et que, par conséquent, tout ce qui devait venir avec le temps devrait déjà être arrivé, et ainsi on pourrait dresser à perte de vue une liste des contradictions qui surgissent entre les assertions dogmatiques et la réalité donnée. Je crois pouvoir affirmer au contraire qu'aucune de mes théories n'est digne de figurer sur cette liste parce que chacune d'elles a été confrontée avec la réalité intuitive et qu'aucune d'elles n'a sa source unique dans des concepts abstraits. Et comme toutes mes théories sont traversées par une pensée principale que j'applique en guise de clé à tous les phénomènes du monde, cette pensée se trouve être l'alphabet vrai dont l'application donne aux mots et aux phrases un sens, une signification. La solution d'une énigme est vraie quand elle convient à tout ce qu'énonce cette énigme. C'est ainsi que ma doctrine met de l'unité et de l'ordre dans le chaos confus et divers des phénomènes, et résout les contradictions nombreuses que présente cette diversité, quand on la considère de tout autre point de vue. Elle ressemble donc à un calcul dont le dernier terme est trouvé; je n'entends pourtant pas dire par là qu'elle ne laisse plus aucun problème à résoudre, et qu'elle ait fourni une réponse à toute question. Une telle affirmation équivaudrait à la négation téméraire des limites de la connaissance humaine en général. Quelque flambeau que nous allumions, quelque espace qu'il éclaire, notre horizon demeurera toujours enveloppé d'une nuit profonde. Car la solution dernière de l'énigme du monde devrait parler uniquement des choses en soi, et non plus des phénomènes. Mais c'est uniquement à ceux-ci que sont appropriées les formes de notre connaissance, et c'est pourquoi nous ne pouvons nous rendre les choses intelligibles que par des rapports de coexistence, de succession et de causalité ; or ces rapports n'ont de sens et de valeur que dans leur application au phénomène : les choses en soi et leur relations possibles ne peuvent pas être saisis par le moyen de ces formes. Aussi la solution réelle, positive de l'énigme du monde, est-elle nécessairement quelque chose que l'intellect humain est absolument impuissant à saisir et à penser ; de sorte que si un être supérieur descendait sur terre et se donnait toute la peine du monde pour nous communiquer cette solution, nous ne comprendrions rien aux vérités qu'il nous révélerait. Par conséquent, ceux qui prétendent connaître les raisons dernières, c'est-à-dire premières des choses, un être primordial et absolu, qui pourra s'appeler aussi d'un autre nom, ainsi que le processus, les raisons et les motifs, ou quelque autre chose par le moyen de laquelle le monde puisse émaner, jaillir de cet être, être produit par lui, amené à l'existence, puis « congédié et abandonné à lui-même », ces gens-là sont des farceurs, des fanfarons, pour ne pas dire des charlatans.

Ce qui me paraît être une supériorité notable de ma philosophie, c'est que toutes les vérités en ont été trouvées indépendamment l'une de l'autre par la considération du monde réel, et que cependant l'unité et l'enchaînement des doctrines particulières se sont toujours présentées après coup et d'elles-mêmes, sans que j'aie eu à m'en occuper. Voilà aussi pourquoi ma philosophie est riche et étend au loin ses racines dans le sol de la réalité intuitive, qui seule fournit les aliments de toute vérité. Voilà encore pourquoi elle n'est pas ennuyeuse ; l'ennui pourtant, à en juger par les écrits philosophiques de ces cinquante dernières années, pourrait être considéré comme une qualité essentielle à la philosophie. Quand, au contraire, toutes les doctrines d'une philosophie sont simplement tirées l'une de l'autre et en dernier ressort d'une seule proposition première, cette philosophie doit paraître pauvre, maigre et ennuyeuse ; car d'une proposition ne peut suivre plus qu'elle ne contient déjà, et, en outre, dans ce cas tout dépend de l'exactitude d'une proposition *unique,* et une seule faute dans la déduction compromettrait la vérité du tout. — Les systèmes qui prennent leur point de départ dans une intuition intellectuelle, dans une extase ou lucidité, présentent encore moins de garanties : toute connaissance acquise de la sorte doit être écartée comme subjective, individuelle et conséquemment problématique. Quand même cette intuition existerait, il serait impossible de la communiquer aux autres ; la connaissance normale du cerveau est seule communicable, par des concepts et des mots quand elle est abstraite, par des œuvres d'art quand elle est purement intuitive.

Lorsqu'on reproche à la métaphysique, comme on le fait souvent, d'avoir accompli si peu de progrès dans le courant de tant de siècles, on devrait considérer aussi qu'aucune autre science n'a grandi comme elle sous une oppression continue, qu'aucune n'a été gênée du dehors et entravée comme elle par les religions de tous les temps et de tous les pays. La religion s'attribuant le monopole des connaissances métaphysiques, la philosophie devait lui faire l'effet, à côté d'elle, d'une herbe folle, d'un ouvrier non autorisé, d'une bande de bohémiens ; et elle ne la tolérait d'ordinaire qu'à la condition que la philosophie se résignât à la servir et à la suivre. Où la vraie liberté de penser a-t-elle jamais existé ? On s'est beaucoup glorifié de la prôner : mais, dès que la philosophie, au lieu de se borner à différer de la religion locale en ses dogmes subordonnés, prétendait pousser plus loin l'indépendance, aussitôt cette témérité faisait naître un frisson d'horreur chez les apôtres de la liberté de conscience, et alors retentissaient ces paroles : « Pas un pas de plus ! » Quels progrès la métaphysique pouvait-elle faire, étouffée sous une telle tyrannie? — Bien plus, cette contrainte exercée par la métaphysique privilégiée ne pèse par seulement sur la *communication* de la pensée, mais sur la pensée elle-même. Car ses dogmes sont si fortement inculqués, avec des jeux de physionomie étudiés et pleins d'une gravité solennelle, à l'enfance tendre, flexible, confiante et sans pensée, qu'à partir de ce moment ils ne font plus qu'un avec le cerveau et prennent presque le caractère d'idées innées. C'est pourquoi beaucoup de philosophes mêmes les ont pris pour de pareilles idées ; d'autres encore et plus nombreux, font seulement semblant de les prendre pour telles. Or rien ne s'oppose à l'intelligence même du *problème* de la métaphysique, comme une solution qui le précède et qui de bonne heure a été imposée, inoculée à l'esprit. Car le point de départ nécessaire de toute vraie philosophie, c'est ce mot profond de Socrate : « La seule chose que je sache, c'est que je ne sais rien ». Les anciens, à cet égard, étaient plus privilégiés que nous ; car, si leurs religions limitaient dans une certaine mesure la communication de la pensée, elles ne portaient pas atteinte à la liberté de penser elle-même ; en effet, on ne les inculquait pas aux enfants avec ce formalisme et cette solennité, et en général on ne les prenait pas trop au sérieux. Voilà pourquoi les anciens sont toujours nos maîtres en métaphysique.

Ceux qui reprochent à la métaphysique de n'avoir pas atteint au but, malgré ses efforts persévérants, devraient considérer en outre, qu'en attendant elle a toujours rendu ce service inestimable, de poser une limite aux prétentions infinies de la métaphysique privilégiée, et en même temps d'avoir combattu le naturalisme et le matérialisme, qui ne pouvaient manquer de se produire comme réaction contre cet exclusivisme religieux. Qu'on songe où nous aurait menés la superbe des prêtres de chaque religion, si la foi aux dogmes était aussi solide et aussi aveugle qu'ils le voudraient. Qu'on jette en outre un coup d'œil en arrière sur toutes les guerres, les agitations, les rébellions et les révolutions de l'Europe, du viiie au xviiie siècle : on en trouvera peu qui n'aient pas eu pour cause ou pour prétexte un dissentiment de foi, c'est-à-dire des problèmes de métaphysique ; c'est au nom de ces problèmes qu'on excitait les peuples les uns contre les autres. Ces dix siècles ne sont-ils pas un massacre perpétuel — pour raisons métaphysiques — tantôt sur le champ de bataille, tantôt sur l'échafaud, tantôt dans les rues ? Je voudrais posséder la liste authentique de tous les crimes que le christianisme a réellement empêchés et de toutes les bonnes actions qu'il a réellement motivées, pour la mettre dans l'autre plateau de la balance.

Enfin, en ce qui concerne les *obligations* de la métaphysique, elle n'en a qu'une : et c'en est une qui n'en souffre pas d'autre à côté d'elle, l'obligation d'être *vraie*. Si à côté de celle-ci on prétend lui en imposer une autre, celle d'être spiritualiste, optimiste, monothéiste ou même morale, on ne peut pas savoir d'avance si cette seconde obligation ne se trouvera pas en conflit avec la première, sans laquelle la métaphysique perdrait toute sa valeur. Une philosophie donnée n'a donc pas d'autre critérium de sa valeur que la vérité. — D'ailleurs, la philosophie est essentiellement la *science du monde* : son problème, c'est le monde : c'est au monde seul qu'elle a affaire : elle laisse les dieux en paix, mais elle attend, en retour, que les dieux la laissent en paix

TABLE DES MATIÈRES [1]

DU

TOME DEUXIÈME

APPENDICE : CRITIQUE DE LA PHILOSOPHIE KANTIENNE

---

(1) Cette table des matières, pour la partie intitulée *Appendice*, n'est pas de Schopenhauer ;
elle a été ajoutée par le traducteur.

SUPPLÉMENTS

AUX QUATRE LIVRES DU PREMIER VOLUME
SUPPLÉMENTS AU PREMIER LIVRE

Première partie : la Théorie de la Représentation intuitive
(§§ 1-7 du premier volume)

3424. — TOURS, IMPRIMERIE E. ARRAULT ET Cⁱᵉ.